ACCESO GRATIS *a la Lectura en la Nube*

Para visualizar el libro electrónico en la nube de lectura envíe junto a su nombre y apellidos una fotografía del código de barras situado en la contraportada del libro y otra del ticket de compra a la dirección:

ebooktirant@tirant.com

En un máximo de 72 horas laborables le enviaremos el código de acceso con sus instrucciones.

La visualización del libro en **NUBE DE LECTURA** excluye los usos bibliotecarios y públicos que puedan poner el archivo electrónico a disposición de una comunidad de lectores. Se permite tan solo un uso individual y privado.

PROTECCIÓN DE LA AUTONOMÍA UNIVERSITARIA Y DEFENSA DE LAS COMPETENCIAS EN LA LEY ORGÁNICA DEL SISTEMA UNIVERSITARIO

Procedimiento de selección de originales, ver página web:
www.tirant.net/index.php/editorial/procedimiento-de-seleccion-de-originales

PROTECCIÓN DE LA AUTONOMÍA UNIVERSITARIA Y DEFENSA DE LAS COMPETENCIAS EN LA LEY ORGÁNICA DEL SISTEMA UNIVERSITARIO

JUAN CARLOS GAVARA DE CARA
Catedrático de Derecho Constitucional
Universidad Autónoma de Barcelona

tirant lo blanch
Valencia, 2024

EDITA: TIRANT LO BLANCH
C/ Artes Gráficas, 14 - 46010 - Valencia
TELFS.: 96/361 00 48 - 50
FAX: 96/369 41 51
Email: tlb@tirant.com
www.tirant.com
Librería virtual: www.tirant.es
DEPÓSITO LEGAL: V-3664-2024
ISBN: 978-84-1071-623-0

Si tiene alguna queja o sugerencia, envíenos un mail a: *atencioncliente@tirant.com*. En caso de no ser atendida su sugerencia, por favor, lea en *www.tirant.net/index.php/empresa/politicas-de-empresa* nuestro procedimiento de quejas.

Responsabilidad Social Corporativa: *http://www.tirant.net/Docs/RSCTirant.pdf*

Índice

Introducción

El sistema universitario español ha sufrido profundos cambios desde que se aprobó la Constitución con la finalidad de crear y aplicar la autonomía universitaria, que ni como garantía institucional, ni como derecho fundamental, estaba prevista normativamente en el anterior régimen. Sin embargo, a lo largo de estos 45 años de vigencia constitucional se ha tenido que asumir y estructurar al mismo tiempo profundas modificaciones del modelo universitario. Estas reformas en el sistema universitario se han centrado entre otros temas en la articulación del Espacio Europeo de Enseñanza Superior que ha supuesto cambios en la metodología docente universitaria, en la internacionalización de la actividad investigadora y docente, pero también en el sistema de gobierno universitario y de rendición de cuentas con la creación de Agencias de Calidad Universitaria tanto a nivel estatal como autonómico, con introducción progresiva de una nueva distribución de competencias entre el Estado y las Comunidades Autónomas, cuya última versión constituye, tal como se podrá concluir, el eje central de la Ley Orgánica 2/2023, de 22 de marzo, del Sistema Universitario (LOSU)[1]. No obstante, también se ha tratado de desarrollar y

---

1 En la Exposición de Motivos de la LOSU se alude a la duplicación en número del estudiantado universitario, a la insuficiente financiación pública, a las disfunciones del profesorado por las bajas tasas de reposición, a la precarización del profesorado asociado e interino, al envejecimiento de las plantilles, como problemáticas que pretende solucionar la LOSU, aunque lo cierto es que se trata de problemas coyunturales y no estructurales, que difícilmente incidirán en una mejora del sistema universitario. En general, sobre la exposición de motivos de la LOSU, vid. RIVERO ORTEGA, R., "Exposición de motivos y Título Preliminar", en AAVV, *La reforma*

ampliar la autonomía universitaria en esta última reforma, que permite caracterizar a las Universidades como tercer agente en el nuevo marco de distribución de competencias, aunque dependiente de la configuración legislativa estatal y autonómica.

En nuestro Estado, en este periodo hemos visto como se ha generalizado el acceso a la educación superior de las nuevas generaciones con cifras cuantitativas desconocidas y no imaginadas con anterioridad y que ha conllevado un crecimiento desmesurado de Universidades y centros universitarios, tanto públicos como privados, acompañado de una potenciación creciente de la función investigadora sobre todo en las Universidades públicas, aunque se ha disminuido el crecimiento y la financiación de esta actividad investigadora durante los últimos quince años que se pueden considerar de crisis económica, social y política, e incluso sanitaria, a nivel general y global, pero con unas repercusiones directas en el mundo universitario tanto a nivel docente con la introducción de metodología no presencial en un contexto presencial, como de investigación con innovaciones como el ChatGPT o la IA. En los últimos años las Universidades privadas han ido adquiriendo un protagonismo creciente (para el curso 2024-25 se calculan 43 universidades privadas en funcionamiento y en un crecimiento sin límites -eran solo 16 en 1997-, frente a las 50 universidades públicas que se encuentran estabilizadas -la última universidad pública que se creó en España fue la Politécnica de Cartagena en 1998-) convirtiéndose en referentes en la función docente, sobre todo en el ámbito de las Ciencias Sociales y de aquellos estudios universitarios con fuerte demanda social[2].

---

universitaria de 2003. Comentarios a la Ley Orgánica 2/2003, de 22 de marzo, del Sistema Universitario, dir. Ricardo Rivero Ortega, Aranzadi, Cizur Menor, 2023, p. 29 y ss.

2 De nuevo la Exposición de motivos de la LOSU es consciente de este incremento de las Universidades privadas, llamando la atención

Las universidades privadas han crecido al mismo tiempo que se ha limitado a las universidades públicas, ya que por decisión pública o política se ha limitado la oferta de plazas públicas de estudio (no han crecido o se han dispersado lo que permite que se ocupe por las universidades privadas el espacio dejado), y por las consejerías autonómicas se controla la oferta de estudios y titulaciones, así como las plazas de PDI tanto funcionariales como laborales por la vía financiera. Además, las universidades públicas disponen de unos controles internos (al margen de los externos) sobre aspectos de la actividad que dificultan y burocratizan en extremo la posibilidad de desarrollar oferta de plazas, titulaciones o incluso la carrera académica universitaria. Por otra parte, las universidades públicas tienen la responsabilidad social de ofertar titulaciones de baja demanda social, es decir, ocupan una función subsidiaria y cada vez mayor en la docencia y en la actividad universitaria. Las universidades privadas se benefician de una mayor flexibilidad en su funcionamiento y con la posibilidad de centrarse en una oferta de titulaciones con alta demanda social y centrada en la posibilidad de obtener beneficios económicos en su actividad. La alta rentabilidad del negocio universitario ocasiona que los fondos de inversión, incluso extranjeros, quieran invertir en enseñanza universitaria a través de la creación de universidades privadas o la incorporación de capital a las existentes.

La LOSU parece partir de una concepción crítica con el sistema universitario actual, que no deja de pecar de un grado de infantilismo, con consecuencias directas para las Universidades públicas, que son las que constituyen el eje de su regulación.

---

sobre el aumento de la oferta educativa, pero se debe garantizar la calidad a pesar de que la realidad de controlar y auditar a cualquier Universidad pública o priva da es baja en relación con las instituciones y la ordenación de las respectivas enseñanzas. En el Ranking de Shanghái solo consta una universidad privada frente a las 37 universidades públicas incluidas.

El esfuerzo centrado en la transformación y democratización, alejándose de una concepción elitista, de la financiación privada, así como la divulgación amplia de la investigación como una ciencia abierta, accesible a todos y no mercantilizada, son condiciones aplicables a las Universidades públicas y no a las privadas, que también se van a ver beneficiadas al no someterse a ese conjunto de obligaciones y condiciones. Por otra parte, la intercomunicación entre Universidades y sociedad para crear espacios de formación para jóvenes, para la transferencia en los procesos de actualización laboral y personal en el contexto universitario implica una elaboración de títulos propios y de formación profesional en el seno de la Universidad que se ejercerá a través de títulos propios, pero que internamente en las universidades públicas son dificultados por un exceso de burocracia y de control interno, que en esencia facilita que las Universidades privadas que son mucho más flexibles en su actividad puedan ofrecer unos resultados y unas respuestas más específicas y rápidas a las demandas sociales. En cualquier caso, conviene insistir que el art. 1.2 LOSU no diferencia entre las funciones centrales de las Universidades públicas y privadas, es decir, docencia, investigación y transferencia de conocimiento, centradas sobre todo en los títulos universitarios oficiales de Grado, Máster Universitario y Doctorado, pudiéndose desarrollar otras actividades formativas como las reseñadas. No es extraño que se empiece a pensar que las universidades privadas reciben todos los beneficios de la autonomía universitaria, pero ninguna de las dificultades ya que la rendición de cuentas y el control tienen en la práctica una repercusión menor que las exigidas a las universidades públicas.

Cuando la sociedad se encuentra en una situación de crisis a nivel global, la Universidad profundiza en los aspectos más críticos de su realidad, que se traduce en una peor financiación, un intento de centrarse en el modelo de gestión colegial lo que dificulta la adopción de decisiones que puedan resolver problemas y una acentuación de su carácter local con una mayor endogamia y poca movilidad de su personal y de los estudiantes. En este sentido, el modelo de funcionamiento de la Universidad cada vez se parece más al modelo de gestión de un Ayuntamiento o municipio con intereses propios vinculados a su territorio y su realidad social, aunque con la peculiaridad de que no se cumple la finalidad principal de las Universidades que responde a una gestión de alcance global, es decir, un servicio público de educación superior mediante investigación, docencia y transferencia de conocimientos al servicio de la sociedad en general y que no debería estar vinculada exclusivamente a intereses de alcance territorial y de su realidad política y social. La Universidad responde a valores universales y globales en los que reside su razón de ser, de forma que su organización se debe vincular a intereses de similar alcance y no a su realidad concreta, temporal o exclusivamente a los intereses territoriales de carácter político o social. Una Universidad localista se aleja de su finalidad principal. Seguramente la LOSU no ha sido capaz de responder a estas problemáticas, ya que parece profundizar en el modelo localista a través de una ampliación y un mayor reconocimiento de las competencias de las CCAA e incluso de las propias Universidades, pero siempre con una fuerte dependencia autonómica.

En la actualidad hay una tendencia creciente a que el gasto público se estanque en nuestras sociedades, por lo que el modelo universitario no se puede basar, tal como ha venido sucediendo en las últimas décadas, en el constante crecimiento de las Universidades en número y en importancia material, ni en el incremento de sus presupuestos. El sistema cada vez más está centrado en su cliente, en la docencia, en la transferencia de conocimiento, es decir, el estudiante y la sociedad. En general, no interesa un profesorado centrado en el conocimiento y la ciencia, ni en la docencia de calidad, ni la investigación[3], lo que tendrá como corolario la pérdida de la exclusividad de la enseñanza superior por parte de la Universidad en algunos ámbitos materiales del sector educativo y científico, con unos nuevos enfoques de enseñanza superior no universitaria y de formación permanente de adultos. En este sentido, también será frecuente que en los sectores formativos de carácter superior aparezcan nuevos agentes y actores independientes vinculados a sectores industriales o empresariales o a grandes empresas que organizarán sus propios sistemas de educación superior al margen del actual sistema universitario público.

El proceso de modernización y mejora de la calidad del sistema universitario va a requerir analizar múltiples factores y sin duda entre ellos destacan el alcance de la LOSU y sus consecuencias para la autonomía universitaria en materia de creación de Universidades y estructuras universitarias, de ordenación de enseñanza, de personal al servicio de la Universidad y de financiación, entre otros temas. En España, el sistema público universitario se compone de unas ciento cincuenta mil personas (unas cien mil de personal docente, unas cuarenta mil en CDU), traspasadas a las Comunidades Autónomas en su mayoría (salvo el personal de la UNED y de la UIMP), con un

---

3 En la propia Exposición de motivos de la LOSU se hace referencia a los cambios de en la metodología docente, ya que "la autonomía del aprendizaje en un entorno digital permite al profesorado centrarse en guiar la reflexión, e innovar la experiencia docente, complementando así el papel tradicional centrado fundamentalmente en el control de la memorización, habida cuenta de la disponibilidad y accesibilidad de la información a través de Internet". En este modelo se descalifica el uso de la memoria, pero lo cierto es que sin memoria no hay reflexión, ni innovación, a lo que se debe añadir que el conocimiento determina de forma objetiva el aprendizaje, mientras que las reflexiones determinan el aprendizaje de forma subjetiva y no siempre son aplicables a todos los ámbitos de conocimiento.

personal docente que puede calificarse en tanto que empleado público como peculiar y singular, con características propias fruto de una evolución de los regímenes de vinculación susceptibles de variar entre las distintas CCAA y que si se sigue profundizando en las diferencias requerirá en un futuro no muy lejano de una armonización entre ellas, seguramente reclamada por las propias Universidades públicas debido a las diferencias que puede ocasionar entre ellas, aunque la LOSU no solo no ha contemplado esta problemática, sino que seguramente, complicando la situación, ha profundizado en la misma. En relación al personal técnico, de gestión y de administración y servicios (PTGAS) de las Universidades, tiene sus problemáticas propias, en el que destacan la creciente desaparición de su personal funcionarial y la tendencia a convertir en laborales todas las categorías, la consideración de las plantillas técnicas y de gestión como insuficientes con múltiples categorías a extinguir en el ámbito universitario (prácticamente es inexistente el grupo A) y con bajos porcentajes en los grupos I y II del personal laboral. En este contexto, se debe tener en cuenta que en las Universidades el personal exclusivamente investigador se considera PTGAS, al no existir categorías exclusivas de personal investigador adscritas al PDI. La promoción laboral y la movilidad entre el PTGAS y las distintas Universidades son inexistentes, salvo acuerdo o convenio entre Universidades, lo que demuestra en este contexto una desidia evidente del legislador autonómico, pero también del estatal. El PTGAS se convierte en un personal adscrito a cada Universidad, en la que en su gran mayoría desarrolla toda su carrera profesional, de conformidad con los criterios singularizados por las cambiantes gerencias de cada Universidad.

Finalmente, se debe destacar que el sistema de financiación de la Universidad basado en su autonomía ha sido insuficiente, siendo el sector dónde se concentran la mayor parte de las críticas por parte de los actores universitarios, incluidos los Gobiernos universitarios en cualquiera de sus facetas, PDI,

PTGAS, estudiantes o sindicatos, cuando, a pesar de la baja cantidad del PIB destinada a la educación superior en comparación con el resto de los Estados de nuestro entorno, la eficacia del gasto ha sido muy relevante. En relación con los ingresos universitarios, la transferencia pública supone alrededor del 80% de la cantidad global de gasto, con lo que la dependencia gubernamental y política es muy alta y sin posibilidad de reformar esta realidad, ya que los otros ingresos sobre los distintos conceptos previstos en la LOSU apenas podrán variar o incrementarse en un futuro. Las tendencias financieras en la Universidad pública, que no deja de ser un servicio público como otros y en el que en base a las transferencias se puede cubrir incluso la casi totalidad de las necesidades financieras universitarias, se modifican a largo plazo y en porcentajes minúsculos en su variación año a año, ya que la mayor parte del gasto es corriente y de personal, no pudiéndose eliminar. La LOSU parece que tampoco ha optado por buscar soluciones definitivas, sino por criterios programáticos a desarrollar en un futuro por las CCAA.

Este trabajo no intenta abordar y ofrecer soluciones sobre los aspectos problemáticos de la autonomía universitaria, del personal universitario (PDI y PTGAS) o de la financiación universitaria, sino que se va a centrar en determinar las implicaciones de la LOSU, la distribución de competencias entre Estado, Comunidades Autónomas y Universidades en dichas realidades, en las que se ha producido en estos 45 años de democracia constitucional un desplazamiento desde la competencia exclusiva del Estado a una competencia que prácticamente se puede considerar ejecutiva y exclusiva a efectos prácticos de las CCAA y de las Universidades, ya que si bien debe respetar las bases normativas fijadas por el Estado en la LOSU, tienen una capacidad de incidencia tan elevada que casi se puede considerar como testimonial el alcance de la autonomía universitaria en materia de personal o de financiación universitaria, que serían dos de sus ámbitos más importantes y característicos del alcance nuclear de la autonomía universitaria al menos teóricamente, ya que su realidad y alcance real es mucho menor.

La Universidad pública desarrolla el conjunto de actividades propias de la Universidad (docencia, investigación y transferencia de conocimientos), cuantitativamente es superior su número (cincuenta, aunque sin crecer desde 1998) a las Universidades privadas (43 en funcionamiento, contando las de la Iglesia), pero la Universidad pública constituye el objeto principal y se puede afirmar también que exclusivo en el que se centra las reformas legislativas y normativas de desarrollo. En este contexto, la LOSU reconoce una mayor autonomía universitaria a las Universidades privadas, permite su crecimiento constante estando a punto de equilibrarse con las públicas en número, les deja libertad a la hora de ofrecer estudios que se centran en los de mayor demanda y menor coste, sin responder a intereses de las autoridades autonómicas, ni a criterios de oportunidad política, ni a mapas de titulaciones que suelen ser en muchos casos inexistentes o más estrictos en relación con las universidades públicas. En esencia, el sistema siempre ha favorecido el desarrollo de la Universidades privadas y la congelación o decrecimiento de las públicas. Las sucesivas crisis económicas de los últimos 15 años se han resuelto mediante decisiones políticas que siempre han perjudicado a las universidades públicas y que a corto y medio plazo han beneficiado a la universidades privadas que han podido ocupar el espacio educativo que se ha obligado a dejar a las públicas. Los ámbitos que se podían considerar como prioritarios en las universidades públicas como un PDI de calidad, unas becas y ayudas al estudio amplias y una actividad centrada en la investigación con una financiación casi exclusiva, empieza a entrar en crisis. El PDI funcionario ha sufrido una congelación desde la crisis del 2008 que ha generado un envejecimiento de plantillas con cifras muy críticas y sin posibilidades de renovación a corto plazo y con unas demandas crecientes de financiación pública en actividades de investigación y en becas y ayudas al estudio por parte de las universidades privadas.

En el sistema universitario se dan numerosos títulos duplicados por las Universidades sin necesidad, numerosas Universidades pequeñas no especializadas (todas las Universidades normativamente son generalistas, sin especializaciones), Universidades duplicadas y sin diferenciación (casi todos tienen la misma oferta académica, sin mapa de titulaciones autonómico o estatal y con un exceso de generalización), una historia de decisiones concretas y dependientes de los gobernantes de turno sin pensar en las auténticas necesidades e intereses, unos recursos humanos e infraestructuras derrochadas, una mala o pésima financiación acompañada de una escasa capacidad de generar recursos (los recursos provenientes de personas privadas suelen ir a las Universidades privadas), que tampoco ha sabido corregir la política de campus de excelencia internacional. En definitiva, los problemas estructurales no se han sabido o podido abordar y resolver a través de las sucesivas reformas, pero lo cierto es que ha sido una consecuencia de las decisiones estatales o autonómicas, pero no de las propia universidad pública. La realidad es una burbuja académica en las Universidades públicas a punto de estallar, de la cual puede servir de ejemplo, los 17 grados y facultades de veterinaria (cuatro en la Comunidad Valenciana, tres en Madrid, dos grados en Cataluña) que son de los más costosos de crear y mantener en infraestructuras y personal, cinco abiertas recientemente (tres públicas y dos privadas), desbordando las recomendaciones europeas de una facultad de veterinaria cada 7-10 millones de personas con una Europa que disminuye progresivamente el sector primario a toda velocidad. Comparado con la R. F. de Alemania que tiene 5 facultades y más del doble de población, Reino Unido seis, Francia cuatro, tan solo Italia tiene un número similar al nuestro, pero con mayor número de población (y estudiando en cerrar algunas Facultades), pero en todos los indicadores superamos ampliamente al resto de los Estados europeos. En consecuencia, nuestro sistema en este caso se caracteriza por la descoordinación, ausencia de mapa universitario, visión clientelar autonómica a corto plazo, que precisamente son los factores que se pensaba que iba a abordar la LOSU, pero que ha profundizado en su desarrollo.

Los numerosos informes realizados desde hace más de una década sobre iniciativas de reforma del sistema universitario se centran en la necesidad de un pacto político y social para abordar dicha reforma (el exceso de cambios y de propuestas de cambios hace que el sistema universitario esté sometido a modificaciones y cambios excesivamente constantes sin que haya una estabilidad normativa sostenible en el tiempo, de modo que las nuevas leyes y reformas normativas siempre son exclusivamente de la mayoría gubernamental), de la selección del profesorado (sometido a vaivenes constantes, con sistema de oposición controlado por la propia universidad, sistema de habilitación controlado por las escuelas de cada área de conocimiento, sistema de acreditación nacional sin plaza adscrita, sistema con acreditación pública, nacional, presencial y competitiva, sistema con acreditación autonómica y sin pleno control por la Universidad que es el establecido por la LOSU), el sistema de gobierno (progresivamente se va requiriendo pasar de un modelo de tradición europea a un modelo estadounidense, en la que se sugiere crear un consejo de universidad, resultante de una fusión entre los actuales Consejo de Gobierno y Consejo Social, es decir, miembros internos y externos, que reduciría la democracia interna, designaría al Rector permitiendo que sea una persona ajena a la Universidad), pero también al mismo tiempo se reclama mayor flexibilidad y libertad de las Universidades para configurar su sistema de gobierno, aunque siga dicho gobierno en manos de una mayoría académica para garantizar la autonomía universitaria (teóricamente es el modelo LOSU), la financiación (el mayor ámbito de discusión por su insuficiencia, sobre todo en comparación con las mejores universidades del mundo, pero con una eficiencia destacable en la utilización de los recursos, aunque la LOSU no lo ha abordado en profundidad), la rendición de cuentas y de calidad (que genera un gran número de reticencias la realización de una evaluación externa, no siempre sometida a unos parámetros claros y a unos evaluadores especializados y con criterios comparativos, a lo que se debe añadir que a partir de la LOSU será una competencia ejercida fundamentalmente por la agencias de calidad autonómicas en casi todas, teniendo cada vez más un rol subsidiario la ANECA) y estudios y títulos (sometidos como consecuencia del proceso de Bolonia a cambios constantes en cuanto a su duración, definición de contenidos, competencias y habilidades, sin parámetros y criterios claros sobre los distintos tipos de estudios). Los problemas y las alternativas son más o menos claras en la actualidad, pero las soluciones son difíciles de encontrar y de abordar en las circunstancias concretas, ya que los problemas no son recientes, responden a unas estructuras antiguas e históricas no fáciles de modificar, y que en lo fundamental tampoco parece que lo haya abordado o conseguido la LOSU[4].

Las Universidades reclaman constantemente una mayor autonomía para la fijación de los intereses propios y la gestión ordinaria, pero la mayor autonomía viene acompañada de una serie de principios y criterios relacionados con la rendición de cuentas, la financiación y la política de becas, tal como establece el art. 3.5 LOSU, que son los que permiten estructurar y controlar el ejercicio autónomo y pleno de las competencias necesarias para desarrollar su actual actividad. En este sentido, parece que la LOSU ha profundizado en el reconocimiento de

---

[4] Un cuadro resumen de las principales problemáticas del sistema universitario en Vid. PARRAS ROSA, M., "Los factores de cambio en el Sistema Universitario Español y las misiones universitarias", en AAVV, *Lecturas de política y gestión universitarias*, Thomson Reuters Aranzadi, Cizur Menor, 2021, p. 53-59

autonomía a favor de la Universidad en muchos ámbitos con un resultado que parece incierto ya que precisa su reconocimiento y desarrollo en los respectivos Estatutos de la Universidad, lo que producirá una diversidad de criterio, y una aplicación en el futuro para determinar su alcance real.

En cualquier caso, la rendición de cuentas, desde otra perspectiva, parece que solo se base en los parámetros de los rankings de las Universidades que pueden responder a criterios externos o internos, de forma que los mecanismos de control pueden ser de autoevaluación o heteroevaluación, a partir de datos públicos o datos externamente elaborados. De todos modos, es fácil constatar que las Universidades en base a su autonomía son contrarias a evaluaciones externas. Sin embargo, en esta época los datos sobre la realidad universitaria son muy amplios, ya que se conoce el número y calidad de la producción científica, el número de alumnos matriculados, el número de profesores, los grados y másteres ofertados, la producción científica por profesor, el éxito en las ofertas de grados y máster o la captación de recursos, así mismo las webs de cada Universidad deben ofrecer información sobre el nivel de sus egresados y sobre otros datos de interés. Esta documentación, que es mucho más amplia, permite realizar, al margen de los criterios que pueden aplicar las agencias de calidad, una valoración al conjunto de la sociedad sobre la realidad y los resultados buscados y si concuerdan con sus propias peticiones de cada Universidad.

Por otra parte, en un futuro próximo, a pesar de que no ha sido la opción de la LOSU, aunque deja abierto el sistema, es previsible que la calidad de las Universidades determine su financiación, ya que la financiación pública no debe ser igualitaria, sino depender de su funcionamiento y objetivos y sobre todo de su tamaño y de las prestaciones que ofrece a la sociedad. En materia de financiación se ha intentado una de carácter más amplio para las cinco primeras y más punteras, siguiendo el modelo francés e inglés de campus de excelencia, pero al declararse muchos como tal, en realidad casi todos los que se presentaron a la convocatoria, ha dejado sin efectos las posibilidades de profundizar en la materia. En cualquier caso, en la actualidad la financiación universitaria en las públicas no puede basarse en la propia captación de ingresos que son ineficientes en relación con el conjunto del gasto real, aunque la interacción con su entramado empresarial y social debe ser una de sus principales lógicas a desarrollar en el futuro. La financiación pública y real tampoco es la opción por la que ha decantado la LOSU, ya que se ha limitado a fijar que debe alcanzar el 1% del PIB, pero sin concretar ni el destinatario de la obligación, ni el espacio temporal real para fijar el alcance de dicha cantidad, lo que convierte a la obligación en una desiderata. En el art. 3.4 LOSU se establece que todas las Administraciones Públicas deberán asegurar la suficiencia y la estabilidad financiera de la Universidades.

Desde otra perspectiva, la política de becas amplias es necesaria en la medida que disminuya la dependencia económica y la financiación pública, pero deben ser aplicadas a estudiantes motivados y con alto rendimiento en sus estudios. Se plantean cuatro modelos de financiación conectados a los costes de los estudios, es decir, precios bajos y un bajo número de becas (Francia, Suiza), precios bajos y un gran número de becas (norte de Europa), precios elevados y un gran número de becas (modelo anglosajón, EEUU. Reino Unido, Australia) y precios elevados y un bajo número de becas (modelo asiático, Japón). Las variantes son numerosas, la tendencia debería ser el modelo del norte de Europa, pero la realidad cada vez es más próxima al modelo asiático, ya que no ha sido una de las preocupaciones de la LOSU, que se ha limitado a mencionar que las becas se deben vincular a la situación socio-económica del solicitante y la necesidad de que se debe avanzar hacia la gratuidad de la educación superior universitaria, mediante la reducción de precios públicos y la disminución de la disparidad de precios entre CCAA[5].

Finalmente, aunque se hace difícil determinar que grupos de interés o colectivos se benefician más de la LOSU que al fin y al cabo será una cuestión para tratar con el transcurso del tiempo, sí que se pueden determinar los colectivos que han influenciado más en su contenido. En este sentido, aunque la CRUE carece de criterios corporativos si se puede observar su influencia en numerosos aspectos, por lo menos en los que resultan más novedosos con relación a las incorporaciones de contenido en la autonomía universitaria[6]. Los sindicatos

---

5 Los Estados se pueden agrupar según el coste universitario que se financia con fondos públicos entre los que financian más de un 80% del coste universitario con fondos públicos [Dinamarca (99%), Finlandia (96%), Luxemburgo (94%), Noruega (93%), Austria (91%), Suecia (88%)], los que financian entre un 60 y 80% del coste universitario con fondos públicos [Francia (79%), Holanda (70%), España (68%), Portugal (67%), Italia (65%)] y los que financian menos del 40% del coste [Corea (38%), Australia (36%), Estados Unidos (35%), Japón (31%), Reino Unido (29%)]. Sobre la política de becas en España, vid. HERNÁNDEZ RUIZ, L., "La política de becas universitarias en España", en AAVV, *Lecturas de política y gestión universitarias, op. cit.*, p. 249-283

6 En este sentido, es significativa la obra colectiva, AAVV, *Lecturas de política y gestión universitarias*, coord. por María Teresa Lozano Mellado, Juan Francisco Juliá Igual; Manuel Parras Rosa (dir.), María Antonia García Benau (ed.), Juan Hernández Armenteros (ed.), Teodoro Luque Martínez (ed.), José Antonio Pérez-García (ed.), Thomson Reuters Aranzadi, Cizur Menor, 2021. Esta publicación propiciada por la CRUE como consecuencia de un Diploma de posgrado en Política y Gestión Universitarias organizado en la U. de Jaén, cuenta con numerosas aportaciones de los ponentes, especialistas, profesores, exrectores, que marcan las tendencias de algunos de los cambios y las novedades incluidas en la LOSU. Esta obra no es una respuesta oficial, pero si el fruto de una actitud más proactiva de esta asociación.

pueden considerarse como muy influyentes en las novedades de regulación del PDI laboral ya que importantes reivindicaciones han sido integradas entre sus disposiciones, aunque dirigidas exclusivamente a los colectivos laborales más desfavorecidos por las medidas políticas y económicas adoptadas en los periodos de crisis[7]. El problema de la endogamia en el PDI ha implicado que se vuelva a criterios del pasado con una presencia de miembros externos más significativa en los tribunales, lo que se puede considerar como una medida de interés general. Evidentemente, el incremento y la consolidación de las competencias autonómicas en la materia se puede considerar la repercusión más importante de la LOSU. Por último, el incremento de la participación del estudiantado en el Gobierno de la Universidad se puede considerar como como la novedad más destacada de la LOSU fruto de las reuniones y negociaciones con el Ministerio de Universidades[8].

Este libro se dirige fundamentalmente a dos aspectos centrales del sistema universitario, la autonomía universitaria y la distribución de competencias, respecto de los cuales se determinarán las repercusiones que ha ocasionado la LOSU en sus ámbitos sustanciales de aplicación. La principal crítica residirá en la escasa repercusión para abordar las principales

---

7 Sobre el papel de los sindicatos en la universidad, vid. LÓPEZ DE LA FUENTE, G., "El papel de los sindicatos en la Universidad: Junta de Personal y Comité de Empresa", en AAVV, *Los límites orgánicos internos a la autonomía de las universidades públicas*, coord. por Felipe Rama Cerbán; Luis Esteban Delgado del Rincón (dir.), Fundación Manuel Giménez Abad, Zaragoza, 2023, p. 375-392

8 Sobre estas influencias, vid. RIVERO ORTEGA, R., "Introducción", en AAVV, *La reforma universitaria de 2003, op. cit.*, p. 26-27. Sobre la posición del estudiante en la Universidad, vid. BALIBREA CÁRCELES, A.-IRABURU ELIZALDE, M. J., "El estudiante como centro de la actividad universitaria", en AAVV, *Lecturas de política y gestión universitarias, op. cit.*, p. 331-356

problemáticas del sistema universitario. La autonomía universitaria se ha convertido progresivamente en un tema de defensa de las competencias contenidas en su ámbito material, perdiendo al mismo tiempo su caracterización exclusiva e inicial como derecho fundamental de ejercicio colectivo a pesar de que su mecanismo de protección y garantía se instrumentaliza como derecho fundamental que se protege eventualmente a través del recurso de amparo. En este sentido, se podrá comprobar a lo largo del trabajo que la autonomía universitaria y el ámbito competencial propio de las universidades se han convertido en dos elementos inseparables del sistema universitario. La caracterización de la autonomía universitaria como derecho de configuración legal determina que su ámbito de protección material se realice normativamente por el legislador, lo que convierte a su protección por la institución beneficiaria, es decir, la universidad en una defensa de sus competencias.

Poor último, se debe resaltar que este trabajo se ha desarrollado dentro de las actividades del Centro de Estudios de Derechos Humanos de la Universidad Autónoma de Barcelona, beneficiándose particularmente del apoyo del Prof. José Carlos Remotti Carbonell que ha hecho posible esta publicación.

Capítulo 1

La configuración legal de la autonomía universitaria

1.1.- SIGNIFICADO DE LA AUTONOMÍA UNIVERSITARIA

La autonomía como concepto jurídico se utiliza para reflejar la apertura de diversas potestades a favor de una institución pública, por lo tanto, tiene un contenido previo, fijado por Constitución o por ley, que establece las competencias y funciones que una institución puede realizar dentro de lo establecido en el marco normativo. En consecuencia, una vez fijado el marco funcional y competencial, el resto de las administraciones, incluidos los propios poderes que han dotado las competencias, no pueden ejercer dichas potestades, que tienen carácter exclusivo hasta el momento en que se vuelva a reformar el marco normativo para ampliar o reducir dichas potestades. Un punto muy característico del reconocimiento de la autonomía es la determinación del alcance de la potestad normativa interna para dotarse de reglas propias para su funcionamiento, sin que dicha potestad pueda ser controlada en base a criterios de autorización o de oportunidad, sino mediante criterios y controles jurídicos, es decir, las decisiones y actos del órgano decisorio son controlables y revisables por órganos judiciales con posterioridad a su adopción y, en el caso de la autonomía universitaria, también mediante la revisión técnica de legalidad de los Estatutos por las CCAA, aunque sin poder sustituir a la universidad en su voluntad normativa. La principal característica en el sistema constitucional de la autonomía universitaria es que se considera un derecho fundamental cuya protección se puede llegar a ejercitar mediante el recurso de amparo ante el Tribunal Constitucional, que es un elemento sui generis y criticado por la doctrina, pero característico, aunque la dependencia de configuración legislativa de su contenido ocasiona que más que un supuesto de libertad, deba ser entendido como una apertura de potestad y de competencia favor de las universidades.

El presupuesto de la aplicación de la autonomía es que la actuación en el marco de la ley *a priori* no puede estar sometida a autorización, ni siquiera a requisitos de comunicación, salvo otras justificaciones normativas, como puede ser el nombramiento de funcionarios. Sin embargo, dentro de este marco legal de autonomía universitaria se debe destacar que para algunas actuaciones hace falta una autorización material para la creación de universidades o presupuestaria, generalmente de las CCAA, así como la regulación del sistema para realizarla. En cualquier caso, se debe destacar desde un punto de vista material con la crisis económica del 2008 se ha generado una situación de regresión en dicha autonomía, al contar con menos medios, establecer requisitos y medidas generales para la adopción de decisiones, que no siempre permiten desarrollar con plenitud las actuaciones autónomas que puede ejercer una Universidad.

La autonomía universitaria no tiene un sentido univoco y su alcance y aplicación concreta es muy diversa en los diferentes países donde se reconoce, pero dicho reconocimiento tiene en común que se realiza en beneficio de las Universidades para determinar un margen de libre potestad y competencia en la configuración de su organización y el desarrollo de su actividad. En cualquier caso, la descentralización que posee cada universidad es de una calidad muy distinta a la de una mera descentralización administrativa, por su especial entidad funcional y completa apertura de los fines e intereses que debe promover y cumplir, que, a pesar de ser fines específicos y concretados por la ley y no estar presidido por unos fines generales asimilables a una descentralización política, implica el ejercicio de unas competencias y funciones más amplias que las meramente administrativas, ya que incluso incluye potestades normativas internas.

En este sentido, se debe tener en cuenta que cuando el art. 3.2.s LOSU establece que forma parte del contenido de la autonomía universitaria cualquier competencia o actuación necesaria para el cumplimiento de las funciones de las Universidades enumeradas en el art. 2.2 LOSU. Este precepto estipula unas funciones muy generales conectadas a la docencia, investigación y transferencia de conocimientos en todos los ámbitos científicos, y otras funcionalidades conectadas a la participación, transmisión de valores, derechos humanos, desarrollo sostenible y otros principios similares. En consecuencia, este art. 3.2.s LOSU otorga un carácter abierto al contenido de la autonomía universitaria, pero también actúa como cláusula residual, de modo que si una competencia o actuación se relaciona con las funciones del art. 2.2 LOSU se puede considerar como competencia de las Universidades, sobre todo si no está establecida de forma expresa a favor de la autoridad estatal o autonómica, aunque tendrá la posibilidad de modificar el art. 3.2 LOSU como norma atributiva de competencia de la autonomía universitaria para restringir dichas competencias residuales.

Del mismo modo que ha sucedido en otros Estados de nuestro contexto, estamos en medio de un proceso de reconversión de la Universidad que deja de ser una Universidad de docentes o profesores para introducir fórmulas de democratización de la actividad académica y científica en la que participan estudiantes, personal de administración y servicios y miembros externas pertenecientes a la sociedad civil. La continua aparición de problemas en la Universidad reclama soluciones coyunturales, dejando al margen la posibilidad de desarrollar planteamientos de interés general y dirigidos hacia el futuro dentro de este ámbito. El aumento del número de estudiantes; las nuevas titulaciones no suficientemente contrastadas con las necesidades laborales o sociales; la desocupación en numerosos sectores que afectan a diversas titulaciones de carácter universitario; la falta de adecuación profesional de títulos de Máster o de Doctorado en la sociedad con poca o escasa incidencia profesional; el reparto de subvenciones y fondos, la discrecionalidad, el secreto y poca transparencia en las mismas; un refuerzo del poder de la burocracia en el interior de cada Universidad como elemento continuista frente a la decisión de la dirección política del equipo rectoral; la desmotivación de la capacidad científica individual, la endogamia y el localismo; el proceso de Bolonia y el desarrollo del Espacio Europeo de Educación Superior; la necesidad de modernización, competitividad e inserción en el sistema productivo; la internacionalización, la búsqueda de calidad o excelencia, son problemas que se deben abordar desde la autonomía universitaria, ya que ni la LOSU, ni las distintas Administraciones tienen una voluntad política para abordar estas problemáticas de forma general ni a nivel estatal, ni a nivel autonómico. No se debe olvidar que es cada una de las Universidades individualmente considerada, quien debe abordar y solucionar unos problemas de complejidad extrema con sus propias potestades de solución, pero que al mismo tiempo imposibilita que se adopte una perspectiva adecuada y general que no se aborda ni por los poderes públicos, ni por la propia Universidad, ni desde la comunidad universitaria desbordada por el día a día[9].

---

[9] Para una visión global de la problemática universitaria, que no ha sufrido excesivos cambios en las últimas décadas, vid. SOSA WAGNER, F., *El mito de la autonomía universitaria*, Aranzadi, Cizur Menor, 2007, 3ª ed.; CARRERAS SERRA, F. de, "A propósito de Bolonia: ¿Quo vadis la Universidad española?", *Revista General de Derecho Constitucional*, núm. 9, 2010, p. 8.

Las Universidades precisan de un elevado grado de autonomía, pero aún con ella carecen de capacidad para adoptar medidas regulativas sobre planes de estudio, titulaciones, adaptabilidad a los cambios sociales y económicos y para abordar con ánimo de solución muchos de los problemas a los que se debe enfrentar. Su capacidad de incidencia en el interés general o de colaborar con las otras Universidades para abordar dichas problemáticas es mínima. En cualquier caso, analizar el espacio que la legislación deja hoy a la autonomía universitaria y la previsible incidencia del paradigma sobre la autonomía, la excesiva reglamentación y la progresiva burocratización que este genera, permite caracterizar la existencia en España de unas universidades autónomas, pero, en el fondo, básicamente uniformes, tanto en su organización como en su gestión y en el cumplimiento de sus funciones básicas, así como en sus resultados[10], con la consecuencia de que se puede deducir la escasa relevancia de la autonomía universitaria en nuestro contexto, o al menos la escasa utilización de sus posibilidades.

Cualquier miembro de la comunidad universitaria tiene plena conciencia de la existencia de la autonomía universitaria, incluso se puede caracterizar como un derecho fundamental, pero es difícil que se pueda encontrar a muchos miembros que puedan de forma específica y concreta precisar su contenido o sus consecuencias, lo que permite evidenciar las dificultades objetivas que presenta el tema. En cualquier caso, se debe destacar que la autonomía universitaria significa reconocer subjetivamente la potestad de dotarse de una normativa jurídica propia y objetivamente con el carácter propio de un ordenamiento que se constituye por sí mismo en base a las decisiones de sus propios individuos o entes, no por terceros

---

[10] CÁMARA VILLAR, G., "La autonomía universitaria en España hoy, entre el mito y la realidad", *Revista catalana de dret públic*, 2012, núm. 44, (Ejemplar dedicado a: Canvi de model a la Universitat?), p. 73

ajenos al mismo[11]. En este sentido, el eje para concretar dicha autonomía va a ser los Estatutos universitarios, que fijarán específicamente dicho alcance.

Desde otra perspectiva, la autonomía posee otro elemento característico y específico que se basa en que la formación de su ordenamiento se relaciona a partir de un cierto grado de dependencia con otro ordenamiento, con una norma de cabecera que forma parte de los dos ordenamientos o dentro de las previsiones de la ley que desarrolla el contenido de la autonomía, como sucede en la actualidad en el caso de las Universidades con la LOSU. Este acto normativo es el que fija el alcance de la autonomía universitaria en el marco del art. 3.2 LOSU, pero además la LOSU se puede remitir a la legislación autonómica para regular parte de la temática que pueda tener una incidencia indirecta en la autonomía universitaria, siempre que no sea en relación con alguno de los preceptos reservados a la ley orgánica o a la normativa básica estatal.

La autonomía implica potestad para atender los intereses propios de la institución respectiva dentro de un marco competencial con libre potestad de autodisposición y disponer de los medios necesarios para satisfacer dichos intereses. Una vez fijados dichos intereses propios, el resto de los órganos no pueden por incompetencia ni disponer, ni satisfacer dichos intereses, salvo modificación legislativa posterior. En el caso de la autonomía universitaria hay que destacar que no se concibe como autonomía política, como potestad de plena decisión, sobre intereses generales, prefijados en todo caso por la Constitución, sino como autonomía específica y administrativa, es decir, potestad de intereses propios, fijado por una ley específica de atribución de competencias, que debe desarrollarse

---

11 LÓPEZ-JURADO ESCRIBANO, F. de B., *La autonomía de las Universidades como derecho fundamental. La construcción del Tribunal Constitucional*, Madrid, Civitas, 1991, p. 26 y ss.

dentro de un marco normativo concreto y con incidencia de las funciones centrales de las Universidades.

1.2.- EL RECONOCIMIENTO CONSTITUCIONAL DE LA AUTONOMÍA UNIVERSITARIA

En el art. 27.10 CE se reconoció, sin definición ni caracterización, la autonomía de las Universidades, en los términos que la ley establezca[12]. Desde ese momento tanto el legislador como el Tribunal Constitucional se vieron ante la necesidad de dar sentido a una institución jurídica, introducida en el Título de los derechos fundamentales con la máxima protección constitucional y sin referentes a los que acudir. La autonomía universitaria es una innovación de la Constitución de 1978 que nunca se consideró ni como derecho fundamental, ni como garantía institucional en los estudios doctrinales clásicos sobre el tema, ni en las Constituciones anteriores de nuestro sistema[13].

---

12 Para una visión general del reconocimiento de la autonomía universitaria, vid. CAPODIFERRO CUBERO, D., "La configuración legal de la autonomía universitaria en el ordenamiento español", en GAVARA DE CARA, J.C. (Ed.), *La autonomía universitaria. Un reconocimiento constitucional entre la aplicación práctica y la configuración legislativa,* J.M. Bosch Editor, Barcelona, 2018, p. 25 y ss. Para un análisis de la autonomía universitaria en la LOSU, vid. CARLÓN RUIZ, M., "La autonomía universitaria en el cumplimiento de las funciones de las universidades en el marco de la nueva Ley Orgánica del Sistema Universitario", en HORGUÉ BAENA, C. (dir.), *La nueva ordenación de las universidades. Estudios sobre la ley orgánica 2/2023 del sistema universitario,* Iustel, Madrid, 2023, p. 47 y ss.

13 En Francia, la autonomía universitaria está desprovista de garantía constitucional, pero articulada legalmente, vid. STEIBLE, B., "La autonomía de las universidades en Francia. Un balance a medias tintas", en GAVARA DE CARA, J.C. (Ed.), *La autonomía universitaria.*

En los términos del reconocimiento constitucional, el legislador es el primer responsable de concretar las facultades en las que se debe desglosar la autonomía de las Universidades, mientras que el Tribunal Constitucional, a partir de la previa configuración legislativa, ha intentado precisar el alcance y la naturaleza jurídica de la institución, aunque hasta el momento no de un modo concluyente[14]. El Tribunal Constitucional ha defendido el carácter de derecho fundamental de la autonomía universitaria, considerándola como un auténtico derecho subjetivo de cada Universidad como persona jurídica[15], y como un derecho de la comunidad universitaria que forma parte de

---

Un reconocimiento constitucional entre la aplicación práctica y la configuración legislativa, op. cit., p. 117 y ss. En Estados Unidos se ha reconocido con rango constitucional al incluir a la autonomía universitaria entre los contenidos de la Primera Enmienda de la Constitución americana por el Tribunal Supremo, vid. DE MIGUEL BÁRCENA, J., "La autonomía universitaria en los Estados Unidos", en GAVARA DE CARA, J.C. (Ed.), *La autonomía universitaria. Un reconocimiento constitucional entre la aplicación práctica y la configuración legislativa, op. cit.*, p. 149. En Italia se reconoce en el art. 33.6 CI de un modo directo, pero como principio constitucional, no como derecho fundamental, vid. CAPPUCCIO, L., "La autonomía universitaria italiana entre Constitución y reformas", en GAVARA DE CARA, J.C. (Ed.), *La autonomía universitaria. Un reconocimiento constitucional entre la aplicación práctica y la configuración legislativa, op. cit.*, p. 176 y ss. En el caso alemán se establece como garantía institucional en el art. 5.3 LFB, que se concreta en las Constituciones de los Länder, vid. GAVARA DE CARA, J.C., "La autonomía universitaria en la R. F. de Alemania", en GAVARA DE CARA, J.C. (Ed.), *La autonomía universitaria. Un reconocimiento constitucional entre la aplicación práctica y la configuración legislativa, op. cit.*, p. 198-199, en especial, p. 208 y ss.

14 TORRES MURO, I. *La Autonomía universitaria. Aspectos constitucionales*, CEPC, Madrid, 2005, p. 37-38.

15 TARDÍO PATO, J.A. *El derecho de las universidades públicas españolas*, Vol. II, PPU, Madrid, 1994, p. 1248.

ella, pero con un distinto alcance en cada caso[16]. En la inicial e importante STC 26/1987 (TOL79.735), el Tribunal Constitucional planteó que la comunidad universitaria como sujeto difuso que vendría a representar a todos los que en un momento determinado forma parte de la institución, es titular del derecho, debiendo ejercerlo esencialmente a través de su órgano de representación, sin especificar si exclusivamente debe ser los órganos de la Universidad o también, por ejemplo, los de representación sindical. En todo caso, se puede deducir que la comunidad universitaria no puede ejercer la protección del derecho fundamental por cada miembro de forma individual, por lo que se trata de un derecho de ejercicio colectivo.

Con posterioridad se ha flexibilizado esta postura, en la medida en que se afirma que el art. 27.10 CE contiene una garantía institucional de carácter instrumental respecto de derechos fundamentales de terceros (los titulares de las diversas vertientes de la libertad académica, la individual y la institucional) que garantiza el ejercicio libre de injerencias externas de las funciones que se encomiendan a la Universidad[17]. La autonomía universitaria se presenta como una garantía de las facultades y la estructura necesarias para asegurar la libertad de ciencia frente a injerencias externas injustificadas, obviando cualquier mención expresa a su calificación como derecho[18], para enfatizar su carácter de elemento instrumental al servicio de la libertad académica[19]. En definitiva, aunque el contenido

---

16 El pronunciamiento inicial al respecto fue la STC 26/1987 FJ 4 a (TOL79.735), reiterándose, entre otras, en las STC 55/1989 FJ 2 (TOL80.266); STC 130/1991 FJ 3 (TOL80.544); STC 187/1991 FJ 3 (TOL80.599); STC 75/1997 FJ 2 (TOL83.218); STC 103/2001 FJ 4 (TOL104.632); o STC 206/2011 FJ 5 (TOL2.347.883).

17 STC 47/2005 FJ 6 (TOL598.423).

18 STC 223/2012 FJ 6 (TOL2.713.895); STC 131/2013 FJ 8 (TOL3.785.911); STC 141/2013 FJ 5 (TOL3.855.995).

19 STC 87/2014 FJ 4 (TOL4.373.236).

de la autonomía universitaria se vincula a derechos tradicionales de ejercicio individual, cuya protección se debe realizar por la comunidad universitaria y sus órganos de representación.

La constitucionalización de esta posición organizativa de la autonomía universitaria no puede desvincularse del reconocimiento de un derecho fundamental. La consecuencia de este hecho será la intención práctica de dotar a las Universidades de la posibilidad de emplear el recurso de amparo frente a las actuaciones de otras instancias de poder estatales o autonómicas que amenacen su posición jurídica[20]. Esencialmente en la práctica es un recurso de amparo, pero con una funcionalidad más parecida a un conflicto de competencias o de defensa de la autonomía universitaria. El principal problema es la existencia de un contenido esencial de la autonomía universitaria que deberá ser respetado por el legislador, quien no podrá disponer de aquellas facultades que resulten necesarias para que el derecho sea recognoscible como perteneciente al tipo descrito, ni de aquella parte del contenido del derecho que es absolutamente necesaria para que los intereses jurídicamente protegibles, que dan vida al derecho, resulten real, concreta y efectivamente protegidos[21]. Este contenido básico estaría constituido por todos los elementos necesarios para el aseguramiento de la libertad académica[22], de forma que el derecho se define como una garantía mediata o un refuerzo de la libertad científica y de cátedra, que serían los verdaderos derechos fundamentales

---

20 CÁMARA VILLAR, G. "La autonomía universitaria en España", en AAVV, *La democracia constitucional. Estudios en homenaje al profesor Francisco Rubio Llorente*, Vol. 1, Congreso de los Diputados/Tribunal Constitucional/Universidad Complutense de Madrid/Fundación Ortega y Gasset/Centro de Estudios Políticos y Constitucionales, Madrid, 2002, p. 688-689.

21 STC 11/1981 FJ 10 (TOL109.335); STC 37/1987 FJ 2 (TOL79.746) y STC 112/2006 FJ 10 (TOL865.146).

22 STC 26/1987 FJ 4 a (TOL79.735)

a proteger. En consecuencia, la autonomía universitaria se caracteriza como un derecho de estricta configuración legal, de modo que se identifica su contenido con las previsiones que la regulación infraconstitucional que al respecto quiera considerar como tal, reforzando en la práctica las funciones, el contenido y las facultades que enumeran en la actualidad los art. 2.2 y 3.2 LOSU, constituyendo la dimensión institucional de la libertad de ciencia y de cátedra (art. 3.3 LOSU)[23].

El ejercicio de estas facultades tiene como objetivo garantizar y hacer efectiva de forma objetiva e institucional la vertiente individual de esta libertad, pero con la dificultad de que su contenido se puede asimilar a las funciones que la propia Ley atribuye a la Universidad como persona jurídica en relación a la sociedad, es decir, se requiere un respaldo institucional específico como la existencia en su seno de una estructura orgánica y funcional que goce de atribuciones suficientes para garantizar que la actividad académica (entendida en sentido amplio, como investigación, docencia y transferencia de conocimiento), que se ejerce de forma individual y no colectiva. No se puede olvidar que tal como sucede con otros derechos fundamentales como el derecho de huelga, se trata de derecho de titularidad individual, pero de ejercicio y garantía colectiva, que tiene como fundamento y base un derecho de titularidad y ejercicio individual como puede ser la libertad de cátedra, académica y de ciencia. Evidentemente, los titulares de dichos derechos individuales pueden pretender una protección individual, pero con un contenido distinto, específico,

---

23 Sin embargo, la STC 106/1990 FJ 6 (TOL81.794), parece abrir la posibilidad a un mayor alcance objetivo del derecho al entender que el contenido legal podría en algunos casos considerarse insuficiente, pero al mismo tiempo da a entender que la Ley agota con sus previsiones dicho contenido, es decir, un exceso de apertura interpretativa sin una resolución definitiva.

diferente y estricto del propio de la autonomía universitaria, cuyo contenido se fija en el art. 3.2 LOSU.

En definitiva, la autonomía universitaria es la dimensión institucional de la libertad académica que garantiza y completa su dimensión individual, constituida por la libertad científica y de cátedra. Ambas sirven para delimitar ese espacio de libertad intelectual sin el cual no es posible la creación, desarrollo, transmisión y crítica de la ciencia, de la técnica y de la cultura que constituye la última razón de ser de la Universidad. Esta vinculación entre las dos dimensiones de la libertad académica explica que se protejan en la Constitución, aunque sea en artículos distintos (la libertad científica y de cátedra en el art. 20.1.b y c CE y la autonomía de las Universidades en el art. 27.10 CE)[24].

En consecuencia, se considera una constante de la interpretación y la jurisprudencia comparada considerar que la autonomía universitaria encuentra su razón de ser en el respeto a la libertad académica (de enseñanza, estudio e investigación) frente a cualquier injerencia externa, a fin de garantizar, en su doble vertiente individual y colectiva, la libertad de ciencia y de cátedra, ejercida dicha protección por los representantes de la comunidad universitaria en una función institucional y objetiva[25].

---

[24] STC 26/1987 FJ 4 (TOL79.735); STC 55/1989 FJ 2 (TOL80.266); STC 106/1990 FJ 6 (TOL81.794); STC 187/1991 FJ 3 (TOL80.599); STC 47/2005 FJ 5 (TOL598.423); STC 206/2011 FJ 5 (TOL2.347.883); STC 223/2012 FJ 6 (TOL2.713.895); STC 87/2014 FJ 4 (TOL4.373.236); STC 44/2016 FJ 4 (TOL5.713.543); STC 74/2019 FJ 4 (TOL7.278.792)

[25] En general, sobre la jurisprudencia constitucional en materia de autonomía universitaria, GAVARA DE CARA, J.C., "La autonomía universitaria en la jurisprudencia del Tribunal Constitucional", en GAVARA DE CARA, J.C. (Ed.), *La autonomía universitaria. Un reconocimiento constitucional entre la aplicación práctica y la configuración*

La primera implicación deducible del contenido esencial de esa autonomía no abarca tan sólo la potestad de autonormación,

---

legislativa, J.M. Bosch Editor, Barcelona, 2018, p. 53 y ss.; CARLÓN RUIZ, M., "La autonomía universitaria en el cumplimiento de las funciones de las universidades en el marco de la nueva Ley Orgánica del Sistema Universitario", *op. cit.*, p. 48-51. Para una visión de la evolución jurisprudencial y doctrinal de la autonomía universitaria en el sistema español, vid. EXPOSITO GÓMEZ, E., "Naturaleza, contenido y alcance constitucionales de la autonomía universitaria (enfoque jurisprudencial y doctrinal de las principales cuestiones planteadas en el artículo 27.10 de la constitución)", *Revista catalana de dret públic*, 2012, núm. 44, (Ejemplar dedicado a: Canvi de model a la Universitat?), p. 285-314. En general, sobre la autonomía universitaria, CÁMARA VILLAR, G., "La autonomía universitaria en España", *op. cit.*, p. 671-704; LÓPEZ-JURADO ESCRIBANO, F. de B., *La autonomía de las Universidades como derecho fundamental. La construcción del Tribunal Constitucional*, Madrid, Civitas, 1991; AGUDO ZAMORA, M. J., "El contenido del derecho a la autonomía universitaria en la ley orgánica de universidades", *Revista Vasca de Administración Pública*, núm. 70, 2004, p. 11 y ss.; AGUDO ZAMORA, M. J., "El derecho fundamental a la autonomía universitaria en la legislación española actual", en *Derecho Constitucional para el siglo XXI*, Tomo I, Aranzadi, Pamplona, 2006, p. 1261 y ss.; PONS, E., *La autonomía universitaria*, Publicaciones de la Universidad, Barcelona, 2001; POLO SABAU, J. R., *El régimen jurídico de las Universidades privadas*, INAP, Madrid, 1997, p. 119 y ss.; particularmente relevante, TORRES MURO, I., *La autonomía universitaria. Aspectos constitucionales*, CEPC, Madrid, 2005 y CÁMARA VILLAR, G., "La autonomía universitaria en España hoy, entre el mito y la realidad", *op. cit.*, p. 73. A nivel comparado, analizando en el contexto europeo indicadores y contenidos típicos de la autonomía universitaria, ESTERMANN, T.-NOKKALA, T., *University Autonomie in Europe I. Exploratory Study*, EUA Publications, Brusels, 2009. Este estudio tiene continuaciones publicadas en 2011 y 2017. Para el funcionamiento de la autonomía universitaria en Francia, Estados Unidos, Italia y Alemania, vid. los diferentes estudios ya citados en GAVARA DE CARA, J.C. (Ed.), *La autonomía universitaria. Un reconocimiento constitucional entre la aplicación práctica y la configuración legislativa*, J.M. Bosch Editor, Barcelona, 2018, p. 113 y ss.

que se deduce de la raíz semántica del concepto, sino también la potestad de autoorganización, en calidad de contenidos primarios. En consecuencia, cada Universidad puede y debe elaborar sus propios Estatutos (STC 156/1994 (TOL82.562) y los planes de estudio e investigación (STC 187/1991 (TOL80.599), pues se trata de configurar la enseñanza sin intromisiones ajenas y decisiones extrañas (STC 179/1996 (TOL83.108). En este sentido, se debe añadir que la potestad normativa conforma el contenido esencial de la autonomía al permitir a las Universidades elaborar no solo sus Estatutos, sino también las demás normas de funcionamiento interno (STC 75/1997 (TOL83.218)[26].

Se debe insistir en la idea de que al concebir la autonomía universitaria como un derecho de estricta configuración legal, con la consecuencia de que la Universidad, una vez delimitado legalmente el ámbito de su autonomía, posee plena capacidad de decisión en aquellos aspectos que le permita específicamente dicha legislación y con los aspectos que no son objeto de regulación específica en la Ley[27], cuya protección constitucional dependerá de que se puedan interrelacionar con las potestades vinculadas a la libertad académica y científica y las funciones fijadas en el art. 2.2 LOSU. Entre las facultades que, de acuerdo con el art. 3.2.b LOSU integran el contenido de dicha autonomía se encuentra «la elaboración de los Estatutos» por parte de las Universidades, cuyo contenido se extiende a las demás potestades y competencias establecidas en dicho precepto. Se trata de una potestad de autonormación entendida como la capacidad de la Universidad para dotarse de su propia norma

---

26 ATC 73/2002 FJ 2; STC 223/2012 FJ 6 (TOL2.713.895); STC 87/2014 FJ 4 (TOL4.373.236)

27 Sobre el derecho a la autonomía universitaria como derecho de configuración legal, TORRES MURO, I., *La autonomía universitaria. Aspectos constitucionales*, op. cit., p. 47 y ss.

de organización y funcionamiento o, lo que es lo mismo, de un ordenamiento específico y diferenciado, sin perjuicio de las relaciones de coordinación con otros ordenamientos en los que aquél necesariamente ha de integrarse[28].

En conclusión, la autonomía conlleva potestades de organización y dotación de normas propias para la realización de funciones sectoriales propias de la Universidad, pero no de carácter general tal como sucede con la autonomía política, es decir, dentro de las propias competencias, que se ejercitan en un régimen de no dependencia respecto al resto de la administración pública. Las posibilidades de configuración legislativa son tan amplias que las Universidades no se integran en la Administración General del Estado, ni en la autonómica, con la consecuencia de que tiene administración propia que incluso podría evolucionar, en un futuro, a privatización o a laboralización, a independencia total o incluso a no integrarse su personal en la función pública. Ahora bien, las posibilidades reales de pervivencia en alguna de estas condiciones sin intervención o subvención estatal serían mínimas o impensables de estructurar en la realidad del sistema universitario público, es decir, las Universidades públicas sin financiación pública no podrían realizar su actividad actual que se vería reducida en su gran mayoría.

El contenido esencial de la autonomía universitaria que está formado por todas las potestades y competencias necesarias para el aseguramiento de la libertad académica[29]. En el

---

28 STC 55/1989 FJ 3 (TOL80.266); STC 131/1991 FJ 3 (TOL80.545)

29 Corresponde al legislador (como lo hizo inicialmente mediante la Ley Orgánica 11/1983, de reforma universitaria, y en la actualidad en la vigente LOU) delimitar y desarrollar la autonomía universitaria, determinando y reconociendo a las universidades las potestades necesarias para garantizar la libertad académica, ese espacio de la libertad intelectual sin el cual no sería posible

art. 3.2 LOSU se enumeran las potestades que comprende y que, en términos generales, coinciden con las habitualmente asignadas a la autonomía universitaria[30]. Por tanto, si la vulneración del contenido esencial de dicha autonomía se dirige a preceptos concretos y no a la descripción general que recoge la ley, habrá de ser en el análisis de cada precepto impugnado por esta razón donde se examine si se da o no la infracción denunciada[31]. El derecho fundamental y garantía institucional de autonomía universitaria, necesariamente habrá de tomar como punto de referencia las previsiones de la legislación universitaria relativas a las potestades y competencias que le son atribuidas en orden a garantizar su autonomía, por cuanto que esas previsiones son las que han dotado de contenido positivo a la misma[32]. En esencia, estas son las características de un derecho fundamental de configuración legal, la referencia de su objeto de protección se determina por la ley que le dota de contenido[33]. Estas delimitaciones sustanciales solo podrán ser

la plena efectividad de la función consustancial a la institución universitaria (STC 183/2011 FJ 6 (TOL2.295.008), STC 74/2019 FJ 4 (TOL7.278.792).

30 STC 26/1987 FJ 4 (TOL79.735); STC 106/1990 FJ 6 (TOL81.794); STC 87/2014 FJ 4 (TOL4.373.236)

31 STC 26/1987 FJ 4 (TOL79.735)

32 STC 106/1990 FJ 6 (TOL81.794)

33 Las anteriores facultades y competencias integran, en términos positivos, el contenido esencial de la autonomía universitaria, habiéndose asumido su valor como parámetro de constitucionalidad en las STC 47/2005 FJ 5 (TOL598.423); STC 183/2011 FJ 6 (TOL2.295.008); STC 87/2014 FJ 7 (TOL4.373.236); STC 176/2015 FJ 5 (TOL5.440.472) y STC 141/2018 FJ 7 (TOL6.978.680), como antes se hiciera para el precepto equivalente de la Ley Orgánica de reforma universitaria en las STC 106/1990 FJ 8 (TOL81.794); STC 187/1991 FJ 3 (TOL80.599) y STC 155/1997 FJ 2 (TOL80.778), STC 74/2019 FJ 4 (TOL7.278.792)

controladas por el Tribunal Constitucional en la medida que restrinjan la libertad académica institucional.

Esta conceptuación como derecho fundamental con que se configura la autonomía universitaria, no excluye su carácter relativo al existir limitaciones que imponen a su objeto de protección otros derechos fundamentales (como es el de igualdad de acceso al estudio, a la docencia y a la investigación, pero con matizada aplicación en las universidades privadas) o la existencia de un sistema universitario nacional que exige instancias coordinadoras (conectado a la programación de la enseñanza universitaria), ni tampoco las limitaciones propias del servicio público que desempeña la universidad[34]. Estos parámetros deberán ser tenidos en cuenta cuando se deba fijar el alcance de la protección constitucional de la autonomía universitaria, sobre todo en la medida en que se quieran incorporar contenidos en su objeto al margen de las delimitaciones que realiza la ley.

1.3.- LAS REPERCUSIONES EN EL SISTEMA DE FUENTES DE LA AUTONOMÍA UNIVERSITARIA

La autonomía de la Universidad aparece reconocida en el art. 27.10 CE «en los términos que la ley establezca», lo que significa que el legislador puede regularla en la forma que estime más conveniente, si bien siempre dentro del marco de la Constitución y del respeto a su contenido esencial. Sin embargo, el legislador no puede rebasar o desconocer la

---

[34] STC 26/1987 FJ 4 (TOL79.735); STC 156/1994 FJ 2 (TOL82.562); STC 87/2014 FJ 4 (TOL4.373.236); STC 74/2019 FJ 4 (TOL7.278.792). Vid. CARLÓN RUIZ, M., "La autonomía universitaria en el cumplimiento de las funciones de las universidades en el marco de la nueva Ley Orgánica del Sistema Universitario", *op. cit.*, p. 51-52

autonomía universitaria introduciendo limitaciones o sometimientos que la conviertan en mera proclamación teórica, lo que supone también que, una vez delimitado legalmente el ámbito de su autonomía, la Universidad posee, en principio, plena capacidad de decisión en aquellos aspectos que no son objeto de regulación específica en la ley[35].

La ley orgánica es el cauce mediante el cual se concreta la autonomía universitaria que garantiza el derecho fundamental, que a su vez se encargan de concretizar el alcance de los respectivos estatutos de cada Universidad, pero en este caso no como desarrollo de ella, sino como disposiciones reglamentarias de carácter estatutario y determinan en donde se plasman las potestades de dotarse normas dc funcionamiento y de autoorganización. Una vez delimitado por el legislador el contenido y el ámbito de la autonomía universitaria, cada Universidad, posee plena capacidad de decisión en sus Estatutos en aquellos aspectos que le permite expresamente la LOSU y en aquellos que no son objeto de regulación específica en la ley, pero que se interrelacionan con las funciones de la Universidad. En este sentido, los Estatutos deben ser tratados, en consecuencia, como reglamentos independientes o autónomos, no ejecutivos, de la ley[36], a pesar de que las líneas generales de sus objetivos y finalidades se determine por la LOSU. De conformidad con la Disposición final octava de la LOSU realiza la habilitación normativa al Gobierno para aprobar los reglamentos ejecutivos que precise esta ley estatal, lo que refuerza que los Estatutos tienen una naturaleza de reglamento independiente o autónomo.

---

35 STC 55/1989 FJ 2 (TOL80.266); STC 44/2016 FJ 4 (TOL5.713.543)

36 CÁMARA VILLAR, G., "La autonomía universitaria en España hoy, entre el mito y la realidad", op. cit., p. 78. STC 55/1989 FJ 2 y 4 (TOL80.266); STC 130/1991 FJ 3 y 5 (TOL80.544) y STC 75/1997 FJ 3 (TOL83.218).

Los preceptos de la LOSU por su contenido tienen naturaleza orgánica cuando son desarrollo del derecho a la autonomía de las Universidades reconocido en el art. 27.10 CE, pero mantiene una relación sustancial en el mismo acto normativo con otros que, aun relacionados con las actividades de los centros universitarios, son ajenos a dicha autonomía. Además, se debe tener en cuenta que los preceptos que se regulan por Ley orgánica se dedican a desarrollar el derecho fundamental siendo aplicables por igual a universidades públicas y privadas, mientras que los regulados por ley ordinaria se aplican fundamentalmente a las universidades públicas, ya que suelen tener la finalidad de regular su organización (que es libre para las privadas) y a disposiciones genéricas del sistema universitario que no afectan a la autonomía universitaria, y que se incluyan en la normativa básica estatal en materia de educación. La Ley contiene una disposición en la que se declara la naturaleza orgánica de los preceptos que tienen dicho carácter y que cumple la finalidad de determinar qué parte de esta desarrolla el derecho fundamental de la autonomía universitaria[37]. Esta norma es la Disposición final séptima LOSU que establece los preceptos que tienen carácter orgánico[38], es decir, el art. 1.2 (definición de sistema universitario y de las funciones centrales de las Universidades), el título I (funciones del sistema universitario y contenido de la autonomía universitaria), el título II (creación y reconocimiento de las universidades y calidad del sistema universitario, salvo el art. 5.4 relativo a las agencias de calidad universitaria estatales y autonómicas y sus funciones), el art. 6 (función

[37] STC 26/1987 FJ 15 (TOL79.735)

[38] Se debe destacar que la LOSU utiliza una técnica distinta que la LOU, ya que define las normas que tiene carácter orgánico. La Disposición final cuarta LOU establecía que toda la Ley tenía carácter orgánico, salvo los preceptos expresamente establecidos en dicha disposición, que era la mayoría de la LOU.

docente, salvo su apartado 2 relativo a la participación del estudiantado en los planes de estudio), el art. 7.1 y 2 (funciones de las Universidades en los títulos universitarios), el art. 9 (estructura de las enseñanzas oficiales, salvo sus apartados 6 a 8 relativos a las directrices generales para planes de estudio en Grado, Máster y Doctorado), el art. 11 (normas generales en investigación y transferencia e intercambio del conocimiento e innovación, salvo sus apartados 4 y 5 relativos a la política propia de las Universidades), el art. 29 (centros en el extranjero), el título VIII (estudiantado en el Sistema Universitario, salvo los art. 32.2, 3, 4 y 5 -becas y ayudas al estudio-, 33.o -seguridad social del estudiantado- y 37.2 -estructuras curriculares inclusivas-), el título X (régimen específico de las universidades privadas), las disposiciones adicionales cuarta (Universidades de la Iglesia Católica), octava (Centros docentes privados de educación superior no universitarios) y novena (funciones de tutoría en las universidades no presenciales) y la disposición final tercera, apartados dos y cuatro (modificaciones de la Ley Orgánica 4/2000, de 11 de enero, sobre derechos y libertades de los extranjeros en España y su integración social). De modo implícito también se debe incluir la propia Disposición final séptima LOSU a pesar de que no se mencione expresamente.

En consecuencia, la aplicación formal-material al sistema universitario de la ley ordinaria o del Decreto-Ley, salvo limitaciones, prohibiciones y prescripciones constitucionales, es una consecuencia de la Disposición final séptima LOSU, ya que la regulación de una materia mediante Ley orgánica excluye a la ley ordinaria o al Decreto-ley a los efectos de la normativa universitaria, pero también a la normativa autonómica. De este modo, el resto de los preceptos de la LOSU pueden ser reguladas por Ley ordinaria y, eventualmente, mediante Decreto-Ley, siempre que se cumplan los presupuestos materiales de aplicación de dicho acto normativo[39]. A efectos procedimentales el hecho de ser preceptos de ley ordinaria dentro de una Ley orgánica implica que una reforma individualizada de alguno de ellos no requiere ser sometida a la votación conjunta por mayoría absoluta del Congreso de los Diputados prescripta en el art. 81.2 CE, es decir, se aprueban por mera mayoría simple. Desde un punto de vista material, permite también realizar una deducción de carácter material, ya que la autonomía universitaria como derecho fundamental requiere constitucionalmente que sea regulada mediante Ley orgánica (art. 81.1 CE), de modo que los preceptos sobre los que se excluye la Ley orgánica son preceptos dentro de la normativa universitaria que no afectan a la autonomía universitaria en tanto que derecho fundamental y, en consecuencia, eventualmente puede ser regulados por ley ordinaria o acto normativo asimilado en rango como puede ser incluso un Decreto-ley, o eventualmente establecer competencias de desarrollo normativo autonómico.

---

39 La utilización del Decreto-Ley en el ámbito de la normativa universitaria, en concreto en la LOU, viene marcado por el precedente del Real Decreto-ley 14/2012, de 20 de abril, de medidas urgentes de racionalización del gasto público en el ámbito educativo (conocido por Decreto-Ley Wert), que afectaba en el título II a la enseñanza universitaria) y que fue objeto de control de constitucionalidad fundamentalmente por la STC 26/2016 FJ 5 (TOL5.676.626). Los límites materiales del Decreto-Ley implica que no se puede utilizar cuando afecte en general a derechos del Título I CE, singularmente a la autonomía universitaria, que, además, debe ser regulado mediante Ley orgánica, lo que excluye la posibilidad de su regulación mediante Decreto-Ley.

Un breve recorrido por el contenido material de los preceptos susceptibles de ser regulados mediante Ley ordinaria (y eventualmente mediante Decreto-Ley) de la LOU nos permite establecer los siguientes ámbitos materiales:

a) El objeto de la Ley (art. 1.1 LOSU).

b las funciones y competencias de la ANECA y de las agencias de la calidad universitaria autonómicas (art. 5.4 LOSU).

c) La participación del estudiantado en los planes de estudio y sus efectos en las guías docentes (art. 6.2 LOSU).

d) Las funciones de las Universidades en los títulos universitarios oficiales y propios (art. 7.3 a 5 y art. 8 LOSU).

e) Las directrices generales para planes de estudio en Grado, Máster y Doctorado (art. 9.6 a 9.8 LOSU).

f) La convalidación o adaptación de estudios, homologación y declaración de equivalencia de títulos extranjeros, validación de experiencia y reconocimiento de créditos (art. 10 LOSU).

g) La política propia de las Universidades en investigación y transferencia e intercambio del conocimiento e innovación, el fomento de la Ciencia Abierta y Ciencia Ciudadana y el desarrollo de proyectos para la investigación, creación y transferencia e intercambio del conocimiento (art. 11.4 y 5, art. 12 y 13 LOSU).

h) La cooperación, coordinación y participación en el sistema universitario: Conferencia General de Política Universitaria, Consejo de Universidades y Consejo de Estudiantes Universitario del Estado (Título V LOSU).

i) Las relaciones entre Universidad, sociedad y cultura (Título VI LOSU).

j) La internacionalización del sistema universitario (Título VII LOSU), salvo la creación por las Universidades de centros en el extranjero (art. 29 LOSU).

k) Algunos temas específicos en relación con el estudiantado en el sistema universitario, que no se relacionan con sus derechos fundamentales, como los art. 32.2, 3, 4 y 5 -becas y ayudas al estudio-, art. 33.o -seguridad social del estudiantado- y art. 37.2 -estructuras curriculares inclusivas- LOSU.

l) El régimen específico de las Universidades públicas (Título IX LOSU), que incluye su régimen jurídico de las Universidades, los centros y estructuras básicas de docencia e investigación, la Gobernanza y representación de las Universidades públicas, el régimen económico y financiero, el personal universitario, incluido el docente e investigador y el de administración y servicios.

m) Las disposiciones adicionales relativas a la Universidad Nacional de Educación a Distancia, la Universidad Internacional Menéndez Pelayo, Universidades públicas con especificidades académicas, Centros Universitarios de la Defensa, Centro Universitario de la Guardia Civil y Centro Universitario de Formación de la Policía Nacional, Colegios mayores, Derechos adquiridos de títulos universitarios de anteriores ordenaciones académicas, Catedráticos o Catedráticas y Profesores o Profesoras Titulares de Escuelas Universitarias, Régimen de Seguridad Social de Profesores y Profesoras Asociados/as, Eméritos/as, Visitantes y Distinguidos/as, Títulos habilitantes para el ejercicio de una profesión sanitaria o de una especialidad en Ciencias de la Salud, Plan de incremento del gasto público, Principio de «no causar un daño significativo» al medio ambiente, Acceso a titulaciones de formación permanente y a lo largo de la vida.

n) Las disposiciones transitorias relativas a la aprobación de los Estatutos, constitución de órganos y de cargos unipersonales de las Universidades públicas, Implantación de sistemas de contabilidad analítica o equivalente, Adaptación de las acreditaciones vigentes, Adaptación de las nuevas acreditaciones, Adaptación de determinadas figuras vigentes de personal docente e investigador laboral, Adaptación de las plantillas de personal docente e investigador a lo dispuesto en el artículo 64, Proceso de estabilización de plazas de Profesoras y Profesores Asociadas/os de las universidades públicas, Mecanismos de adaptación para determinadas figuras de personal docente e investigador de las universidades públicas, Proceso de estabilización de las plazas del personal técnico, de gestión y de administración y servicios de las universidades públicas, Adaptación de los títulos oficiales con mención dual previos a la regulación legal del modelo de contratación formativa en alternancia. Concursos para la cobertura de plazas de personal docente e investigador, Adaptación del régimen de dedicación del personal docente e investigador permanente.

p) La disposición derogatoria y las disposiciones finales relativas a la modificación de diversas leyes de carácter no orgánico, así como disposiciones sobre título competencial, habilitación para el desarrollo reglamentario, conciertos con instituciones sanitarias, Estatuto de personal docente e investigador, reconocimiento de efectos civiles de determinados títulos académicos relativos a enseñanzas de nivel universitario, de carácter teológico y de formación de ministros de culto, impartidas en centros docentes de nivel superior dependientes de entidades religiosas no católicas, y sobre la entrada en vigor.

Un tema relativamente importante es el de los límites materiales en la utilización del Decreto-Ley en la normativa universitaria, que ha venido presidido por el control de constitucionalidad del Decreto Wert que marcó las pautas de interpretación en la utilización del Decreto-Ley en la normativa universitaria. El art. 6.1 del Real Decreto-ley 14/2012 fue declarado inconstitucional y nulo, ya que en relación con los centros y estructuras básicas de las universidades públicas no se admitió la norma impugnada que encomendaba al Gobierno la determinación con carácter general de "los requisitos básicos para la creación y, en su caso, mantenimiento de estos centros y estructuras". Este precepto implicaba que la efectividad de la medida requiere la aprobación de norma reglamentaria, lo que permite deducir y demostrar la carencia de inmediatez en la aplicación que sería exigible en el uso del decreto-ley.

Este mismo argumento se utilizó en el art. 6.2 del Real Decreto-ley 14/2012 que establecía una nueva redacción al art. 8.2 LOU, a los efectos de expresar que la creación, modificación y supresión de las escuelas y facultades de las universidades públicas, así como la implantación y supresión de las enseñanzas conducentes a la obtención de títulos universitarios, se efectuará mediante determinación reglamentaria. El argumento para declarar la inconstitucionalidad es el mismo: la negación de la existencia del presupuesto habilitante, por cuanto la efectividad de la medida precisa de la aprobación de una norma reglamentaria. Esta remisión a una norma posterior, que a la vez exige la consulta previa a dos órganos consultivos, impide considerar que se ha cumplido el requisito de la conexión de sentido entre la medida y la situación de urgencia que se pretende atender, en la medida en que la inmediatez de lo que prescribe el Decreto-ley no se puede dar por descontada, pues depende de una actuación ulterior del Gobierno. En este caso la sola habilitación al Gobierno no produce un efecto jurídico inmediato, ya que no es que la implantación de una medida, debido al sector material en el que se aplica, vaya a ser progresiva o se difiera en el tiempo, sino que es el propio efecto de modificación del ordenamiento el que no es inmediato, en tanto que diferido a una posterior decisión administrativa. Desde la perspectiva de la conexión de sentido con la situación de urgencia (la necesidad de racionalizar el gasto universitario), el ahorro en todo caso se derivaría, no de la habilitación en sí, sino de las concretas previsiones reglamentarias, que, además, el Gobierno podía modificar sin el recurso a la legislación de urgencia.

En el caso del art. 6.3 del Decreto Wert los cambios introducidos se concretan en el reconocimiento a las Universidades de la posibilidad de crear alianzas estratégicas, no solo para programas o proyectos de excelencia internacional (ya previstos en el art. 30 bis LOU originario), sino también para desarrollar conjuntamente enseñanzas conducentes a la obtención de títulos universitarios de carácter oficial. Siendo ese su objeto material, tampoco ha quedado justificada la conexión de sentido con la extraordinaria y urgente necesidad del art. 86.1 CE. El precepto, en cuanto introduce una mera posibilidad de actuación que depende de la voluntad de los sujetos legitimados, no tiene contenido prescriptivo de manera que no modifica de manera instantánea la situación jurídica existente. Por tanto, el precepto no incluye ninguna medida de carácter inmediato, ya que para ser efectivo depende de la voluntad cooperadora de las universidades entre sí o de estas con otros agentes, y tampoco ni en la exposición de motivos ni en el debate de convalidación se aporta razón alguna acerca de la relación que tiene esta medida con el ahorro de gasto mediante la racionalización de las titulaciones de grado, por lo que el precepto es declarado inconstitucional y nulo, pero atendiendo al principio de seguridad jurídica (art. 9.3 CE) esta declaración de inconstitucionalidad sólo es eficaz pro futuro, sin afectar a los supuestos en los que ya se haya aplicado este precepto para desarrollar conjuntamente enseñanzas conducentes a la obtención de títulos universitarios de carácter oficial[40].

También fue impugnado, aunque no le afectó la declaración de inconstitucionalidad, el art. 6.4 del Real Decreto-ley 14/2012 que reforma de manera sustancial el art. 68 LOU relativo al régimen de dedicación docente de los profesores universitarios de categoría funcionarial. La reforma modula la carga docente de este profesorado, en función de los méritos individuales de investigación que se acrediten (medidos en sexenios de investigación reconocidos), de manera que a una mayor dedicación investigadora corresponda una menor dedicación docente, y viceversa. En este caso la conexión de sentido entre la situación de urgencia definida y la medida adoptada se consideró cumplida, ya que pretende contribuir a la reducción del gasto público educativo de las Comunidades Autónomas, en el que uno de los principales componentes son los costes de personal de las universidades públicas, sufragados mediante transferencias corrientes de la Comunidad Autónoma de la que dependen. La aplicación de las nuevas reglas de dedicación determina un incremento de la capacidad docente total de las plantillas de las universidades y, por consiguiente, reduce las necesidades de profesorado de las mismas, en un contexto de fuerte crisis económica en el que las universidades públicas han estado sometidas a severas medidas generales de contención y reducción de plantillas. Por otra parte, la medida tiene efecto jurídico inmediato pese a que su efectividad se vincule a las necesidades de la programación universitaria, ya que la puesta en práctica de las nuevas reglas sólo podría alcanzarse al inicio del curso académico siguiente, pero para ello es necesario que la reforma esté aprobada al tiempo de prepararse la programación docente de las universidades.

---

[40] STC 26/2016 FJ 10 (TOL5.676.626)

Por otra parte, el art. 6.4 del Real Decreto-ley 14/2012, en relación con la cuestión concreta de la regulación por el Estado de la carga lectiva del profesorado universitario, se consideró que la autonomía universitaria no cierra la puerta a toda intervención estatal en la organización de las tareas docentes e investigadoras por parte de las universidades.

La regulación del quantum general de la dedicación docente del profesor funcionario (fijado en la impartición de 24 créditos ECTS) no vulnera en su estricto contenido esa libertad académica de las universidades ni de sus profesores, que tiene un carácter mucho más cualitativo que cuantitativo. El objetivo de la regulación estatal es fijar un aspecto esencial de la jornada laboral de unos empleados públicos de ámbito nacional, pero sin condicionar materialmente el sentido u orientación de sus funciones. Además, esa dedicación docente general se estratifica en función de la actividad investigadora de cada profesor, que se acredita mediante otro parámetro externo y objetivo, como son los sexenios de investigación reconocidos. En definitiva, la ordenación del régimen de dedicación docente del profesorado universitario funcionario por parte del art. 6.4 del Real Decreto-ley 14/2012 no es inconstitucional por infracción del derecho fundamental a la autonomía universitaria, ya que se limita a establecer el quantum de la dedicación de esos servidores públicos, dejando su contenido material y su enfoque u orientación en manos de las propias universidades y de las decisiones que tome el propio profesor afectado, con lo que se respeta el contenido fundamental de su libertad académica.

En resumen, una vez establecidas la lógica de utilización de la ley orgánica y de la ley ordinaria en el ámbito del sistema universitario, se puede concluir que el uso del Decreto-ley es muy limitado y debe ser justificado en base al presupuesto habilitante en el que la necesidad de inmediatez suele ser demostrada por la existencia de una causa material y porque no sea necesarias actuaciones posteriores del Gobierno para concretar y especificar las medidas adoptadas.

1.4.- EL CONTENIDO DE LA AUTONOMÍA UNIVERSITARIA

La configuración constitucional de la autonomía universitaria se establece a partir de su carácter eminentemente instrumental y el amplio margen de que dispone el legislador para configurar su contenido. Respecto de lo primero, la autonomía universitaria tiene carácter instrumental respecto de derechos fundamentales de terceros (los titulares de las diversas vertientes de la libertad académica) y garantiza el ejercicio libre de injerencias externas de las funciones que se encomiendan a la universidad. Esta concepción instrumental determina el contenido de la autonomía universitaria, de forma negativa puede afirmarse que las medidas que de ninguna manera puedan afectar a los derechos fundamentales que se protegen por la autonomía universitaria, tampoco pueden afectar a ésta[41]. Por lo que atañe a lo segundo debe recordarse que la concepción de la autonomía universitaria como un derecho fundamental[42], conlleva que existan aspectos relacionados con dicha autonomía cuyo desarrollo está reservado a la ley orgánica, sin que ello suponga, obviamente, que toda materia relacionada con la Universidad comprenda tal reserva[43]. En definitiva, las diferentes leyes orgánicas sobre el sistema universitario aprobadas a lo largo de estos años han dotado de contenido positivo al derecho a la autonomía universitaria[44], de forma que los preceptos de la Ley Orgánica que regulan el contenido de la autonomía universitaria cumplen la función de ser "parámetro de constitucionalidad" de

---

41 STC 47/2005 FJ 6 (TOL598.423)

42 STC 26/1987 FJ 4 (TOL79.735)

43 STC 99/1987 FJ 5 c (TOL338.841)

44 STC 47/2005 FJ 5 (TOL598.423); STC 206/2011 FJ 5 (TOL2.347.883)

medidas legales estatales y autonómicas[45], que se concretan dentro del marco constitucional, en el art. 3.2 LOSU[46].

Este precepto ya no es tan solo un ámbito de garantías y facultades para las universidades, sino también un argumento para imponer a las universidades un espectro ampliado de

---

45 STC 106/1990 FJ 8 (TOL81.794); STC 47/2005 FJ 5 (TOL598.423)

46 El art. 3.2 LOSU establece que el derecho a la autonomía universitaria comprende en su contenido los siguientes aspectos (estas facultades y competencias integran, en términos positivos, el contenido esencial de la autonomía universitaria, habiéndose asumido su valor como parámetro de constitucionalidad–STC 47/2005 FJ 5 (TOL598.423); STC 183/2011 FJ 6 (TOL2.295.008); STC 87/2014 FJ 7 (TOL4.373.236); STC 176/2015 FJ 5 (TOL5.440.472); STC 44/2016 FJ 4 (TOL5.713.543), tal como se hizo con anterioridad con el precepto equivalente en las leyes orgánicas universitarias en las STC 106/1990 FJ 8 (TOL81.794); STC 187/1991 FJ 3 (TOL80.599) y STC 155/1997 FJ 2 (TOL80.778). El listado del contenido de la autonomía universitaria comprende 20 potestades o competencias que en general se identifican con el establecimiento de las líneas estratégicas de la universidad, la elaboración de sus Estatutos, en el caso de las universidades públicas, y de sus normas de organización y funcionamiento, la determinación de su organización y estructuras, la elección, designación y remoción de las personas titulares de los correspondientes órganos de gobierno y de representación, la autonomía económica y financiera, la estructura y organización de la oferta de enseñanzas universitarias oficiales, así como de títulos propios, los planes de estudio y la expedición de los títulos, la implantación de programas de investigación y de transferencia, la selección, formación y promoción del personal universitario y el establecimiento de sus relaciones de puestos de trabajo, el régimen del estudiantado, la gestión de programas de movilidad, la organización de actividades de tutoría y de programas específicos de becas, los sistemas internos de garantía de la calidad, la internacionalización, las relaciones con otras universidades e instituciones, el desarrollo de las normas de convivencia y cualquier otra competencia o actuación necesaria para el adecuado cumplimiento de las funciones estipuladas en el art. 2.2 LOSU.

compromisos que superan el propio marco del art. 3.2 LOSU y se despliega a lo largo de numerosas indicaciones de la propia ley con un dirigismo que desborda la libertad académica[47]. En cualquier caso, no se ha abordado suficientemente que ocurre cuando las Universidades no desarrollan o implementan alguna de estas competencias, ya que al margen del control que se pueda ejercer sobre los Estatutos, no aparece con claridad los efectos en caso de omisión o de que no se quieran ejercer algunos de los contenidos fijados en el art. 3.2 LOSU o los incluidos en los propios Estatutos salvo el control de legalidad en procesos contencioso-administrativos, a pesar de que no siempre es fácil probar el interés legítimo en este tipo de procedimientos judiciales. Sirva como ejemplo la relación de puestos de trabajo docentes (art. 3.2.k LOSU) que frecuentemente no se adopta en numerosas Universidades públicas, lo que permite con facilidad la transferencia interna de plazas entre los Departamentos con un alto grado de discrecionalidad, ausencia de motivación y sin posibilidad de controles internos. En teoría las potestades y competencias que no se fijan en los Estatutos por omisión no debería tener la consecuencia de la inacción, sino que se trataría de una competencia que se ejerce directamente desde la propia LOSU por lo que el control judicial de dichas decisiones puede ser más intenso al tratarse de normas abiertas o actos en los que no existen unos requisitos o normativas internas en su cumplimiento. Lo cierto es que la LOSU no ha previsto los efectos en caso de omisión en los Estatutos universitarios de alguno de los contenidos del art. 3.2 LOSU, aunque sería admisible el ejercicio de las potestades extraestatutarios por la vía de hecho. En cualquier caso, no es recomendable que, dado que tanto el Estado como las CCAA son competentes en todos los

---

47 CARLÓN RUIZ, M., "La autonomía universitaria en el cumplimiento de las funciones de las universidades en el marco de la nueva Ley Orgánica del Sistema Universitario", *op. cit.*, p. 54

ámbitos, los Estatutos no regulen todas las temáticas posibles, ya que los otros entes pueden ocupar dicho espacio normativo y limitar su contenido y defensa. En este sentido, no establecer, por ejemplo, la relación de puestos de trabajo en algunas universidades permite una mayor incidencia autonómica en materia de personal por vía financiera en el capítulo de personal de los presupuestos universitarios.

La actividad de los poderes públicos sobre las Universidades se puede basar en un control sobre los procesos básicos relacionados con la docencia y la investigación, aunque progresivamente se ha abandonado un ejercicio directo de la competencia y se está centrando en las actividades de supervisión sobre los resultados obtenidos y la rendición de cuentas fundamentalmente ejercido a través de entes y administraciones colaborativos con un mayor grado de independencia. Entre estas medidas de supervisión destaca la necesidad de previsión presupuestaria estatal o autonómica de determinadas medidas en el ámbito universitario y el control previo a su aprobación de determinadas decisiones en materia de creación y mantenimiento de títulos universitarios oficiales que realizan las agencias de calidad universitaria, pero también en oferta de estudios y plazas, así como financiación de plazas de PDI y de personal universitario.

A partir de estos parámetros, autonomía normativa y posibilidades de desarrollo estatutarias, se puede concretar nuevos contenidos de carácter específico establecidos por la propia Universidad, cuya integración en el contenido de la autonomía universitaria depende en último extremo de una declaración jurisprudencial que admita su integración de conformidad con la Constitución o la legalidad vigente. En este sentido, las Universidades pueden adoptar su escudo, sello o símbolos de identidad y representación sin desbordar las facultades legalmente asignadas a la institución universitaria, ya que forman parte con evidencia y naturalidad del contenido normal de la potestad de autonormación en la que también se concreta su autonomía[48], aunque dicho contenido ha sido objeto de un reconocimiento jurisprudencial.

Sin embargo, la autonomía universitaria no incluye el derecho de las Universidades a contar con unos u otros concretos centros, imposibilitando o condicionando así las decisiones que al Estado o a las Comunidades Autónomas corresponde adoptar en orden a la determinación y organización del sistema universitario en su conjunto y en cada caso singularizado, pues dicha autonomía se proyecta internamente, y ello aun con ciertos límites, en la autoorganización de los medios de que dispongan las Universidades para cumplir y desarrollar las funciones que, al servicio de la sociedad, les han sido asignadas o, dicho en otros términos, la autonomía de las Universidades no atribuye a éstas una especie de «patrimonio intelectual», resultante del número de centros, profesores y alumnos que, en un momento determinado, puedan formar parte de las mismas, ya que su autonomía no está más que al servicio de la libertad académica en el ejercicio de la docencia e investigación, que necesariamente tiene que desarrollarse en el marco de las efectivas disponibilidades personales y materiales con que pueda contar cada Universidad, marco éste que, en última instancia, viene determinado por las pertinentes decisiones que, en

---

48 STC 131/1991 FJ 3 (TOL80.545). En este caso sobre la determinación por la Universidad de Valencia en sus Estatutos del escudo, sello y símbolos de identidad, la cuestión discutida no es tanto el contenido material de la autonomía universitaria como el alcance del control judicial de una concreta decisión adoptada en el ejercicio de esa autonomía, control que nunca puede basarse en criterios de oportunidad y conveniencia (SSTC 26/1987 (TOL79.735), STC 55/1989 (TOL80.266) y STC 130/1991 (TOL80.544). Podrá discutirse sobre la pertinencia de que en el seno de la Universidad de Valencia la lengua propia de la Comunidad Autónoma se denomine indistintamente valenciano o catalán, pero ello no contradice valores, bienes o intereses constitucionalmente tutelados y no vulnera precepto legal alguno (STC 75/1997 FJ 4 (TOL83.218).

ejercicio de las competencias en materia de enseñanzas universitarias, corresponde adoptar al Estado o, en su caso, a las Comunidades Autónomas[49].

Por otra parte, se debe tener en cuenta que las Universidades públicas y asimiladas se ven obligadas a cumplir el deber de neutralidad de las Administraciones Públicas, siendo aplicable la prohibición del art. 50.2 LOREG a todas las universidades, incluida la UOC, que se considera universidad privada, aunque de relevancia pública[50]. No obstante, aun cuando la UOC no forme parte del sector público institucional de la Generalitat de Cataluña y no pueda ser considerada Administración Pública, no le priva del carácter institucional público a los efectos del art. 50.2 LOREG, puesto que la UOC es una entidad integrante del ámbito de las universidades públicas de Cataluña y del encuadramiento real en el sector público[51]. El comunicado examinado se produce con una plena coincidencia del mensaje con un elemento vertebrador del mensaje de las

---

49 STC 106/1990 FJ 7 (TOL81.794)

50 Esta Universidad considera que no reúne ninguna de las condiciones para ser calificada como fundación del sector público de la Generalitat de Cataluña, ya que ni el patrimonio de la fundación está integrado en más de un 50% por bienes o derechos aportados o cedidos por la Administración de la Generalidad, ni la mayoría absoluta de los derechos de voto en el patronato corresponde a la Administración de la Generalidad, o a las entidades de su sector público, o a cargos que los representen, pero lo cierto es que el 25.1% de la financiación del presupuesto anual de la UOC lo aporta la Comunidad Autónoma de Cataluña, y 5 de los 11 miembros del patronato son designados directamente por la Generalitat.

51 STS de 07 de abril de 2021 (ROJ: STS 1494/2021) FJ 4 (TOL8.413.997). El comunicado objeto de enjuiciamiento se iniciaba expresamente con la afirmación "Somos universidades Públicas catalanas [...]", por lo que el deber de neutralidad y objetividad que expresa el mandato del art. 50.2 LOREG es plenamente aplicable a la Universitat Oberta de Catalunya

formaciones políticas por las que concurrían como candidatos, en aquel momento, los condenados por la sentencia penal. No cabe aceptar la justificación en la autonomía universitaria o en la libertad de expresión, ante todo porque la materia sobre la que se versa el comunicado excede del ámbito de la autonomía universitaria y ninguno de los contenidos de esa autonomía universitaria guarda relación directa con el contenido político del mensaje. Por otra parte, como ha declarado el Tribunal Constitucional las instituciones públicas, a diferencia de los ciudadanos, no gozan del derecho fundamental a la libertad de expresión que proclama el art. 20 CE, pues su actuación aparece vinculada al cumplimiento de los fines que les asigna el ordenamiento jurídico[52]. En todo caso, la función del Claustro establecida en el art. 45.2.g LOSU, es decir, analizar y debatir otras temáticas de especial trascendencia, no podrán implicar incumplimiento del art. 50.2 LOREG[53].

La neutralidad u objetividad exigible a las Administraciones Públicas fuera de esas circunstancias electorales, y a la Universidad como Administración institucional, está sujeta al principio de neutralidad predicable de toda Administración y que consiste en que su vocación no es otra que servir con objetividad a los intereses generales (art. 103.1 CE), que se satisface desde la lealtad a sus fines y en el recto ejercicio de las competencias y potestades que tiene atribuidas. Al ejercer sus funciones de gobierno el Claustro Universitario adopta acuerdos sobre cuestiones ajenas a los fines y funciones de la Universidad y a los intereses de la comunidad que la integra, por lo que se podrá plantear una eventual desviación de poder. Ahora bien, esa extralimitación

---

52 STS de 07 de abril de 2021 (ROJ: STS 1494/2021) FJ 5 (TOL8.413.997)

53 Las sentencias en casos similares se acumulan en contra de una práctica habitual de las universidades públicas catalanas sin que sea necesario insistir en las condenas de dichas prácticas en la UB, UPF, UOC y UPC.

del contenido propio de la autonomía universitaria vulnerará, además, el principio de objetividad o neutralidad que cabe esperar de toda Administración si es que el Claustro Universitario adopta acuerdos de significación ideológica o política y en cuestiones que dividen a la ciudadanía. Una extralimitación de tal naturaleza, aparte de no tener cobertura en el contenido de la autonomía universitaria y de infringir el principio de neutralidad, repercute en los derechos y libertades fundamentales de terceros al identificar a toda a la comunidad universitaria con un postulado político o ideológico. El efecto es que se vulnera la libertad ideológica de los integrantes de esa comunidad universitaria y no sólo de los miembros del Claustro Universitario, lo que afectaría a la libertad de cátedra y a la educación universitaria que esperan recibir los estudiantes en coherencia con los fines de la Universidad. La autonomía universitaria constitucionalmente garantizada permite que la Universidad sea un lugar de libre debate sobre cuestiones académicas o científicas; también de aquellas otras de relevancia social e incluso, con la forma o formato adecuado, hasta de debate político, todo lo cual es admisible y deseable si se ejerce desde la lealtad institucional, esto es, a sus fines. Esto no ocurre cuando un órgano de gobierno como el Claustro Universitario adopta acuerdos presentados como la voluntad de la Universidad, tomando formalmente partido en cuestiones que dividen a la sociedad, que son de relevancia política o ideológica ajenas a los fines de la Universidad. En consecuencia y a los efectos del artículo 93.1 de la LJCA, las universidades públicas no pueden adoptar acuerdos que se tengan como voluntad de la Universidad y que se refieran a cuestiones de naturaleza política o ideológica, propias del debate social y político, ajenas al objeto y funciones de la Universidad y que dividen a la ciudadanía[54].

54 STS de 21 de noviembre de 2022 (ROJ: STS 4334/2022) FJ 3, apartados 3 a 9 (TOL9.307.075).

En definitiva, la función del art. 45.2.g LOSU puede ser entendida en términos de debate y análisis de la problemática, pero no de la posibilidad de adoptar resoluciones o decisiones, ya que las universidades públicas en su condición de instituciones públicas no pueden tener opinión política.

La lectura de la LOSU conforma la autonomía universitaria como expresión de su autoregulación o autonomía normativa, de su autogobierno, de autonomía financiera y de capacidad para desarrollar una línea docente e investigadora propia[55]. Estos son los contenidos que se estructuran también a nivel comparado los indicadores básicos que servirán para fijar el alcance e implicaciones de la autonomía universitaria, que a continuación en el capítulo siguiente se van a analizar en su significado e implicaciones en la jurisprudencia constitucional.

Sin embargo, se debe destacar la gran novedad de la LOSU en este ámbito como es la incorporación de nuevos contenidos integrados en la autonomía universitaria que se podrían caracterizar por una mayor autonomía en el funcionamiento interno, sobre todo en relación con la política de igualdad y diversidad, pero también en relación con el personal universitario y su selección. A este aspecto del contenido de la proyección en aspectos como la internacionalización, las relaciones con los diversos espacios de cooperación internacional en educación superior, la proyección en sus relaciones con la sociedad y la determinación y aprobación de las diversas actuaciones estratégicas de la Universidad. Estos son los ámbitos más novedosos de la autonomía universitaria, que requerirá una plasmación y desarrollo en los Estatutos de la Universidad y que han sido propiciados de conformidad con las diferentes necesidades y sensibilidades desde la CRUE. Dependiendo de la Universidad en que nos encontremos

---

[55] STC 44/2016 FJ 4 (TOL5.713.543)

algunos de estos nuevos contenidos no se podrán desplegar con toda su intensidad sobre todo en materia de proyección, pero en las Universidades grandes se va a convertir en una necesidad su articulación normativa y práctica.

Además, se debe insistir en la idea de que los Estatutos universitarios deberán desarrollar los contenidos previstos en el art. 3.2 LOSU, actualizando los contenidos ya tradicionales con las nuevas reglas LOSU, todos los diversos contenidos dispersos a lo largo de la LOSU que establecen una reserva estatutaria entendida como obligación de que se regulen mediante los Estatutos universitarios, así como la regulación de los nuevos organismos creados por la LOSU o previamente regulados en algunos de los antiguos Estatutos, aunque son obligatorios en la actualidad para todos (unidad de igualdad, inspección de servicios, defensor universitario).

Capítulo 2

La autonomía normativa: contenido y control de los Estatutos universitarios

2.1.- EL SENTIDO DE LOS ESTATUTOS UNIVERSITARIOS Y SU UBICACIÓN EN EL ORDENAMIENTO JURÍDICO

Como hemos visto, en general, el concepto jurídico de autonomía no solo incluye la capacidad de autoadministración, sino también implica la competencia y la potestad de crear normas libremente dentro de un determinado marco normativo. La capacidad para dictar las propias normas de organización y funcionamiento, cuya eficacia no se limita necesariamente al ámbito interno de la institución, es una consecuencia del reconocimiento constitucional de la autonomía universitaria. Por su parte, la autonomía universitaria normativa constituye el principal elemento que caracteriza de manera distintiva a los entes universitarios frente al resto de organismos autónomos que se integran en el sector público[56]. Con relación a las

---

56 TARDÍO PATO, J.A. *El derecho de las universidades públicas españolas*, *op. cit.*, p. 775-776. Sobre el alcance de la autonomía normativa, vid. GAVARA DE CARA, J.C., "La autonomía universitaria en la jurisprudencia del Tribunal Constitucional", *op. cit.*, p. 63 y ss.; en concreto en la LOSU, vid. CARLÓN RUIZ, M., "La autonomía universitaria en el cumplimiento de las funciones de las universidades en el marco de la nueva Ley Orgánica del Sistema Universitario", *op. cit.*, p. 59-50

Universidades, el art. 3.2.b LOU reconoce la capacidad para dotarse de sus propios Estatutos y de las demás normas de régimen interno y, por su parte, ese mismo precepto establece que las Universidades privadas están facultadas para dictar sus propias normas de organización y funcionamiento, equiparadas a los Estatutos de las Universidades públicas en contenido y función.

La plena realización de la dimensión formal de la autonomía requiere de la previa atribución, por parte del legislador, del máximo de atribuciones materiales posibles a las Universidades a través de la LOSU, y que posteriormente se recogerían en sus Estatutos como norma principal de su sistema normativo. Sin embargo, al confluir en el sector de la educación superior, la competencia del Estado y de las CCAA en la consecución de ciertas finalidades, se va a limitar y condicionar necesariamente el alcance objetivo de su capacidad regulatoria, incluso ejerciendo un control previo de legalidad por la CCAA en los Estatutos universitarios. Las Comunidades Autónomas podrán ejercer en los términos de sus Estatutos de Autonomía y de la LOSU unas competencias legislativas en materia universitaria que incidirán directa e indirectamente en las normas reguladoras de los Estatutos universitarios. En consecuencia, no se puede hablar de autonomía normativa plena por la fuerte dependencia de la configuración legislativa estatal y autonómica, lo que influye necesariamente en el resto de las dimensiones de este derecho en la medida en que las demás facultades que lo integran deben ser materializadas a través de los Estatutos y los demás actos normativos internos de los órganos universitarios. La capacidad de autorregulación con libertad es un elemento definitorio de la autonomía, pero esto no equivale a afirmar su pleno y exclusivo alcance formal o material.

Cada Universidad tiene la posibilidad de dotarse de un ordenamiento específico y diferenciado sin perjuicio de las relaciones de coordinación con otros ordenamientos en los que aquél necesariamente ha de integrarse[57]. El ordenamiento universitario estaría formado por los Estatutos como norma básica de ordenación y todas aquellas normas inferiores que la propia institución considere necesarias para su organización o funcionamiento interno, aunque se debe insistir en que no se trata de una potestad ni plenamente libre ni totalmente autónoma[58]. La autonomía normativa garantiza que ningún otro poder del Estado podrá sustituir a los órganos de la propia Universidad en la elaboración de sus reglas jurídicas, pero sólo es plena con relación a aquellos aspectos que no sean objeto de regulación específica en la Ley[59], y que sean susceptibles de ser integradas en las funciones específicas de la universidad. La incidencia del legislador estatal en cuanto derecho fundamental, pero también determinados aspectos de desarrollo del legislador autonómico no relacionados directamente con el derecho fundamental, pueden incidir en el alcance de los Estatutos universitarios.

En general, se mantiene una relación directa entre la LOSU y los estatutos universitarios a efectos de articulación del contenido y desarrollo de la autonomía universitaria como derecho fundamental, pero en la práctica hay aspectos concretos y específicos que se interrelacionan con la legislación autonómica indirectamente, ya que la LOSU regula el sistema universitario al completo, incluyendo aspectos no conectados a la autonomía universitaria. En cualquier caso, las Comunidades Autónomas carecen de competencias directas en las materias integradas en la Ley orgánica o en el derecho

---

[57] STC 55/1989 FJ 3 (TOL80.266).

[58] Sobre la potestad normativa de las universidades, CUETO PÉREZ, M., "Potestad normativa de las universidades públicas", en AAVV, *Organización de la Universidad y la Ciencia*, coord. por Fernando López Ramón, Ricardo Rivero Ortega, Marcos M. Fernando Pablo, AEPDA, INAP, Madrid, 2018, p. 529-560

[59] STC 55/1989 FJ 2 (TOL80.266) y STC 130/1991 FJ 3 (TOL80.544)

a la autonomía universitaria, pero tampoco podrán contradecir la normativa estatal básica en la materia.

La Ley orgánica remitida por la Constitución es la norma de cabecera de cada ordenamiento universitario autónomo para la creación de normas jurídicas en las materias y asuntos que le son propios conforme a la Constitución, a la Ley orgánica y a la legislación autonómica. Los Estatutos universitarios no son un desarrollo ejecutivo de la Ley, sino un conjunto de disposiciones reglamentarias en las que se plasman, conforme a sus potestades, las propias opciones organizativas y funcionales de cada universidad en el marco de lo dispuesto por esa legislación. Los Estatutos universitarios se relacionan por el principio de jerarquía normativa con la LOSU y con la correspondiente ley autonómica en tanto que norma reglamentaria dependiente de ambos sistema a efectos de control de legalidad, pero en esencia en relación con el alcance de la autonomía universitaria implica una aplicación del principio de competencia y del principio de prevalencia en la medida que implica una defensa de las propias competencias y funciones frente a las decisiones de otros poderes públicos (estatal y autonómico) que si adoptan nuevas decisiones legislativas desplazarán los correspondientes preceptos incompatibles de los viejos Estatutos. Una vez delimitado por el legislador orgánico el contenido y el ámbito de la autonomía universitaria, cada universidad posee en principio plena capacidad de decisión en aquellos aspectos que no son objeto de regulación específica en la ley, es decir, los Estatutos son reglamentos autónomos e independientes[60].

Más cuestionable es determinar si la potestad de elaborar los Estatutos es una derivación de la Constitución o de la normativa

---

60 CÁMARA VILLAR, G., "La autonomía universitaria en España hoy, entre el mito y la realidad", *op. cit.*, p. 82; LÓPEZ-JURADO ESCRIBANO, F. de B., *La autonomía de las Universidades como derecho fundamental, op. cit.*, p. 56 y ss.

de cabecera del sistema universitario. En este caso, la consideración de la autonomía como derecho fundamental, aunque se trate de un derecho de configuración legal que determina su contenido específico y concreto a través de dicha normativa de cabecera, no permitiría que libremente el legislador pudiera ampliar o restringir dicho contenido, sino que requeriría cualquier cambio o modificación restrictiva una justificación constitucional estricta, ya que la autonomía universitaria en sus contenidos básicos y fundamentales mientras no se modifique su estatuto constitucional requiere de una amplia garantía de irreversibilidad[61]. En cualquier caso, la autonomía normativa se incluye por el TC jurisprudencialmente entre los contenidos de la autonomía universitaria, por lo que a efectos de su existencia es irrelevante que se reconozca por la LOSU.

Estos condicionantes formales y materiales que las leyes estatales y autonómicas imponen a los Estatutos de las Universidades, implican que se conviertan en las auténticas normas de cabecera del ordenamiento interno de las Universidades. Sin embargo, los Estatutos universitarios no deben ser entendidos como normas de desarrollo de la LOSU, ya que se trata de una fuente para precisar aspectos clave de la organización universitaria que les otorga una posición peculiar en el sistema jurídico, lo que implica que su naturaleza sea la de disposiciones reglamentarias *praeter legem* o de carácter independiente o autónomo[62], que no pueden ser ejecutivos de la LOSU o de la

---

61 En contra, GALÁN VIOQUE, R., "Los estatutos de las universidades públicas, una vez más, en la tesitura de su necesaria adaptación a la tercera ley de cabecera del sistema universitario español", en HORGUÉ BAENA, C. (dir.), *La nueva ordenación de las universidades. Estudios sobre la ley orgánica 2/2023 del sistema universitario*, Iustel, Madrid, 2023, p. 203

62 OLIVER ARAUJO, J. "Alcance y significado de la autonomía universitaria según la doctrina del Tribunal Constitucional", *Revista de Derecho Político*, 1991, núm. 33, p. 97.

correspondiente legislación autonómica, ya que cuentan con sus correspondientes disposiciones de habilitación normativa (Disposición final octava LOSU).

Desde un punto de vista formal, la LOSU no sólo impone a las universidades la necesidad de contar con unos Estatutos, sino que convierte su aprobación en un acto conjunto y sucesivo que requiere añadir a su voluntad como ente autónomo en la elaboración y en el contenido material, la de la CCAA o en algunos casos del Estado (universidades públicas estatales, UNED y UIMP) a efectos de realizar un previo control de legalidad, aunque sin poder alterar el contenido material, antes de su aprobación definitiva mediante el correspondiente decreto del Gobierno. Los propios Estatutos deben articular su proceso de aprobación o reforma, otorgando la LOSU libertad para establecer la titularidad de la iniciativa o las mayorías exigibles, aunque se impone la intervención del Claustro para la elaboración y aprobación final del texto (art. 45.2.a LOSU), lo que supone convertir a este órgano en el responsable de precisar la organización de la institución[63]. Esta decisión debe ser posteriormente validada por parte del Gobierno de la Comunidad Autónoma correspondiente, ya que el art. 38.1 LOSU establece que las CCAA son responsables de controlar la legalidad de los Estatutos previamente aprobados por una Universidad antes de su entrada en vigor, que se producirá con la publicación en el Boletín Oficial de la Comunidad Autónoma. En cualquier caso, resulta extraño que tenga un control previo de legalidad un órgano ejecutivo que se puede cuestionar en base a una posible infracción de la reserva de jurisdicción en el sentido que debe corresponder dicho control a los órganos judiciales y

---

63 Sobre las dificultades de aplicar la normativa general de la potestad reglamentaria a la elaboración de los Estatutos, vid. CUETO PÉREZ, M., "Potestad normativa de las universidades públicas", en AAVV, *Organización de la Universidad y la Ciencia, op. cit.*, p. 540 y ss.

más cuando se está ejerciendo un derecho fundamental como es la autonomía universitaria. La expresión control de legalidad no es adecuada y debería sustituirse por la de supervisión o control de calidad técnica normativa, que incluso podría ser ejercido por las agencias de calidad universitaria para garantizar la independencia de criterio. En cualquier caso, la Comunidad Autónoma dispone de cuatro meses para la elaboración del informe de legalidad (art. 38.2 LOSU). Sin embargo, no se explicitan los efectos en caso de silencio administrativo, por lo que se debe considerar que es positivo y, en consecuencia, se podría solicitar la publicación de los Estatutos en el Diario Oficial de la Comunidad Autónoma y en el BOE, previa certificación de dicho silencio.

En este contexto, los Estatutos universitarios constituyen la expresión más característica de la autonomía universitaria en tanto que autonomía normativa. Además, ya que son normas que asumen la tarea de configurar la Universidad como institución autónoma, pueden calificarse como la norma institucional básica de la Universidad[64]. Por otra parte, tampoco los Estatutos, a pesar de ser la norma que preside el ordenamiento interno de la Universidad, son el resultado del ejercicio de un poder normativo autónomo de la Universidad, sino que es derivado ya que son normas que la Universidad elabora, pero que aprueba el Gobierno de la Comunidad Autónoma correspondiente, una vez verificado su adecuación a

---

64 PONS, E., *La autonomía universitaria, op. cit.*, p. 203-204. Asimismo, GAVARA DE CARA, J.C., "La autonomía universitaria en la jurisprudencia del Tribunal Constitucional", *op. cit.*, p. 66; GALÁN VIOQUE, R., "Los estatutos de las universidades públicas, una vez más, en la tesitura de su necesaria adaptación a la tercera ley de cabecera del sistema universitario español", *op. cit.*, p. 200 y ss.

la legalidad vigente[65], aunque una potestad muy limitada y sin posibilidades de realizar modificaciones en su contenido.

En la doctrina de la jurisdicción ordinaria, no se aporta criterios propios, ya que su doctrina sobre la autonomía universitaria es una mera reiteración de los planteamientos teóricos previamente establecidos por el Tribunal Constitucional. La jurisdicción contencioso-administrativa cuando aborda el ámbito de la autonomía universitaria se limita a resolver cuestiones puntuales, esencialmente de aplicación práctica de la legislación, sin plantear ni desarrollar como tal una línea propia innovadora sobre el contenido de este derecho[66]. El Tribunal Supremo no se separa de la jurisprudencia del Tribunal Constitucional, asumiendo que se trata de un derecho de configuración estrictamente legal, que corresponde al legislador señalar las líneas generales del sistema universitario español, al cual se han de someter los Estatutos de las distintas Universidades, sin que en ningún caso se pueda rebasar el contenido esencial del derecho fundamental[67]. Los Estatutos de las Universidades son un instrumento normativo de segundo grado sometido al conjunto del ordenamiento jurídico, cuya finalidad no es otra que la de organizar las estructuras de la institución y dotar a la misma de reglas de funcionamiento, por lo que no permite atribuir potestades a la misma institución que el ordenamiento

---

65 EXPOSITO GÓMEZ, E., "Naturaleza, contenido y alcance constitucionales de la autonomía universitaria", *op. cit.*, p. 297

66 En general, sobre la jurisprudencia ordinaria en autonomía universitaria, vid. CAPODIFERRO CUBERO, D., "La autonomía de las universidades y el control de legalidad de sus estatutos en la jurisprudencia de los tribunales ordinarios", en GAVARA DE CARA, J.C. (Ed.), *La autonomía universitaria. Un reconocimiento constitucional entre la aplicación práctica y la configuración legislativa*, J.M. Bosch Editor, Barcelona, 2018, p. 89 y ss.

67 STS de 5 de mayo de 1999 (ROJ: STS 3060/1999) FJ 2 (TOL1.704.367).

no ha contemplado[68]. A partir de este mínimo legalmente establecido, las Universidades poseerían, en principio, plena capacidad de decisión en aquellos aspectos que no son objeto de regulación específica en la ley[69].

En definitiva, los Estatutos, aunque tengan su norma habilitante en la LOSU, no son normas dictadas en su desarrollo, son reglamentos autónomos en los que plasma la potestad de autoordenación de la Universidad en los términos que permite la ley[70]. A diferencia de lo que ocurre con los reglamentos ejecutivos de leyes que para ser legales deben seguir estrictamente el espíritu y la finalidad de la ley habilitante que les sirve de fundamento, los Estatutos se mueven en un ámbito de autonomía en que el contenido de la Ley solo sirve de parámetro controlador o límite de la legalidad del texto. En consecuencia, sólo puede tacharse de ilegal alguno de los preceptos de los Estatutos si contradice frontalmente las normas legales que configuran la autonomía universitaria, y es válida toda norma estatutaria respecto de la cual quepa alguna interpretación legal, de forma que el control de legalidad consiste simplemente en la confrontación del texto aprobado por la Universidad con las normas legales vigentes, con la consecuencia de que dicho texto debe ser mantenido cuando la contradicción no es clara y manifiesta[71]. Los Estatutos están vinculados negativamente a la ley y serán legítimos en la medida que no se opongan a las

---

68 STSJ Galicia de 13 de diciembre de 2000 (ROJ: STSJ GAL 9767/2000), FJ 3 (TOL248.394).

69 STS de 18 de enero de 2000 (ROJ: STS 176/2000), FJ 4 C (TOL1.705.837).

70 GAVARA DE CARA, J.C., "La autonomía universitaria en la jurisprudencia del Tribunal Constitucional", *op. cit.*, p. 65-66.

71 STC 55/1989 FJ 4 (TOL80.266); STC 131/1991 FJ 5 (TOL80.545); STC 75/1997 FJ 3 (TOL83.218)

mismas, sin que signifique que deban seguir su dictado[72], es decir, poseen el margen de apreciación suficiente para dictar contenidos *praeter legem*, integrados dentro de las funciones de las Universidades no previstas en la LOSU (art. 2.2 y 3.2.s LOSU), con la consecuencia de que las Universidades pueden tener una competencia residual en el ámbito de sus funciones que se puede introducir en los Estatutos.

En el ejercicio de este control de legalidad, la LOSU va a funcionar no sólo como parámetro de constitucionalidad, sino también como límite de la legalidad del texto, ya que la Ley no sirve como marco para acotar o deslindar de forma que los preceptos estatutarios sólo podrán ser tachados de ilegales si contradijeren frontalmente las normas que configuren la autonomía universitaria, pues si admitieren una interpretación conforme a ella, habría de concluirse en favor de su validez[73]. En definitiva, se exige una vinculación a la ley en sentido negativo consistente en la no contradicción[74], pero no una vinculación positiva que limite su actividad a unas concretas y específicas funciones y competencias, prohibiendo cualquier otra que forme parte de las funciones propias de las universidades.

Por otra parte, se debe tener en cuenta que con anterioridad a la LOSU se aprobó la Ley 3/2022, de 24 de febrero, de convivencia universitaria, que tiene carácter básico, pero no orgánico, de conformidad con su Disposición final primera, que utiliza como títulos competenciales a los art. 149.1.18.ª y 149.1.30.ª CE (bases del régimen jurídico de las Administraciones públicas y del régimen estatutario de sus funcionarios

---

72 CHAVES GARCÍA, J. R., «Posición y valor de los Estatutos de las Universidades en el ordenamiento jurídico», *Actualidad Administrativa*, 1991, núm. 25, p. 329

73 STC 55/1989 FJ 4 (TOL80.266) y STC 75/1997 FJ 3 (TOL83.218)

74 TORRES MURO, I., *La autonomía universitaria. Aspectos constitucionales*, *op. cit.*, p. 56.

que, en todo caso, garantizarán a los administrados un tratamiento común ante ellas y normas básicas para el desarrollo del art. 27 CE). Esta Ley de convivencia universitaria actualizó el régimen disciplinario de los estudiantes universitarios. Por su parte, la Disposición adicional cuarta de la Ley de convivencia universitaria establecía la obligación de aprobar Normas de Convivencia y de las medidas de prevención y respuesta frente a la violencia, la discriminación o el acoso, por parte de las Universidades públicas y privadas, en el plazo máximo de un año a contar desde la entrada en vigor de esta ley (25 de febrero de 2023), pudiendo incorporar a dichas Normas de Convivencia aquellas medidas de análoga naturaleza que tuvieran vigentes, ajustándolas a lo dispuesto por esta ley[75]. Por lógica y técnica normativa, estas Normas de Convivencia no se pueden incorporar a los Estatutos universitarios, que en todo caso pueden prever su existencia, ya que tienen autonomía y separación de regulación al margen de los Estatutos.

Las numerosas remisiones de la LOSU a disposiciones reglamentarias que se integran en la normativa básica del Estado en el ámbito de una materia sujeta a ley orgánica, responden a la finalidad de la homologación del sistema universitario para garantizar el cumplimiento de las leyes, que no podrá interferir en los Estatutos universitarios, ni reducir su autonomía organizativa[76]. En este sentido, son numerosos los reglamentos normativos de carácter básico aprobados por el Estado tanto antes como después de la entrada en vigor de la LOSU[77]. Es

---

75 GALÁN VIOQUE, R., "Los estatutos de las universidades públicas, una vez más, en la tesitura de su necesaria adaptación a la tercera ley de cabecera del sistema universitario español", *op. cit.*, p. 206-207

76 GALÁN VIOQUE, R., "Los estatutos de las universidades públicas, una vez más, en la tesitura de su necesaria adaptación a la tercera ley de cabecera del sistema universitario español", *op. cit.*, p. 207

77 En este sentido destacan, el Real Decreto 576/2023, de 4 de julio, por el que se modifican el Real Decreto 99/2011, de 28 de enero,

conveniente insistir en la idea de que estos reglamentos ejecutivos son desarrollo normativo de la LOSU y se integran en la normativa estatal básica, pero no pueden incidir en la autonomía universitaria en tanto que derecho fundamental, ni incluir normas o mandatos que las universidades deben establecer normativamente en sus Estatutos por estar sometidos a reserva estatutaria.

En cualquier caso, se debe destacar que esta entrada en vigor de la LOSU no ha supuesto la derogación de los antiguos Estatutos universitarios, mientras no se agote el plazo transitorio para la elaboración de los nuevos Estatutos. La Disposición derogatoria única en su apartado 2 LOSU establece que se deroga cualquier disposición de igual o inferior rango en cuanto se oponga a lo establecido en la LOSU, pero dejando al margen la compatibilidad de numerosos preceptos de los antiguos Estatutos universitarios con la actual LOSU que no se ven afectados por la derogación. Además, lo cierto es que la Disposición Transitoria primera LOSU establece un plazo de dos años para aprobar los nuevos Estatutos universitarios que

---

por el que se regulan las enseñanzas oficiales de doctorado; el Real Decreto 1002/2010, de 5 de agosto, sobre expedición de títulos universitarios oficiales; y el Real Decreto 641/2021, de 27 de julio, por el que se regula la concesión directa de subvenciones a universidades públicas españolas para la modernización y digitalización del sistema universitario español en el marco del Plan de Recuperación, Transformación y Resiliencia; y el Real Decreto 678/2023, de 18 de julio, por el que se regula la acreditación estatal para el acceso a los cuerpos docentes universitarios y el régimen de los concursos de acceso a plazas de dichos cuerpos. Con anterioridad a la LOSU se aprobaron el Real Decreto 640/2021, de 27 de julio, de creación, reconocimiento y autorización de universidades y centros universitarios, y acreditación institucional de centros universitarios y el Real Decreto 822/2021, de 28 de septiembre, por el que se establece la organización de las enseñanzas universitarias y del procedimiento de aseguramiento de su calidad.

deben adaptarse a las reglas LOSU, lo que permite deducir que mientras no se agote dicho plazo son aplicables los preceptos de los antiguos Estatutos universitarios, salvo en lo referente al contenido transitorio relacionado con cargos unipersonales que se regula de forma expresa en los apartados 2 y 3 de dicha Disposición Transitoria primera LOSU. En caso de incumplimiento del plazo de elaboración de los Estatutos previsto en la Disposición Transitoria primera LOSU no se ha establecido ninguna medida de sustitución, por lo que no sería admisible tal como sucedía en el pasado una subrogación autonómica en la aprobación de los nuevos Estatutos[78], sobre todo a causa de que no puede ejercer una administración el contenido de un derecho fundamental ajeno como es la autonomía universitaria en los aspectos normativos.

Los Estatutos universitarios solo se pueden de forma expresa por los sucesivos Estatutos universitarios, ya que no son normas en la que la LOSU o la normativa universitaria autonómica puedan ejercer una fuerza activa de ley. Si que es admisible una derogación tácita por incompatibilidad objetiva de los antiguos Estatutos con la LOSU, pero que no alcanzará al texto estatutario completo, ya que se debe fijar conceptualmente y de forma específica y concreta los preceptos afectados, aunque además se requerirá en caso de conflicto que la jurisdicción ordinaria determine el alcance de la derogación tácita estatutario mediante interpretación. En esencia, los Estatutos se elaboran en la universidad, siguen en vigor en todo lo que no sea incompatible con la LOSU hasta su sustitución por los nuevos Estatutos y mediante el control de legalidad autonómico tampoco se puede sustituir a la universidad en su elaboración, ni evidentemente derogar a los antiguos Estatutos.

---

[78] GALÁN VIOQUE, R., "Los estatutos de las universidades públicas, una vez más, en la tesitura de su necesaria adaptación a la tercera ley de cabecera del sistema universitario español", *op. cit.*, p. 231.

2.2.- EL ALCANCE DEL CONTROL AUTONÓMICO DE LA LEGALIDAD DE LOS ESTATUTOS UNIVERSITARIOS

El régimen jurídico de las Universidades públicas viene prescrito en el art. 38 LOSU, que establece que se regirán por la dicha Ley y por las normas que dicten el Estado y las comunidades autónomas, en el ejercicio de sus respectivas competencias que les sea de aplicación, pero además por la Ley de su creación y por sus Estatutos, que serán elaborados por las propias Universidades y, previo control de su legalidad, aprobados por la Comunidad Autónoma[79]. El control de legalidad de los Estatutos implica que, en caso de existir reparos, habrán de ser subsanados por las propias Universidades y de acuerdo con el procedimiento previsto por sus propios Estatutos, sometiéndolos de nuevo a la aprobación por el Gobierno de la Comunidad Autónoma correspondiente. Se trata de un estricto control de legalidad, sin que quepa introducir criterios de oportunidad o conveniencia o incluso de carácter técnico para perfeccionar las normas estatutarias[80].

---

79 Un régimen distinto se prevé para las Universidades privadas, ya que el art. 95.3 LOSU establece que el lugar de la ley de creación lo ocupa la ley de su reconocimiento y el de los Estatutos sus propias normas de organización y funcionamiento, que con sujeción a los principios constitucionales y la garantía de la libertad de cátedra incluirán los aspectos propios de la autonomía conforme al art. 3.2 LOSU. A diferencia de lo que sucede con el control previo de legalidad que en este caso no existe, las normas de organización y funcionamiento deben ser aprobadas por la Comunidad Autónoma que da lugar a un control de legalidad directo en caso de establecer restricciones no deseadas o de omisión si no se produce la aprobación de la Comunidad Autónoma, que el silencio debe entenderse negativo al no fijar un plazo para la Comunidad Autónoma.

80 Sobre la naturaleza de este control, vid. CAPODIFERRO CUBERO, D., "La autonomía de las universidades y el control de legalidad de sus estatutos en la jurisprudencia de los tribunales ordinarios", *op. cit.*, p. 94-97. Asimismo, CÁMARA VILLAR, G., "La

El Ejecutivo autonómico carece de capacidad para modificar unilateralmente los términos del texto estatutario, e incluso en la LOSU se ha suprimido la posibilidad de suplir la inacción de la Universidad en la aprobación inicial del mismo[81]. En la actualidad, la Disposición transitoria primera de la LOSU establece que se deben aprobar los nuevos Estatutos universitarios en un plazo máximo de dos años a contar desde la entrada en vigor de la LOSU (con fecha límite de 12 de abril de 2025). Tal como se ha indicado, en caso de encontrar algún aspecto contrario a la legalidad, es la propia Universidad quien debe resolverlo en una nueva decisión, sin que parezca, a tenor de la Ley, que esté vinculada por las posibles observaciones del Gobierno autonómico, que puede volver a adoptar una nueva decisión de devolución de los Estatutos si no se han producido

---

autonomía universitaria en España hoy, entre el mito y la realidad", *op. cit.*, p. 83; BAÑO LEÓN, J. Mª, "Las potestades normativas de las Universidades", *Revista Aragonesa de Administración Pública,* 1997, núm. 11, p. 39 y ss.; DE CASTRO, B., "Autonomía universitaria y control de legalidad de los estatutos", *Persona y Derecho,* 2006, VOL. 55, p. 835-859; CHAVES GARCÍA, J. R., «Posición y valor de los Estatutos de las Universidades en el ordenamiento jurídico», *op. cit.*, p. 329; TORRES MURO, I., *La autonomía universitaria. Aspectos constitucionales, op. cit.*, p. 70; CUETO PÉREZ, M., "Potestad normativa de las universidades públicas", en AAVV, *Organización de la Universidad y la Ciencia, op. cit.*, p. 546-551.

81 Según la derogada Disposición transitoria segunda LOU, una vez constituido el Claustro para la aprobación de los Estatutos originarios de la Universidad tiene 9 meses para aprobarlos y transcurrido este plazo sin que la Universidad hubiere presentado los Estatutos para su control de legalidad, el Consejo de Gobierno de la Comunidad Autónoma acordará unos Estatutos en el plazo máximo de tres meses. Esta disposición podría considerarse una infracción de la autonomía universitaria considerado como derecho fundamental, lo que justificaría un nuevo tratamiento normativo con un plazo máximo para la redacción de los Estatutos, pero sin establecer consecuencias sustitutorias en caso de inacción.

las correcciones adecuadas a la legalidad. De todos modos, si la Comunidad Autónoma no está de acuerdo con las nuevas propuestas de los Estatutos puede volver a objetar, ya que el punto temporal máximo de la Comunidad Autónoma se reinicia con cada nueva propuesta, pero no puede aplicarse una inexistente cláusula de inacción. Cualquier decisión puede ser impugnada por la Universidad ante la jurisdicción contencioso-administrativa y eventualmente ante el Tribunal Constitucional en amparo, pero no se establece consecuencias expresas ante la inacción, aunque eventualmente puede ser considerada un incumplimiento grave de las condiciones y requisitos de creación y existencia que puede dar lugar a su intervención y en casos extremos a su supresión mediante Ley.

En algunos casos concretos, la capacidad de intervención del ejecutivo autonómico puede proyectarse en la determinación de un plazo para reformar los Estatutos universitarios cuando concurran determinadas circunstancias que hagan aconsejable y necesaria la modificación de estas normas a fin de adaptarse a una nueva realidad. Cuando se realice una reordenación de centros pertenecientes a diversas universidades provocando adscripciones a universidades distintas de las de su origen, se puede establecer un plazo de subrogación gubernativa, de forma que las Universidades afectadas están obligadas a readaptar sus Estatutos y normas de funcionamiento interno a la nueva organización creada por la reforma, sin que entrañe limitación alguna de la potestad estatutaria de dichas Universidades, siempre que la Ley que las reorganiza no les impida ejercitarla, decidiendo libremente cada una de ellas sobre dicha readaptación, aunque les imponga un plazo para llevarla a efecto con subrogación gubernativa en caso de incumplimiento. Se trata de una cautela razonable que tiene por objeto evitar que la omisión voluntaria de la Universidad en el ejercicio de su competencia conduzca a una anomalía incompatible con el correcto funcionamiento de la institución universitaria (en términos de teoría general de derechos fundamentales constituiría un abuso de derecho que es incompatible con el ejercicio legítimo de un derecho fundamental). Esta posibilidad de subrogación del Gobierno autonómico constituye una vía supletoria y provisional que la Universidad afectada podrá sustituir por la normativa propia, cuando así lo considere oportuno[82].

La finalidad de este examen es únicamente, a juicio del Tribunal Constitucional, asegurar que el contenido de los Estatutos no se oponga a las normas legales que configuran la autonomía universitaria, constituyendo un mecanismo de control estrictamente negativo en el que no puede incorporarse elemento político o valorativo alguno, ya que en caso contrario se vulneraría este derecho[83]. El Tribunal Constitucional ha remarcado la vigencia del principio de conservación de las normas en el control autonómico de legalidad que se haga de los Estatutos universitarios, de modo que no pueden plantarse reparos sobre aquellas disposiciones cuya validez pueda salvarse por vía interpretativa, limitando al mínimo imprescindible la intervención del Gobierno autonómico. En cualquier caso, se trata de un régimen de autorización, sea por rechazo o por silencio, que difícilmente casa con la estructura de un derecho fundamental, más correcto hubiera sido establecer un régimen que permitiera a la Comunidad Autónoma dirigirse

---

82 STC 106/1990 FJ 12 (TOL81.794)

83 STC 55/1989 FJ 4 (TOL80.266), reiterada por la STC 130/1991 FJ 5 (TOL80.544), respecto de los Estatutos universitarios no cabe un control de oportunidad o conveniencia, ni siquiera de carácter meramente técnico dirigido a perfeccionar la redacción de la norma estatutaria, ya que se mueven en un ámbito de autonomía en que el contenido de la Ley no sirve sino como parámetro controlador o límite de la legalidad del texto. En consecuencia, sólo puede tacharse de ilegal alguno de sus preceptos si contradice frontalmente las normas legales que configuran la autonomía universitaria, y es válida toda norma estatutaria respecto de la cual quepa alguna interpretación legal.

a la jurisdicción contencioso-administrativa para impugnar los Estatutos que se consideraran ilegales.

La actividad jurisprudencial más relevante es la realizada por el Tribunal Supremo y los Tribunales Superiores de Justicia en procedimientos de impugnación del resultado del control de legalidad de los Estatutos universitarios realizado por los Consejos de Gobierno autonómicos y, en menor medida, controversias relativas a la aplicación de diversas normas de rango reglamentario. Ambas instancias judiciales han venido coincidiendo en plantear este tipo de conflictos como un problema de vulneración de la autonomía universitaria. Sin embargo, se trata de una declaración formal, especialmente cuando lo que se plantea es la revisión en sede judicial de un Decreto autonómico que aprueba los Estatutos de una Universidad o su modificación, se produce un examen de legalidad de un acto reglamentario al contrastar la redacción de disposiciones puntuales, impugnadas normalmente debido a que el Gobierno autonómico alteró el contenido original dado por la Universidad. Las sentencias solo suponen una valoración de la adecuación de previsiones infralegales concretas a la legislación vigente.

Aunque se ha señalado que la actuación de las Universidades se limita a la elaboración de un proyecto de Estatutos que no resulta perfeccionado hasta su definitiva aprobación por parte de la Comunidad Autónoma[84], lo cierto es que los Estatutos universitarios no constituyen un texto donde deban confluir las voluntades políticas de la Universidad y la Administración autonómica. La Universidad, a través de su Claustro, goza de una amplia capacidad para conformar el contenido de la norma estatutaria, así como para decidir conforme

---

84 SÁNCHEZ NAVARRO, A. "Los Estatutos, los reglamentos universitarios y otros instrumentos autorregulatorios (en especial, los códigos de conducta)", en AAVV, *Bases jurídicas para la gestión universitaria*, Tomo I., Ed. Club Universitario, Alicante, 2008, p. 22.

a criterios de oportunidad el momento en el que operar una reforma de esta. Por el contrario, la función del Gobierno de la Comunidad Autónoma no es la de configurar estas disposiciones, ya que se limita a la realización de un control de estricta legalidad, en el que, tal como ha señalado el Tribunal Constitucional, no cabe un control de oportunidad o conveniencia, ni siquiera de carácter meramente técnico dirigido a perfeccionar la redacción de la norma estatutaria, ya que ésta se mueve en un ámbito de autonomía en que el contenido de la Ley no sirve sino como parámetro controlador o límite de la legalidad del texto[85]. En consecuencia, se trata de una actuación de contraste jurídico cuya función no es otra que la de asegurar que no existen contradicciones entre los Estatutos y la Constitución y las demás leyes aplicables, en la medida en que la relación entre todas estas fuentes se caracteriza por el alto grado de libertad que se concede a las Universidades en cuanto a la determinación de su régimen jurídico mediante normas que no son meros reglamentos ejecutivos[86]. El Tribunal Supremo ha señalado que esta actuación está destinada a depurar aquellos elementos en los que el texto de los Estatutos remitido por el Claustro de la Universidad hubiese rebasado el contenido esencial de la autonomía, contenido que, a su vez, se identifica con las previsiones de las leyes y reglamentos que regulen cada uno de los aspectos objeto de análisis. Dicha actuación es revisable en sede jurisprudencial una vez producida, en la medida en que toma la forma de un acto reglamentario del Consejo de Gobierno de la Comunidad Autónoma, sin que quepa la posibilidad de solicitar ante los Tribunales la modificación *ex novo* de los Estatutos de una Universidad, ya que la jurisdicción no

---

85 STC 55/1989 FJ 4 (TOL80.266), reiterada por la STC 130/1991 FJ 5 (TOL80.544).

86 TORRES MURO, I., *La autonomía universitaria. Aspectos constitucionales*, op. cit., p. 70.

puede imponer a estas instituciones el ejercicio de su potestad de autonormación en un determinado sentido positivo[87].

El antiguo y derogado art. 12.1 LRU se limitaba a establecer que las Universidades elaborarán sus Estatutos y, si se ajustan a lo establecido en la presente Ley, serán aprobados por el Consejo de Gobierno de la Comunidad Autónoma correspondiente, entendiéndose tal efecto producido en caso de transcurrir tres meses sin resolución expresa, sin que un pronunciamiento extemporáneo del Ejecutivo autonómico negando la aprobación pudiera alterar dicho resultado[88]. Este precepto generaba una laguna que está en el origen de la mayoría de los conflictos con los Estatutos universitarios, ya que no se concretaban los límites materiales de actuación de los Gobiernos autonómicos. El Tribunal Supremo vino reconociendo desde un primer momento capacidad a los Consejos de Gobierno autonómicos para modificar unilateralmente la redacción de los preceptos de los Estatutos universitarios que considerase viciados de ilegalidad. Se afirma que el principio de autonomía universitaria no impide el control que la Ley atribuye al Gobierno, ni el que corresponde a los Tribunales en orden a asegurar la legalidad de los Estatutos Universitarios, pero no puede implicar sustituir la voluntad constituyente que corresponde al Claustro universitario, sino cooperar a la misma asegurando la aplicación del principio de la legalidad y del sometimiento de los poderes públicos a la Constitución y al resto del ordenamiento jurídico, estando facultado el Ejecutivo autonómico en ejercicio de este control para hacer modificaciones de adaptación o adecuación a la legalidad que no afecten al núcleo de la voluntad constituyente al referirse exclusivamente a la necesidad de ajuste entre el contenido de los Estatutos y al del ordenamiento jurídico que

87 STS de 31 de enero de 1994 (ROJ: STS 12514/1994), FJ 4 (TOL1.692.083).

88 STS de 10 de julio de 2006 (ROJ: 4260/2006), FJ 4 (TOL979.698).

le sirve de parámetro, sin necesidad en este caso de reenvío de la propuesta a la entidad proponente[89]. En un caso posterior, en el que se trataba alteraciones en la redacción que se entendían compatibles con la autonomía universitaria en la medida en que consistían en remisiones expresas a otras normas de inexcusable cumplimiento, se consideraba que con dichas modificaciones se evita que la omisión propiciara conflictos de interpretación o bien se evita infracciones a principios constitucionales de acceso a la función pública, cuestiones todas ellas sobre las que la Universidad carecía de capacidad dispositiva, por lo que razones de economía y eficacia administrativa hacían innecesaria una devolución al Claustro para que éste rectificara, aplicándose directamente el criterio de legalidad del Gobierno autonómico.

Esta doctrina jurisprudencial basada en las anteriores normas reguladoras sobre el control de los Estatutos no sería aplicable en el actual sistema previsto en el art. 38 LOSU, ya que el informe previo del control de legalidad autonómico no autoriza la realización de modificaciones automáticas, aunque sean de mera concordancia con otras normas, ya que corresponde al Claustro elaborar, aprobar y modificar los Estatutos, evidentemente dentro de la legalidad, pero no cabe otra actuación autonómica que la de remisión a la Universidad en caso de ilegalidades en los mismos. Tanto el plazo de cuatro meses para la elaboración del informe autonómico de legalidad, como el plazo máximo de dos años desde la entrada en vigor de la LOSU para aprobar los nuevos Estatutos son vinculantes, aunque los efectos del incumplimiento son distintos. En el caso de no elaboración del informe autonómico se aplicaría

---

89 STS de 28 de octubre de 1994 (ROJ: STS 19785/1994), FJ 2 y 3 (TOL1.692.656); STS de 19 de abril de 1994 (ROJ: STS 2636/1994) (TOL183.015). Esta tesis se consolida en la STS de 15 de diciembre de 1999 (ROJ: 8044/1999), FJ 4 (TOL1.704.816).

el principio del silencio positivo, mientras que el incumplimiento del plazo de dos años para la elaboración de los Estatutos por la Universidad podría derivar en un incumplimiento grave de la autorización de creación de la Universidad pública que podría dar lugar a la revocación e intervención en las actuaciones y actividades de la Universidad afectada.

Por otra parte, el Tribunal Supremo realiza una diferenciación en función del margen de actuación que la legislación reconoce a las Universidades en cada caso, entendiendo que la intervención de la Comunidad Autónoma no exterioriza un control de técnica jurídica sobre una potestad normativa que sea exclusiva de la Universidad y para la que esta disponga de libertad tanto en cuanto a su contenido como en cuanto la técnica formal de su redacción, sino un control de estricta legalidad, esto es, de indicación de cuáles son los concretos límites que por imperativo legal son de obligado cumplimiento para la Universidad. De este modo, en aquellas materias en las que las normas vigentes no delimitan de manera taxativa cual será el espacio de la regulación complementaria que deberán incluir los Estatutos, toda alteración del contenido de estos lesiona la autonomía universitaria[90]. En este sentido, puede proceder la eliminación del precepto en el control de legalidad por representar una medida inevitable para garantizar debidamente los requisitos de legalidad que rigen en esta materia. De igual manera, son conformes a Derecho las modificaciones encaminadas a delimitar e identificar las fuentes normativas que resultan de inexcusable observancia en determinadas materias ya que constituyen actuaciones orientadas a precisar con claridad cuáles son las fuentes extrauniversitarias que rigen al respecto y no una intervención técnica de perfeccionamiento sobre una actuación libre de la Universidad[91]. Adicionalmente, tampoco

---

90 STS de 19 de julio de 2006 (ROJ: 4448/2006), FJ 4 y 6 (TOL979.725).

91 STS de 19 de julio de 2006 (ROJ: 4448/2006), FJ 8 y 6 (TOL979.725).

se entiende invadido el ámbito reservado a las Universidades al solventar una discordancia de redacción entre dos versiones del texto en sendos idiomas cooficiales cuando se hace en favor de aquella que se ajusta plenamente a la Legislación, concibiéndose tal cosa como la simple corrección de un error que puede ser llevada a cabo por la Consejería competente, sin que proceda necesariamente un nuevo acto del Consejo de Gobierno[92]. Estos criterios en la medida en que son correcciones formales pueden seguir aplicándose en la actualidad con la LOSU.

El derogado art. 6.2 LOU establecía que el Ejecutivo Autonómico está obligado a aprobar cualquier norma estatutaria que no presente reparos de legalidad, manteniéndose las consecuencias positivas del silencio administrativo una vez transcurrido el plazo establecido por la Ley autonómica o, en su defecto, el de tres meses desde la presentación del texto. En caso de apreciar contradicciones, ahora se establece expresamente que corresponde a las Universidades su subsanación de acuerdo con el procedimiento previsto en sus Estatutos para someterlo nuevamente a la aprobación por el Gobierno de la Comunidad Autónoma. Siguiendo la literalidad de la norma, carecería de competencia para modificar unilateralmente aquellas disposiciones estatutarias que considere ilegales. Este sistema se sigue aplicando en el art. 38 LOSU, con la única diferencia de que el plazo para realizar el informe autonómico de legalidad se ha ampliado hasta los cuatro meses, pero se ha suprimido la posibilidad de que el Gobierno autonómico pueda suplir la inacción de la Universidad mediante la redacción de unos Estatutos si se supera el plazo de los nueves meses (Disposición transitoria segunda LOU). Sigue sin concretarse en la LOSU si es legítimo que el Gobierno autonómico realice propuestas informales de modificación o sugerencias

---

92 STS de 5 de junio de 2006 (ROJ: 3462/2006), FJ 3 (TOL956.219).

a la Universidad para corregir los defectos apreciados, pero en ningún caso podrían considerarse como vinculantes para el Claustro.

2.3.- EL CONTENIDO DE LOS ESTATUTOS UNIVERSITARIOS

A pesar de que se pueda adoptar regulaciones deducibles de la autonomía universitaria al margen del contenido previsto por la LOSU, no forma parte del contenido de la autonomía universitaria constitucionalmente protegida una potestad normativa de carácter general no relacionada con las funciones de las Universidades (art. 2.2 LOSU). Al dar cumplimiento a la función que les viene constitucionalmente encomendada, de dotar de contenido positivo a la autonomía universitaria[93], ni la vigente LOSU ni sus predecesoras la LOU o la LRU han incluido una potestad normativa con ese alcance general, pero la potestad normativa no es una competencia que por completo sea ajena a la autonomía universitaria garantizada por el texto constitucional. Dicha potestad, en cuanto que sirve a la libertad académica, razón de ser de la autonomía universitaria, se integra en el contenido de la autonomía universitaria como parte de la libertad de ordenación de los medios necesarios para la impartición de las enseñanzas superiores que la Universidad tiene legalmente encomendada[94], pero siempre debe tener un contenido específico y concreto relacionado con las funciones de la universidad.

Desde un punto de vista sustancial, tanto el contenido estatutario como el del resto de normas internas de una Universidad aparecen parcialmente prefijados por la LOSU, que

93 STC 106/1990 FJ 6 (TOL81.794) y STC 47/2005 FJ 5 (TOL598.423)

94 STC 206/2011 FJ 6 (TOL2.347.883)

impone el deber de regular ciertas cuestiones que, con carácter general, se corresponden con las atribuciones mediante las que se plasma la autonomía universitaria, es decir, los Estatutos universitarios son un desarrollo de todos los contenidos establecidos en el art. 3.2 LOSU que se deben desarrollar en consonancia con el contenido específico exigido a lo largo de todos los preceptos de la LOSU, pero también de las remisiones concretas y específicas que realiza la LOSU a través de su articulado. Desde otra perspectiva, esas materias se deben regular por los Estatutos, de forma que incluso se ha afirmado la existencia de una reserva material de Estatutos universitarios[95].

En lo que respecta a los Estatutos, en algunos casos la Ley estatal prefija un contenido mínimo obligatorio que las Universidades podrán ampliar, como en lo referente a la estructura orgánica básica de la institución en centros y estructuras (art. 40.1 LOSU)[96]. Algunas de las estructuras tradicionales como Facultades, Escuelas y Departamentos pasan a estar a disposición de las normas estatutarias que podrán sustituirlos por

---

95 CUETO PÉREZ, M., "Potestad normativa de las universidades públicas", en AAVV, *Organización de la Universidad y la Ciencia, op. cit.*, p. 533

96 Estas materias se deben regular en los Estatutos y no en normas infraestatutarias, ya que pueden ser objeto de anulación en un control de legalidad por infracción de la reserva estatutaria. Entre estas materias se puede incluirla creación, modificación y supresión de los departamentos, la elaboración de los planes de estudio y de investigación, normas de elección de los distintos órganos de gobierno, derechos y deberes del estudiantado, diseño de los concursos de acceso a los concursos de PDI o nombramiento de los profesores eméritos. Además, otras leyes al margen de la LOSU como la LCTI o leyes autonómicas pueden atribuir materias que se deban regular por los Estatutos, aunque debería de examinarse su compatibilidad con la exigencia de una reserva de ley orgánica por la CE.

otros órganos específicos[97], aunque el corto plazo para la elaboración de los Estatutos no permitirá unos amplios cambios en los diseños institucionales universitarios. En otros preceptúa la finalidad o las pautas esenciales a las que debe obedecer el desarrollo de la cuestión en los Estatutos, como cuando establece que las normas electorales deben favorecer la presencia equilibrada de hombres y mujeres en los órganos colegiados (art. 44.5 LOSU) o garantiza la participación del estudiantado (art. 34.2 y 3 LOSU) y del personal de técnico, de gestión y de administración y servicios en los órganos de gobierno (art. 89.3 y 5 LOSU). No obstante, en la mayoría de los casos lo que contiene la LOSU son remisiones en blanco o con condicionantes mínimos, que recaen sobre cuestiones que se consideran esenciales para el funcionamiento de la Universidad como la fijación de las funciones, el régimen de actuación y el procedimiento de elección de los órganos de gobierno, aunque también sobre asuntos accesorios como el funcionamiento de los colegios mayores (Disposición adicional séptima LOSU). Por otra parte, existen numerosas materias concretas como la organización de los estudios de doctorado (art. 9.7 LOSU), la diversidad lingüística (art. 20 LOSU) o mecanismos de rendición de cuentas internos, transparencia e integridad (art. 39.2 LOSU).

La autonomía se traduce como una capacidad dispositiva en relación con el sistema de fuentes propio de cada Universidad, ya que los Estatutos deberán determinar los órganos competentes, el procedimiento de elaboración y aprobación de cada acto normativo y las posibles reservas o excepcionalidades. La LOSU apenas condiciona la asignación estatutaria de competencias entre los distintos órganos de gobierno de la Universidad, ya que establece atribuciones genéricas de

---

97 GALÁN VIOQUE, R., "Los estatutos de las universidades públicas, una vez más, en la tesitura de su necesaria adaptación a la tercera ley de cabecera del sistema universitario español", *op. cit.*, p. 216-217

potestades de gobierno que no condicionan especialmente la actividad normativa en sus aspectos formales. En cualquier caso, el art. 44.1 LOSU obliga a regular forzosamente en los Estatutos como órganos colegiados al Claustro, al Consejo de Gobierno y al Consejo Social, debiendo añadir entre las normas estatutarias a los Consejos de Estudiantes, respecto de los cuales, salvo en el caso del Consejo Social, se podrá ampliar estatutariamente sus funciones legales. En cualquier caso, con carácter general se determinará estatutariamente el número de los miembros, la duración de los mandatos y su composición con respeto de las horquillas, así como las normas electorales. Dejando al margen la atribución al Claustro de la competencia para aprobar los Estatutos (incluido el procedimiento de su reforma), la LOSU menciona la posibilidad de que se puedan crear órganos colegiados específicos en cada Universidad, pero aunque no menciona ninguno se podría aplicar a los Institutos Universitarios de Investigación cuyo funcionamiento se ordena a través de normas propias (art. 49.2 y 3 LOSU) y asigna al Consejo Social la competencia para informar sobre las normas de progreso y permanencia de los estudiantes de cada Universidad (art. 47.2.f LOSU), además de contemplar su intervención preceptiva para aprobar la creación de fundaciones y personas jurídicas públicas (art. 63 LOSU) e informar con carácter previo la oferta de títulos oficiales y formación permanente, así como la creación y supresión de centros propios y en el extranjero (art. 47.2.b LOSU).

Los Consejos Sociales de las Universidades públicas constituyen un caso particular, ya que algunas leyes autonómicas establecen la capacidad para dictar sus propios reglamentos de organización y funcionamiento[98], que, en caso de laguna,

---

98 Como el art. 96.1 de la Ley 1/2003, de 19 de febrero, de Universidades de Cataluña, el art. 76 de la Ley 3/2004, de 25 de febrero, del Sistema Universitario Vasco.

no sería normativa supletoria la LOSU, sino la regulación de los órganos colegiados de la administración autonómica correspondiente. Configurada como una potestad autónoma del Consejo Social, generalmente estos reglamentos de organización y funcionamiento deben ser aprobados por el Gobierno de la Comunidad Autónoma[99], pero se excluye cualquier tipo de intervención del resto de órganos de gobierno universitarios en su proceso de elaboración. De este modo, incluso normativamente el Consejo Social es un órgano ajeno a la estructura de las Universidades, ya que interviene externamente o por medio de las CCAA. En cualquier caso, en los Estatutos se debe regular la forma de participación de los representantes del Consejo Social con voz y voto en el Consejo de Gobierno (art. 47.2.k LOSU).

En lo que respecta a la capacidad para escoger, designar y remover a sus órganos de gobierno y representación que el

---

99 Cosa que no contemplan las dos leyes catalana y vasca citadas en la nota anterior, pero sí aparece en las siguientes disposiciones: art. 80.1 de la Ley 5/2005, de 14 de junio, de Ordenación del Sistema Universitario de Aragón; art. 12.1 de la Ley 2/1997, de 16 de julio, del Consejo Social de la Universidad de Oviedo; art. 18 de la Ley 12/2002, de 18 de diciembre, de los Consejos Sociales de las Universidades Públicas de la Comunidad de Madrid; art. 29.1 de la Ley 3/2003, de 28 de marzo, de Universidades de Castilla y León; art. 10.1 de la Ley 1/2010, de 7 de enero, del Consejo Social de la Universidad de Extremadura; art. 85.1 de la Ley 6/2013, de 13 de junio, del Sistema universitario de Galicia; art. 13 de la Ley 2/2003, de 20 de marzo, de organización institucional del sistema universitario de las Illes Balears; art. 34.1 de la Ley 3/2005, de 25 de abril, de Universidades de la Región de Murcia; art. 10.1 de la Ley 11/2003, de 4 de abril, modificada por Ley 5/2009, de 24 de abril, sobre Consejos Sociales y Coordinación del Sistema Universitario de Canarias; art. 24.1 del Decreto Legislativo 1/2013, de 8 de enero, por el que se aprueba el Texto Refundido de la Ley Andaluza de Universidades; art. 18.1 de la Ley 2/2003, de 28 de enero, de Consejos Sociales de las Universidades Públicas Valencianas.

art. 3.2.d LOSU reconoce a las Universidades, el análisis del control de legalidad estatutario ha servido para que la jurisprudencia ordinaria se pronuncie en relación con cuestiones muy concretas relacionadas con las posibilidades de desarrollo del marco legal que tienen las Universidades. En relación con la capacidad para configurar la elección y cese del Rector o el alcance de algunas de sus funciones ya se habían pronunciado, de forma que si bien las Universidades no pueden desconocer la previsión del actual art. 51.2 LOSU, que obliga a que la mayoría en dicha elección corresponda en todo caso a los profesores funcionarios y permanentes laborales de la Universidad, los Estatutos sí gozan de cierto margen para desarrollar este particular, en especial para concretar dicha mayoría al definir los porcentajes de voto ponderado que corresponden a cada sector[100], sin que en todo caso puede ser inferior al 50'01%. En lo que respecta al procedimiento de cese del Rector, se considera que las Universidades no pueden contemplar en sus Estatutos la disolución automática del Claustro, salvo que esta circunstancia esté motivada por la aprobación de una moción de censura. En caso contrario se dejaría en manos del Rector tanto su propia continuidad por motivos no forzados, como también la del Claustro, que es un órgano totalmente distinto, otorgando a aquel un poder que ni se menciona expresamente en la Ley ni tiene encaje posible en el sistema de gobierno universitario. No obstante, la LOSU deja este tema para su regulación en los Estatutos que deberá establecer que el Claustro puede censurar extraordinariamente al Rector por una mayoría de dos tercios, incluido un 30% del PDI, pero en caso de no aprobarse los mismos miembros que han tenido la iniciativa no la pueden repetir si no ha transcurrido un año desde la votación (art. 45.2.e LOSU). En cualquier caso, la LOSU deja el tema de la elección y cese del Rector a su regulación estatutaria.

---

[100] STSJ Comunidad de Madrid de 1 de febrero de 2012 (ROJ: STSJ M 2189/2012), FJ 4 (TOL2.553.597).

Sí que se debe destacar que ha desaparecido la mención legislativa de la exigencia tradicional de que el Rector y los Vicerrectores tengan que forzosamente prestar servicios activos en la Universidad en la que se presentan, aunque se mantiene expresamente en el caso del Secretario General, los Decanos, y los Directores de Escuela y Departamento. En este sentido, se deja un amplio margen a los Estatutos para que los Rectores y Vicerrectores salientes puedan ocupar cargos académicos en otras Universidades, aunque también cabe la posibilidad de que los Estatutos limiten la participación en estos cargos a su propio personal en el ejercicio de su autonomía[101].

En cuanto a las atribuciones del Rector, se considera que la autonomía no permite a las Universidades desconocer aquellas disposiciones del ordenamiento que resulten de aplicación a todo el sector público, por lo que la competencia para presidir los actos universitarios a los que asista debe ser compatible con el resto de normas sobre actos protocolarios aprobadas por el Estado o la Comunidades Autónoma en la medida en que pretender cuestionar la vigencia de estas últimas en el ámbito universitario debido a que no se relaciona con su finalidad al servicio de la libertad académica[102].

También pueden encontrarse menciones al margen del que gozan las Universidades para determinar la composición de los órganos colegiados que deben existir a los distintos niveles[103], por lo que si los Estatutos mantiene a las Juntas de Facultad o

---

101 GALÁN VIOQUE, R., "Los estatutos de las universidades públicas, una vez más, en la tesitura de su necesaria adaptación a la tercera ley de cabecera del sistema universitario español", *op. cit.*, p. 220-221.

102 STSJ Extremadura de 7 de junio de 2000 (ROJ: STSJ EXT 1260/2000), FJ 6 (TOL7.713.900).

103 CAPODIFERRO CUBERO, D., "La autonomía de las universidades y el control de legalidad de sus estatutos en la jurisprudencia de los tribunales ordinarios", *op. cit.*, p. 103

de Escuela o a los Consejos de Departamento deberá especificar sus funciones. En cuanto al Claustro, se establece con carácter imperativo que la mayoría de sus miembros serán profesores de los cuerpos docentes o permanentes laborales de la Universidad (art. 45.3 LOSU)[104]; ahora bien, se trata de una regla que no puede ser alterada en sede estatutaria mediante la inclusión artificial en dicha categoría de personas que pertenecen a otra categoría o no gozan de tal condición[105]. Lo que sí se aceptó es que los Estatutos contemplen como miembros natos de este órgano a otras figuras más allá del Rector, el Secretario General y el Gerente, únicos mencionados en el art 49.3 LOSU, como pueden ser los Vicerrectores o los Decanos o Directores de Escuela, teniendo en cuenta además que su presencia es la única forma de dar contenido a la competencias que en materia funcional y de gestión confieren al Claustro[106].

Dejando al margen los aspectos organizativos y estructurales universitarios, los Estatutos también deben establecer la organización de los estudios de doctorado (art. 9.7 LOSU), que ha sido objeto de nueva regulación reglamentaria por el Real Decreto 576/2023, y la adscripción de los centros docentes universitarios a las universidades públicas (art. 42.1 LOSU). También se deberán contemplar obligatoriamente el régimen del personal de las Universidades en relación con el PDI con elementos como la reducción docente por el ejercicio de cargos académicos, los requisitos y exigencias con los Profesores Eméritos y Distinguidos o los sistemas de selección

---

104 STSJ Comunidad de Madrid de 1 de febrero de 2012 (ROJ: STSJ M 2189/2012), FJ 4 (TOL2.553.597).

105 STS de 15 de diciembre de 1999 (ROJ: 8044/1999), FJ 5 (TOL1.704.816).

106 STS de 15 de diciembre de 1999 (ROJ: 8044/1999), FJ 6 (TOL1.704.816).

del PTGAS respetando la legislación estatal y autonómica (art. 91.1 LOSU). El fomento de las lenguas oficiales en el territorio de las universidades y su uso como lengua de transmisión universitaria también debe ser objeto de regulación estatutaria (art. 20.1 LOSU). Los Estatutos también deben regular los mecanismos de rendición de cuentas y los importantes portales de transparencia (art. 39.2 LOSU).

De todas formas, el precepto importante en materia de regulación en los Estatutos universitarios es la concreción de todos los apartados del art. 3.2 LOSU, como parámetro de configuración legal básico de la autonomía universitaria, que debe ser respetado como desarrollo normativo directo de las previsiones de la LOSU. No obstante, en dichos contenidos no falta el supuesto de que en algún caso se conceda margen y se habilite al desarrollo normativo autonómico que podrá ser fuente de conflictos jurídicos en un futuro próximo. La relación directa entre autonomía universitaria y habilitación estatutaria universitaria por la vía del art. 3.2 LOSU debería restringir al máximo dicha posibilidad.

No vamos a insistir en temas ya tratados, pero al menos recordar que el eje central de los Estatutos es el desarrollo del art. 3.2 LOSU, que deberá actualizar los contenidos tradicionales estatutarios con las nuevas reglas establecidas en la LOSU, incluir los numerosos contenidos dispersos de reserva estatutaria a lo largo de la LOSU, las nuevas estructuras y organismos de control y gobierno, los contenidos deducidos e incorporados por admisión en vía jurisprudencial, así como la regulación de nuevos contenidos, funciones y competencias incorporados a la autonomía universitaria por la LOSU, aunque no se hayan regulado, ni establecido consecuencias en caso de omisión estatutaria de alguno de estos contenidos.

2.4.- LA POTESTAD NORMATIVA INTERNA DE LAS UNIVERSIDADES

La LOSU o la legislación autonómica no establece normativa sobre la distribución de la competencia normativa interna entre los órganos de la Universidad. El ámbito material o formal de la actuación de cada órgano se va a materializar a través de los Estatutos o las disposiciones de rango reglamentario interno. Los Estatutos de las Universidades públicas establece la regulación de los aspectos del funcionamiento de los órganos colegiados de gobierno de la Universidad, ya sea de modo individual o articulando la participación conjunta de varios de ellos. En los Estatutos universitarios se debe determinar la iniciativa, competencia, procedimiento y contenido de la normativa reguladora de las distintas estructuras orgánicas básicas (Facultades, Departamentos, Escuelas y demás órganos colegiados como los Institutos universitarios), al margen de los criterios establecidos específicamente en el art. 49.3 LOSU. En este sentido, se conseguirá superar la problemática de una ausencia de previsión y de laguna en relación con la normativa infraestatutaria en los Estatutos[107], planteándose la necesidad de una habilitación expresa mediante capacidad normativa del Consejo de Gobierno para ejercer esta potestad infraestatutaria[108].

En líneas generales, los Consejos de Gobierno gozan de una posición predominante en el procedimiento normativo universitario, convirtiendo en la práctica la actividad reglamentaria interna en una dimensión de su capacidad de dirección

---

107 CUETO PÉREZ, M., "Potestad normativa de las universidades públicas", en AAVV, *Organización de la Universidad y la Ciencia, op. cit.*, p. 551 y ss.

108 AGUIRRE I FONT, J. M., "Los límites de las universidades en la aprobación de reglamentos", en AAVV, *Organización de la Universidad y la Ciencia, op. cit.*, p. 739 y ss.

política sobre la Universidad, es decir, no existe una separación de funciones y órganos. En general, el Consejo de Gobierno es el encargado de aprobar la normativa interna infraestatutaria de la universidad. En cuanto a los órganos unipersonales de gobierno, los Decanos o Directores de Escuela o de Departamento suelen tener atribuidas competencias eminentemente de tipo ejecutivo y de dirección y de gestión ordinaria en su ámbito, no normativas. La figura del Rector tampoco tiene potestades normativas propias, pero el reconocimiento en algunos Estatutos de competencias residuales o de la posibilidad de actuar por delegación de otros órganos ejerciendo sus funciones le otorga, en la práctica, cierto margen para poder dictar actos normativos en el seno de la Universidad. El papel del Claustro o de otros órganos colegiados de gobierno (Consejos o Juntas de Facultad y de Escuela, Consejos de Departamento) varía en función de la Universidad, aunque suele tener una función de iniciativa redactora de su propia normativa que es secundaria respecto del rol que se asigna al Consejo de Gobierno. Este puede considerarse el principal sujeto activo de esta faceta del derecho a la autonomía universitaria en el plano institucional interno, ya sea de manera directa o residenciando el paso final del procedimiento normativo desarrollado por otros órganos, es decir, ratificando y aprobando la normativa interna de los otros órganos colegiados de Gobierno de la universidad.

En cualquier caso, la capacidad normativa de las Universidades se limita a partir del ejercicio de otros derechos fundamentales o de un sistema universitario nacional que exige instancias coordinadoras[109], con una proyección importante en la planificación general de las enseñanzas universitarias. De este

---

[109] STS de 18 de enero de 2000 (ROJ: STS 176/2000), FJ 4 C (TOL1.705.837). Vid. CAPODIFERRO CUBERO, D., "La autonomía de las universidades y el control de legalidad de sus estatutos en la jurisprudencia de los tribunales ordinarios", *op. cit.*, p. 92-93

modo no se vulnera el art. 27.10 CE en la determinación por parte de la Administración competente de los contenidos de las materias o de criterios o directrices comunes en relación con los distintos niveles de estudios, o la existencia de una regulación común de la organización o competencias de ciertos órganos en las instituciones de educación superior[110]. Tampoco se infringe la autonomía universitaria por la adopción de una determinada denominación como obligatoria para un título académico concreto por parte del Consejo de Ministros de modo que deba ser asumida por todas las Universidades al ofertarlo[111]. En sentido contrario, este derecho no ampara a las instituciones universitarias para designar títulos empleando referencias que puedan inducir a confusión a la ciudadanía, especialmente en lo que respecta a la habilitación para ejercer profesiones reguladas[112].

De todos modos, a pesar de que se pueda adoptar regulaciones deducibles de la autonomía universitaria al margen del contenido previsto por la LOSU, se debe insistir en que no forma parte del contenido de la autonomía universitaria constitucionalmente protegida una potestad normativa de carácter general no relacionada con las funciones de las universidades (art. 2.2 LOSU). Al dar cumplimiento a la función que les viene constitucionalmente encomendada, de dotar de contenido positivo a la autonomía universitaria[113], ni la vigente LOSU ni sus predecesoras la LOU o la LRU han incluido una potestad normativa con ese alcance general, pero la potestad normativa

---

110 STS de 18 de enero de 2000 (ROJ: STS 176/2000), FJ 4 E y G (TOL1.705.837).

111 STS de 22 de noviembre de 2011 (ROJ: STS 7892/2011), FJ 1 (TOL2.290.217) y ATS de 24 de abril de 2011 (ROJ: ATS 4999/2012), FJ 3.

112 STS de 15 de enero de 2013 (ROJ: STS 51/2013), FJ 4 (TOL2.732.033).

113 STC 106/1990 FJ 6 (TOL81.794) y STC 47/2005 FJ 5 (TOL598.423)

interna no es una competencia que por completo sea ajena a la autonomía universitaria garantizada por el texto constitucional. Dicha potestad, en cuanto que sirve a la libertad académica, razón de ser de la autonomía universitaria, se integra en el contenido de la autonomía universitaria como parte de la libertad de ordenación de los medios necesarios para la impartición de las enseñanzas superiores que la Universidad tiene legalmente encomendada[114], aunque con un contenido específico y concreto vinculado al ejercicio de las funciones propias de las universidades (art. 2.2 LOSU).

Esta normativa infraestatutaria debe ser objeto de publicación por lo que es conveniente que los Estatutos recojan esta obligatoriedad en el boletín oficial de la propia Universidad o eventualmente hacerlo en el de la Comunidad Autónoma correspondiente en el caso de la existencia de una obligación legal. En cualquier caso, por seguridad jurídica, esta potestad normativa infraestatutaria debe respetar los principios establecidos en el art. 9.3 CE, particularmente el de jerarquía normativa, el de publicidad de las normas, el de legalidad y de reserva de ley, y el propio de reserva estatutaria deducido de la propia LOSU[115]. De todos modos, aunque cualquier reglamento y las disposiciones administrativas han de publicarse para que surtan efectos jurídicos en los diarios oficiales (art. 131 de la Ley 39/2015), se debe distinguir entre estos y los otros medios de publicidad complementarios que facultativamente puedan crearse, con la consecuencia de que el Boletín Electrónico universitario no puede considerarse que sea el diario oficial a efectos de la publicación de las ofertas de empleo público de la propia Universidad, ya que sus efectos

---

114 STC 206/2011 FJ 6 (TOL2.347.883)

115 AGUIRRE I FONT, J. M., "Los límites de las universidades en la aprobación de reglamentos", en AAVV, *Organización de la Universidad y la Ciencia, op. cit.*, p. 742 y ss.

no son de publicidad general, sino de publicidad interna. La autonomía universitaria no alcanza a aspectos administrativos que tienen que ver con el régimen jurídico del empleo público como es el caso de la publicación de las ofertas de empleo público[116].

---

116 STS de 16 de noviembre de 2023 (ROJ: STS 4709/2023), FJ 4

Capítulo 3

La autonomía universitaria organizativa o de autogobierno

La organización de una Universidad requiere adoptar tres decisiones básicas sobre su funcionamiento y su proyección académica que no siempre la normativa permite abordar en profundidad, es decir, si tiene que estructurarse en torno a una enseñanza generalista o especializada (con todas las especialidades universitarias o limitada a alguna de ellas), si debe tener una finalidad profesional o meramente formativa y si debe tener una actividad principal centrada en la investigación o en la docencia, o incluso eventualmente en la transferencia de conocimientos[117]. Las respuestas a estas tres cuestiones pueden tener una mayor proyección hacia cualquier lado de las dicotomías a pesar de que no siempre se plantean expresamente en las Universidades, sí que se realiza implícitamente siendo muy relevante a efectos de optar por decisiones en su modelo de organización y gobierno, tanto para configurar las Universidades públicas como las privadas. Las Universidades no pueden ser idénticas en su proyección académica, ni pueden tener la misma relevancia social, ya que dependen de muchas decisiones trasversales en las que la incidencia de las leyes y decisiones autonómicas es amplia, sobre todo para

---

117 Sobre las tres opciones fundamentales, vid. HARAYAMA, Y., "The Evolution of the University in Europe and in the United States", *Higher Education in Europe*, 1997, Vol. XXII, núm. 9, p. 14 y ss. En nuestro sistema, vid. PONS, E., *La autonomía universitaria*, Publicaciones de la Universidad, Barcelona, 2001, p. 41.

la creación, el mantenimiento y la supresión de las Universidades. En este sentido, las Universidades privadas mucho más flexibles, se suelen proyectar sobre titulaciones académicas con mayor petición o demanda social, con una orientación predominantemente profesional, con menores costes, mayor beneficio y sin tener una excesiva actividad, ni costes de investigación de base, ya que en todo caso se centra en la transferencia de conocimientos y la ordenación de la enseñanza bajo demanda. Las Universidades públicas mucho más rígidas en su actividad se proyectan sobre una enseñanza generalista (concentra la mayor parte de los títulos de humanidades, de ciencias y de ingenierías, algunas con escasa demanda social), pero necesarias desde el punto de vista de la finalidad y funciones propias de las universidades, no acaba de desarrollar una orientación profesional enraizada en el mayor prestigio social y desarrolla la casi totalidad de la actividad investigadora universitaria de base en nuestro Estado. A diferencia de las Universidades privadas, las públicas no es un negocio que debe obtener beneficios para sus propietarios y accionistas, aunque la actividad universitaria no debe ser un mal negocio por el número de universidades privadas que se han creado en los últimos años, que se encuentra en vías de equiparación del número total de universidades privadas (43) con las públicas (50).

En nuestro sistema universitario, la regulación del sistema de gobierno se centra en las Universidades públicas, exhaustivamente especificado en el Título IX LOSU, aunque a nivel comparado los sistemas son muy diferentes[118], el nuestro es

---

[118] Sobre distintos modelos comparados de gobernanza universitaria, vid. en Francia, STEIBLE, B., "El Gobierno de las Universidades en Francia", en GAVARA DE CARA, J.C. (Ed.), *El Gobierno de la Universidad, op. cit.*, p. 239 y ss.; en Alemania, GAVARA DE CARA, J.C., "El Gobierno de las Universidades en la R. F. de Alemania", en GAVARA DE CARA, J.C. (Ed.), *El Gobierno de la Universidad, op. cit.*, p. 261 y ss.; en Italia, CAPPUCCIO, L., "El Gobierno de las Universidades

intervencionista y dirigista, ya que en realidad solo existe plena libertad y autonomía universitaria de carácter organizativo para las Universidades privadas, básicamente establecido en el Título X LOSU, sin un control tan intenso en la organización, salvo en su creación o en oferta de enseñanza y titulaciones, pero que por contrapartida no deberían tener acceso al sistema de financiación público de la Universidad en docencia, aunque si en investigación o en becas y ayudas al estudio dadas las reclamaciones y demandas que presentan, a pesar de que como se ha mencionado poseen unos objetivos distintos.

En este sentido, aunque se equipare teóricamente la autonomía universitaria tanto en Universidades públicas como privadas, la realidad es que el margen de actuación de las Universidades privadas es mucho mayor que en las Universidades públicas, ya que estas se someten a límites de organización, funcionamiento y relaciones con el personal académico[119], cuestiones en las que la LOSU no afecta a las universidades privadas.

---

en Italia", en GAVARA DE CARA, J.C. (Ed.), *El Gobierno de la Universidad, op. cit.*, p. 291 y ss.; en Estados Unidos, DE MIGUEL BÁRCENA, J., "El Gobierno de las Universidades en USA", en GAVARA DE CARA, J.C. (Ed.), *El Gobierno de la Universidad, op. cit.*, p. 317 y ss.; en el Reino Unido, SAURA, N., "El Gobierno de las Universidades en Reino Unido", en GAVARA DE CARA, J.C. (Ed.), *El Gobierno de la Universidad, op. cit.*, p. 337 y ss.

119 Vid. MATIA PORTILLA, F. J., "Los límites de la autonomía de las universidades públicas", *Revista general de derecho constitucional*, 2022, núm. 37, p. 2. En la STC 74/2019 FJ 5 (TOL7.278.792) se indica que la autonomía universitaria se predica por igual de universidades públicas y privadas (art. 2.1 LOU), sin que se establezcan diferencias en su contenido en atención a la tipología de universidades (art. 2.2 LOU). Sin embargo, la Ley sí que introduce algunos matices en el reconocimiento de la autonomía de las Universidades privadas, ya que mientras impone la existencia de Estatutos en las públicas, se remite a normas de organización y funcionamiento en relación con las privadas (art. 2.2.a). Hay, además, otras diferencias más radicales

En materia de autonomía organizativa, la elección del Rector sigue siendo el problema clave de todo el engranaje del sistema de gobierno universitario, al menos en las Universidades públicas, ya que en las privadas se designan en función de los criterios determinados por el propietario en la normativa de organización y funcionamiento, aunque con un proceso de consulta a los distintos sectores de la comunidad universitaria (art. 98.3 LOSU). Ahora bien en las universidades públicas se puede exigir un número de sexenios más o menos amplio o introducir otros requisitos para compartir la designación de los Rectores con los gobiernos respectivos estatales o autonómicos, aunque lo cierto es que cualquier sistema siempre es objeto de discusión, como fácilmente se puede comprobar si se examina los nombramientos de los Presidentes de otras instituciones con un cierto grado de autonomía, tal como sucedía con las antiguas cajas de ahorro o actualmente con los entes televisivos.

En cualquier caso, los informes de reforma del modelo universitario realizados en las dos últimas décadas tuvieron tendencia a reducir la democracia interna de las Universidades, a plantear la necesidad de una mayor injerencia de los poderes públicos en la Universidad, con el intento entremezclado de trasplantar algunas características del modelo anglosajón, o incluso un intento privatizador de la Universidad pública[120]. De hecho, el eje en el que se vertebra el Espacio

---

que tienen que ver con su creación (arts. 4 y 5) y con su régimen jurídico (apartados 2 y 5 del artículo 6). Vid. MATIA PORTILLA, F. J., "Los límites de la autonomía de las universidades públicas", *op. cit.*, p. 7.

120 Las sucesivas reformas legislativas sobre la Universidad y su gobierno que se ha abordado en estos 40 años de vigencia de la Constitución y de periodo democrático, no han impedido que los informes sobre la necesidad de su cambio no hayan dejado de sucederse a lo largo de este Siglo XXI, sin que su plasmación normativa haya

Europeo de Educación Superior, el plan de Bolonia es una reproducción del modelo ingles de las *tutorial universities*, pero en un contexto de falta de Universidades de excelencia y de calidad insuficiente en los rankings, con escasa financiación y un exceso de competidores, con lo que sustancialmente se ha transformado en un sistema con una mayor burocracia y trabajo añadido sin eficiencia. En cualquier caso, la LOSU parece otorgar y tener una tendencia a permitir a las Universidades un mayor espacio para ejercer en los Estatutos universitarios su autonomía organizativa.

---

supuesto un cese en esta labor consultiva, de forma que no es extraño que se reclame desde la política y la sociedad civil una estabilidad normativa por lo menos a medio plazo y la finalización del debate de ideas con una plasmación en realidades normativas y sociales. Desde el *Informe Universidad 2000*, conocido como Informe Bricall, pasando por las *Propuestas para la reforma y mejora de la calidad y eficiencia del Sistema Universitario Español*, realizado por la Comisión de Expertos nombrada por el Ministro Wert, o por el Informe *La gobernanza de la Universidad y sus entidades de investigación e innovación*, elaborado conjuntamente por la Fundación CYD y la CRUE, las necesidades de una reforma del Gobierno de las Universidades ha sido una constante de los debates sobre la temática. A estos informes se puede añadir los informes elaborados dentro de la Estrategia Universidad 2015, por parte de la Comisión Técnica de desarrollo, que realizó el *Diagnóstico, informe técnico-jurídico y propuestas de actuación en relación con las estructuras organizativas internas de las Universidades españolas (gobernanza universitaria)*, y por parte de una Comisión específica nombrada a instancia del Ministerio de Educación que redactó *Audacia para llegar lejos: Universidades fuertes para la España del mañana*. Estos informes se pueden consultar de forma conjunta en AAVV, *La reforma de la Universidad española*, PRIETO ALVAREZ, T. (ed.), Thomson Reuters Aranzadi, Cizur Menor, 2015. Un análisis de contenidos en GAVARA DE CARA, J.C., "El modelo y la forma de gobierno de la Universidad", en GAVARA DE CARA, J.C. (Ed.), *El Gobierno de la Universidad*, J.M. Bosch Editor, Barcelona, 2018, p. 34 y ss.

3.1.- LA REFORMA DEL GOBIERNO UNIVERSITARIO EN LA LOSU

Los mencionados modelos de reforma del sistema de gobierno se basaban en una tendencia general a la disminución de regulación, lo que supone el aumento de la autonomía universitaria, pero paralelamente el aumento del control, evaluación y rendición de cuentas a la sociedad y ante la autoridad competente con independencia de que sean Ministerios, Consejerías o Agencias de calidad. Aunque la idea era que el Consejo de Gobierno de la Universidad contara con una creciente presencia de miembros externos, escogidos individualmente sin representar a la institución de procedencia, no excesivamente numeroso en su composición para que fuera más ágil y flexible la toma de decisiones, la realidad ha sido la contraria, ya que la opción de la LOSU ha sido por un modelo continuista. De igual modo, aunque la idea del modelo de Rector tenía tendencia a ser más un CEO que un *primus inter pares*, con competencia para designar a Decanos, una mayor profesionalización de la gestión universitaria, lo que correlativamente implicaba una disminución del poder de los órganos colegiados universitarios, la realidad de la LOSU ha sido diversa, optando más por el modelo continuista sin modificar en exceso ni las funciones, ni el sistema de elección de órganos colegiados y unipersonales, favoreciendo una prolongación en la duración de los mandatos.

La tendencia de las reformas legislativas ha estado presidida por separar del Gobierno del Sistema Universitario a múltiples órganos de cooperación y coordinación dentro del sistema sobre decisiones de carácter no específico de cada Universidad como son el Consejo de Universidades, la Conferencia General de Política Universitaria, el Consejo de Estudiantes Universitarios del Estado, la Mesa sectorial de Universidades, la ANECA, la CRUE, o incluso los mismos o similares órganos de carácter autonómico en la mayoría de las CCAA[121].

---

[121] El originario Consejo de Coordinación Universitaria en el que están representados Estado, Comunidades Autónomas y Universidades fue sustituido y se ha mantenido en la LOSU por la Conferencia General de Política Universitaria como órgano de concertación, coordinación y cooperación de la política general universitaria entre Estado-Comunidades Autónomas compuesto básicamente por el Ministro, y los responsables autonómicos en la materia para llevar a cabo labores de federalismo cooperativo (art. 15 LOSU) y el Consejo de Universidades como órgano de coordinación académica entre Estado-Universidades compuesto básicamente por el Ministro, una serie de miembros nombrados por él y los Rectores, en el que se informa sobre todo de la normativa estatal en materia de Universidades (art. 16 LOSU). El Consejo de Estudiantes Universitario del Estado es un órgano de participación y consulta, ejerciendo fundamentalmente funciones deliberativas y de interlocución con el Ministerio (art. 17 LOSU). Estos órganos de cooperación y coordinación no han sido muy efectivos en su actividad a lo largo de su existencia, ya que se han utilizado meramente como sesiones informativas del Ministerio, más que como intercambio o deliberación frente a decisiones. Desde otra perspectiva, el art. 5.4. LOSU establece que las funciones de control de calidad universitaria corresponden a la Agencia Nacional de Evaluación de la Calidad y Acreditación (ANECA) y a las Agencias de calidad autonómicas inscritas en el EQUAR. Estas competencias fueron criticadas en su día debido a la incidencia que tienen los informes de la agencia en el ámbito de los derechos fundamentales, más estrictamente, en el ámbito del derecho a la autonomía universitaria (en cuanto se le encomiendan facultades de evaluación de los planes de estudio) o del derecho de acceso a la función pública puesto que su intervención era decisiva para determinar la composición de las comisiones de habilitación a los cuerpos docentes universitarios. Sin embargo, el marco funcional de las agencias se encuentra establecido por la ley a lo largo del articulado de la LOSU en forma de informes o evaluaciones que debe emitir (arts. 69.1, 76.2, 82, 85.2 y 3 y 99.3 LOSU, entre otros) y que le corresponden sin perjuicio de las que desarrollen los órganos de evaluación creados por las leyes de las Comunidades Autónomas en el ámbito de sus competencias

En esencia, la LOSU ha mantenido y profundizado en esta vía, manteniendo el esquema y ampliando las competencias autonómicas, que podrán asumir en el ámbito del sistema universitario autonómico en materia de cooperación y rendición de cuentas las competencias estatales.

Desde la perspectiva de la autonomía universitaria, esta separación de poderes no ha sido bien admitida, ya que la cooperación interuniversitaria o los órganos de gobierno colectivo no se encuentran cohesionados con una autonomía universitaria que se ejerce de forma individual por cada Universidad, ni los órganos de rendición de cuentas han sido plenamente independientes de los Gobiernos y las Administraciones estatales y autonómicas, de forma que no han sido ni asimilados, ni admitidos unos órganos de gobierno que limitan la capacidad de decisión de las Universidades. Evidentemente, son órganos que se integran en la Gobernanza de la Universidad, pero que

u otras agencias de evaluación del Estado o de las Comunidades Autónomas (STC 131/2013 FJ 5 (TOL3.785.911); STC 134/2013 FJ 4 y 6 (TOL3.785.940); STC 158/2013 FJ 5 (TOL3.973.302); STC 160/2013 FJ 6 (TOL3.973.301). La ANECA, aunque nació bajo el esquema de una administración independiente, se ha ido progresivamente integrando dentro de la Administración Pública, con funciones compartidas con las Agencias autonómicas de evaluación y acreditación en la medida que las leyes autonómicas universitarias hayan atribuido las respectivas competencias y potestades. La tendencia es progresivamente eliminar los solapamientos de las estructuras estatales de evaluación universitaria, por lo que se han ido integrando en la ANECA también las actividades sobre evaluación por méritos investigadores de la CNEAI (Comisión Nacional Evaluadora de la Actividad Investigadora) y tal será el camino de los proyectos de investigación desarrollados por la ANEP (Agencia Nacional de Evaluación y Prospectiva), pero también que las agencias estatales se conviertan en subsidiarias al poder asumir las agencias autonómicas todas las competencias inicialmente estatales de evaluación, control y rendición de cuentas.

no se han conectado con el alcance colectivo o individual de la autonomía universitaria, lo que ha repercutido en unos graves déficits en el intento de descentralizar externamente el Gobierno de las Universidades.

Por otra parte, la Universidad está articulada bajo un amplio entramado descentralizado interno -Rector y su equipo de Dirección, Facultades, Escuelas y Departamentos, así como Institutos de Investigación y órganos colegiados propios- en el que con frecuencia no existen mecanismos suficientes, ni sobre todo eficaces, de coordinación y colaboración entre dichos órganos debido a que cada uno de dichos órganos, haciendo uso de una hipotética autonomía organizativa actúa de forma autónoma frente al resto, sin que se haya articulado mecanismos de inspección o de coordinación de carácter interno, con la consecuencia de que no se produce una conducción eficiente de las decisiones. No obstante, se ha previsto la creación de una inspección de servicios para velar por el correcto funcionamiento de los servicios universitarios y para la incoación e instrucción de expedientes disciplinarios a los miembros de la comunidad universitaria (art. 43.6 LOSU), cuya eficacia, funcionalidad y potestades se podrá fijar en el futuro.

En realidad, aunque la forma de gobierno de la Universidad está regida por un supuesto gobierno de corte presidencial, el complejo proceso de toma de decisiones se rige por planteamientos parlamentarios que, en no pocas ocasiones, encubre verdaderas prácticas de parlamentarismo asambleario, de modo que los propios Consejos de Gobierno de las Universidades se estructuran y constituyen al mismo tiempo la dirección y la oposición al Gobierno de las Universidad. Sin embargo, no suelen ejercer tanto poder los Rectores o los Gobiernos internos de la Universidad, ya que la necesidad de una continua negociación interna con procedimientos internos complejos y un alto número de actores intervinientes de las distintas Facultades y Departamentos, unido a una menor eficacia y eficiencia en el cumplimiento de la normativa de la propia Universidad dificulta la gobernanza universitaria. Ante un conflicto, los Rectores siempre optan y prefieren que las decisiones relevantes, complejas o susceptibles de crítica internamente sean adoptadas normativa y externamente por el poder estatal o autonómico, que una opción que contemple una aplicación de la autonomía universitaria que deberá negociar en su propia Universidad, de forma que se puede concluir que la LOSU no es más que una respuesta a la petición de los Rectores de resolver externamente algunos problemas que presentan dificultades a la hora de abordarlos internamente.

Seguramente, la reforma normativa universitaria más importante desde que se aprobó la Constitución tuvo lugar con la LRU de 1983, según la cual el Rector es elegido por el Claustro, se crea el Consejo Social, el Gerente es nombrado por el Rector (oído el Consejo Social), y los Decanos y Directores de centros son elegidos[122]. Casi dos décadas después, la LOU introdujo muy pocos cambios ya que se obligaba a elegir al Rector con la participación de todos los miembros de la comunidad universitaria (bajo el lema de "un hombre o mujer, un voto ponderado"). En la reforma de la LOU de 2007 se permitió que se pudiera volver al sistema de elección por el Claustro que proponía la LRU (bajo el lema de "un representante, un voto ponderado"). En definitiva, no se ha abordado en ninguna ocasión una reforma profunda de la gobernanza de las Universidades en consonancia con los cambios recomendados y las tendencias sugeridas en las agendas europeas de la educación superior. Las funciones de los principales órganos de gobierno se han mantenido más o menos constantes a lo

---

[122] VIDAL, J.-VIEIRA, M. J., "Gobierno, autonomía y toma de decisiones en la Universidad", *Bordón. Revista de Pedagogía*, 2014, vol. 66, núm. 1, p. 24. Sobre la evolución de la forma de gobierno en el sistema universitario español, vid. GAVARA DE CARA, J.C., "El modelo y la forma de gobierno de la Universidad", *op. cit.*, p. 28 y ss.

largo de los años, de modo que el Consejo Social, órgano de participación de la sociedad en la Universidad, decide sobre el nombramiento del Gerente, la aprobación del presupuesto y de la programación plurianual de la Universidad; el Consejo de Gobierno es el órgano de gobierno de la Universidad que establece las líneas estratégicas, toma las decisiones normativas internas y elabora los presupuestos; el Claustro Universitario, máximo órgano de representación de la comunidad universitaria, elabora y aprueba los Estatutos universitarios, puede llegar a convocar, con carácter extraordinario, elecciones a Rector. En cuanto a los órganos unipersonales, el Rector es la máxima autoridad académica de la Universidad y ejerce la dirección de la Universidad, nombra a los vicerrectores y al secretario general, mientras que al Gerente le corresponde la gestión de los servicios administrativos y económicos de la Universidad. La LOSU ha destacado numerosos cambios en su exposición de motivos en lo referente a las estructuras internas y la gobernanza de la Universidad, ya que considera que la ley refuerza la autonomía universitaria en el marco de las bases comunes del sistema universitario, la necesaria conexión y colaboración con el entorno en el que se inserta la universidad mediante el Consejo Social, al mismo tiempo que adopta novedades en relación con la elección de la Rectora o Rector, y en relación con los límites de los mandatos de las personas titulares de los órganos unipersonales electos.

En general, puede afirmarse que, a pesar de los sucesivos cambios de orientación en la forma de gobierno, los problemas permanecen y las orientaciones contradictorias se han sucedido en el tiempo sin lograr una plena satisfacción o resolución. En general, se requiere definir con claridad los objetivos de una reforma de la forma de gobierno para conseguir un diseño adecuado. En todo caso, parece conveniente resumir cuales han sido las principales tendencias sobre las que se orientarán las futuras reformas de la forma de gobierno universitaria a partir de los Informes y Diagnósticos elaborados en las dos últimas décadas. Estos informes sobre la reforma de la Universidad se centran exclusivamente en la Universidad pública, dejando al margen a la Universidad privada cuya actividad quedará enmarcada exclusivamente en la autonomía universitaria, que es la que se beneficia plenamente de este derecho fundamental, de modo que se podrán centrar, salvo excepciones, en la actividad docente y de conexión con las demandas sociales en dicho ámbito, de forma que con menos trabajo obtiene un mayor rendimiento. Los mencionados informes se centran en el sistema de gobierno en el que progresivamente se va requiriendo pasar de un modelo de tradición europea a un modelo estadounidense (aunque se olvida frecuentemente que dicho modelo de gobierno se centra en las universidades privadas), en la que se sugiere crear un Consejo de Universidad, resultante de una fusión entre los actuales Consejo de Gobierno y Consejo Social, es decir, miembros internos y externos, que reduciría la democracia interna, designaría al Rector permitiendo que sea una persona ajena a la Universidad, pero también al mismo tiempo se reclama mayor flexibilidad y libertad de las Universidades para configurar su sistema de gobierno y desde distintas posiciones se reclama que siga dicho gobierno en manos de una mayoría académica para garantizar la autonomía universitaria. En cualquier caso, los proyectos e informe de reforma proponen un cambio extremo que se debe enfrentar a la situación actual que es la contraria y que cualquier posibilidad de éxito seguramente se verá limitado por su aceptación en el actual sistema de gobierno, ya que se trata de una reforma con una amplia incidencia con lo que sería internamente excesivamente cuestionada[123].

En resumen, las tendencias generales de los modelos de gobernanza son la desregulación del Estado y el aumento de la

---

[123] Vid. GAVARA DE CARA, J.C., "El modelo y la forma de gobierno de la Universidad", *op. cit.,* p. 41

autonomía institucional, con sistemas de control basados en la financiación por objetivos y los contratos programas, de modo que el Estado controla los resultados sin interferir en los procedimientos de consecución, lo que implica que una mayor autonomía se traduce en un más estricto sistema de rendición de cuentas, es decir, de un Estado controlador se pasa a un Estado evaluador con nuevos órganos de supervisión al margen de las Universidades, tanto internos (personas externas con prestigio en órganos de gobierno) como externos (agencias independientes). En materia de gobernanza aumenta el poder del Rector y disminuye el de los órganos colegiados, ya que el aumento de autonomía institucional supondría un fortalecimiento del liderazgo del Rector y una mayor exigencia en sus capacidades de gestión. Finalmente se produce una mayor influencia del mercado con una creciente competitividad para dar respuestas a las demandas sociales y con una mayor cooperación con agentes interesados en la transferencia de conocimientos y tecnología[124]. En cualquier caso, esta no es la vía seguida por la LOSU, que se puede definir como continuista con muy pocas variaciones y un cierto grado de apertura a la regulación de algunas problemáticas por los Estatutos, pudiéndose introducir mecanismos de control interno[125]. Aunque algunos aspectos de los modelos de reforma se han introducido en la LOSU, la realidad es que no se ha optado por ninguna de las tendencias de gobernanza, debido a que, en ningún caso, era la opción de la mayoría gubernamental que ha adoptado la LOSU, ni la pretendida por la CRUE o por alguna de las Universidades individualmente consideradas.

---

124 En general, sobre las tendencias actuales de la gobernanza universitaria, vid. VIDAL, J.-VIEIRA, M. J., "Gobierno, autonomía y toma de decisiones en la Universidad", *op. cit.*, p. 22-23

125 Vid. GARCÍA MUÑOZ, J., *Gobernanza, Gestión de Riesgos y Cumplimiento Normativo en la Universidad Pública*, Amarante, Salamanca, 2018

3.2.- LAS UNIVERSIDADES COMO SERVICIO PÚBLICO

La previsión de la aplicación de un régimen funcionarial a parte de su personal docente, la aplicación de la normativa económico-financiera del sector público, la atribución de titularidad de bienes de dominio público que se integran en el patrimonio de las Administraciones Públicas, la aplicación de la normativa de contratos del sector público, requieren por lo menos dotar a las Universidades de un estatuto especializado de Administración Pública, pero lo cierto es que tienen la consideración de servicio público de la educación superior universitaria mediante la docencia, la investigación y la transferencia del conocimiento (art. 2.1 LOSU)[126], que debe ser aplicable tanto a las Universidades Públicas y privadas, a pesar de que estas últimas no se rigen por el Derecho Administrativo. A las Universidades privadas se les aplica la LOSU con carácter

---

[126] En general, sobre la Universidad como servicio público, vid. SOUVIRÓN MORENILLA, J. M.-PALENCIA HERREJÓN, F. *La nueva regulación de las Universidades,* Comares, Granada, 2002, p. 26 y ss.; ZAMBONINO PULITO, M., "Las Universidades Públicas como Administraciones Públicas. Bases de su creación y régimen jurídico", en AAVV, *Comentarios a la Ley Orgánica de Universidades,* Civitas, Madrid, 2009, p. 170-171 y 180 y ss. Asimismo, GAVARA DE CARA, J.C., "El modelo y la forma de gobierno de la Universidad", *op. cit.,* p. 49 y ss.; VAQUER CABALLERÍA, M., "La Universidad como servicio público: misión, iniciativa y prestación", en AAVV, *Organización de la Universidad y la Ciencia,* coord. por Fernando López Ramón, Ricardo Rivero Ortega, Marcos M. Fernando Pablo, AEPDA, INAP, Madrid, 2018, p. 27-48; SANZ RUBIALES, I., "La Universidad: entre el servicio público y la competencia", en AAVV, *Organización de la Universidad y la Ciencia, op. cit.*, p. 49-100. Recientemente. NOGUERA DE LA MUELA, B., "Régimen jurídico y estructura de las universidades públicas en la Ley Orgánica 2/2023, de 22 de marzo, del Sistema Universitario", en HORGUÉ BAENA, C. (dir.), *La nueva ordenación de las universidades. Estudios sobre la ley orgánica 2/2023 del sistema universitario,* Iustel, Madrid, 2023, p. 137 y ss.

general, de modo que las obligaciones pueden ser tan amplias e indeterminadas que incluso el art. 95.2 LOSU establece que su régimen jurídico se determina por el Título X LOSU, pero también les será aplicables lo establecido en el Título preliminar, I, II, III, IV (salvo art. 13), V, VI, VII y VIII LOSU, así como las disposiciones adicionales cuarta, séptima, octava y novena. En definitiva, a las Universidades privadas se les aplica toda la LOSU, salvo el Título IX, aunque no se realiza una valoración individualizada sobre si es aplicable alguno de dichos preceptos por regular cuestiones solo aplicables a las Universidades públicas. En el caso de las Universidades públicas estamos ante Administraciones cuya actuación se ve delimitada por el Derecho administrativo y condicionada por decisiones previas adoptadas por poderes públicos (por ejemplo, en lo que atañe a la financiación). Las Universidades privadas pueden tener su origen en entidades de muy distinta índole y contar con fondos propios y su personal es siempre laboral, sin que se vea lógicamente afectado por la relevante normativa sobre empleados públicos aplicable al personal universitario[127].

Por servicio público universitario se debe entender la actividad que se ejerce en materia de educación superior universitaria dirigida a la satisfacción de un interés general conectado a la docencia, la investigación y la transferencia de conocimiento regida por el Derecho público y administrativo, reservándose su titularidad a unas personas jurídicas de Derecho público con carácter específico, las Universidades públicas, cuando se ejerzan en el sector público[128]. En este sentido, como servicio

---

127 Vid. MATIA PORTILLA, F. J., "Los límites de la autonomía de las universidades públicas", *op. cit.*, p. 8.

128 Sobre el concepto legal de servicio público universitario, vid. SANZ RUBIALES, I., "La Universidad: entre el servicio público y la competencia", en AAVV, *Organización de la Universidad y la Ciencia*, *op. cit.*, p. 60 y ss.

público y con unas reglas concretas de sometimiento de su actividad al Derecho administrativo, no es tan relevante para que dicho servicio público se integre dentro de las Administraciones públicas, aunque su actividad deba de ser reglada y reglamentada en cuanto prestaciones públicas[129]. Se trata de un servicio público con reserva de actividad, de modo que cuando esté integrada en el sector público, ya no podrán ejercer en dichas actividades otros entes distintos de las Universidades públicas, con independencia de que fuera del sector público se pueda autorizar a personas privadas u otros entes el desarrollo de la actividad. En cualquier caso, dicha actividad podrá ser

---

[129] Las leyes siamesas (Ley 39/2015 -LPAC- y Ley 40/2015 -LRJSP-) califican a las universidades como integradas en el sector público institucional, pero sin la consideración de administración pública, rigiéndose por su normativa propia y específica y supletoriamente por las previsiones de dichas leyes, de forma que la propia normativa desplaza al régimen común y básico de las administraciones públicas. En consecuencia, determinar la naturaleza jurídica de las universidades supondrá un problema indecidible o imposible de ser resuelto. Sobre esta problemática, vid. TARDÍO PATO, J. A., "¿Tiene sentido que las universidades públicas dejen de ser administraciones públicas en las nuevas leyes del sector público y de procedimiento administrativo común?", *Documentación Administrativa,* 2015, núm. 2, p. 1-12; RIVERO ORTEGA, R., "La aplicación de las Leyes 39 y 40/2015 a las universidades públicas: eliminando interrogantes", *Revista de administración pública,* 2016, núm. 201, p. 279-302; AMOEDO-SOUTO, C.-A., "El impacto de las Leyes 39 y 40/2015 en las universidades públicas: contenido, hipótesis y retos de futuro", *Revista española de derecho administrativo,* 2017, núm. 182, 2017, p. 283-312; TORNOS MAS, J., "El régimen jurídico de las universidades públicas", en AAVV, *Estudios sobre las leyes 39/2015 del Procedimiento administrativo común de las administraciones públicas y 40/2015 del Régimen jurídico del sector público,* Irene Araguàs Galcerà; Joaquín Tornos Mas (coord.), Atelier, Barcelona, 2017, p. 131-150. Asimismo, NOGUERA DE LA MUELA, B., "Régimen jurídico y estructura de las universidades públicas en la Ley Orgánica 2/2023, de 22 de marzo, del Sistema Universitario", *op. cit.*, p. 143-146.

condicionada por tratarse del sector de educación superior y sometida a autorización y control por el poder público. Precisamente por esta interrelación se puede caracterizar las Universidades privadas como parte integrante del servicio público de educación superior[130], a las que se les aplica con la misma o mayor intensidad la doctrina constitucional de la autonomía universitaria[131]. De hecho, el legislador orgánico al establecer

---

130 Tal como se ha comentado la STC 74/2019 FJ 5 (TOL7.278.792) equipara a efectos de servicio público a las Universidades públicas y privadas. El caso concreto se basaba en el sistema universitario de Aragón en la que se declaró inconstitucional el inciso final del art. 5.1 de la Ley 5/2005, de 14 de junio, de ordenación del sistema universitario de Aragón, que establecía que la implantación de nuevas enseñanzas de Grado en centros de educación superior privados no podrá suponer la duplicidad de las enseñanzas existentes en los centros universitarios de Huesca, Teruel y La Almunia de doña Godina. Conviene recordar que en Aragón existe una Universidad Pública (Zaragoza) que tiene títulos no duplicados en los cuatro centros universitarios para favorecer la descentralización universitaria. Los títulos ofertados en los tres centros mencionados no suelen ser los más demandados en la Comunidad, aunque algunos son especializados, y suelen suponer un coste más elevado para los alumnos de la capital que desean cursarlos. La Universidad privada de San Jorge con sede exclusiva en la Zaragoza capital con una duplicidad de enseñanzas podía ocasionar el cierre de los mencionados centros. La disposición fue declarada inconstitucional a instancias de un recurso de inconstitucionalidad del Presidente del Gobierno. El abogado del Estado consideraba que una prohibición como la que deriva del precepto impugnado menoscaba la autonomía universitaria de los centros de educación superior privados y su libertad para diseñar la oferta educativa que estimen necesario promover. Los letrados de las Cortes y del gobierno de Aragón habían negado dicha vulneración, estimando que la limitación impugnada respondía a un criterio de programación universitaria que puede ser establecido por el legislador autonómico (FJ 4).

131 Como recuerda la STC 176/2015 FJ 2 (TOL5.440.472), "todas las universidades sin distinción, también por tanto las de titularidad

el régimen jurídico de las universidades no distingue entre universidades públicas y privadas cuando dispone que la universidad realiza el servicio público de la educación superior mediante la investigación, la docencia y el estudio y determina las funciones de la universidad al servicio de la sociedad (art. 2.1 LOSU).

Con carácter general las Universidades, con independencia de que sean públicas o privadas, requieren de una Ley específica para su creación o reconocimiento, una homologación de sus estudios y títulos y han de respetar la LOSU en cuanto a su estructura interna, de modo que sus centros básicos deben ser aprobados por la Comunidad Autónoma, pero lo cierto es que el controlen la oferta de enseñanza y plazas de estudio es menor en las universidades privadas. En definitiva, las universidades públicas y privadas están sujetas a los mismos requisitos para su creación o reconocimiento, se someten las titulaciones que tienen que impartir al mismo procedimiento de aprobación y el acceso a las universidades, tanto públicas como privadas, tiene una base común. Las diferencias entre las Universidades públicas y privadas se sitúan en que las primeras se integran en el sector público y se someten a Derecho público en su actividad, cuentan con una financiación pública y sometida a los

---

privada (art. 3.2 LOU), realizan un "servicio público de educación superior" a través de las funciones que les asigna la Ley Orgánica de universidades en su art. 1.2: la "creación, desarrollo, transmisión y crítica" de la ciencia, la técnica y la cultura, así como la preparación para el ejercicio de actividades profesionales; funciones todas que han de prestar siempre "al servicio de la sociedad". Ello explica también que la ley de reconocimiento de las universidades privadas, exigida por el art. 4.1 LOU, venga precedida por la fijación por el Gobierno estatal de "los requisitos básicos necesarios para la creación y reconocimiento de las universidades públicas y privadas [...] siendo, en todo caso, necesaria para universidades públicas y privadas la preceptiva autorización que, para el comienzo de sus actividades, otorgan las Comunidades Autónomas una vez comprobado el cumplimiento de los requisitos normativamente establecidos (art. 4.4 LOU)".

órganos de control externo, ya sea el Tribunal de Cuentas o los órganos asimilados autonómicos. Aunque exista una cierta dependencia de la Universidad pública de la Comunidad Autónoma como Administración territorial de cobertura y hasta cierto punto conviven los fines propios y exclusivos de la Universidad con los autonómicos, lo cierto es que la autonomía universitaria permite una descentralización funcional sin control tutelar directo y genérico de la Comunidad Autónoma, por más que las incidencias indirectas puedan ser numerosas. En cualquier caso, el punto más relevante es que las Universidades públicas requieren un régimen singular y especializado en cuanto que simultáneamente a su actividad están ejerciendo el derecho fundamental a la autonomía universitaria, estructurada en torno a la dimensión institucional de la libertad académica[132], pero en todo caso sin perder su condición de servicio público sometido a las reglas del Derecho Administrativo. En este sentido, la autonomía universitaria es más relevante en el caso de las Universidades privadas, ya que no se ven condicionadas en su funcionalidad por estar integradas en el sector público sometido a Derecho Administrativo. Sin embargo, todo parece apuntar a que la LOSU permitirá una mayor libertad de estructuración a las Universidades públicas, aunque evidentemente no se podrá ejercer *contra legem* y seguramente por algunos matices de legislador autonómico tampoco *praeter legem*, pero que en ningún caso podrá conllevar una libertad para decidir sobre el cumplimiento de las obligaciones de las instituciones del sector público a nivel general. Las universidades públicas y privadas prestan el mismo servicio, pero no cumplen la misma función[133].

---

132 ZAMBONINO PULITO, M., "Las Universidades Públicas como Administraciones Públicas. Bases de su creación y régimen jurídico", *op. cit.*, p. 176 y ss.

133 VAQUER CABALLERÍA, M., "La Universidad como servicio público: misión, iniciativa y prestación", en AAVV, *Organización de la Universidad y la Ciencia*, p. 35.

En este sentido, la libertad académica y la libertad de enseñanza de las universidades privadas tienen un mayor alcance que la de las públicas, no solamente por los fines económicos, ideológicos o corporativos que pueden motivar su creación, sino también porque tienen un mayor margen de actuación a la hora de diseñar la organización y el funcionamiento de sus estructuras. No puede hablarse de plena libertad porque hay un sistema de garantía de calidad que también se les impone a ellas (reconocimiento y renovación de titulaciones), pero resulta indubitado que gozan de un mayor margen de actuación[134]. Al mismo tiempo que existe un mayor poder de decisión por parte de las autoridades académicas, resulta más limitado el papel de los docentes, ya que el organigrama de autoridades y unidades será el diseñado por los impulsores de la Universidad privada y la influencia de estos docentes en la designación del Rector puede ser más limitado. La libertad de cátedra puede presentar un menor alcance, ya que en una universidad privada la libertad del profesor no le faculta para dirigir ataques abiertos o solapados contra este ideario. La existencia de un ideario, conocida por el profesor al incorporarse libremente al Centro no le obliga a convertirse en apologista del mismo, ni a transformar su enseñanza en propaganda o adoctrinamiento, ni a subordinar a ese ideario las exigencias que el rigor científico impone a su labor. En definitiva, la autonomía universitaria ejercida por las instituciones públicas y privadas es muy distinta, aunque las garantías de los derechos no deberían ser menores, pero no siempre la autonomía universitaria protege la libertad de cátedra y, por otra parte, las Universidades Públicas tienen una mayor sujeción a determinados derechos fundamentales que les vinculan, como

---

[134] Vid. MATIA PORTILLA, F. J., "Los límites de la autonomía de las universidades públicas", *op. cit.*, p. 12

es derecho de acceso a las funciones públicas, o que presentan un mayor alcance práctico, como es la libertad de cátedra[135].

A partir de estas precisiones y parámetros se debe determinar si existe una verdadera autonomía universitaria organizativa y funcional, que en todo caso dependerá en su contenido y alcance de las previsiones de la LOSU. Las Universidades públicas ven regladas en su existencia y en sus potestades y competencias, así como en los requisitos y procedimientos de designación las líneas generales y básicas de su organización universitaria, aunque respetando dichos parámetros pueden desarrollar las regulaciones y añadir nueva estructura organizativa. En este sentido, se debe destacar que las regulaciones de la LOSU afectan a la estructura organizativa de las Universidades públicas, pero no a las privadas que se ven beneficiadas para articular con libertad de criterio su normativa de organización y funcionamiento. En cualquier caso, deben garantizar la participación y la representación en los diferentes órganos de los distintos sectores de la comunidad universitaria (art. 98.4 LOSU) y la denominación de los órganos unipersonales puede ser idéntica a la de las Universidades públicas (art. 98.2 LOSU).

La autonomía universitaria no confiere un derecho al autogobierno de carácter ilimitado, sino la autogestión de los intereses propios de la institución universitaria en el marco de los intereses generales a los que atiende como servicio público[136].

---

135 MATIA PORTILLA, F. J., "Los límites de la autonomía de las universidades públicas", *op. cit.*, p. 12-13

136 AGUDO ZAMORA, M. J., "Órganos de gobierno y representación en la Universidad. La autonomía política como parte de contenido esencial del derecho fundamental a la autonomía universitaria", en AAVV, *Gobierno y Constitución*, Actas del II Congreso de la Asociación de constitucionalistas de España, Tirant lo Blanc, Valencia, 2005, p. 307 y ss.; PAREJO ALFONSO, L., "El sistema de Gobierno

En general, la jurisprudencia constitucional no ha abordado esta cuestión más allá de alguna referencia al sistema electoral seguido para la designación de los órganos de Gobierno de la Universidad en conexión con el derecho de participación contenido en el artículo 23.2 CE o la naturaleza del Rector. Frente a la reivindicación de la Universidad recurrente del carácter de autoridad política y, en consecuencia, de autoridad gubernativa del cargo de Rector de la Universidad por el hecho de su elección democrática, el Tribunal consideró que, en el ámbito administrativo y especialmente en el corporativo, existen órganos cuya composición se establece mediante una elección democrática, y no por ello puede afirmarse que, en todo caso, los elegidos son autoridades gubernativas. Por el contrario, puede afirmarse la existencia de órganos gubernativos en el sentido dado por las sentencias indicadas, que no han sido objeto de elección directa por los ciudadanos, sino por sus propios representantes. De esta manera, el Tribunal concluye en negar el carácter de órgano político al Rector de una Universidad, máxima autoridad académica de la Universidad o en la medida que no es un representante del conjunto de los ciudadanos, sino de una parte de la sociedad, delimitada por su pertenencia a una Universidad[137].

---

universitario", en *Comentarios a la Ley Orgánica de Universidades,* Civitas, Madrid, 2009, p. 205 y ss.; MARTÍNEZ MARTÍNEZ, R., "Reflexiones en torno al sistema de gobierno de las Universidades ante el reto de la modernización de la gobernanza universitaria", *Revista catalana de dret públic,* 2012, Núm.. 44, (Ejemplar dedicado a: Canvi de model a la Universitat?), p. 110 y ss.; MARTÍNEZ MARTÍNEZ, R., "El semipresidencialismo como sistema de gobierno de las Universidades", AAVV, *La reforma del régimen jurídico universitario,* Ana Isabel Caro Muñoz-Carlos A. Gómez Otero (dir.), Aranzadi-Thomson Reuters, Cizur Menor, 2015, p. 175-244

137 ATC 49/2004 FJ 3 y STC 296/2006 FJ 2 (TOL1.001.103). Vid. EXPOSITO GÓMEZ, E., "Naturaleza, contenido y alcance constitucionales de la autonomía universitaria", op. cit., P. 300

3.3.- EL CONTENIDO DE LA AUTONOMÍA UNIVERSITARIA ORGANIZATIVA

El art. 3.2 c y d LOSU establece como contenido de la autonomía universitaria elegir, designar y remover las personas titulares de sus órganos de gobierno y representación de las Universidades, así como la determinación de su organización y estructura, incluida la creación de órganos y estructuras en apoyo de sus actividades de investigación y docencia. Esta competencia tradicionalmente lejos de constituir una verdadera libertad para fijar su estructura funcional se refiere a la autoorganización de los medios personales y materiales de los que dispongan las Universidades, que vendrán predeterminados por las decisiones que adopten el Estado y las Comunidades Autónomas en ejercicio de sus competencias sobre enseñanza universitaria[138]. En relación con la ordenación de las instituciones de autogobierno, la concreción de la autonomía que hace la Ley presenta una doble dimensión, ya que implica la posibilidad de elegir a los titulares de los órganos de gobierno de la Universidad y también la de estructurar la institución a partir de los medios disponibles. Pero, al mismo tiempo, los estatutos y su contenido se agota en estas potestades y resulta muy condicionado por las decisiones del poder público, aunque la LOSU permite una mayor capacidad incidencia en la autonomía organizativa a través de los Estatutos y las propias decisiones de las Universidades públicas[139].

---

138 STC 106/1990 FJ 7 (TOL81.794). Sobre el contenido de la autonomía organizativa, vid. GAVARA DE CARA, J.C., "La autonomía universitaria en la jurisprudencia del Tribunal Constitucional", *op. cit.*, p. 67 y ss.; CARLÓN RUIZ, M., "La autonomía universitaria en el cumplimiento de las funciones de las universidades en el marco de la nueva Ley Orgánica del Sistema Universitario", *op. cit.*, p. 56-59.

139 Aunque lo cierto es que hasta el presente las Universidades han hecho un escaso uso de las potestades de autoorganización en el

En el sistema español, las Universidades carecen de potestad para definir su marco institucional, ya que viene prefijado en sus aspectos básicos obligatorios en la LOSU, optando el legislador por unificar y simplificar la apariencia orgánica de las Universidades públicas que es idéntico o similar en todos los casos. A pesar de las diferentes concepciones teóricas existentes sobre el gobierno y la estructuración de lo que, en el fondo, son centros de poder, a cuyo control aspiran intereses diversos[140], sobre todo la influencia de los partidos políticos y de los sindicatos que aspiran al control indirecto de los órganos de gobierno y de representación de la Universidad.

Por tanto, en lo referente a los órganos de gobierno, la autonomía no alcanza la ordenación institucional completa de las instituciones de educación superior, aunque sí la libre conformación de los órganos de gobierno preestablecidos en la Ley a partir del principio democrático, evitando las posibles imposiciones externas. La autonomía organizativa exige la autointegración de los órganos de gobierno por parte de la propia comunidad universitaria, incluyendo a todos los sectores que la conforman por obligación de la LOSU o de la normativa interna y convirtiendo a la existencia de procesos electorales o participativos internos en las Universidades en una consecuencia necesaria[141].

---

desarrollo de sus estatutos. Vid. MORA RUIZ, M., "La organización universitaria: entre la reforma constante y el cambio imposible", en AAVV, *Organización de la Universidad y la Ciencia, op. cit.*, p. 483-527, en especial p. 490-492.

140 TORRES MURO, I., *La autonomía universitaria. Aspectos constitucionales, op. cit.*, p. 74

141 Vid. ARIAS BALSA, I. "Revisión histórico-jurídica del principio de autonomía universitaria y su relación con la existencia de elecciones en el seno de la Universidad", *Dereito*, 2012, vol. 21, núm. 1, p. 139 y s.

El art. 44.1 y 2 LOSU enumera los órganos de gobierno necesarios en toda Universidad, distinguiendo entre órganos colegiados y unipersonales, cuyas atribuciones y aspectos formales se definen en los artículos siguientes para que sean los Estatutos de cada institución los que concreten la composición y las funciones específicas de cada uno desde el mínimo básico legal[142]. Por una parte, se establece aquellos órganos cuyos miembros deberán ser elegidos de forma directa por la comunidad universitaria de entre sus miembros, que son la mayoría de los órganos colegiados (Claustro Universitario, Consejos o Juntas de Escuela y Facultad y Consejos de Departamento–art. 44.4 LOSU), a los que impone que la elección deberá realizarse mediante sufragio universal, libre, igual, directo y secreto, sin perjuicio de que quienes ostenten ciertas responsabilidades serán miembros natos, encomendando a los Estatutos la previsión de las normas electorales específicas, que deberán propiciar la presencia equilibrada entre mujeres y hombres (art. 44.5 LOSU), pero también asegurar que en todos aparezcan representados todos los sectores de la comunidad universitaria y que, en el caso del Claustro y las Juntas de Centro, la mayoría de sus miembros sean PDI con vinculación permanente a la Universidad (art. 45.3 y 49.3 LOSU)[143].

---

142 Sobre la estructura organizativa en a LOSU, vid. HORGUÉ BAENA, C., "Del gobierno de las universidades públicas", en HORGUÉ BAENA, C. (dir.), *La nueva ordenación de las universidades. Estudios sobre la ley orgánica 2/2023 del sistema universitario*, Iustel, Madrid, 2023, p. 169 y ss.

143 Sobre el claustro universitario, vid. VICENTE BLANCO, D. F. J., "El Claustro de la Universidad. Entre el democratismo y el riesgo de inoperancia", en AAVV, *Los límites orgánicos internos a la autonomía de las universidades públicas*, coord. por Felipe Rama Cerbán; Luis Esteban Delgado del Rincón (dir.), Fundación Manuel Giménez Abad, Zaragoza, 2023, p. 127-150; HORGUÉ BAENA, C., "Del gobierno de las universidades públicas", *op. cit.*, p. 171-174

En segundo lugar, se encuentran los órganos cuyo nombramiento es una potestad de otro órgano directivo previamente constituido, siendo el ejercicio de una función propia, tal como sucede con el Rector y su Equipo de Gobierno, integrado por los Vicerrectores o Vicerrectoras y el Secretario o Secretaria General, que son nombrados directamente por el Rector, al igual que el Gerente, para el que además se necesitará el acuerdo del Consejo Social (art. 50.1 LOSU)[144]. En cualquier caso, se debe destacar aquellos órganos en los que la Ley realiza una remisión fuertemente condicionada a los Estatutos para regular su elección, caso del Rector y el Consejo de Gobierno, que se convierten en los dos principales órganos de decisión[145].

Respecto del Rector, el art. 51 LOSU establece exclusivamente un sistema de elección directa por parte de la comunidad universitaria a través de voto ponderado que será a través de un sistema de doble vuelta, suprimiendo la opción por el modelo indirecto a través del Claustro como órgano de representación de la misma. En la elección directa, el voto será necesariamente ponderado en función de los distintos sectores de la comunidad universitaria según las reglas que recojan los Estatutos, con el único límite de que los profesores funcionarios y con vinculación laboral permanente a la Universidad tendrán

---

[144] El Gerente tiene unas funciones que le asigna la LOSU (art. 50.1) y el que Rector no puede modificar y asignárselas a un Vicerrector, que deberá respetar las correspondientes asignaciones realizadas por los Estatutos en el marco de la legalidad. Vid. STS de 1 de diciembre de 2003 (ROJ: STS 7616/2003) FJ 2 y 3 (TOL348.484).

[145] Sobre el Rector y el equipo de gobierno, vid. GUERRERO VÁZQUEZ, P., "Rector y equipo rectoral", en AAVV, *Los límites orgánicos internos a la autonomía de las universidades públicas, op. cit.*, p. 83-108; HORGUÉ BAENA, C., "Del gobierno de las universidades públicas", *op. cit.*, p. 183-190. Sobre la figura del Gerente, vid. DÍAZ GARCÍA, M., "El papel de la Gerencia", en AAVV, *Los límites orgánicos internos a la autonomía de las universidades públicas, op. cit.*, p. 267-284

asegurada la mayoría, siendo elegido Rector el candidato que obtenga el apoyo proporcional de más de la mitad de los votos válidos emitidos en primera vuelta una vez aplicada la ponderación o la mayoría simple del voto ponderado en segunda vuelta entre los dos candidatos que hayan obtenido el mayor número de voto ponderado en la primera (art. 51.2 LOSU).

En cuanto al Consejo de Gobierno, aunque la reforma de la LOU de 2007 relajó mucho las exigencias para su elección, ampliando el margen del que gozan las Universidades, en la actualidad se ha establecido una regulación más detallada en la LOSU, restringiendo teóricamente las previsiones normativas anteriores. El art. 46.3 LOSU establece la condición de miembros de pleno derecho del Rector, el Secretario General y el Gerente[146]. A partir de aquí se establece un criterio general de garantizar en su seno la representación de toda la estructura de la Universidad (se entiende Facultades y Departamentos) y de los sectores de la comunidad universitaria (personal docente, estudiantado y PAS), así como del Consejo Social y de los diversos Campus cuando exista una dispersión territorial. No se fija ni número mínimo, ni máximo en la composición, pero si un mínimo de representación del 10% del estudiantado y un 10% del PAS. Un tercio de los miembros del Consejo de Gobierno será elegido por el Rector, incluyendo los miembros natos. Este precepto implica que desaparece la obligación de que los Decanos y Directores de Departamento deberán estar representados y también que formen parte de este órgano hasta tres miembros del Consejo Social ajenos a

---

146 Sobre el Consejo de Gobierno, vid. VIDAL FUEYO, M. del C., "El Consejo de Gobierno de la Universidad", en AAVV, *Los límites orgánicos internos a la autonomía de las universidades públicas, op. cit.*, p. 109-125; HORGUÉ BAENA, C., "Del gobierno de las universidades públicas", *op. cit.*, p. 174-178

la comunidad universitaria[147]. Se suprime también el número máximo de miembros del Consejo de Gobierno de 50 miembros. Los Estatutos de las Universidades establecerán la dirección y forma de elección respetando los miembros que deben ser escogidos por el Claustro (representantes del personal y del estudiantado). Muchos criterios quedan abiertos y remitidos a su concreción en los Estatutos, salvo la lección de un tercio por el Rector y los porcentajes de representación de estudiantado y PAS. Seguramente la elección de los dos tercios será realizada por el Claustro, pero se deberá perfilar los sectores de representación, la duración del mandato y forma de designación será libre, pero lo normal es que dure el mismo tiempo que el mandato del Claustro (seguramente seis años) y dará lugar en la mayoría de las Universidades a un gran número de miembros en su composición para garantizar los criterios de representación, sobre todo en las Universidades de gran tamaño o con dispersión territorial.

---

147 En este precepto se acaba la polémica de la presencia de estos tres miembros del Consejo Social que se planteaba originariamente como obligatoria, circunstancia que dividía a la doctrina entre quienes entendían que se trataba de una injerencia que vulneraba la autonomía universitaria y quienes consideraban que una presencia tan reducida de personas ajenas a la institución universitaria, aunque fuera en un órgano decisorio, no podía ser considerada relevante e incluso favorecía la colaboración entre las distintas instancias de gobierno universitarias. Sobre esta cuestión, SOUVIRÓN MORENILLA, J. M.-PALENCIA HERREJÓN, F. *La nueva regulación de las Universidades, op. cit.*, p. 228. El Tribunal Constitucional no llegó a emitir un pronunciamiento de fondo sobre la validez de esta previsión ya que, cuando resolvió los recursos contra la LOU donde se impugnaba, ésta ya había sido reformada en este punto, convirtiendo en potestativa la presencia de miembros del Consejo Social en el Consejo de Gobierno de las Universidades, por lo que entendió que el objeto de la impugnación en este punto ya había desaparecido (STC 223/2012 FJ 4 (TOL2.713.895).

Respecto de los órganos unipersonales, la LOSU se limita a recoger su existencia y funciones, dejando que los Estatutos determinen su forma de elección, aunque se exige la elección directa mediante sufragio universal. La solución más habitual para los Decanos y Directores de Escuela, que deben ser profesores funcionarios o con vinculación permanente laboral, con un sistema de votación ponderado con mayoría de personal docente funcionario o permanente laboral, pero se ha excluido la elección por el consejo o la Junta de Facultad o Escuela (no sería una elección directa, ni con sufragio universal), debiendo ser nombrados formalmente por el Rector. Los Directores de los Departamentos serán elegidos mediante elección directa por sufragio universal de todos los miembros del Consejo de Departamento (art. 52.1 LOSU). En el caso de los Directores de los Institutos Universitarios de Investigación y otros órganos colegiados propios, la LOSU se remite igualmente a los Estatutos, que contemplan su elección por parte del órgano de representación del Instituto, o bien dejan prevalecer lo establecido en el convenio de adscripción.

Finalmente, el Consejo Social es el único órgano de gobierno universitario que se conforma de manera casi totalmente ajena a la propia institución en la que se incardina, dada su naturaleza de mecanismo de participación de la sociedad en la Universidad. Su configuración implica que sea un órgano de participación del poder político y económico autonómico en las Universidades de su territorio. La designación de sus miembros se realiza entre personas de la vida económica, social y cultural del entorno, conocedoras de la actividad y las directrices universitarias y sin conflictos de intereses con la Universidad (art. 47.3 LOSU), quedando reducida la participación obligatoria de los integrantes de la comunidad universitaria al Rector, el Secretario General, el Gerente, un representante del personal docente e investigador y un representante del PAS, elegidos por el Consejo de Gobierno de entre sus miembros de manera libre, y un estudiante del Consejo de Estudiantes elegido por el propio órgano[148].

De todos modos, corresponde a las distintas leyes autonómicas que ordenan esta institución en su ámbito territorial determinar la forma de nombramiento y la procedencia de los vocales no universitarios en los Consejos Sociales de sus Universidades, que fija la duración del mandato y la designación por la Asamblea legislativa autonómica. Lo habitual es repartir la designación por cuotas entre las instituciones políticas autonómicas, los entes territoriales locales que guarden relación con la Universidad o, incluso, ciertos entes privados o corporativos, como Cámaras de Comercio, sindicatos o Colegios Profesionales[149]. No obstante, también se han articulado soluciones que aumentan el peso de la representación académica, aunque

---

148 Sobre el Consejo Social, vid. DÍAZ VIANA, L., "El Consejo Social. Presente y futuro de un órgano universitario esencial", en AAVV, *Los límites orgánicos internos a la autonomía de las universidades públicas, op. cit.*, p. 151-161; DELGADO DEL RINCÓN, L. E., "El Consejo Social como órgano de participación de la sociedad en la Universidad y de supervisión (limitada) de la actividad económica", en AAVV, *Los límites orgánicos internos a la autonomía de las universidades públicas, op. cit.*, p. 163-187; HORGUÉ BAENA, C., "Del gobierno de las universidades públicas", *op. cit.*, p. 178-182

149 Se puede ver como ejemplo, como el art. 81.2 y 82.1 de la Ley 1/2003, de 19 de febrero, de Universidades de Cataluña con quince miembros, nueve representantes de la sociedad o el art. 5.4 de la Ley 2/2003, 28 de enero, de la Generalitat, de Consejos Sociales de las Universidades Públicas Valencianas, que otorga capacidad para el nombramiento de vocales a diez instituciones diferentes entre los poderes autonómicos, instituciones locales y distintos entes corporativos. En una línea similar, el art. 71.2 de la Ley 3/2004, de 25 de febrero, del Sistema Universitario Vasco encomienda la designación de la mayoría de los consejeros sociales de la Universidad del País Vasco al Parlamento regional, junto con las Juntas Generales de las Provincias, los sindicatos mayoritarios en la región y la Confederación Empresarial Vasca.

nunca hasta ocupar la mayoría del órgano[150], o que otorgan al Gobierno autonómico el monopolio del nombramiento de vocales[151], aunque a propuesta de distintos colectivos a veces difusos o por el Consejo de Gobierno de la Universidad, pero mostrando una tendencia intervencionista difícilmente compatible con la autonomía de las Universidades afectadas.

El hecho de que fundamentalmente se configure autonómicamente como órgano no ha permitido una gran incidencia de la LOSU, cuando se trata de unos Consejos Sociales que no han cumplido con sus funciones esenciales de relacionarse con la sociedad por lo que no se han legitimado ni en el gobierno interno, ni externo de las Universidades, ya que su composición no profesional ejercida a tiempo muy parcial y sin conocimientos universitarios le permite ser caracterizado principalmente como órgano de consulta y de opinión, pero sin reflexión ni estudio sobre temas en los que se desconoce en contenido real y material de decisión con opiniones superficiales que suelen ser meras correas de transmisión de los equipos de gobierno.

A partir de esta estructura institucional mínima, las Universidades, en ejercicio de sus potestades de autoorganización, pueden dotarse de otros órganos que, aunque contingentes desde el punto de vista de la legislación, consideren necesarios para la realización de sus funciones, contemplándolo en los propios Estatutos. De hecho la pervivencia de la Junta Consultiva en determinadas Universidades, a pesar de su desaparición en la

---

150 El art. 6 Ley 2/1997, de 16 de julio, del Consejo Social de la Universidad de Oviedo atribuye a la comunidad universitaria 10 vocales de los 25 de su Consejo Social, entre los que se encontrarán el Rector, el Gerente, el Secretario General y 7 más elegidos por el Consejo de Gobierno.

151 Arts. 8 y 10.1 de la Ley 12/2002, de 18 de diciembre, de los Consejos Sociales de las Universidades Públicas de la Comunidad de Madrid.

antigua LOU como órgano obligatorio, constituye un ejemplo de esta libertad organizativa[152], que también se manifiesta en los casos en los que se han previsto estatutariamente órganos como Comisiones permanentes del Consejo de Gobierno, Comisiones Delegadas del mismo, órganos territoriales específicos distintos a los de Facultad o Escuela o figuras encargadas de aspectos específicos de la gestión vinculadas a la del Gerente. En otras ocasiones lo que se recoge en sede estatutaria es una habilitación para crear nuevos órganos de gobierno mediante normas reglamentarias internas cuya indeterminación en relación al destinatario hace dudar que se pueda entender como una remisión válida, ya que por la lógica con la atribución de funciones que hace la LOSU, debería entenderse realizada al Claustro en todo caso, pues de lo contrario se vulnerarían las previsiones legales al permitir la materialización de una función estatutaria a un órgano distinto a su único titular.

La ordenación de la estructura y organización funcional se realiza por el art. 40.1 LOSU, de forma que las Universidades públicas estarán integradas fundamentalmente por Escuelas, Facultades, Departamentos y por aquellos otros centros o estructuras necesarios para el desempeño de sus funciones, entre los que se deben incluir a los Institutos Universitarios de Investigación y optativamente por Campus o Escuelas de Doctorado, de modo que en las Universidades públicas se ordenan de modo homogéneo mediante estructuras semejantes[153].

---

152 Sobre la Junta Consultiva, vid. JOVE VILLARES, D., "¿Un órgano consultivo en el organigrama de gobierno de la Universidad? La Junta Consultiva como referencia", en AAVV, *Los límites orgánicos internos a la autonomía de las universidades públicas, op. cit.*, p. 189-202

153 Sobre los centros universitarios, vid. BELLO PAREDES, S. A., "Los centros universitarios como expresión de la autonomía universitaria", en AAVV, *Los límites orgánicos internos a la autonomía de las universidades públicas, op. cit.*, p. 205-218; HORGUÉ BAENA, C., "Del gobierno de las universidades públicas", *op. cit.*, p. 190-194

Las Facultades y Escuelas, definidas como las unidades básicas de organización de las enseñanzas y de los procesos académicos, administrativos y de gestión conducentes a la obtención de títulos oficiales, no pueden ser creados o modificados libremente por las Universidades, aunque tampoco pueden venir determinadas desde fuera de modo completamente ajeno a ellas. La LOSU atribuye tal potestad a la Comunidad Autónoma, que deberá ser ejercida juntamente con el Consejo de Gobierno de la Universidad implicada, ya que la iniciativa es por su exclusiva la propuesta y le corresponde también la aprobación inicial (art. 41.1 LOSU). Por el contrario, para la creación, modificación o supresión de Departamentos o estructuras inferiores, incluidos Institutos y Escuelas de Doctorado, la LOSU no marca ninguna pauta, remitiéndose a las reglas que establezcan los Estatutos universitarios (art. 41.2 LOSU). No deja de resultar sorprendente la posibilidad de que las universidades puedan suprimir completamente una estructura tan tradicional como son los Departamentos que se convierte en una mera opción, aunque si se contemplan como va a suceder en todos las universidades en las que existan actualmente, se deben adecuar a la normativa estatal básica de su regulación.

La LOSU obliga a que las Universidades regulen una serie de unidades básicas como las unidades de igualdad y de diversidad y la nueva inspección de servicios, que no pueden formar parte de la estructura de gobernanza universitaria y que han de contar con independencia y autonomía en la realización de sus funciones respecto a toda la estructura de Gobierno[154]. Los Estatutos universitarios han de contemplar estas unidades con la regulación de su organización y funcionamiento (art. 43 LOSU).

---

[154] Vid. NOGUERA DE LA MUELA, B., "Régimen jurídico y estructura de las universidades públicas en la Ley Orgánica 2/2023, de 22 de marzo, del Sistema Universitario", *op. cit.*, p. 149 y ss.

Al margen de las previsiones legislativas, el alcance de la autonomía organizativa de las Universidades ha visto restringido por la jurisprudencia que ha tendido a ampliar y reforzar la capacidad de intervención del poder público al respecto, especialmente de las Administraciones autonómicas[155]. La validez del modelo organizativo universitario depende de su utilidad para garantizar la libertad académica y de ciencia en su vertiente individual y colectiva[156], ya que el Tribunal Constitucional consideró que no existía un derecho de las Universidades a contar con Centros concretos imposibilitando o condicionando así las decisiones que al Estado o a las Comunidades Autónomas corresponde adoptar en orden a la determinación y organización del sistema universitario en su conjunto y en cada caso singularizado, de forma que esta vertiente de la autonomía tiene una dimensión interna que viene prefijada por las pertinentes decisiones que, en ejercicio de las competencias en materia de enseñanzas universitarias, corresponde adoptar al Estado o, en su caso, a las Comunidades Autónomas[157]. En consecuencia, el ejercicio de la autonomía universitaria organizativa y funcional resulta limitado a la creación y disposición de aquellas estructuras no previstas en la Ley, es decir, a las no básicas[158], salvo las previstas en el art. 41.2 LOSU (Departamentos, Institutos y Escuelas de Doctorado o estructuras inferiores propias).

En resumen, en primer término, la autonomía organizativa está necesariamente condicionada por el marco legal y las políticas y decisiones en materia universitaria que adopten las Administraciones competentes. La determinación de la

---

155 TORRES MURO, I., *La autonomía universitaria. Aspectos constitucionales*, *op. cit.*, p. 104.

156 STC 26/1987 FJ 4 a (TOL79.735) y STC 87/2014 FJ 4 (TOL4.373.236).

157 STC 106/1990 FJ 7 a (TOL81.794).

158 STC 106/1990 FJ 8 (TOL81.794).

estructura básica organizativa de las Universidades no es parte del contenido del ámbito de libre y autónoma decisión entregado a la Universidad, sino que constituye, más bien, el presupuesto orgánico necesario que identifica y define el sujeto al que se garantiza el funcionamiento autónomo y que vendrá determinado en la Ley autonómica de creación de la Universidad, sobre cuyos términos el Parlamento competente tiene plena capacidad de modificación[159]. La consecuencia de esta doctrina constitucional es la atribución a las Comunidades Autónomas de importantes potestades de organización y funcional en el ámbito universitario porque, se entiende, afectan a la sociedad en su conjunto y eso justifica que sean ejercidas por el poder público de modo homogéneo en todo un territorio autónomo, pero no estatal.

Esta misma problemática se plantea en la intervención estatal en la organización de los Departamentos universitarios, validando la posibilidad de establecer normativamente un mínimo de personal funcionario para su constitución a pesar de la aparente mayor libertad de configuración que otorga la Ley[160], aunque se debe insistir en que su existencia es una decisión estatutaria de las propias universidades, aunque la realidad es que se tenderá en todas las universidades a que se obligue a su concreción estatutaria. En su momento fue cuestionada y se ha admitido la posibilidad de condicionar la libertad de contratación de personal docente e investigador mediante la exigencia de una evaluación previa que certifique la acreditación de los investigadores[161], o la imposición normativa a las Universidades el sistema de designación de miembros de las comisiones de selección del Personal Docente e Investigador laboral, sin participación alguna de la institución, como forma de aumentar la

---

159 STC 47/2005 FJ 6 (TOL598.423).

160 STC 156/1994 FJ 3 (TOL82.562).

161 STC 131/2013 FJ 9 b (TOL3.785.911).

objetividad e imparcialidad de los procesos de contratación[162]. En estos supuestos la limitación de la autonomía universitaria se legitima como medio para dar cumplimiento a los objetivos generales de calidad del sistema de educación superior, encomendados en su realización tanto al legislador estatal como al autonómico. De este modo, la autonomía organizativa de las Universidades muestra un carácter esencialmente instrumental al servicio de otros derechos o principios en cuya garantía las instituciones universitarias participan de manera mediata, como aplicadores de las decisiones adoptadas por el legislador o el ejecutivo competente antes que como una decisión normativa autónoma de la Universidad.

La autonomía organizativa incluye la posibilidad de crear estructuras de investigación y docencia en las Universidades. La LOSU establece que la autonomía de las Universidades comprende igualmente la creación de estructuras específicas que actúen como soporte de la investigación y de la docencia (art. 3.2.c LOSU). Se configuran como tales estructuras básicas previstas en los Estatutos a los campus, las escuelas, facultades, departamentos e institutos de investigación, así como las escuelas de doctorado, si bien dejando la puerta abierta a otros centros o estructuras necesarios para el desempeño de sus funciones (art. 40.1 LOSU). Esta misma apertura se establece en relación con las funciones de centros y estructuras que de conformidad con los Estatutos podrán proponer y organizar las enseñanzas universitarias oficiales y los procedimientos académicos, administrativos y de gestión conducentes a la obtención de los correspondientes títulos, proponer y organizar las enseñanzas conducentes a la obtención de títulos propios y las estructuras encargadas de su gestión, así como, en su caso, las creadas específicamente para desarrollar, transferir, intercambiar y

---

162 STC 87/2014 FJ 9 (TOL4.373.236).

promover la investigación científica, tecnológica, humanística, social, cultural o la creación artística (art. 40.2 LOSU).

Como hemos visto, la creación, modificación y supresión de escuelas y facultades requiere la necesidad del acuerdo del Consejo de Gobierno de la Universidad con la Comunidad Autónoma (art. 41 LOSU), a través de la iniciativa, propuesta y aprobación interna, pero en ambos casos con el informe del Consejo Social (art. 47.2.b LOSU), en una regulación que combina los requerimientos de la distribución competencial de nuestro modelo de Estado autonómico con la autonomía universitaria y la presencia de la representación de los intereses sociales. La misma combinación de estos requerimientos se da en el caso de los institutos universitarios de investigación, como centros dedicados a la investigación científica y técnica o a la creación artística, con una apreciable amplitud de manifestación de la autonomía universitaria. Sus programas y estudios de doctorado y posgrado quedan remitidos a los procedimientos previstos en los estatutos, y su constitución puede realizarse por una o más Universidades, o conjuntamente con otras entidades públicas o privadas mediante convenios u otras formas de cooperación, de conformidad con los estatutos, previéndose también la posibilidad de creación de institutos mixtos conjuntamente con organismos públicos de investigación. Igualmente se establece la posibilidad de adscripción a Universidades públicas, como institutos universitarios de investigación, de instituciones o centros de investigación de carácter público o privado. También ofrece singular importancia la posibilidad de adscripción por las Universidades, mediante convenio, de centros de educación superior, con el concurso de la Comunidad Autónoma y el informe favorable del Consejo Social. Más plena es la autonomía, sin embargo, en el caso de los Departamentos como unidades de docencia e investigación, cuya regulación se remite a los Estatutos y a las demás correspondientes normas internas de cada Universidad, de acuerdo con sus potestades normativas y de autoorganización, como ha tenido ocasión de precisar el Tribunal Constitucional[163], pero que en todo caso debe respetar la normativa básica estatal que se ha establecido mediante Reglamento (tanto en la normativa vigente elaborada a partir de la LRU como en el reciente anteproyecto elaborado por el extinguido Ministerio de Universidades). En los Departamentos, junto con los Institutos de Investigación, las Escuelas de Doctorado y otros centros y estructuras propias distintas (art. 41.2 LOSU), se encuentra una de las más intensas manifestaciones de la autonomía, en tanto que unidades periféricas susceptibles de adaptarse de manera desconcentrada a las exigencias y necesidades de cada contexto en el cumplimiento de las más importantes funciones de la Universidad (docencia e investigación), si bien ello ha de complementarse con la necesaria rendición de cuentas, tanto en el plano institucional como en la labor personal de sus integrantes.

El Tribunal Constitucional ha considerado que, si el Gobierno de la Nación puede regular las estructuras básicas de las Universidades, tales normas deberán contener un elevado margen de flexibilidad, de tal modo que pueda cada Universidad, conocedora de sus límites, sus necesidades, sus posibilidades reales y preferencias, y ponderando todas estas circunstancias, decidir cómo configurar sus "órganos básicos" de investigación y enseñanza»[164]. La autonomía universitaria no incluye el derecho de las Universidades a contar con unos u otros concretos centros, imposibilitando o condicionando así las decisiones que al Estado o a las Comunidades Autónomas corresponde adoptar en orden a la determinación y organización del sistema universitario en su conjunto y en cada caso singularizado, pues dicha autonomía se proyecta internamente. En este sentido, la autonomía de las Universidades no atribuye a éstas una

---

[163] STC 156/1994 FJ 3 (TOL82.562)

[164] STC 156/1994 FJ 2 (TOL82.562)

especie de patrimonio intelectual, resultante del número de centros, profesores y alumnos que, en un momento determinado, puedan formar parte de las mismas, ya que su autonomía, tal como se ha resaltado, no está más que al servicio de la libertad académica en el ejercicio de la docencia e investigación, que necesariamente tiene que desarrollarse en el marco de las efectivas disponibilidades personales y materiales con que pueda contar cada Universidad, marco éste que, en última instancia, viene determinado por la pertinentes decisiones que, en ejercicio de las competencias en materia de enseñanzas universitarias, corresponde adoptar al Estado o, en su caso, a las Comunidades Autónomas[165].

La determinación de la estructura básica organizativa no forma parte del contenido del ámbito de libre y autónoma decisión entregado a la Universidad, sino que constituye, más bien, el presupuesto orgánico necesario que identifica y define el sujeto al que se garantiza el funcionamiento autónomo. En el Derecho vigente, la existencia y la estructura básica inicial de la Universidad pública descansan sobre un acto jurídico-público que se adopta en forma de ley (art. 4.1 LOSU), que puede ser modificado o sustituido por otro contrario, adoptado en la misma forma, que altere aquella estructura, sin que por ello se vea afectada la autonomía universitaria. El art. 27.10 CE no asegura frente al Estado o la Comunidad Autónoma el mantenimiento intacto de una determinada estructura organizativa básica universitaria, salvo lo previsto para la creación, modificación y supresión de departamentos, que corresponde a la Universidad respectiva[166].

---

165 STC 106/1990 FJ 7 (TOL81.794); STC 47/2005 FJ 6 (TOL598.423)

166 STC 47/2005 FJ 6 (TOL598.423)

3.4.- LA FORMA DE GOBIERNO UNIVERSITARIA EN LA LOSU

La autonomía organizativa de las Universidades se relaciona con los órganos de gobierno, el liderazgo y la responsabilidad que se determinen normativamente en sus estructuras académicas y administrativas internas a nivel de gestión universitaria y de poder decisorio a nivel de órganos de gobierno. Estos últimos que son los principales y determinados por la LOSU son de carácter dual, Consejo de Gobierno y Claustro, y se cuenta con Consejos Sociales participados por miembros externos a la Universidad para ejercicio de funciones de gobierno. A nivel comparado existe mucha variación en la determinación del sistema de elección del Rector que constituye una de las piedras angulares de la autonomía universitaria y del propio gobierno de la Universidad, y que se puede realizar por votación de un cuerpo electoral, por designación del órgano de gobierno, por el Consejo, por un doble proceso ante Consejo y Claustro o Senado, pudiéndose exigir como requisito un perfil universitario como profesor o Catedrático, con antigüedad o determinados méritos que deberán ser fijados mediante ley.

Como hemos visto, el art. 3.2.d LOSU establece como ámbito específico de la autonomía garantizada la elección, designación y remoción de los correspondientes órganos de gobierno y representación. A tal fin establece para las Universidades públicas la estructura de un marco homogéneo de órganos colegiados y de órganos unipersonales, procediendo a continuación a perfilar la caracterización general de cada uno de estos órganos, determinando sus funciones, el marco de su composición y de la elección de sus componentes para los colegiados y estableciendo cómo son designados o pueden ser elegidos, en su caso, los unipersonales. Esta regulación se caracteriza por un notorio exceso de reglamentación, evitando una flexibilidad de las Universidades en su autoorganización que permita incrementar la agilidad de la toma de decisiones y su eficacia, aunque sin merma de la participación en los elementos básicos de orientación de cada Universidad a través de los órganos de representación. La decisión uniformadora aleja a la autonomía universitaria del célebre triángulo de Clark, en que los modelos de cada Estado se sitúan dentro de los tres vértices de relaciones entre la autoridad estatal, la oligarquía académica y el mercado-sociedad civil[167].

No obstante, el ámbito que se deja a la autonomía o regulación estatutaria es amplio y con entidad sustantiva. Entre otras materias, se deben incluir la regulación de las unidades de igualdad y diversidad (art. 43.2 LOSU), la defensoría universitaria (art. 43.4 LOSU), el régimen de los órganos colegiales (art. 44 LOSU), de los órganos unipersonales (art. 44.2 LOSU), las normas electorales aplicables a la elección de los miembros integrantes de todos los órganos de representación incluidos el principio de composición equilibrada de género (art. 44.5 LOSU), mecanismos incentivadores de la partición (art. 44.6 LOSU), la regulación de la composición y duración del mandato del claustro (art. 45.3 LOSU), del Consejo de Gobierno (art. 46.3 LOSU), del Consejo de Estudiantes (art. 48.1 y 2 LOSU)[168], la composición, duración,

---

167 CLARK, B., *The Higher Education System. Academic Organization in Cross-National Perspective*, University of California, Berkeley-Los Angeles-London, 1983 (traducido al español: *El sistema de educación superior. Una visión comparativa de la organización académica*, Nueva Imagen-UAM Universidad futura, México, 1991).

168 Esta es una de las novedades de la LOSU, al establecer en la estructura básica de gobierno de cada Universidad al Consejo de Estudiantes como órgano colegiado superior de representación y coordinación del estudiantado en el ámbito de la universidad. Vid. HORGUÉ BAENA, C., "Del gobierno de las universidades públicas", *op. cit.*, p. 182. El estudiantado se puede considerar como el sector o colectivo mejor tratado por la LOSU con una amplia regulación en el título VIII que incluye el derecho de acceso a la universidad con competencias estatales para la adopción de las normas básicas

funciones y procedimiento de elección de los miembros de las Consejos o Juntas de Escuela o de Facultad, de Departamentos, de Institutos Universitarios y demás órganos colegiados (art. 49.3 LOSU), el establecimiento del sistema de elección del Rector por elección directa y sufragio universal ponderado y determinación de los porcentajes de ponderación, la duración de su mandato y los supuestos de su sustitución (art. 50 y 51 LOSU), el establecimiento del sistema de elección de los decanos y decanas de facultad y directores y directoras de escuela, de los directores o directoras de departamento y de los directores o directoras de institutos universitarios de investigación y de los demás órganos colegiados propios (art. 52 LOSU).

En la LOU lo más destacable era que se dejaba a cada Universidad la libertad de optar por el sistema de elección del rector (máxima autoridad académica con funciones y competencias ciertamente preeminentes en cuanto órgano de dirección, gobierno y gestión de la Universidad), lo cual permite elegir entre un sistema más abierto que propicie su refuerzo y lo aleje de dependencias más clientelares representadas en el claustro (el sistema de elección por sufragio universal, directo libre y secreto, con ponderación de voto), o el más tradicional de elección de segundo grado por el claustro, cuya práctica anterior ha venido evidenciando una cierta dependencia de intereses corporativos. Esta posibilidad de opción se introdujo

---

y autonómicas para las ofertas de enseñanza, el régimen de becas y ayudas al estudio con competencia estatal para establecer el sistema general y competencias de desarrollo y ejecutivas autonómicas (las universidades son competentes para establecer un sistema propio), los derechos relativos a la formación académica y sobre todo el derecho a la participación y representación, las garantías y los deberes del estudiantado. Vid. El completo estudio de Hernández González, F. L., "Del estudiantado", en HORGUÉ BAENA, C. (dir.), *La nueva ordenación de las universidades. Estudios sobre la ley orgánica 2/2023 del sistema universitario*, Iustel, Madrid, 2023, p. 361-384.

en la reforma de 2007 de la LOU tras las críticas recibidas por la redacción original de la LOU, que establecía como único el sistema de elección directa por la comunidad universitaria, por sufragio universal libre y secreto. En cambio, en la LOSU se ha optado por una contrarreforma o regreso al sistema de elección directa y universal con voto ponderado como único sistema de elección del Rector (art. 51.2 LOSU), seguramente porque es el sistema por el que han optado todas las Universidades públicas[169].

Los informes y las propuestas de reforma universitaria realizados en las últimas dos décadas tienen tendencia a proponer la simplificación a un solo órgano de gobierno que ostentaría toda la dirección política y administrativa de la Universidad, mientras que la ejecución de las funciones docentes y de investigación se mantendría en manos de los Departamentos y de los propios docentes e investigadores[170]. En cualquier caso,

---

169 Sobre el sistema de elección del Rector, con carácter general, vid. GAVARA DE CARA, J.C., "El sistema electoral del Rector y sus relaciones con los órganos de gobierno de la Universidad", en GAVARA DE CARA, J.C. (Ed.), *El Gobierno de la Universidad*, J.M. Bosch Editor, Barcelona, 2018, p. 57 y ss.; DUEÑAS CASTRILLO, A. I., "El proceso electoral en el ámbito universitario", en AAVV, *Los límites orgánicos internos a la autonomía de las universidades públicas, op. cit.*, p. 47-79

170 El modelo propuesto se dirige a un único órgano de gobierno de alcance general y un único órgano de representación que ejerza las funciones de control que sería el Claustro. El órgano de gobierno había de tener la potestad normativa, la política institucional y la planificación, con una composición que quedaba a medio camino entre el Consejo de Gobierno y el Consejo Social, de no más de 20 miembros, algunos internos, otros del sector público, otros de la sociedad y de representación del territorio. Las funciones de este órgano de gobierno serían proponer al Claustro el nombramiento del Rector, el nombramiento de los miembros externos del órgano de gobierno, el plan estratégico, aprobar el informe anual de gestión, los reglamentos y normativa de desarrollo de los estatutos,

estos proyectos de simplificación de la forma de gobierno deben respetar el actual marco constitucional y, en concreto, el derecho fundamental a la autonomía universitaria, que entre sus contenidos establece la autonomía organizativa-institucional y la autoadministración, que comprende legislativamente la elección, designación y remoción de los órganos de gobierno y administración (art. 3.2.c LOSU). Ahora bien, aunque la autonomía universitaria no puede entenderse como una posición jurídica absoluta, debe comportar una ausencia de sumisión al poder político, incluyendo un componente democrático, de autogestión y sobre todo de participación de la comunidad universitaria en los órganos de gobierno universitario, en cierto modo concretada en una interpretación sistemática de los art. 27.7 y 27.10 CE. No siempre de forma clara se ha reconocido la participación de los miembros de la comunidad universitaria y el derecho a integrarse en sus órganos de gobierno, bajo cumplimiento de los requisitos establecidos en las leyes[171]. En este sentido, los art. 44.5 y 6 y 95.4 LOSU establecen que las Universidades públicas y privadas se organizarán de forma que, en los términos de la presente Ley, en sus órganos de gobierno y de representación quede asegurada la participación y representación de los diferentes sectores de la comunidad

---

las plantillas de personal académico y de PAS y su modificación; así como aprobar las decisiones de gobierno en ejecución del plan estratégico, la contratación, financiación, inversiones y gestión del patrimonio, representar a la Universidad en el exterior y en el Consejo interuniversitario, aprobar el presupuesto y su liquidación, nombramiento de gerente, secretario general y resto de profesionales a propuesta del Rector. El Claustro, además de aprobar las propuestas presentadas por el órgano de gobierno, aprobará una comisión encargada de la evaluación de la gestión, el control de la calidad de la institución, de la calidad de la docencia, investigación y de la gestión de los centros. Vid. GAVARA DE CARA, J.C., "El modelo y la forma de gobierno de la Universidad", *op. cit.*, p. 42-43.

171 STC 217/1992 FJ 6 (TOL81.997); STC 212/1993 FJ 4 (TOL82.234).

universitaria. El problema será si una reforma de la forma de gobierno puede implicar una negación o un retroceso de la participación de los miembros de la comunidad universitaria en la misma, es decir, si existe una irreversibilidad o una prohibición de retroceso de la participación establecida para dichos miembros[172].

Sin embargo, aunque ha ido variando la forma de gobierno universitario a lo largo de estos tiempos, lo cierto es que tampoco sería constitucionalmente admisible desde el punto de vista de la autonomía universitaria un modelo que eliminará un esquema participativo de la comunidad universitaria en la toma de decisiones, que implicará una inversión total que confluyera a la comunidad universitaria en órganos exclusivamente consultivos. Además, las decisiones que afecten a la actividad principal de la Universidad, así como a su autonomía, ya que se fundamentan en el principio de libertad académica y se manifiestan en las libertades de cátedra, de investigación y de estudio, deben ser adoptadas por miembros de la comunidad académica y no por personas ajenas o externas a dicho ámbito. En este sentido, la LOSU ha procurado profundizar y garantizar en el sistema universitario la participación y representación de todos los sectores de la comunidad universitaria estableciendo la elección directa de la mayoría de los órganos unipersonales (Rector, Decano, Director de Departamento).

En consecuencia, se debe destacar un punto crítico que se puede construir con cierta facilidad determinando hasta qué punto es admisible la participación de la sociedad en el gobierno de la Universidad o que la comunidad universitaria en decisiones de carácter meramente académico pueda quedar

---

172 Vid. PONS, E., *La autonomía universitaria,* Publicaciones de la Universidad, Barcelona, 2001, p. 283

subordinada a la representación social[173]. En el fondo, queda sin resolver el tema sobre si en las decisiones de carácter académico pueden participar personas que no posean dicha condición o por lo menos que no pertenezcan a la comunidad universitaria, a lo que se puede añadir la necesidad de que dicho tipo de decisiones conectadas a la actividad docente e investigadora requiere que el personal académico tenga la mayoría en los respectivos órganos competentes.

En cualquier caso, la LOSU establece los órganos considerados obligatorios y necesarios, estableciendo carácter, composición, funciones y competencias, pero son desarrollados por los Estatutos que establece su completa regulación, pudiendo establecer órganos complementarios sin desnaturalizar o desvirtuar la caracterización resultante de la propia LOSU[174]. En este sentido, se establece órganos colegiados centrales y generales, que deliberan y actúan en la toma de decisiones, que básicamente son sobre los que gira la forma de gobierno, es decir, Claustro, Consejo de Gobierno y Consejo Social, lo que obvia el tratamiento de otros órganos desconcentrados y funcionales, desde un punto de vista material, en torno a las Facultades y Departamentos. Las relaciones con el Rector de dichos órganos centrales y generales son las que se analizarán a continuación, pero ya se puede destacar que el resto de los órganos ejercen funciones de control de índole política y libre

---

173 Vid. Críticas en la Addenda de los Profesores Alzaga y Urrea, en AAVV, *La reforma de la Universidad española*, PRIETO ALVAREZ, T. (ed.), Thomson Reuters Aranzadi, Cizur Menor, 2015, p. 285-286. En cualquier caso, el informe de la abogacía del Estado sobre esta Addenda considera que se respeta la participación siempre que el Consejo de Gobierno suponga un 50% de participación académica, es decir, una decisión mayoritaria de carácter académico, vid. AAVV, *La reforma de la Universidad española, op. cit.*, p. 302-304.

174 PAREJO ALFONSO, L., "El sistema de gobierno universitario", *op. cit.*, p. 222

en relación con la actividad del Rector debido a una ausencia de parámetros normativos a los que ajustarse[175]. En consecuencia, el Rector es un órgano que en su actuación debe ajustarse a unos parámetros normativos, pero los órganos de control se ajustan al examinar su actuación a parámetros políticos que no precisan de justificación en sus decisiones. En cualquier caso, la forma de gobierno universitario alude a un determinado tipo de relación interorgánica, a la existente entre los órganos superiores de un ente respecto a la dirección de este, que será el aspecto en el que nos centraremos[176], determinando las interrelaciones con la figura del Rector como elemento central de dicha forma de gobierno[177].

La idea es tender a la eliminación de la desconcentración y centralizar la toma de decisiones en la Universidad para garantizar un sistema de concentración que facilite la eficacia y eficiencia de las decisiones adoptadas por los órganos centrales. No se debe de dejar de tener en cuenta que, al mismo tiempo, se podría desarrollar en base a la autonomía un sistema de gobernanza al margen de la LOSU lo que demuestra que existe un margen de maniobra que ha permitido crear una estructura de institutos, instituciones y fundaciones, que permiten organizarse de una forma diferente, dentro de un espacio no tan limitado por las normas, no formal y no regulado

---

175 PUNSET BLANCO, R. "La forma de gobierno de las Universidades públicas", *Revista de Administración Pública*, núm. 162, 2003, p. 24

176 PUNSET BLANCO, R. "La forma de gobierno de las Universidades públicas", *op. cit.*, p. 19

177 Sobre la preeminencia funcional del Rector, BIGLINO CAMPOS, P., "La forma de gobierno de las universidades", en AAVV, *Los límites orgánicos internos a la autonomía de las universidades públicas, op. cit.*, p. 32 y ss.

que permite hablar de una gobernanza paralela[178], siendo una cuestión no abordada en profundidad por la LOSU.

Las relaciones entre los órganos de Gobierno de la Universidad aparecen presididas por el rol del Rector, cuya elección se convierte en el eje de estructuración y de legitimidad de todo el sistema. En la actualidad con el sistema de elección directa del Rector como único aplicable que permite utilizar la LOSU cuenta con un índice democrático amplio y avanzado. La ley solo establece unas condiciones y requisitos básicos que debe cumplir cualquier candidato al cargo y no parece que puedan generar un excesivo conflicto incluir nuevos requisitos para exigir mayor mérito y capacidad para ocupar el cargo de Rector como haber obtenido un número mínimo de sexenios. El art. 51.1 LOSU exige que los candidatos deberán ser PDI funcionario o permanente laboral a tiempo completo y tener los méritos de docencia, investigación y experiencia en la gestión universitaria que determinen los Estatutos, pero se exige que se garantice que se trata de una alta capacidad investigadora, una acreditada trayectoria docente, así como una suficiente experiencia de gestión universitaria en algún cargo unipersonal[179]. En cualquier caso, la Disposición transitoria primera apartado 3 LOSU establece que estos méritos hasta la adopción de los Estatutos (plazo máximo de dos años) sean tres sexenios de investigación, tres quinquenios de docencia y cuatro años de experiencia en la gestión en algún cargo unipersonal. Estos

---

[178] Vid. VIDAL, J., *La Universidad informal*, Studia XXI/Fundación Europea Sociedad y Educación, Madrid, 2013

[179] Es importante destacar que los nuevos Estatutos con posterioridad a la LOSU pueden establecer requisitos y condiciones que pueden afectar al art. 23.2 CE de acceso en condiciones de igualdad a los cargos públicos y en concreto para la elección del Rector que en ausencia de norma expresa impeditiva deben ser interpretados restrictivamente con relación a causas de inelegibilidad, vid STC 192/2012 FJ 6 (TOL2.680.132).

criterios que son indicativos se suponen que tendrán un peso interpretativo para su seguimiento en los Estatutos y la fijación de su alcance, aunque pueden ser ampliados y se puede exigir un mayor rigor. La novedad reside en la exigencia de experiencia en la gestión universitaria en cargos unipersonales, que pueden limitar los candidatos a antiguos Vicerrectores, Secretario General, Decanos y Directores de Departamento. En cualquier caso, son determinantes las relaciones interorgánicas entre los distintos órganos superiores que participan en la dirección de la Universidad (Claustro y Consejo de Gobierno) y el Rector como elemento central de la forma de gobierno[180].

Las relaciones entre Rector y Claustro son complejas, ya que, aunque se debe presentar un informe sobre la gestión, las votaciones sobre el mismo no tienen unas consecuencias directas sobre la actividad, de forma que el Rector no precisa la confianza, aunque el Claustro ejerce un control político que puede conllevar la censura de dicha actividad que se traduce en una convocatoria de nuevas elecciones a Rector[181]. Las exigencias para convocar elecciones extraordinarias a Rector son estrictas, ya que la iniciativa corresponde a un tercio de los miembros (con al menos un 30% de PDI funcionario o permanente laboral), debiéndose aprobar por dos tercios del Claustro lo que conlleva su disolución y el cese del Rector que continua en funciones. Si la iniciativa no es aprobada, los solicitantes no pueden volver a presentar otra hasta transcurrido un año desde la votación. El principal papel del Claustro se centra en la elaboración y reforma de los Estatutos, pero sin

---

180 Sobre el diseño de la responsabilidad del Rector, vid. BIGLINO CAMPOS, P., "La forma de gobierno de las universidades", en AAVV, *Los límites orgánicos internos a la autonomía de las universidades públicas*, *op. cit.*, p. 37 y ss.

181 Sobre las relaciones entre Rector y Claustro, vid. GAVARA DE CARA, J.C., "El sistema electoral del Rector y sus relaciones con los órganos de gobierno de la Universidad", *op. cit.*, p. 64 y ss.

mayor problema reside en que es un órgano colegiado por estamentos en los que se representa intereses particulares de los distintos sectores de la comunidad universitaria.

Las relaciones entre Rector y Consejo de Gobierno también pueden ser calificadas de peculiares, sobre todo en el caso de que el Rector no cuente con una mayoría en el órgano, ya que a pesar de que el Consejo de Gobierno no puede ejercer funciones de control, sí que puede en la práctica impedir el desarrollo o la adopción de decisiones normativas internas, sin que exista mecanismos para superar el bloqueo o instituciones en caso de desacuerdo entre los órganos para superar el conflicto[182]. El Consejo de Gobierno puede ejercer al mismo tiempo de órgano de gobierno y de oposición al Rector por lo que su papel es en todo caso desarrollar el estudio y discusión de las medidas a adoptar, valorando posibles medidas alternativas o de modificación de las propuestas o futuras resoluciones. Como hemos visto, el sistema de composición, elección y designación es complejo, ya que se debe garantizar la representación de múltiples estructuras universitarias y colectivos o sectores de la comunidad universitaria, que seguramente implicará que el número de miembros sea muy elevado. En las Universidades grandes probablemente se superará el máximo de 50 miembros previstos en la antigua LOU, lo que le convertirá en un Senado con dificultad de manejo de las deliberaciones, ya que todos los miembros lo son a título individual. El Rector podrá elegir como máximo un tercio de los miembros, por lo que no tiene una mayoría garantizada en el órgano, de forma que deberá pactar con carácter previo un gran número de decisiones.

Las relaciones entre el Rector y el Consejo Social también presentan las peculiaridades de dos órganos que responden a

---

182 Sobre las relaciones entre Rector y Consejo de Gobierno, vid. GAVARA DE CARA, J.C., "El sistema electoral del Rector y sus relaciones con los órganos de gobierno de la Universidad", *op. cit.*, p. 71 y ss.

dos lógicas distintas, pero al estar configurados como interactuantes precisan llegar a un consenso en la toma de decisiones[183]. En caso de no llegar a un acuerdo la consecuencia será una paralización de la evolución y prorrogar las medidas y políticas del pasado, sobre todo el presupuesto, que pueden ser contraproducentes en el presente y en las medidas que sean necesarias adoptar con actualidad.

Las soluciones a estas problemáticas no han sido abordadas por la LOSU que básicamente han establecido unos criterios continuistas, ampliando en unos mínimos la autonomía universitaria organizativa y clarificando unas funciones de los distintos órganos de la gobernanza universitaria. Las iniciativas sobre una reforma universitaria con simplificación de los órganos introduciendo un órgano de gobierno mixto que englobe a los actuales Consejo de Gobierno y Consejo Social con alcance general de sus funciones y un órgano de control (no de decisión) que será el Claustro, no ha sido la opción de la LOSU[184]. El problema de esta reforma residía en determinar si es admisible desde la autonomía universitaria admitir un modelo de gobierno que suprimiera la participación de la comunidad universitaria en su gobierno y que implicara la incidencia de decisiones en la libertad académica de miembros externos a la comunidad universitaria, sobre todo en el caso de que no esté previsto que el personal académico constituya la mayoría del órgano que debe decidir en

---

183 Sobre las relaciones entre Rector y Consejo Social, GAVARA DE CARA, J.C., "El sistema electoral del Rector y sus relaciones con los órganos de gobierno de la Universidad", *op. cit.*, p. 74 y ss.

184 Sobre el modelo simplificado de la forma de gobierno universitaria y su comparación con otros modelos, vid. GAVARA DE CARA, J.C., "El modelo y la forma de gobierno de la Universidad", *op. cit.*, p. 41 y ss. Asimismo, GAVARA DE CARA, J.C., "El sistema electoral del Rector y sus relaciones con los órganos de gobierno de la Universidad", *op. cit.*, p. 81 y ss.

ámbitos conectados directamente a dicha actividad académica. En consecuencia, la LOSU ha realizado una reforma del Gobierno de la Universidad y de las relaciones interorgánicas entre los diversos órganos que está presidida por un respeto de las reglas constitucionales y de la autonomía universitaria con reconocimiento de la legítima participación de la comunidad universitaria en los ámbitos de decisión propios conectados a la libertad académica, lo que supone el abandono de los informes de reforma universitaria como modelo de gobernanza universitaria, aunque esta decisión no es ajena a que la opción por el modelo simplificado de gobernanza es rechazado por la mayoría de los actores del sistema universitario.

Capítulo 4

La autonomía académica como justificación de la protección constitucional de la autonomía universitaria

Un problema tradicional de la jurisprudencia constitucional en materia de autonomía universitaria consiste en el uso de un principio o criterio de carácter constitucional que justifique la protección de un derecho fundamental de configuración legislativa, es decir, un criterio que separe una protección constitucional de un contenido definido legalmente y la cuestión de constitucionalidad de una cuestión de mera legalidad. Este punto de contacto ha consistido en la necesaria vinculación de una protección constitucional de la autonomía universitaria con la protección de la libertad académica. Este hecho da lugar a que se deba incluir como contenido y aspecto básico de la autonomía universitaria a la autonomía académica, con la finalidad de determinar el ámbito sustancial de protección constitucional, es decir, el punto de conexión irreductible del objeto de protección de la autonomía universitaria como derecho fundamental. La inclusión de una problemática o conflicto normativo en la autonomía académica facilitará, en definitiva, la protección constitucional en amparo de la autonomía universitaria en sus múltiples facetas.

Esta autonomía académica se manifiesta, desde una perspectiva subjetiva, en la libertad académica (de cátedra, de estudio e investigación científica), que se corresponde con las funciones con las que la universidad realiza el servicio público de la educación superior (art. 2.1 LOSU) y fundamento de la propia universidad y su autonomía (art. 1.2 LOSU)[185]; pero también se identifica, desde una perspectiva objetiva, organizativa e instrumental, fundamentalmente en la elaboración y aprobación de los planes de estudio (art. 3.2.g LOSU), programas de investigación y transferencia de conocimientos (art. 3.2.i LOSU), en la admisión, régimen de permanencia y verificación de conocimientos de los estudiantes (art. 3.2.l LOSU), así como en la expedición de títulos y diplomas (art. 3.2.h LOSU)[186].

En este sentido, en la actualidad no se puede hablar exclusivamente de una universidad de investigación o de una universidad de docencia, ambas actividades en unión de la transferencia de conocimiento deben ir unidas como funciones de la Universidad. El modelo puro de universidad de investigación presenta complejidades extremas en el sistema universitario a no ser que se quiera indicar con dicha denominación a la capacidad de captación de fondos de I+D+i en función del PDI o en

---

185 Sobre los contenidos a incluir en las finalidades del sistema universitario para la CRUE, vid. GÓMEZ VILLAMANDOS, J. C., "Los retos del Sistema Universitario Español: universidad 2030", en AAVV, *Lecturas de política y gestión universitarias, op. cit.*, p. 35-42, en especial p. 37-40

186 Sobre la autonomía académica, vid. GAVARA DE CARA, J.C., "La autonomía universitaria en la jurisprudencia del Tribunal Constitucional", *op. cit.*, p.75 y ss. Sobre el alcance de la innovación, GALÁN GALÁN, A., "Innovación y universidad", en AAVV, *Organización de la Universidad y la Ciencia, op. cit.*, p. 325-370. Sobre la transferencia de conocimientos, ORTEGA BERNARDO, J., "La transferencia de conocimiento en las universidades: razones y claves de su articulación jurídica", en AAVV, *Organización de la Universidad y la Ciencia, op. cit.*, p. 371-412. Sobre las repercusiones generales en la LOSU, vid. CARLÓN RUIZ, M., "La autonomía universitaria en el cumplimiento de las funciones de las universidades en el marco de la nueva Ley Orgánica del Sistema Universitario", *op. cit.*, p. 64-70

comparación con el resto de las Universidades, el porcentaje que signifique en los ingresos de la Universidad, el personal de investigación propio de la Universidad y con la suficiente autonomía en relación con la gobernanza de la Universidad[187]. En cualquier caso, la autonomía académica se interrelaciona con una universidad docente e investigadora y a la protección de las estructuras y funciones necesarias para su establecimiento y desarrollo.

De todos modos, tal como se ha comentado con anterioridad cada vez es más necesario el establecimiento de unos procedimientos de acreditación institucional de las universidades con carácter general, que necesariamente se debe extender con plenitud tanto a las universidades públicas como a las privadas, realizada con una cierta frecuencia temporal, que garantice que todas las universidades realicen actividad de investigación y desarrollen las actividades de docencia de conformidad a los parámetros de creación, pero también con adecuación a los necesarios mapas de titulaciones y ofertas de plazas de estudio de carácter autonómico y estatal.

4.1.- LA AUTONOMÍA ACADÉMICA EN LA ACTIVIDAD INVESTIGADORA

En este contexto de autonomía académica interrelacionada con la actividad investigadora, se debe tener en cuenta que el art. 13 LCTI define la actividad investigadora como el trabajo creativo realizado de forma sistemática para incrementar el volumen de conocimientos, incluidos los relativos al ser humano, la

---

187 Sobre el significado de una Universidad de investigación, vid. CASALS PONS, J., "Cómo llegar a ser una universidad de investigación: en cuatro pasos, de la realidad a la ilusión", en AAVV, *Lecturas de política y gestión universitarias, op. cit.*, p. 385-397

cultura y la sociedad, el uso de esos conocimientos para crear nuevas aplicaciones, su transferencia y su divulgación[188]. Por su parte, el art. 2.2.c-g LOSU establece como funciones de la Universidad a la generación, desarrollo, difusión, transferencia e intercambio del conocimiento y la aplicabilidad de la investigación en todos los campos científicos, tecnológicos, sociales, humanísticos, artísticos y culturales; la promoción de la innovación a partir del conocimiento en los ámbitos sociales, económicos, medioambientales, tecnológicos e institucionales; la contribución al bienestar social, al progreso económico y a la cohesión de la sociedad y del entorno territorial en que estén insertas, así como a la promoción de las lenguas oficiales de las mismas, a través de la formación, la investigación, la transferencia e intercambio del conocimiento y la cultura del emprendimiento, tanto individual como colectiva, a partir de fórmulas societarias convencionales o de economía social; la generación de espacios de creación y difusión de pensamiento crítico; la transferencia e intercambio del conocimiento y de la cultura al conjunto de la sociedad a través de la actividad universitaria y la formación permanente o a lo largo de la vida del conjunto de la ciudadanía. Estas actividades se vinculan con las labores de investigación, transferencia e intercambio del conocimiento e innovación[189].

La libertad de investigación se deriva del derecho fundamental a la producción y creación literaria, artística, científica y técnica que reconoce y protege el art. 20.1.b CE, siendo integrables sus contenidos en la autonomía académica. La

---

[188] Ley 14/2011, de 1 de junio, de Ciencia, Tecnología e Innovación, modificada por la Ley 17/2022, de 5 de septiembre, que introdujo novedades como la necesidad de impulsar la ciencia abierta.

[189] Vid. CUETO PÉREZ, M., "Investigación y transferencia e intercambio de conocimiento e innovación", en HORGUÉ BAENA, C. (dir.), *La nueva ordenación de las universidades. Estudios sobre la ley orgánica 2/2023 del sistema universitario,* Iustel, Madrid, 2023, p. 294-295.

creación científica consistiría en la labor de investigación y su resultado, entendido como proceso discursivo, metódico, racional y contrastado, ajeno a cualquier valor extraño a la propia ciencia y no demostrado por esta, mientras que la creación técnica tendría por objeto la aplicación de la ciencia, englobando el derecho a la propiedad intelectual[190]. En cualquier caso, siempre es difícil separar la dimensión institucional y la individual de la autonomía académica a pesar de ser el elemento esencial para proteger la propia autonomía universitaria.

---

190 CUETO PÉREZ, M., "Investigación y transferencia e intercambio de conocimiento e innovación", *op. cit.*, p. 296. Sobre libertad científica o de investigación, CHUECA RODRÍGUEZ, R., "La investigación científica como espacio iusfundamental de normación", en AAVV, *La investigación científica como derecho fundamental*, Ricardo Luis Chueca Rodríguez (dir.), Comares, Granada, 2012, p. 11-34 (en esa misma obra también las contribuciones de ARRUEGO RODRÍGUEZ, G., "El derecho fundamental a la investigación científica en la Constitución española de 1978", p. 35-68 y de ELVIRA PERALES, A., "El derecho a la investigación científica en el marco de la Unión Europea", p. 69-100); CHUECA RODRÍGUEZ, R., "Investigación y experimentación como objetos del derecho fundamental a la investigación científica", AAVV, *Los nuevos horizontes de la investigación genética*, coord. por Carlos María Romeo Casabona, Fundación BBVA, Bilbao, 2011, p. 17-34; CUETO PÉREZ, M., *Régimen jurídico de la investigación científica: la labor investigadora en la Universidad*, Cedecs, Barcelona, 2002; AAVV, *Régimen jurídico de la transferencia de resultados de investigación: De la Ley Orgánica de Universidades a la Ley de la Ciencia, la Tecnología y la Innovación*, coord. por Carlos Vargas Vasserot, Wolters Kluwer, 2012; EMBID TELLO, A. E., *La libertad de investigación científica: una interpretación integrada de sus dimensiones subjetiva y objetiva*, Tirant lo Blanch, Valencia, 2017; DARNACULLETA I GARDELLA, M. M., "Libertad de investigación científica y la promoción de la ciencia en beneficio del interés general", en AAVV, *Organización de la Universidad y la Ciencia*, coord. por Fernando López Ramón, Ricardo Rivero Ortega, Marcos M. Fernando Pablo, AEPDA, INAP, Madrid, 2018, p. 231-269.

El art. 11.1 y 2 LOSU establecen que la investigación es una de las funciones fundamentales de las universidades, siendo, al igual que la docencia, es un derecho y un deber del PDI, que se podrá desarrollar con intensidad distinta a lo largo de su trayectoria académica, sin perjuicio de las normas establecidas en cada universidad. De todos modos, se ha eliminado la referencia del antiguo art. 39 LOU que consideraba que la investigación era fundamento esencial de la actividad docente, evitando otorgar a esta función la preeminencia que ha tenido a lo largo del tiempo y que se ha reflejado en la carrera académica[191], sobre todo en relación con la propia actividad docente.

A partir de estos esquemas la LOSU deja autonomía organizativa a las universidades superando las antiguas estructuras basadas en los Departamentos, grupos de investigación y los institutos universitarios, con la finalidad de mantener dichas estructuras o crear unas nuevas estructuras de investigación para desarrollar las funciones antes descritas. De todos modos, el art. 60.1 LOSU, al regular las posibilidades de colaboración con otras entidades o personas físicas, establece que los grupos de investigación reconocidos por la universidad, los departamentos y los institutos universitarios de investigación, así como su profesorado tanto a través de los anteriores como a través de los órganos, centros, fundaciones o estructuras organizativas similares de la universidad dedicados a la canalización de las iniciativas investigadoras del profesorado y a la transferencia de los resultados de la investigación, podrán celebrar contratos con personas físicas, universidades, o entidades públicas y privadas para la realización de trabajos de carácter científico, tecnológico, humanístico o artístico, así como para actividades específicas de formación. En consecuencia, se sigue mencionando como principales las mismas

---

191 CUETO PÉREZ, M., "Investigación y transferencia e intercambio de conocimiento e innovación", *op. cit.*, p. 297.

estructuras de investigación de la LOU, a pesar de que se podría organizar en otras distintas a partir de la LOSU[192].

La autonomía universitaria desde la perspectiva académica de la investigación implica no impedir o poner trabas a la libertad de estructurar, potenciar o incentivar la investigación en cualquiera de los supuestos y aspectos sustanciales que se puede imaginar, tanto directa como indirectamente. En cualquier caso, la autonomía académica implica un ámbito de decisión y de protección a favor de la universidad, pero no impide que tanto el Estado como la Comunidad Autónoma puedan intervenir incentivando y financiando la actividad investigadora en general o en particular o dirigiendo dicha actividad hacia las universidades.

La distribución de competencias entre Estado y CCAA en investigación se establece a partir de una competencia concurrente perfecta o plena, no establecida expresamente en la Constitución, que consiste en reservar en exclusiva competencias tanto al Estado como a las Comunidades Autónomas para el fomento de la investigación científica y técnica, añadiendo que será el Estado el encargado de la coordinación general en esta materia (artículos 149.1.15 y 148.1.17 CE). De esta forma, ambas instancias disponen de funciones legislativas y ejecutivas plenas, de manera que se produce una concurrencia total en este ámbito, bajo la obligada coordinación estatal[193].

---

192 CUETO PÉREZ, M., "Investigación y transferencia e intercambio de conocimiento e innovación", *op. cit.*, p. 298, que analiza los mecanismos de investigación en colaboración con otras instituciones públicas y privadas (art. 300-303).

193 Sobre el reparto competencial en política científica, GÓMEZ PUENTE, M., "Administración e investigación científica y técnica: veinte años después de la Ley de la ciencia", *Revista de Estudios Autonómicos y Federales*, 2007, núm. 5, p. 241-270. Asimismo, CUETO PÉREZ, M., "Investigación y transferencia e intercambio de conocimiento e innovación", *op. cit.*, p. 303 y ss.

El Tribunal Constitucional ha delimitado la competencia de fomento que se extiende a cualquier materia (industria, agricultura) con independencia de quién disponga de competencias sobre ella, abarcando tanto las actividades directamente conducentes a descubrimientos científicos como la divulgación de los resultados obtenidos[194]. Estas actividades no incluyen solo el apoyo a la investigación privada o universitaria, sino también la creación de una estructura de investigación propia, estatal o autonómica[195]. La capacidad estatal para coordinar la investigación científica y técnica viene justificada por la plena concurrencia de competencias en la materia, que debe lograr el equilibrio entre poner en marcha las medidas necesarias y suficientes para lograr la integración de la diversidad en el conjunto del sistema y evitar que la concreción y desarrollo de dichas medidas vacíe las competencias autonómicas, en este caso, en fomento de la investigación[196], de forma que el amplio margen de apreciación de que dispone el Estado en el uso de su poder de coordinación también podrá ser de carácter preventivo. También se ha defendido la capacidad del Estado para establecer partidas presupuestarias con destino a transferencias de diverso tipo, en desarrollo de su competencia de fomento de la investigación[197], de manera que son posibles las subvenciones estatales que regulen las condiciones de

---

194 STC 53/1988 FJ 1 (TOL80.164)

195 STC 90/1992 FJ 2 (TOL80.702). Sobre el reparto competencial en materia de fomento de la investigación científica y técnica, CUETO PÉREZ, M., *Régimen jurídico de la investigación científica. La labor investigadora de la Universidad.* Cedecs, 2002; FONSECA FERRANDIS, F., *Estado, CCAA y ciencias biomédicas. Hacia un modelo de cohesión*, Thomson Civitas, 2007; DÍEZ BUESO, L., *Los sistemas de investigación en los países europeos descentralizados: estudio comparado de España, Alemania, Austria y Bélgica, y de Cataluña, Baviera, Estiria y las regiones belgas*, Institut d'Estudis Autonòmics, Barcelona, 2013, p. 22 y ss.

196 STC 90/1992 FJ 3 (TOL80.702)

197 STC 13/1992 FJ 4 (TOL80.629)

otorgamiento de recursos financieros e, incluso, la tramitación y resolución de los expedientes de solicitud, pudiéndose producir una gestión totalmente centralizada de las subvenciones estatales dirigidas al fomento de la investigación[198]. No se excluye que la capacidad de gasto del Estado se articule a través de convenios con las CCAA. El caso de la innovación queda relativamente al margen de este escenario de distribución competencial, ya que el art. 149.1 CE no prevé expresamente la competencia estatal en innovación, de forma que los Estatutos de Autonomía pueden asumirla de forma plena, de forma que el campo de actuación de las comunidades en este ámbito es superior del que disponen en ciencia y tecnología, pues no se encuentran sometidas a la coordinación general del Estado, de modo que la LCTI distingue entre ciencia y tecnología, por un lado, e innovación, por otro.

En este reparto de competencias entre Estado y CCAA se debe añadir a las universidades, por lo que se debe respetar un espacio que les permita adoptar decisiones sobre la investigación que desarrollan. En este sentido, muchos de los objetivos generales establecidos en el art. 2 LCTI son perfectamente aplicables a las Universidades como principal agente de ejecución del Sistema Español de Ciencia, Tecnología e Innovación (SECTI) y equiparables a los contenidos concretos establecidos en el art. 13 LOSU para el desarrollo de proyectos para la investigación, creación y transferencia e intercambio del conocimiento y el fomento por las Administraciones públicas de la investigación y el desarrollo tecnológico en el ámbito universitario, sin perjuicio del desarrollo de programas propios de las universidades. En este sentido, se debe conectar la autonomía académica en la actividad investigadora con el resto de los contenidos de la autonomía universitaria

---

198 STC 186/1999 FJ 12 (TOL81.226), STC 175/2003 FJ 8 (TOL460.342)

para que se integre su protección en los respectivos ámbitos sustanciales, tanto normativos, organizativos o financieros.

Finalmente, se debe analizar brevemente el art. 12 LOSU de fomento de la Ciencia Abierta y Ciencia Ciudadana que plantea que el conocimiento científico tendrá la consideración de un bien común, de modo que las Administraciones Públicas y las universidades promoverán y contribuirán activamente a la Ciencia Abierta mediante el acceso abierto a publicaciones científicas, datos, códigos y metodologías que garanticen la comunicación de la investigación, con importantes consecuencias en relación con la propiedad intelectual que auguran un panorama no ausente de conflictividad[199]. En este sentido, dependiendo del ámbito o rama de conocimiento puede ser relevante tener diversas alternativas, pero lo cierto es que en la última regulación de sexenios de investigación está prevista la valoración de aportaciones publicadas en acceso abierto, cuando la relevancia de las editoriales privadas puede ser más importante en un contexto en el que la propiedad intelectual es básica por el funcionamiento propio del ámbito o rama de referencia.

La dimensión individual de la libertad de investigación también es reconocida y garantizada en el ámbito universitario (art. 11.1 LOSU) a partir del establecimiento de la investigación como derecho y deber del profesorado universitario, de acuerdo con las normas establecidas por la Universidad, y dentro de los límites establecidos por el ordenamiento jurídico (art. 11.2 LOSU). La libre investigación individual no está reñida con el hecho de que se lleve a cabo en el marco de grupos de investigación, departamentos e institutos universitarios de

---

199 Sobre las consecuencias de la ciencia abierta y la ciencia ciudadana, vid. CUETO PÉREZ, M., "Investigación y transferencia e intercambio de conocimiento e innovación", *op. cit.*, p. 306-313, con amplias referencias a las consecuencias en materia de propiedad intelectual.

investigación y esté orientada por los correspondientes planes y estructuras. Tampoco es contraria a dicha libertad la existencia de instrumentos de evaluación para determinar su eficiencia en el desempeño profesional (art. 11.6 LOSU), así como por su vinculación al progreso económico y social y, por tanto, orientada por la legislación aplicable para el fomento y desarrollo de la investigación y su coordinación con otras instancias, universidades, centros o estructuras mixtas entre las universidades y otros organismos públicos y privados o empresas, poniéndola en conexión y en condiciones de cooperación con el sistema productivo, especialmente de su entorno (art. 11.5 y 7 LOSU). Precisamente a estos fines las universidades están concernidas con la generación de sistemas innovadores en la organización y gestión de la actividad investigadora (art. 11.4 LOSU).

4.2.- LA AUTONOMÍA ACADÉMICA EN LA ACTIVIDAD DOCENTE

El modelo de universidad de docencia tampoco puede ser admisible como puro en nuestro sistema universitario, a pesar de ser la tendencia a la que recurren las universidades privadas con escasa actividad de investigación. No obstante, el modelo global de docencia ha sufrido profundas modificaciones en los últimos tiempos con la introducción generalizada del uso de internet, de las plataformas y de las nuevas y dinámicas metodologías educativas, que se han generalizado en todas las universidades presenciales. La disminución de las clases magistrales y seminarios ha ido acompañada de la introducción de la docencia en línea o aula virtual, personalizada, del aula invertida y del aprendizaje cooperativo, colaborativo, basado en problemas, en competencias o en proyectos[200]. Tampoco se puede dejar de valorar que el modelo de docencia en la universidad privada se conecta a su finalidad profesional futura con unos programas de prácticas externas amplios y desarrollados, con convenios con empresas y despachos profesionales que en número e importancia superan a los que se pueden firmar en las universidades públicas. En este sentido, dichas empresas y despachos profesionales utilizan los programas de prácticas externas como mecanismos de selección del futuro personal a incorporar en las mismas.

El principio de la libertad académica, elemento nuclear y objeto fundamental de protección de la autonomía universitaria es difícilmente discutible la afirmación de que está plenamente garantizada en nuestras universidades. La libertad de cátedra está constitucionalmente reconocida y protegida como derecho fundamental de carácter individual (art. 20.1.c CE) en garantía de la libertad del profesor, pero también de los derechos y de la formación de los alumnos y, en definitiva, del mantenimiento de una sociedad libre y abierta, de igual modo que lo está la libertad de la producción y creación literaria, artística, científica y técnica (art. 20.1.b CE) con el mismo carácter fundamental y la misma proyección institucional que se incluye en la autonomía universitaria.

La autonomía universitaria garantiza la libertad de cátedra del profesorado, que se manifiesta en la libertad en la docencia, la investigación y el estudio (art. 3.3 LOSU)[201]. La antigua

---

[200] Sobre la docencia universitaria del futuro, vid. GARCÍA BENAU, M., A., "Reflexiones sobre el futuro de la docencia universitaria", en AAVV, *Lecturas de política y gestión universitarias, op. cit.*, p. 399-418

[201] CÁMARA VILLAR, G., "La autonomía universitaria en España hoy, entre el mito y la realidad", op. cit., p. 95-96. Sobre la libertad de cátedra, LOZANO, B., *La libertad de cátedra,* Marcial Pons, Madrid, 1995, p. 205; EXPÓSITO, E., *La libertad de cátedra,* Tecnos, Madrid,

LOU establecía que la libertad de cátedra no tenía más límite que los establecidos en la Constitución y en las leyes y los derivados de la organización de las enseñanzas en sus universidades (art. 33.2 LOU), aunque en la actualidad se establece el mismo criterio para la docencia en general que se considera que es un derecho del PDI con los mismos límites (art. 6.1 LOSU).

1995, p. 89; RODRÍGUEZ COARASA, C., "Libertad de Cátedra y Autonomía universitaria. Algunas reflexiones a la luz de la jurisprudencia constitucional", *Revista de la Facultad de Derecho de la Universidad Complutense*, núm. 94, 1999-2000; VIDAL PRADO, C., *La libertad de cátedra. Un estudio comparado*, CEPC, Madrid, 2001; VIDAL PRADO, C., "Libertad de cátedra y organización de la docencia en el ámbito universitario", *Revista Española de Derecho Constitucional*, núm. 84, 2008. Teresa Freixes critica que por la vía de fijación de temarios, exámenes, adscripción de profesores a asignaturas concretas y otras necesidades de organización de la docencia, como manifestación de las potestades de autonormación en las que se concreta la autonomía de las universidades, puede producirse un conflicto con la libertad de cátedra que finalmente la relegue por situar a la autonomía universitaria en posición preferente (FREIXES SANJUÁN, T., «Los problemas de la libertad de cátedra», *Cuadernos Constitucionales de la Cátedra Fadrique Furió Ceriol*, núm. 22-23, 1998, p. 44-45). De la misma opinión es TORRES MURO, I., «La autonomía universitaria en la jurisprudencia constitucional española», en AAVV, *La democracia constitucional. Estudios en homenaje al Profesor Francisco Rubio Llorente.* Congreso de los Diputados/Tribunal Constitucional/Universidad Complutense de Madrid/Fundación Ortega y Gasset/Centro de Estudios Políticos y Constitucionales, Madrid, 2002, vol. I, p. 737. Más recientemente, MATÍA PORTILLA, F. J., "La libertad de cátedra como límite a la autonomía de las universidades públicas", *Revista de Derecho Político*, 2023, núm. 118, septiembre-diciembre, p. 49-77, que considera que se ha ampliado la noción de la libertad de cátedra, que pasaría a garantizar también la libertad de investigación y de estudio, ya que el propio TC considera que la libertad de ciencia queda garantizada, en su vertiente individual, por la libertad de cátedra (STC 183/2011 FJ 6 (TOL2.295.008)y STC 176/2015 FJ 4ª (TOL5.440.472), aunque luego se referencien como cosas distintas en la STC 26/2016 FJ 8 (TOL5.676.626).

La libertad de cátedra no puede entenderse como un derecho absoluto que permita autorregular íntegramente la función docente en todos sus aspectos, completamente al margen de los criterios del centro correspondiente, como ha tenido ocasión de precisar el Tribunal Constitucional[202], pues ello desproveería a las universidades de la esencial función de ordenar y organizar las enseñanzas conforme a sus potestades y generaría muy importantes disfunciones para la consecución de sus objetivos y para la formación de los estudiantes. La libertad de cátedra no protege una libertad de decidir sobre aquello que ha de ser enseñado y las condiciones en las que ha de hacerse, sino que los docentes y los discentes puedan disfrutar de un espacio de libertad intelectual ajeno a cualquier orientación o compulsión proveniente de terceros, dentro del marco organizado de las enseñanzas, según su estructura y conforme a lo establecido en las tradiciones científicas. En este sentido, la organización de las enseñanzas se convierte a criterios estructurales y formales de la docencia o de directrices materiales, pero no de orientación o de establecimiento de contenidos o conocimientos materiales de la docencia[203]. La autonomía

---

[202] STC 217/1992 FJ 2 y 3 (TOL81.997); STC 212/1993 FJ 4 (TOL82.234) y STC 179/1996 FJ 6 y 7 (TOL83.108).

[203] La libertad de cátedra tiene un contenido positivo y otro negativo. El positivo alude al «haz de posibilidades que ofrece el ordenamiento constitucional a los enseñantes a la hora de definir por sí mismos la forma y los contenidos de sus clases». El contenido negativo, que es considerado esencial o mínimo del derecho fundamental, «habilita al docente para resistir cualquier mandato de dar a su enseñanza una orientación ideológica determinada, es decir, cualquier orientación que implique un determinado enfoque de la realidad natural, histórica o social dentro de los que el amplio marco de los principios constitucionales hace posible» (STC 5/1981 FJ 9 (TOL109.400). Vid. MATÍA PORTILLA, F. J., "La libertad de cátedra como límite a la autonomía de las universidades públicas", *op. cit.*, p. 57.

académica protege la dimensión institucional de la ordenación de la enseñanza, pero no la dimensión individual conectada a este segundo aspecto sobre orientación, conocimiento o establecimiento de contenidos.

La actividad docente está constituida por todo lo que ocurre en el aula una vez que el profesor ha recibido un encargo docente concreto (esto es, la asignación de una asignatura o un grupo de una asignatura, con un horario, un descriptor y unas fechas de evaluación), de modo que el docente es libre de elaborar un programa de la asignatura, establecer un calendario de impartición en el marco de las horas asignadas, implementar las metodologías docentes que considere más convenientes, utilizar los materiales (bibliográficos, prácticos, etc.) de su elección; y evaluar la adquisición de conocimientos y competencias de sus estudiantes[204]. En todo caso se deberá respetar la memoria de verificación del título y la guía docente correspondiente en las asignaturas tal como son definidas y delimitadas en los títulos oficiales, que deben actuar como límites y definiciones de carácter general de dicha actividad docente, aunque deberán ser interpretados restrictivamente en tanto que afecta a la dimensión individual de la libertad de cátedra.

El ejercicio de la autonomía universitaria puede ocasionar conflictos con otros derechos fundamentales como el principio de igualdad que se vincula con el acceso y el ejercicio de las funciones públicas (art. 23.2 CE), aunque lo cierto es que se tiende a avalar judicialmente cualquier decisión adoptada por los órganos universitarios si se ajusta a su normativa interna, aun cuando suponga restricciones a la libertad de cátedra. En cualquier caso, siempre es necesario determinar si no se infringen otros derechos e intereses que también merecen protección jurídica y ejercer un control más intenso para hacer

---

204 MATÍA PORTILLA, F. J., "La libertad de cátedra como límite a la autonomía de las universidades públicas", *op. cit.*, p. 58.

compatibles los intereses en juego y las exigencias derivadas de normas superiores. El poder del rectorado es tan intenso en la práctica que dificulta que los departamentos y profesores puedan ejercer las facultades y competencias que la legislación les atribuye y que, en algunos casos, vienen amparadas por derechos fundamentales[205]. En cualquier caso, las Universidades públicas, como Administraciones que son, están obligadas a la neutralidad ideológica. Sin embargo, la libertad de enseñanza (art. 27.1 CE) posibilita que se promuevan universidades o centros privados en las universidades públicas que cuenten con un ideario propio. Resulta evidente que este ideario impone límites a la actuación de los docentes del centro, ya que la libertad del profesor no le faculta para dirigir ataques abiertos o solapados contra ese ideario, sino sólo para desarrollar su actividad en los términos que juzgue más adecuados y que, con arreglo a un criterio serio y objetivo, no resulten contrarios a aquél[206]. Estos dos factores que condicionan el contenido y alcance de la libertad de cátedra pueden ser conjugados entre sí, de modo que poseerá una mayor extensión de libertad de cátedra en una Universidad pública que en una privada, aunque ambas compartan el mismo nivel educativo, y que la libertad de cátedra no se verá condicionada por un ideario en los centros públicos[207].

En este sentido, la autonomía académica genera una mayor protección de las universidades privadas, ya que la limitación individual que proporciona la libertad de cátedra es menor. No obstante, también en las universidades públicas la propia Universidad puede condicionar, negativamente, la libertad de

---

205 MATIA PORTILLA, F. J., "Los límites de la autonomía de las universidades públicas", *op. cit.*, p. 32-33

206 STC 5/1981 FJ 10 (TOL109.400)

207 MATÍA PORTILLA, F. J., "La libertad de cátedra como límite a la autonomía de las universidades públicas", *op. cit.*, p. 60-61.

cátedra, dado que la autonomía universitaria favorece a la Universidad como persona jurídica y no a cada uno de los miembros integrados en ella. Ante dicho peligro conviene recordar que las normas reguladoras de los estudios y las decisiones de los órganos de las universidades deben permitir a los profesores un ámbito libre de actuación para el diseño de método y contenidos de la docencia en el respectivo ámbito individual de actividad. El derecho a la autonomía universitaria garantiza un espacio de libertad para la organización de la enseñanza universitaria frente a injerencias externas, mientras que la libertad de cátedra apodera a cada docente para disfrutar de un espacio intelectual propio y resistente a presiones ideológicas, que le faculta para explicar, según su criterio científico y personal, los contenidos de aquellas enseñanzas que la Universidad asigna, disciplina y ordena. En cualquier caso, también es también preciso recordar que la dimensión personal de la libertad de cátedra presupone y precisa de una organización de la docencia y de la investigación que la haga posible y la garantice, de tal manera que la conjunción de la libertad de cátedra y de la autonomía universitaria hacen de la organización y funcionamiento de las Universidades la base y la garantía de la propia libertad de cátedra[208].

De todos modos, uno de los temas más conflictivos en la universidad como es la asignación de la docencia no se integra bien en la libertad de cátedra, ya que su ámbito material no permite deducir que forme parte el derecho a elegir qué grupos o asignaturas impartir cada año académico. Las distintas autoridades universitarias (el rectorado, los centros, los comités de títulos, los departamentos) tienen competencias que afectan a la organización de la docencia, aunque es habitual que en los Departamentos o unidades y áreas de conocimiento se realicen reuniones para el reparto de la docencia, y en éstas

---

208 STC 179/1996 FJ 6 (TOL83.108)

se priorice el interés de los docentes por grado y antigüedad, pero no hay un derecho fundamental a que un docente imponga su preferencia a los demás. En la asignación del encargo docente hay que conjugar diversos factores, algunos más relevantes que otros como es la especialización del profesor o la compatibilidad de horarios. No es correcto asignar una asignatura a un profesor que no es experto en ella, ya que implicará un descenso de la calidad académica. Conviene recordar que el Tribunal Constitucional ha señalado que no cabe descartar que el derecho fundamental del art. 20.1.c CE pueda resultar vulnerado como consecuencia de decisiones arbitrarias por las que se relegue a los profesores, con plena capacidad docente e investigadora, obligándoseles injustificadamente a impartir docencia en asignaturas distintas a las que debieran de corresponderles por su nivel de formación. La asignatura que el docente debe impartir se inscribe en un título oficial universitario, de forma que el alcance y contenido material se ve condicionado por la planificación y la memoria de verificación del título. Del mismo modo, el profesor no puede decidir unilateralmente el horario de sus clases o elegir los espacios que ocupará en cada momento. Los horarios deben ser fijados por el equipo decanal o el comité de título para asegurar que el seguimiento de todas las asignaturas por parte de los estudiantes sea posible. Los espacios suelen ser gestionados por el Centro para dar cobertura a todas sus necesidades docentes y no docentes del mismo.

El profesor universitario tiene derecho a que su opinión sea tenida en cuenta en la elaboración del proyecto docente y a confeccionar su guía docente sin que esta actividad pueda ser asumida por otros órganos, salvo que contravenga el marco jurídico en el que se le confiere el encargo docente, sin que ninguna autoridad académica puede modificar un proyecto o guía académica. Estos documentos solamente pueden ser aprobados por el Departamento, con presencia de los profesores implicados y de los responsables de cada grupo en particular. Si alguna autoridad considera que la misma incluye contenidos no amparados por la libertad de cátedra, deberá adoptar las medidas precisas para encauzar la situación, pero no alterar el documento. Por su parte, el profesor no puede modificarlos de forma unilateral, ya que afectaría al principio de seguridad jurídica[209]. Tampoco supone un problema que el Departamento se limite a elaborar un programa marco, de mínimos, que permita diversos desarrollos y distintos enfoques por parte de los profesores, del mismo modo que puede establecer el profesor la metodología docente que considere más adecuada para la correcta transmisión de conocimientos, competencias y habilidades. En todo caso, la metodología adoptada por el profesor debe tener en cuenta y ser compatible con el marco temporal (planificación del periodo lectivo y de exámenes por parte de las autoridades), espacial (gestión de espacios por parte del centro) y carga docente[210].

No obstante, algún tema en proyecto normativo puede resultar a medio plazo lesivo para la libertad de cátedra como puede ser la diferenciación entre área de conocimiento, a efectos de acreditación, y ámbito de conocimiento, a efectos de adscripción como docente. La idea de que cualquier nuevo profesor de Derecho se adscriba a esta rama del conocimiento, y no a sus materias especializadas (civil, mercantil o administrativo) no es ingenua, ya que permitirá que dentro de unos límites genéricos que las autoridades académicas puedan imponer a un profesor la obligación de impartir docencia en disciplinas ajenas a su especialidad, al ser unitarios esos ámbitos de conocimiento. Tal como se ha advertido desde el punto de vista de la calidad académica, la especialización del

---

209 MATÍA PORTILLA, F. J., “La libertad de cátedra como límite a la autonomía de las universidades públicas”, *op. cit.*, p. 69-70.

210 MATÍA PORTILLA, F. J., “La libertad de cátedra como límite a la autonomía de las universidades públicas”, *op. cit.*, p. 71-72.

docente es una necesidad de la correcta realización del encargo docente. En este sentido, no se pueden tolerar decisiones universitarias arbitrarias, discriminatorias, contrarias al mérito y especialización en el ámbito de la función pública docente. Estas garantías en las universidades privadas no son susceptibles de ser aplicadas con toda su intensidad y en todo caso no permiten desplegar una garantía completa, aunque si un control a través de los procedimientos de acreditación de los títulos universitarios.

En el ámbito universitario, resulta claro que el derecho a la libertad de cátedra debe ser conciliado con la autonomía universitaria y la dimensión institucional de la autonomía académica. En este sentido, hay decisiones estratégicas como el impulso de titulaciones, la apertura, transformación o clausura de campus o centros que compete adoptar a los órganos centrales de la Universidad, pero estas autoridades universitarias no pueden adoptar medidas que condicionen la libertad de cátedra sin contar con una justificación adecuada, razonable y proporcionada[211].

4.3.- LA AUTONOMÍA ACADÉMICA EN LA ORDENACIÓN DE LA ENSEÑANZA

La autonomía universitaria académica comprende la elaboración y aprobación de planes de estudio e investigación y de enseñanzas específicas de formación, así como la expedición de los títulos de carácter oficial y validez en todo el territorio

---

[211] Unos profesores de universidad privada que debieron ser readmitidos a sus puestos laborales tras un despido, no pueden declarar la nulidad de los exámenes y de las actas correspondientes al curso anterior invocando la libertad de cátedra, ya que este derecho no incluye tomar decisiones que corresponde adoptar a las autoridades universitarias y que afectan a clases impartidas por otros docentes (ATC 423/2004 FJ 4).

nacional y de sus diplomas y títulos propios. Ahora bien, este reconocimiento o delimitación positiva del contenido esencial de la autonomía universitaria no supone un límite absoluto que haga imposible cualquier intervención del legislador en este ámbito[212]. Los planes de estudio correspondientes a los ciclos (grado, máster y doctorado) organizan la enseñanza, una de las misiones esenciales de la universidad, dentro del marco de las directrices y condiciones establecidas por el Gobierno al regular la obtención de los títulos universitarios de carácter oficial y con validez en todo el territorio nacional (art. 9 LOSU)[213]. Las enseñanzas han de recibir también la autorización de implantación de la Comunidad Autónoma según se disponga en su legislación, de acuerdo con el Consejo de Gobierno de la universidad, y obtener la verificación del Consejo de Universidades respecto de su ajuste a aquellas directrices y condiciones, con informe autonómico previo de necesidad y viabilidad académica y social, y de calidad realzado por la ANECA o agencia autonómica equivalente (art. 8.2 LOSU). Estas enseñanzas que pueden ser también no presenciales y en centros en el extranjero, dependientes de las propias universidades.

Esta regulación básica, exigida por la homogeneidad sustancial que ha de representar el sistema nacional de educación superior en lo relativo a los conocimientos que deben adquirirse, puede y debe dejar también un espacio propio a la autonomía de las universidades siempre que el Gobierno no extralimite su función de establecimiento de normas directrices y se adentre en detalles que invadirían el espacio reservado a la autonomía universitaria, toda vez que permite

---

212 STC 74/2019 FJ 4 (TOL7.278.792)

213 GONZÁLEZ GARCÍA, J. V., "Ordenación de las enseñanzas universitarias", en AAVV, *Comentarios a la Ley Orgánica de Universidades,* Civitas, Madrid, 2009, p. 637 y ss.

a estas dotar de un contenido propio a los planes de estudio correspondientes a sus titulaciones y tienen garantizado el respeto a su autonomía en el procedimiento establecido para su elaboración. El Tribunal Constitucional subraya que el alcance de la competencia estatal ha de respetar la autonomía universitaria pudiendo establecer solo el contenido mínimo indispensable para la obtención de los títulos[214].

El Tribunal Constitucional constata la diferenciación, por parte del legislador, entre elaboración y aprobación de planes de títulos oficiales válidos en toda España y de títulos propios de cada Universidad. Mientras que, en estos últimos, el legislador no impuso la sujeción a directrices ni a ulteriores controles, en relación con los primeros, la universidad ejerce sus competencias en el marco de las directrices generales dictadas por el Gobierno y sometiéndose a un trámite de homologación por parte del Consejo de Universidades[215]. Trámite que implica el ejercicio de un cierto control de legalidad mediante una verificación de la actuación de la Universidad al marco establecido por las directrices gubernamentales[216]. Además, no todos los posibles contenidos de un plan de estudio están protegidos por igual por el derecho a la autonomía universitaria: tan sólo integran esta competencia todas aquellas facultades que son instrumentales a las libertades académicas, que se erigen en el fundamento último de esta autonomía[217]. De ahí que se puedan identificar distintos grados de intensidad del derecho a la autonomía universitaria, en relación con los diferentes contenidos de los planes de estudio. La autonomía universitaria alcanza una mayor intensidad cuando se trata de fijar lo que debe ser enseñado, estudiado e investigado, es decir, los

---

214 STC 187/1991 FJ 4 (TOL80.599)

215 STC 103/2001 FJ 4 (TOL104.632); STC 74/2019 FJ 5 (TOL7.278.792)

216 STC 103/2001 FJ 8 (TOL104.632)

217 STC 103/2001 FJ 5 y 7 (TOL104.632)

contenidos de las materias o asignaturas que son objeto de la labor docente, discente e investigadora. Pero incluso aquí el derecho a la autonomía universitaria no es absoluto, sino que encuentra su límite en la fijación, por el Estado, del bagaje indispensable de conocimientos que deben alcanzarse para obtener cada uno de los títulos oficiales y con validez en todo el territorio nacional. La fuerza es mucho menor, cuando se refiere a la ordenación formal de los planes de estudio conducentes a títulos nacionales: tipología de materias; máximos y mínimos de determinadas clases de materias; ciclos de enseñanza; combinación de enseñanzas teóricas y prácticas[218].

La autonomía universitaria académica se manifiesta con especial intensidad cuando se trata de fijar lo que debe ser enseñado, estudiado e investigado en cuanto garantiza un espacio de libertad para la organización de la enseñanza universitaria frente a injerencias externas[219]. Las universidades sin distinción, públicas y privadas, realizan un servicio público de educación superior que ha de prestarse siempre al servicio de la sociedad. De este modo la decisión sobre el tipo concreto de enseñanzas o titulaciones que deben impartirse está en función de las específicas necesidades sociales y demás circunstancias particulares que concurren en cada momento y lugar. En este sentido, las Comunidades Autónomas puedan valorarlo en cada caso y que sea a la legislación autonómica, en el marco definido por la Ley y sus disposiciones de desarrollo, a la que corresponde establecer los requisitos y criterios relativos a la autorización necesaria para la implantación de nuevas enseñanzas por parte de las universidades[220]. Las universidades no

---

218 STC 103/2001 FJ 5 (TOL104.632). Vid. EXPOSITO GÓMEZ, E., "Naturaleza, contenido y alcance constitucionales de la autonomía universitaria", *op. cit.*, P. 304

219 STC 179/1996 FJ 6 (TOL83.108)

220 STC 74/2019 FJ 6 (TOL7.278.792)

gozan de una incondicionada e irrestricta libertad para implantar las enseñanzas conducentes a la obtención de títulos oficiales, pues el legislador puede configurar esa facultad con unos u otros límites y no se cuestiona la competencia autonómica para otorgar la autorización en relación con la implantación en universidades privadas de planes de estudios conducentes a la obtención de nuevas titulaciones de grado[221].

En esencia, la autonomía académica de las Universidades comprende la elaboración y aprobación de planes de estudio e investigación (art. 3.2.g y i LOSU), lo que supone que una vez delimitado legalmente el ámbito de su autonomía, la Universidad posee plena capacidad de decisión en lo que a planes de estudio se refiere, pero existen limitaciones derivadas del ejercicio de otros derechos fundamentales o de un sistema universitario nacional que exige instancias coordinadoras como las agencias de evaluación y calidad universitaria, limitaciones que son consustanciales al concepto mismo de autonomía, de forma que la potestad de las Universidades de elaborar y aprobar los planes de estudio y de investigación,

---

221 De hecho, en el caso de la STC 74/2019 (TOL7.278.792), sobre la inconstitucionalidad del art. 5.1 de la Ley 5/2005 de Aragón, la implantación de nuevos estudios universitarios o titulaciones, así como su modificación, quedan sujetas a autorización administrativa previa con el objeto de valorar dichas actuaciones desde el punto de vista de su adecuación a la programación universitaria aprobada por el Gobierno de Aragón. En este sentido, la autorización puede valorar los aspectos que podría haber justificado su constitucionalidad como el grado de demanda de los diferentes estudios y las necesidades de la sociedad en educación universitaria; el equilibrio territorial, en un marco de eficiencia en la utilización de los medios materiales y de los recursos humanos del sistema universitario de Aragón, y los costes económicos y su financiación; la especialización y diversificación universitaria en un contexto de cooperación interuniversitaria y la actividad de investigación que en el sistema universitario de Aragón vaya a desarrollarse (STC 74/2019 FJ 6 (TOL7.278.792).

no pueden ser interpretados aisladamente sino siempre en relación con los demás preceptos de la Constitución y de la propia LOSU[222]. No forma parte de la autonomía universitaria impedir que exista la obligatoriedad de incluir en los planes de estudio de una Universidad asignatura alguna, ya que la autonomía universitaria no es una libertad absoluta y el Estado tiene competencia exclusiva para regular las condiciones de obtención, expedición y homologación de títulos académicos y profesionales y para imponer en los planes de estudios las materias cuyo conocimiento considere necesario para la obtención de un título concreto, sin perjuicio de que a cada Universidad corresponda la regulación y organización de la enseñanza de esas materias[223]. Menor aún es la intensidad del derecho fundamental a la autonomía universitaria en relación con la ordenación formal de los planes de estudio conducentes

---

222 En el 27.5 CE se dice que los poderes públicos garantizan el derecho de todos a la educación, mediante una programación general de la enseñanza y que los mismos inspeccionarán y homologarán el sistema educativo para garantizar el cumplimiento de las leyes. La Universidad constituye, como se dice en el art. 2.1 LOSU, un servicio público cuya prestación afecta a los intereses generales de la entera sociedad española y no sólo a los intereses de la comunidad universitaria. Las características propias del servicio público que desempeña y la existencia de un sistema universitario nacional que exige instancias coordinadoras, es el fundamento de que la Constitución haya excluido de la esfera de la autonomía universitaria, reservándola a la competencia exclusiva del Estado, la regulación de las condiciones de obtención, expedición y homologación de títulos académicos y profesionales (art. 149.1.30 CE). La existencia de un sistema universitario nacional, impuesto por el art. 27.8 CE, permite que el Estado pueda fijar en los planes de estudio un contenido que sea el común denominador mínimo exigible para obtener los títulos académicos y profesionales oficiales y con validez en todo el territorio nacional. Vid. STC 187/1991 FJ 3 (TOL80.599); STC 155/1997 FJ 2 (TOL80.778)

223 STC 187/1991 FJ 3 (TOL80.599); STC 155/1997 FJ 2 (TOL80.778)

a títulos nacionales, es decir, el establecimiento de tipología de materias, los máximos y mínimos de determinadas clases de materias, los ciclos de enseñanza o la combinación de enseñanzas teóricas y prácticas.

El estudio y su libertad es otra de las vertientes de la autonomía académica (art. 3.3 LOSU), de forma que este elemento integrado en la libertad de cátedra (que incluye la libertad de elección de los contenidos de investigación y de preparación de la docencia), pero que también se proyecta en otro derecho fundamental, el de los estudiantes a la educación superior, del que se deriva el derecho y deber del estudio una vez integrados en un centro universitario. Los estatutos y las normas de organización desarrollarán los derechos y deberes de los estudiantes, así como los mecanismos para su garantía, dentro del marco dispuesto por la ley orgánica, que concreta un conjunto nuclear de derechos (Título VIII LOSU), y por otras eventuales normas legales de desarrollo. La regulación del acceso a la enseñanza superior viene enmarcada por las correspondientes normas básicas de admisión, de responsabilidad del Gobierno, dentro del respeto a los principios de igualdad, mérito y capacidad, definiendo un procedimiento que ha de ser general, objetivo y universal, con validez en todas las universidades españolas, respondiendo de manera acorde al Espacio Europeo de Educación Superior; procedimiento en el que intervienen las comunidades autónomas, de acuerdo con las universidades, para la determinación de la oferta educativa general de enseñanzas y plazas (art. 31 LOSU). Esta vertiente de la autonomía está más condicionada por normas estatales y autonómicas, pero el control de las condiciones en las que el estudio se realiza y la verificación de los conocimientos de los estudiantes y la determinación de sus condiciones de progreso y permanencia en los estudios (art. 32 LOSU), son funciones que corresponden autónomamente a cada universidad y que desembocan en la obtención de los títulos y diplomas correspondientes, cuya expedición es competencia de la universidad (art. 3.2.h

LOSU). Se requiere, para no incidir en la autonomía universitaria, que se fijen con criterios suficientemente flexibles para que cada Universidad pueda determinar con libertad su propia capacidad de admisión[224].

---

224 STC 26/1987 FJ 10 (TOL79.735)

Capítulo 5

La inoperatividad de la autonomía universitaria financiera

La autonomía económica y financiera de las Universidades del art. 3.2.e LOSU, reiterada en el art. 54.1 LOSU, dentro de los términos de la propia LOSU y de la normativa de las CCAA, abarca tanto la potestad presupuestaria (elaboración, aprobación y gestión) como la capacidad para administrar los propios bienes (art. 54.2 LOSU). Ambas constituyen la dimensión jurídica de la actividad de planificación y gestión financiera y presupuestaria de las Universidades, cuyo fin es administrar los ingresos procedentes de las distintas fuentes de financiación públicas y privadas con las que cuentan con el objetivo de dotar a las unidades académicas y administrativas de los fondos necesarios para su eficaz funcionamiento, conformando una función compleja que abarca el proceso completo de planificación, programación, presupuesto, evaluación y control financiero[225].

---

[225] GONZÁLEZ LÓPEZ, M. J., *La incidencia de la función financiera en las políticas universitarias,* Universidad de Granada, Granada, 2004, p. 135-136. Una visión global de la autonomía financiera universitaria en CAPODIFERRO CUBERO, D., "La configuración legal de la autonomía universitaria en el ordenamiento español", *op. cit.,* p. 43 y ss. Asimismo. CAPODIFERRO CUBERO, D., "La autonomía económica y financiera de las universidades públicas en España", en GAVARA DE CARA, J.C. (Ed.), *El Gobierno de la Universidad,* J.M. Bosch Editor, Barcelona, 2018, p. 115 y ss. En la LOSU, vid. CARLÓN RUIZ, M., "La autonomía universitaria en el cumplimiento

Los aspectos económicos se erigen como un elemento esencial de la Universidad, ya que condicionan la capacidad real de actuación en su conjunto y en cada una de las Universidades. No obstante, las limitaciones legislativas y controles, consecuencia de integración de las Universidades en el sector público y, especialmente, de la procedencia pública de la mayor parte de los fondos de los que se dotan, impiden un reconocimiento pleno de la capacidad de decisión de las Universidades[226]. La toma de decisiones y la gestión y el control interno en materia económica, patrimonial y presupuestaria son cuestiones que están sujetas a la propia LOSU, y a la legislación financiera y presupuestaria aplicable al sector público (art. 53.1 y 2 LOSU), y en aquellas cuestiones expresamente mencionadas en los arts. 56, 57, 58 y 63 LOSU, también las normas dictadas por las comunidades autónomas[227]. La autonomía financiera es una facultad atípica[228], matizada por la ausencia de ánimo de lucro en la actividad universitaria y la presencia de objetivos de política educativa o investigadora fijados por el Gobierno competente o la propia Universidad que condicionarán la asignación de recursos en función de objetivos sociales y económicos y, en

---

de las funciones de las universidades en el marco de la nueva Ley Orgánica del Sistema Universitario", *op. cit.*, p. 61-64.

226 Sobre la inoperatividad de la autonomía universitaria financiera, vid. GAVARA DE CARA, J.C., "La autonomía universitaria en la jurisprudencia del Tribunal Constitucional", *op. cit.*, p. 84-85.

227 Esta normativa, en el plano estatal, estaría compuesta fundamentalmente por la Ley 47/2003, de 26 de noviembre, General Presupuestaria y la LO 2/2012, de 27 de abril, de Estabilidad Presupuestaria y Sostenibilidad Financiera, además de las normas que, sobre este particular y en materia de contabilidad pública, han ido dictando las Comunidades Autónomas.

228 TORRES MURO, I., *La autonomía universitaria. Aspectos constitucionales, op. cit.*, p. 93.

última instancia, el interés general[229]. Las CCAA tienen la competencia, respetando las normas establecidas en el capítulo III del Título IX (art. 53-63 LOSU) para establecer normativa de desarrollo sobre elaboración, gestión y ejecución de las Universidades de su competencia, así como para el control de los gastos e ingresos de las Universidades con las correspondientes técnicas de auditoría (se entiende que ejercidas por los órganos autonómicos de control externo o similares (con la colaboración y soporte de los Consejos Sociales (art. 53.2 LOSU).

La autonomía financiera y de gestión se reconoce a cada Universidad como institución, como persona jurídica, sin presentar una proyección constitucionalmente relevante a nivel interno, salvo en el caso del Consejo Social. Las Facultades, Escuelas, Centros, Departamentos, Institutos universitarios o estructuras propias de la Universidad no gozan de autonomía financiera o presupuestaria con relación al conjunto de la institución. Su planificación y actuación económico-financiera deberá integrarse en la Universidad, siendo los propios Estatutos los que deberían delimitar la intervención de cada uno en el proceso de elaboración e implementación del presupuesto. Los Consejos Sociales de las Universidades públicas constituyen un caso peculiar, aunque tampoco se puede considerar que gocen de una verdadera autonomía financiera en los términos en los que ésta se maneja, ya que el art. 47.4 LOSU sólo les garantiza una organización de apoyo con unos recursos suficientes para el cumplimiento de sus funciones dentro de la institución, y la ley autonómica contemplará la dotación de un presupuesto propio, así como su gestión con carácter autónomo[230].

---

[229] GONZÁLEZ LÓPEZ, M. J., *La incidencia de la función financiera en las políticas universitarias, op. cit.*, p. 132.

[230] Vid. CAPODIFERRO CUBERO, D., "La configuración legal de la autonomía universitaria en el ordenamiento español", *op. cit.*, p. 44

Esta previsión ha dado lugar a unas regulaciones en apariencia desiguales en las leyes autonómicas encargadas de desarrollar los Consejos Sociales, pero similares en las consecuencias. En algunos casos se caracteriza al Consejo Social como centro de coste independiente y específico dentro de la Universidad, pero la realidad no es una independencia económica de la Universidad[231]. En otros supuestos se le dota de capacidad exclusiva de propuesta sobre la partida presupuestaria que se destina a cubrir sus gastos[232], pero la iniciativa no significa una decisión propia, ya que depende de la propia Comunidad Autónoma. La mayoría de las leyes autonómicas atribuye la facultad a los Consejos Sociales para elaborar su propio presupuesto en atención a sus necesidades, integrándose éste en el proyecto de cuenta anual de la Universidad como una partida específica que no puede ser modificada en el trámite de aprobación por la Universidad, aunque se deben respetar las asignaciones de las CCAA[233]. En algún caso puntual, como

---

231 Art. 98 de la Ley 1/2003, de 19 de febrero, de Universidades de Cataluña.

232 Art. 22.1 de la Ley 2/2003, 28 de enero, de la Generalitat, de Consejos Sociales de las Universidades Públicas Valencianas.

233 En este sentido, por ejemplo: art. 18 de la Ley 2/1997, de 16 de julio, del Consejo Social de la Universidad de Oviedo; art. 21.3 de la Ley 12/2002, de 18 de diciembre, de los Consejos Sociales de las Universidades Públicas de la Comunidad de Madrid; art. 30.2 de la Ley 3/2003, de 28 de marzo, de Universidades de Castilla y León; art. 15.1 de la Ley 2/2003, de 20 de marzo, de organización institucional del sistema universitario de las Illes Balears; art. 15.1 de la Ley 11/2003, de 4 de abril, modificada por Ley 5/2009, de 24 de abril, sobre Consejos Sociales y Coordinación del Sistema Universitario de Canarias; art. 75.2 de la Ley 5/2005, de 14 de junio, de Ordenación del Sistema Universitario de Aragón; art. 36.1 de la Ley 3/2005, de 25 de abril, de Universidades de la Región de Murcia; art. 13.2 de la Ley 1/2010, de 7 de enero, del Consejo Social de la Universidad de Extremadura; art. 29.1 del Decreto Legislativo 1/2013, de 8 de enero, por el que se aprueba el Texto Refundido de la Ley Andaluza

el art. 75 de la Ley 3/2004, de 25 de febrero, del Sistema Universitario Vasco, parece irse un poco más allá al señalar que el Consejo Social de la UPV/EHU dispondrá de presupuesto propio, asignado como aportación de la Comunidad Autónoma, sin hacer referencia a su integración en los presupuestos de la Universidad, aunque las consecuencias no son distintas. En cualquier caso, la actuación presupuestaria y de gestión económica de los Consejos Sociales sólo tiene sentido ejercida en el contexto y en el plano interno de la institución universitaria de la que forman parte ya que, estos no pueden, al ejercitarla, desconocer el entorno en el que desarrollan sus funciones ni actuar al margen del resto de la comunidad universitaria. Por esta razón, es cuestionable que se trate de una verdadera independencia para gestionar los propios recursos económicos[234], ya que en todo caso no se superaba la asignación nominativa en el presupuesto de la Comunidad. En la práctica, lo cierto es que los Consejos Sociales no han conseguido tener los medios económicos y personales de apoyo para realizar sus principales funciones sobre todo de supervisión o de control de las actividades económicas y financieras de las Universidades.

En cuanto al trámite de elaboración del presupuesto de las Universidades, la competencia en materia de aprobación se otorga al Consejo Social, que encuentra en esta potestad la principal expresión de su razón de ser y el marco en el que ejerce sus principales competencias, como encargado de aprobar la propuesta exclusiva del Consejo de Gobierno (arts. 46.2.e y

---

de Universidades; art. 86.1 de la Ley 6/2013, de 13 de junio, del Sistema universitario de Galicia. Vid. CAPODIFERRO CUBERO, D., "La configuración legal de la autonomía universitaria en el ordenamiento español", *op. cit.*, p. 44-45

234 Tal como se define en el art. 21.3 de la Ley 12/2002, de 18 de diciembre, de los Consejos Sociales de las Universidades Públicas de la Comunidad de Madrid y en el art. 13.2 de la Ley 1/2010, de 7 de enero, del Consejo Social de la Universidad de Extremadura.

47.2.f LOSU). La Ley no establece las consecuencias en caso de aprobar los presupuestos, pero lógicamente se entiende aprobados los anteriores hasta el momento de la aprobación definitiva de los nuevos. Aunque se trata de una decisión que no se relaciona estrictamente con la libertad académica, sí que se puede considerar que afecta al ámbito protegido por la autonomía universitaria[235], de forma que en teoría no podría ser alterado por la intervención del Consejo Social, por lo que se ha considerado de difícil admisibilidad de que el Consejo Social no apruebe los presupuestos de la Universidad. Sin embargo, no admitir esta posibilidad convierte la intervención del Consejo Social en el proceso presupuestario en una mera formalidad de carácter testimonial cuya mayor consecuencia sería la publicidad y fiscalización del mismo, por lo que en todo caso se admitía una prórroga hasta la resolución y negociación de los posibles conflictos con nuevos presupuestos y decisiones.

Adicionalmente, se asigna al Consejo Social la supervisión de la ejecución presupuestaria y el control de su ejecución (art. 53.2 LOSU), así como todas las actividades de carácter económico de la universidad y aprobar las cuentas anuales (art. 47.2.g LOSU)[236], solución muy controvertida en el control de constitucionalidad de la LRU, e incluso antes de la aprobación de la LOU[237]. En cualquier caso, no se debe interpretar que la

---

235 STC 26/1987 FJ 9 a (TOL79.735).

236 Donde se incluye, conforme a la STC 131/2013 FJ 8 a (TOL3.785.911), la creación de fundaciones y otras personas jurídicas por no constituir actividades académicas.

237 En su Voto Particular a la STC 26/1987 (TOL79.735), el Magistrado Latorre Segura planteó que, al estar compuesto por miembros ajenos a la comunidad universitaria, el Consejo Social no debía estar facultado para adoptar decisiones que afectaran a la autonomía universitaria, como era la aprobación de los presupuestos. Para asignarle esa función, concluye el argumento, debía cambiarse la composición del Consejo para que su mayoría perteneciese a la comuni-

participación de los intereses sociales en la gestión económica de las Universidades busca establecer un control específico de la Comunidad Autónoma sobre las Universidades (que puede ser realizado por los órganos autonómicos de control externo), sino reforzar el papel teórico de ésta como responsable de la planificación general universitaria. La forma de implementar la capacidad fiscalizadora de los Consejos Sociales permite deducir su fracaso como órgano en relación con las funciones que se le asignan y de la imposibilidad de su normal integración en el conjunto de la institución universitaria[238], generalmente por falta de medios personales y económicos para su realización.

La LOSU ha introducido una diferenciación entre financiación plurianual y presupuesto anual de las Universidades públicas. En relación con la financiación plurianual, el Consejo de Gobierno debe proponer un plan para la aprobación del Consejo Social (art. 46.2.c y 47.2.i LOSU), además se debe conectar a un plan trianual de actuación (art. 47.2.a LOSU). La financiación plurianual es una responsabilidad y competencia de las CCAA que deben elaborar las programaciones y aprobar los instrumentos y recursos para conseguir los objetivos (art. 56.2 LOSU). Los ejes de la financiación serán estructural basal, estructural por necesidades singulares y por objetivos (art. 56.3 LOSU), siendo evaluado su grado de cumplimiento que

---

dad universitaria. Además, tradicionalmente la doctrina mayoritaria entendía que los Consejos Sociales, con una composición externa y dedicación parcial, estaban materialmente imposibilitados para asumir nuevas competencias. Al respecto, Vid. ARIAS RODRÍGUEZ, A. *El régimen económico y financiero de las universidades*, Editorial Complutense, Madrid, 1997, p. 134 y s.

238 PEIRÓ SILLA, J.M.-PÉREZ GARCÍA, F. "El sistema de gobierno de la universidad española", en AAVV, *Sistemas de Gobierno de las Universidades Españolas: situación actual y perspectivas de futuro*, MEC, Madrid, 1999, p. 92 y s.

servirá de base para la siguiente programación plurianual. La financiación de investigación universitaria se puede independizar de estas programaciones plurianuales (art. 56.4 LOSU). En este sentido, se podrá diferenciar entre dos tipos de financiación, uno dedicado al gasto corriente y ordinario que será anual (personal, funcionamiento) y otra financiación basada en gasto estructural y por objetivos o programado que será plurianual que será finalista y no vinculado a la actividad ordinaria de la universidad. El problema será ubicar ambos tipos de financiación en un presupuesto universitario unitario y anual.

El presupuesto de cada Universidad debe estructurarse a partir de las pautas del art. 57 LOSU y todas aquellas contenidas en las normas estatales y autonómicas sobre actividad económica y estabilidad presupuestaria del sector público que sean compatibles con la autonomía universitaria, es decir, unidad presupuestaria, cumplimiento de los objetivos de equilibrio y sostenibilidad financieros dentro de los límites fijados por la Administración, plurianualidad, transparencia, eficiencia, responsabilidad y lealtad institucional, en relación con las finalidades de la institución y los intereses que ostenta la comunidad universitaria. El presupuesto de las Universidades será público, único, equilibrado y comprenderá la totalidad de ingresos y gastos (art. 57.1 LOSU).

En lo que respecta a su gestión, corresponde a las Comunidades Autónomas el establecimiento de las normas y procedimientos al respecto, así como el control de las cuentas, que deberá realizarse en primera instancia ante el órgano autonómico de auditoría pública, sin perjuicio de las competencias del Tribunal de Cuentas estatal o del control externo autonómico (art. 59.2 y 3 LOSU). Las instituciones universitarias deben enviar anualmente a la Comunidad Autónoma o administración competente en materia de Universidades del Gobierno Autonómico aquellos documentos que permitan valorar la gestión económica realizada (art. 57.9 LOSU)[239]. La falta de remisión de la liquidación o la falta de medidas en caso de liquidación con remanente negativo implicará que las CCAA adopten medidas para garantizar la estabilidad presupuestaria de las Universidades. Adicionalmente, también deben fijarse en sede autonómica las reglas para auditar las inversiones bajo la supervisión del Consejo Social, mandato que en la mayoría de los casos se ha traducido en la simple asignación de la capacidad para encargar o supervisar dichas auditorías a este órgano, siendo testimoniales los ejemplos en los que la propia Ley autonómica recoge la obligación de realizar auditorías sobre la actividad económica universitaria, ya sea a través de órganos administrativos o empleando medios externos[240].

La legislación no obligaba a las Universidades públicas a establecer mecanismos internos de control sobre la actividad económica y presupuestaria, pero el art. 59.3 LOSU establece que se debe desarrollar un sistema de auditoría interna, realizada por un órgano con autonomía funcional e independencia de los

---

239 Expresamente contemplan esta cuestión en la actualidad el art. 164.1 de la Ley 1/2003, de 19 de febrero, de universidades de Cataluña; el art. 106 de la Ley 3/2004, de 25 de febrero, del Sistema Universitario Vasco; el art. 63.2 de la 3/2005, de 25 de abril, de Universidades de la Región de Murcia; el art. 59.1 de la Ley 5/2005, de 14 de junio, de Ordenación del Sistema Universitario de Aragón y el art. 89.2 del Decreto Legislativo 1/2013, de 8 de enero, por el que se aprueba el Texto Refundido de la Ley Andaluza de Universidades. En otros casos, una obligación similar deberá incluirse en la legislación universitaria autonómica. Vid. CAPODIFERRO CUBERO, D., "La configuración legal de la autonomía universitaria en el ordenamiento español", *op. cit.*, p. 46-47

240 El art. 97 de la Ley de Universidades de Cataluña establece para las Universidades la obligación de realizar auditorías antes de la aprobación del balance y la liquidación del presupuesto, bien por la Intervención General de la Generalitat o bien mediante servicios externos.

órganos unipersonales de las Universidades[241]. Los Estatutos establecen y crean unidades técnicas para tal fin o establecen la realización de auditorías anuales. La obligación de realizar controles técnicos sobre la actividad económica universitaria no se acompañe de un deber de implementar otros de naturaleza política dentro de las instituciones, como pudiera ser la fiscalización de las cuentas o de su ejecución por parte de la comunidad universitaria o, más específicamente, del Claustro como máxima representación de la misma. En general, la actividad económica-financiera de las Universidades se somete a una transparencia y rendición de cuentas que no se alcanza con la mera publicidad de las cuentas, por lo que la LOSU ha optado por someter el uso de los recursos a dichos principios (art. 59.1 LOSU), utilizar los sistemas de control externo, auditoría pública, auditoría interna, ya vistos, así como la obligación de implementare un sistema de contabilidad interna (art. 59.4 LOSU).

En definitiva, la autonomía financiera que se refiere a la búsqueda de medios materiales de financiación, al establecimiento de tasas, a la generación de superávit, a la capacidad de pedir préstamos, de obtener donaciones o de poseer patrimonio (propiedad, terrenos, edificios), que constituye uno de los ejes de la autonomía universitaria. Desde esta perspectiva, la LOSU, siguiendo los precedentes de la LRU (art. 3.2.c) y de la LOU (art. 2.2.h), recoge, tal como hemos visto, este elemento central de la autonomía universitaria al establecer que esta comprende la elaboración, aprobación y gestión de sus presupuestos y la administración de sus bienes. Aparece así este elemento de la autonomía concretado como la libertad de las universidades de administrar sus bienes y recursos. Por su parte, el art. 54.1 LOSU completa esta perspectiva y se refiere

---

241 CAPODIFERRO CUBERO, D., "La configuración legal de la autonomía universitaria en el ordenamiento español", *op. cit.*, p. 47-48

a la autonomía económica y financiera, especificando una garantía que las universidades dispondrán de suficiencia financiera para dar cumplimiento de las previsiones y objetivos de la LOSU (Art. 55.1 LOSU), recordando que también se regirán por la legislación financiera y presupuestaria aplicable al sector público. La LOSU ha establecido en el marco del incremento del gasto público para el 2030 que Estado, CCAA y Universidades tienen el objetivo común de destinar un mínimo del 1% del PIB al gasto público en educación universitaria pública (art. 53.2 LOSU), pero no se establece ninguna consecuencia en caso de incumplimiento de esta norma.

La LOSU establece normas sobre el patrimonio de la universidad (art. 58 LOSU)[242]; exenciones tributarias y beneficios fiscales (art. 58.5 LOSU); programación y elaboración de su presupuesto (art. 57 LOSU); transparencia y rendición de cuentas (art. 59 LOSU); desarrollo y ejecución del presupuesto (art. 57 LOSU); colaboración con otras entidades y personas físicas (art. 60 LOSU); celebración de contratos, cuyos procedimientos han de ser regulados por los estatutos junto con los criterios para fijar el destino de los bienes y recursos que con ellos se obtengan; incorporación de profesorado a empresas tecnológicas creadas o desarrolladas a partir de patentes o de resultados generados por proyectos de investigación financiados total o parcialmente con fondos públicos y realizados en universidades; y creación de fundaciones u otras personas jurídicas, solas o en colaboración con otras entidades públicas o privadas, empresas, fundaciones u otras personas jurídicas y la obligación de rendir cuentas de las mismas (art. 61 LOSU).

---

[242] Sobre el patrimonio de la Universidad, vid. FERREIRA FERNÁNDEZ, J., "El régimen económico y financiero de las universidades públicas", en HORGUÉ BAENA, C. (dir.), *La nueva ordenación de las universidades. Estudios sobre la ley orgánica 2/2023 del sistema universitario*, Iustel, Madrid, 2023, p. 247-248.

Las principales fuentes de ingresos son las transferencias del presupuesto público de las correspondientes Comunidades Autónomas, los precios públicos por servicios académicos y los precios de enseñanzas propias y otras fuentes adicionales que resultan claramente insuficientes (art. 57.4 LOSU), dibujando así el reducido ámbito en el que las universidades pueden establecer una política propia (sobre todo, proyectos de investigación de planes y programas públicos y otros encargados por empresas públicas o privadas, de acuerdo con el art. 60 LOSU, que más bien constituyen en la práctica asesoramientos de corto alcance económico). En unión al incremento de recursos aportados por otras instituciones públicas, se debe incrementar las posibilidades de financiación propia, aspecto al que pueden contribuir de manera importante la creación de empresas innovadoras de base tecnológica, la concurrencia con empresas en polos de innovación, la potenciación de los programas de transferencia, la promoción y participación en parques científicos y tecnológicos universitarios, de modo que dichas medidas contempladas en la LES (art. 64), se pueden integrar en el art. 61 LOSU.

En cualquier caso, la legislación universitaria no ha garantizado un marco estable de financiación que permita a las Universidades planificar con acierto y eficiencia su gestión económica. La financiación pública de las universidades es una clave del desarrollo socioeconómico, ya que los altos niveles de capacidad y capital humano potencian el crecimiento económico, pero la LOSU se ha limitado a indicar un objetivo no obligatorio para el 2030 del 1% del PIB en el global del sistema universitario público, de conformidad con las disponibilidades presupuestarias de cada ejercicio (art. 55.2 LOSU). No obstante, al no introducir ningún mecanismo que garantice su cumplimiento efectivo, ni se precisa el alcance, la aportación o la responsabilidad de cada una de las administraciones implicadas en el objetivo, ni se concreta el contenido de la educación universitaria superior en términos financieros (becas, aportaciones al sistema sanitario para el desarrollo de estudios o infraestructuras básicas), por lo que en general se considera que es un desiderátum sin consecuencias que vayan más allá de lo establecido en la Disposición adicional décima cuarta LOSU que obliga a que la comisión que establecerá el plan de incremento de gasto público se cree en el plazo máximo de un año a partir de su entrada en vigor[243].

Los pronunciamientos del Tribunal Constitucional han sido marginales, escasos y referidos a que la autonomía económica y financiera de las Universidades no se ve afectada por la readscripción de centros, ya que no cesará la afectación de los bienes de dominio público al cumplimiento de los fines públicos que cumplen tales centros universitarios, sin que, por lo tanto, el carácter demanial de sus bienes desaparezca, es decir, simplemente se produce una alteración en la titularidad de los mismos, sin que produzca una transferencia general, sino una mutación demanial por cambio de la competencia sobre la gestión de determinados centros que siguen integrados en el servicio público universitario, mutación que no puede estimarse lesiva de la autonomía universitaria en su manifestación económica y financiera. A diferencia de los supuestos de supresión de centros que conlleva la desafectación de sus bienes, con los centros readscritos no se produce cesación del servicio público que vienen prestando[244].

Por lo tanto, la jurisprudencia constitucional no ha contemplado singularidades relevantes a la garantía de la autonomía económica-financiera universitaria, por lo que, en realidad, la entidad de las obligaciones públicas presupuestarias y planificadoras convierten en inoperante la posibilidad de una voluntad o decisión propias de las Universidades en este ámbito. En

---

243 Vid. FERREIRA FERNÁNDEZ, J., "El régimen económico y financiero de las universidades públicas", *op. cit.*, p. 239-240.

244 STC 106/1990 FJ 7 (TOL81.794)

este sentido, podría deducirse que la autonomía económica-financiera de las Universidades públicas recae en su política de gastos, pero la cantidad de transferencias finalistas, de gasto fijo y obligatoria, unido a las obligaciones normativas como la obligación de destinar en las Universidades el 5% del presupuesto a programas propios de investigación (art. 57.7 LOSU), convierten también en marginal la autonomía universitaria en el ámbito económico-financiero.

En definitiva, se trata de una autonomía financiera que resulta inoperativa, ya que la alta dependencia de la financiación pública unida al escaso ingreso mediante recursos obtenidos por financiación propia y al gasto que se encuentra comprometido por la actividad ordinaria y de funcionamiento o por los gastos estructurales y finalistas, convierte la capacidad de decisión de las universidades en este ámbito en mínima, restringida y controlada.

Capítulo 6

La autonomía universitaria de funcionamiento interno y proyección externa

Seguramente el ámbito más novedoso de la LOSU ha recaído en el reconocimiento a favor de las universidades de nuevos ámbitos de la autonomía universitaria o de la ampliación de antiguos ámbitos para precisar su alcance y dirimir con mayor precisión las competencias de las universidades, así como las de los poderes estatales y autonómicos. Los nuevos contenidos incluidos en la autonomía universitaria van a afectar sobre todo al funcionamiento interno de la universidad o a aspectos de su proyección exterior. En general, estas novedades legislativas o precisiones y ampliaciones de contenido responden a peticiones de las universidades o de sus órganos de gobierno para que se incluyan entre las novedades de la LOSU.

En definitiva, la LOSU ha supuesto la apertura y el reconocimiento con mayor poder de decisión a favor de las Universidades públicas y directamente relacionadas con la autonomía universitaria de potestades y competencias conectadas con el funcionamiento interno y la proyección exterior de las Universidades. En la LOSU estos aspectos se van a relacionar con la igualdad de género y diversidad, con aspectos que se relacionan con el personal universitario (PDI y PTGAS) o con la proyección exterior o internacionalización, que si bien ya se relacionaban con la anterior normativa universitaria, en la nueva normativa se ha profundizado, se le ha querido otorgar una mayor relevancia y ha supuesto una apertura más intensa y una incorporación de estas materias y temáticas a la autonomía universitaria y a los objetivos de todas las Universidades para que tengan mayor relevancia las propias decisiones[245].

Estos aspectos relacionados con el funcionamiento interno y la proyección exterior de las Universidades, aunque se encuentran en mayor o menor medida establecidas y configuradas en la LOSU, dejan que se implementen en ejercicio de la autonomía universitaria con una mayor intensidad y concreción, tanto en los Estatutos como en las diferentes normativas internas, así como en la ejecución de todas las obligaciones específicas diseminadas a lo largo de la LOSU. En materia de internacionalización, se ha tratado de configurar una competencia concurrente indistinta, es decir, tanto el Estado, la CCAA como las Universidades pueden ejercer sus propias competencias, pero también colaborar y coordinarse con la aprobación de una Estrategia de Internacionalización del sistema Universitario, en el que se prestará especial atención a la incorporación en el EEES, pero también la relación con el Espacio Iberoamericano de Educación Superior y del Conocimiento, la Eurorregión Pirineos Mediterráneo y otros espacios de cooperación internacional en Educación Superior (art. 24.1 LOSU).

No obstante, estos nuevos aspectos que se van integrando en la autonomía universitaria auguran una función y un papel dinamizador para la creación de una sociedad competitiva en defensa de los intereses generales. Las universidades en base a su autonomía universitaria estructuran órganos de investigación, autoorganizan los medios, desarrollan la normativa, en los estatutos podrán incentivar la generación y transferencia a la sociedad de los conocimientos, es decir, dinamizar la relación

---

245 Sobre las principales proyecciones transversales que para la CRUE se deberían incluir en la LOSU, vid. GÓMEZ VILLAMANDOS, J. C., “Los retos del Sistema Universitario Español: universidad 2030”, en AAVV, *Lecturas de política y gestión universitarias*, *op. cit.*, p. 39 y ss.

con la sociedad en general[246]. En este sentido, son importantes las proyecciones hacía la sociedad y el exterior de las Universidades y la estructuración de los planes estratégicos.

6.1.- LOS NUEVOS CONTENIDOS DE AUTONOMÍA UNIVERSITARIA: LA PLANIFICACIÓN ESTRATÉGICA Y LA RENDICIÓN DE CUENTAS UNIVERSITARIA

El ejercicio de la autonomía para determinar la estrategia de la Universidad es un elemento relevante para establecer la proyección hacia el futuro de la Universidad, ya que entre los contenidos de la autonomía universitaria se incluye el establecimiento de las líneas estratégicas de la universidad, entre otras, en las políticas docentes, de investigación e innovación, de aseguramiento de la calidad, de gestión financiera, de personal, de estudiantado, de cultura y de internacionalización (art. 3.2.a LOSU). Esta planificación estratégica consiste en determinar modelos o planes que integra los objetivos, las políticas y las secuencias de actuación más importantes de una universidad mediante políticas y programas[247]. La directrices fundamentales de la planificación estratégica corresponde al Rector (art. 50.2.d LOSU), mientras que los planes estratégicos son promovidos y aprobados por el Consejo de Gobierno (art. 46.2.a LOSU).

---

246 LARA ORTIZ, M. L., "Autonomía universitaria para dinamizar la generación y transferencia de conocimiento", en AAVV, *Organización de la Universidad y la Ciencia*, coord. por Fernando López Ramón, Ricardo Rivero Ortega, Marcos M. Fernando Pablo, AEPDA, INAP, Madrid, 2018, p. 307-316

247 Sobre planificación estratégica de la Universidad, vid. LUQUE MARTÍNEZ, T., "Pensamiento-planificación-dirección estratégica y universidad", en AAVV, *Lecturas de política y gestión universitarias*, *op. cit.*, p. 111-138

Estos planes estratégicos se pueden dirigir a mejorar la calidad del PDI mediante formación interna (art 67 LOSU), la captación internacional de profesorado, mejora de la calidad docente en determinados ámbitos, estrategias de innovación docente (art. 9.8 LOSU), pero también dirigirse a determinados ámbitos de investigación para fortalecer áreas concretas con nuevas perspectivas, empleando a investigadores con posiciones de liderazgo, fomentando la investigación interdisciplinaria en diferentes áreas. Otra de las direcciones de la planificación estratégica es promover la internacionalización con nuevos conceptos como el fomento de relaciones con expertos internacionales, la vinculación de la Universidad en redes internacionales o la colaboración interuniversitaria internacional (art. 24 LOSU). También se prevé la determinación de alianzas estratégicas y la colaboración con gobierno, otras universidades y agentes sociales en general (art. 14.2 LOSU).

En conexión con la planificación estratégica se encuentra la articulación interna de sistemas de información y de calidad universitaria. Los sistemas de información son un elemento indispensable en la gestión de una Universidad para conocer el funcionamiento de los procesos de la organización, los resultados que obtienen y son el soporte de la toma de decisiones, es decir, se precisa recoger, almacenar y procesar datos de manera constante. La información es determinante para evaluar la calidad universitaria como concepto complejo y multidimensional y que cuenta con diversos enfoques centrados en la reputación (encuestas al profesorado en base a juicios de valor subjetivos), en la disponibilidad de recursos (valoración objetiva de los recursos para la realización de las funciones básicas como la docencia, la investigación o la gestión), en los resultados (incorporación al mundo laboral de egresados), el contenido (evaluar el nivel docente, currículum, sistema pedagógico, clima de la universidad) o el valor añadido (la contribución de la institución a la formación del estudiante o diferencia entre el aprendizaje en la universidad y los conocimientos en el ingreso)[248]. En cualquier caso, la gestión de la calidad es una parte importante de la gestión estratégica de las universidades con un sistema interno de calidad que cuente con un marco general, un manual de calidad, procesos y planes de calidad (recogida de información, análisis, mejoras, revisión de procedimientos y acciones a realizar), una estructura organizativa y las funciones de las personas y entidades que la componen y un sistema de información que le sirva de soporte (documentos, datos e indicadores).

El art. 5.2 LOSU establece que la promoción y el aseguramiento de dicha calidad es responsabilidad compartida por las universidades, las agencias de evaluación y las Administraciones Públicas con competencias en esta materia. El aseguramiento de la calidad se hará efectivo en las condiciones y mediante los procedimientos de evaluación, certificación y acreditación que establezca el Gobierno, mediante real decreto, previo informe de la Conferencia General de Política Universitaria. La simple relación de los elementos necesarios e integrados en las problemáticas de información y calidad universitaria permite insistir en la idea de complejidad y multidimensionalidad con unas dimensiones de evaluación europea e internacional, externa a través de las Agencias de

[248] Sobre los distintos enfoques de la calidad universitaria, MORA, J.G., "La evaluación institucional: una perspectiva general", en AAVV, *La evaluación de las Instituciones universitarias*, M. De Miguel, J.G. Mora y S. Rodríguez (eds.), Consejo de Universidades, Secretaría General, Madrid, 1991. Sobre calidad del sistema universitario, vid. CAROT SIERRA, J. M., "Sistemas de información y calidad en la universidad", en AAVV, *Lecturas de política y gestión universitarias, op. cit.*, p. 139-159; RIVERO ORTEGA, R.- JIMÉNEZ TELLO, P., "Creación y reconocimiento de las universidades y calidad del sistema universitario", en AAVV, *La reforma universitaria de 2003, op. cit.*, p. 48 y ss.

calidad e interna de la propia Universidad[249]. Tantos sistemas de control interno y externo, de rendición de cuentas y transparencia, pero también de burocracia interna, implican que se haya convertido a la calidad en uno de los ejes del trabajo universitario a nivel colectivo e individual de los profesionales, aunque ha sido objeto de una constante evolución en nuestro sistema universitario que ha desembocado con un modelo abierto de diseño que ha generado una confusión en la delimitación de los ámbitos de actuación de la agencia estatal y de las autonómicas[250].

La dimensión europea se estructura actualmente en torno a la EQAR (European Quality Assurance Register for Higher Education), asociación que establece y gestiona el registro de agencias de garantía de calidad que opera de conformidad con los criterios y directrices para el aseguramiento de la calidad en el Espacio Europeo de Educación Superior aprobados en la Conferencia de Ministros de Educación del EEES de 15 de mayo de 2015 en Everán, en la que se establecieron estándares en el ámbito de garantía interna de calidad, en el aseguramiento externo y para las agencias de garantía de la calidad.

La dimensión interna de la calidad es una consecuencia del art. 5.3 LOSU que establece que las universidades garantizarán la calidad académica de las actividades de sus centros, a través de los sistemas internos de garantía de calidad, lo que implica que hayan adquirido rango de obligación legal en la LOSU, constituyendo parte de los contenidos de la autonomía

---

249 GALLEGO CÓRCOLES, I., "Calidad del sistema universitario", en HORGUÉ BAENA, C. (dir.), *La nueva ordenación de las universidades. Estudios sobre la ley orgánica 2/2023 del sistema universitario*, Iustel, Madrid, 2023, p. 97-98.

250 Sobre la implantación de los sistemas de evaluación de la calidad en España. Vid. GALLEGO CÓRCOLES, I., "Calidad del sistema universitario", *op. cit.*, p. 103-108, en especial p. 108.

universitaria su definición, estructuración y desarrollo (art. 3.2.o LOSU), constituyendo práctica habitual en los procesos de verificación de los títulos oficiales académicos y de la acreditación institucional.

La dimensión exterior de la calidad universitaria se ha estructurado a través de las Agencias de evaluación de calidad estatal y autonómica, cuya delimitación de ámbitos de actuación de forma que se considera una atribución indistinta con cláusula residual de competencia de la ANECA en caso de inexistencia de agencia autonómica, aunque no han faltado posturas que consideran que las competencias de la agencia estatal tienen efectos suprautonómicos. En todo caso, el art. 5.4 LOSU sigue estableciendo que las funciones de acreditación y evaluación del profesorado universitario, de acreditación institucional, de evaluación de titulaciones universitarias, de seguimiento de resultados e informe en el ámbito universitario, y de cualquier otra que les atribuyan las leyes estatales y autonómicas, corresponden a la ANECA y a las agencias de evaluación de las Comunidades Autónomas en el ámbito de sus respectivas competencias. No obstante, el articulado permite considerar estas competencias como concurrentes perfectas, ya que el art. 69.1 LOSU establece que la acreditación para el acceso a los cuerpos docentes universitarios se realizará por parte de la ANECA, pero esta podrá acordar que la evaluación de los méritos y competencias se desarrolle por parte de las agencias de calidad de las Comunidades Autónomas. Además, la Disposición transitoria cuarta.2 LOSU establece que, en el plazo de un año desde la entrada en vigor de esta ley orgánica, la ANECA acordará con las agencias de calidad de las Comunidades Autónomas los convenios a que se refiere el art. 69.1 LOSU. Estos convenios también articularan como competencias concurrentes la valoración de los complementos retributivos del PDI funcionario y laboral, así como el papel residual de la ANECA en materia de acreditación de profesorado permanente laboral[251].

No pueden quedar al margen de estas consideraciones el sistema de acreditación institucional, prevista en el art. 5.5 LOSU que establece que el Gobierno regulará el procedimiento y las condiciones para la acreditación institucional de los centros universitarios, basada en el reconocimiento de la capacidad de la universidad para garantizar la calidad académica de aquéllos. En la actualidad se desarrolla en el art. 14 del Real Decreto 640/2021, de 27 de julio, de creación, reconocimiento y autorización de universidades y centros universitarios, y acreditación institucional de centros universitarios, que establece que se trata de un mecanismo para garantizar la calidad académica global de un centro universitario y que se instrumenta mediante el sistema interno de garantía de la calidad para asegurar una formación con un nivel de competencia y la adecuación a los criterios estandarizados de calidad del servicio docente prestado, y que debe responder a las exigencias del estudiantado y de la sociedad. Este procedimiento debe ser transparente e incluir mecanismos de rendición de cuentas, pero comporta la ventaja de que la acreditación institucional de un centro universitario comportará la renovación de la acreditación del conjunto de títulos universitarios oficiales impartidos en este, siempre que se reúnan los requisitos previstos y que se centran en haber renovado la acreditación inicial de al menos la mitad de los títulos oficiales de grado, la mitad de los títulos oficiales de máster y la mitad de los títulos oficiales de doctorado, así como disponer de la certificación de la implantación de su sistema interno de garantía de calidad.

No obstante, en un futuro la acreditación institucional no se va a limitar a obtener ventajas en materia de verificación

---

[251] GALLEGO CÓRCOLES, I., "Calidad del sistema universitario", *op. cit.*, p. 116 y ss.

de títulos oficiales o la existencia de un adecuado sistema interno de calidad, sino que se dirigirá valora el cumplimiento de la estrategia de la institución, la participación en la misma de los estudiantes y la sociedad, a formación permanente, a la internacionalización, la toma de decisiones para la mejora de sus resultados, la oferta de programas, la interdisciplinariedad, la flexibilidad y pasarelas, la gestión de la mejora docente, los principales resultados, la vinculación de I+D+i o la formación de profesorado y PTGAS.

En los Estatutos universitarios se tendrá que establecer las funciones y el alcance competencial de las universidades tanto en relación con la planificación estratégica como con la rendición de cuentas que afectará a la fijación de criterios internos y externos sobre la calidad universitaria en materia de acreditación institucional que afectará a numerosas temáticas en un futuro próximo. En este sentido, se debe destacar que estos nuevos contenidos generarán nuevos esfuerzos y financiación interna por parte de la universidad que condicionará personal y recursos.

6.2.- LA AUTONOMÍA UNIVERSITARIA EN LA IGUALDAD DE GÉNERO Y DIVERSIDAD

La LOSU, tal como realizaba la normativa anterior, en relación con la educación superior, ha mantenido explícita o implícitamente los mismos objetivos en este ámbito, es decir, el establecimiento de medidas de igualdad en el campo de la Educación Superior a implementar por las Administraciones públicas competentes, el fomento de la enseñanza y la investigación sobre el significado y alcance de la igualdad entre mujeres y hombres, la promoción de la inclusión de enseñanzas en materia de igualdad entre mujeres y hombres en los planes que proceda, la promoción de la creación de posgrados específicos sobre igualdad y la promoción de la realización de estudios e investigaciones especializados en la materia[252].

En tal contexto, se van a seguir manteniendo los dos instrumentos más útiles en las Universidades, que pueden ayudar tanto al establecimiento de los indicadores pertinentes como a la introducción efectiva de la igualdad en los planes de estudio, la investigación y la gestión universitaria, es decir, por una parte, la responsabilidad social corporativa de género y, por otra, la evaluación del impacto de género a través de los planes de igualdad.

La responsabilidad social corporativa (RSC) constituye un concepto que, aún siendo de origen empresarial y aplicado en un principio a las empresas, tiene un largo recorrido por realizar en el ámbito universitario. En este sentido, implica que las organizaciones respondan a valores legalmente preestablecidos, entre los cuales aparece muy nítidamente el de la igualdad. Por ello, tanto la organización como la gestión que realice de sus objetivos y programas deberá estar impregnado del valor igualdad, como corresponde a una organización, como es la Universidad, que está sujeta a leyes y otras normas, propias también, que se fundamentan en este valor. Existen cauces comunes y medios útiles para todas las organizaciones como pueden ser la formación de empleados, la website de la compañía, el informe de sostenibilidad, la evaluación y el informe de impacto de género, o el código de conducta o de

---

252 Sobre esta temática para una visión general, vid. GAVARA DE CARA, J. C., "Universidad y perspectiva de género: estructuración y desarrollo", en GAVARA DE CARA, J. C.-REMOTTI CARBONELL, J. C. (eds.), *Perspectiva de género y Gobierno de las Universidades*, J. M. Bosch editor, Barcelona, 2018, p. 21 y ss.; ALCÓN SOLER, E.-DURÁN Y LALAGUNA, P., "La integración de la perspectiva de género en la Universidad", en AAVV, *Lecturas de política y gestión universitarias, op. cit.*, p. 313-330

prevención de conductas no deseadas, pero en cada caso la aplicación debe adaptase a las condiciones corporativas concretas. Las autoridades universitarias, como grandes conocedoras de la organización deberán plantear una instrumentalización adecuada a sus necesidades al respecto. De ahí la necesidad de implementar debidamente las unidades de igualdad y de diversidad y de introducir una gestión con perspectiva de género en la dirección y gestión de los asuntos universitarios. A lo largo de la exposición de motivos de la LOSU, el respeto al principio de igualdad en sus múltiples facetas, incluida la perspectiva de género, opera como criterio de cualquier política universitaria.

Las Universidades tienen que adoptar una serie de medidas relativas a la adopción de planes de igualdad, reglamentos de prevención de discriminaciones, acciones positivas favorecedoras de la igualdad de ambos sexos, establecimiento de unidades de igualdad y de diversidad, introducción de asignaturas de género o de la perspectiva de género en el conjunto de las materias de los planes de estudio, promoción de la perspectiva de género en la investigación o la capacitación en género del personal docente e investigador. Específicamente se señala que los Estatutos deben establecer normas electorales que favorezcan la presencia equilibrada de género en los órganos colegiados (art. 44.5 LOSU), que como norma también debe ser aplicada en las Universidades privadas (art. 98.1 LOSU). La presencia equilibrada también es establecida con relación a los proyectos de investigación con perspectiva de género, la paridad de género en los equipos de investigación o la presencia de investigadoras principales (art. 13.2 LOSU) y las comisiones de selección de candidatos a plazas de PDI (art. 65.3 LOSU) y del PTGAS (art. 91.2 LOSU). Por último, hay otro requerimiento en la LOSU relacionado con la especial atención a las víctimas de violencia de género en materia de becas (art. 32, 65, 78 LOSU). La LOSU obliga a la creación en las Universidades de una unidad de igualdad y de diversidad, ya que debe estar prevista y regulada por el Estatuto como norma fundamental de la Universidad (art. 43.2 LOSU)[253]. Por

[253] Sobre las unidades de igualdad en la Universidad, vid. MARTÍN BARDERA, S., "Querer y poder: (des)igualdad en la universidad pública española", *Contextos educativos: Revista de educación*, núm. 21, 2018 (Ejemplar dedicado a: Género y Educación, coord. por María Ángeles Goicoechea Gaona, Olaya Fernández Guerrero), p. 19 y ss.; MARTÍN BARDERA, S., *Concepto de género: de las teorías feministas a las políticas públicas. La universidad pública española como estudio de caso,* Tesis Doctoral dirigida por Dra. Mª Teresa López de la Vieja de la Torre, Doctorado en Estudios Interdisciplinares de Género y Políticas de Igualdad, Universidad de Salamanca, Salamanca, 2014, p. 277 y ss.; LAURORA LACASA, M. E., "Universidades y género", en AAVV, *Comentarios a la Ley Orgánica de Universidades,* Civitas, Madrid, 2009, p. 1085 y ss. Sobre su actividad en general, vid. AAVV, *Unidades de igualdad. Género y universidad,* Cristina García Sáinz (ed.), Universidad Autónoma de Madrid, Madrid, 2017, especialmente, p. 171 y ss. ("La implementación efectiva de las regulaciones de igualdad de género en las universidades españolas: las unidades de igualdad" de Cecilia Castaño Collado y Olga Suárez Caldera); ACOSTA SARMIENTO, A., *Las políticas de igualdad de género en la universidad española: un estudio de estructuras y planes,* Tesis doctoral dirigida por Inma Pastor, Universitat Rovira i Virgili, Tarragona, 2017, p. 117 y ss.; CERDÁ HERNÁNDEZ, M. R., "Modelos de desarrollo de unidades de igualdad en la universidad pública", en AAVV, *Investigaciones multidisciplinares en género. II Congreso Universitario Nacional "Investigación y Género". Sevilla, 17 y 18 de junio de 2010,* coord. por Isabel Vázquez Bermúdez, Unidad para la Igualdad, Universidad de Sevilla, Sevilla, 2010, p. 233-247; GAVARA DE CARA, J. C., "Universidad y perspectiva de género: estructuración y desarrollo", *op. cit.*, p. 61 y ss.; ALONSO GARCÍA, M. C., "Desigualdad de género en la Universidad", en AAVV, *Organización de la Universidad y la Ciencia, op. cit.*, p. 425-434; DE LA SIERRA MORÓN, S., "Las mujeres y la Universidad", en AAVV, *El derecho y la economía ante las mujeres y la igualdad de género,* coord. por Susana de la Sierra Morón y Juan Carlos Ortiz Pradillo, Lex Nova, Valladolid, 2011, p. 257-275; PASTOR GOSÁLBEZ,

último, la LOSU ha prohibido la adscripción a las Universidades públicas de los colegios mayores privados que tengan un régimen no mixto o segregado, cuyos convenios no podrán renovarse (Disposición adicional séptima.4 LOSU), aunque se trata de una disposición que no es aplicable a las Universidades privadas (art. 95.2 LOSU)[254].

La importancia de la obligación de crear unidades de igualdad y de diversidad (art. 43.1 LOSU) radica en que estas estructuras son las encargadas de aplicar el principio de igualdad de género en la institución universitaria con una metodología transversal (asesorar, coordinar y evaluar su desarrollo en políticas universitarias), incluir la perspectiva de género en el conjunto de actividades y funciones de las Universidades (art. 43.2 LOSU), así como las políticas de inclusión (art. 43.3 LOSU). La información de relevancia se puede obtener mediante las respectivas páginas web de las unidades de igualdad como fuente, aunque son heterogéneas en el diseño y en la distribución de la información, lo que dificulta un análisis global y, en ocasiones, no están actualizadas. Se hace difícil comprobar la presencia equilibrada en organismos descentralizados de la Universidad como las juntas de facultad, los consejos de departamento o las comisiones delegadas y en las comisiones o tribunales de promoción o dotación de plazas, lo que dificulta la realización de conclusiones sobre la presencia equilibrada en el funcionamiento real de cada institución universitaria. La importancia de las unidades y los planes de

---

I.-ACOSTA SARMIENTO, A.-TORRES CORONAS, T.-CALVO MERINO, M., "Los planes de igualdad en las universidades españolas. Situación actual y retos de futuro", *Educación XX1*, 2020, vol. 23 núm. 1, p. 147-172, https://doi:10.5944/educXX1.23873.

[254] Sobre la transversalidad de la perspectiva de género en la Universidad, vid. GAVARA DE CARA, J. C., "Universidad y perspectiva de género: estructuración y desarrollo", *op. cit.*, p. 38 y ss.

igualdad, junto con los diagnósticos y los informes de situación, se debe a que son, respectivamente, las estructuras y las herramientas especializadas en la aplicación del método transversal del principio de igualdad y de la perspectiva de género en las Universidades.

Las unidades de igualdad pueden tener diferentes denominaciones en cada Universidad (que deberán estar establecidos en los Estatutos), pero son definidas funcionalmente por ley, por lo que pueden ser identificadas sin dificultades, sucediendo lo mismo con los planes de igualdad o los diagnósticos de situación previos. En los centros de estudios y académicos, el interés mayor es el estudio y la investigación sobre la situación de las mujeres, por eso sus actividades se encaminan hacia la organización de cursos y seminarios, la investigación y la edición de publicaciones especializadas. En cambio, las unidades de igualdad son unidades administrativas, su cometido es ser funcionales en la implementación de políticas públicas de igualdad de género en las universidades. Sus funciones consisten principalmente en la elaboración de diagnósticos de situación y planes de igualdad, su evaluación y seguimiento, así como en el asesoramiento de otros órganos dentro de la institución y en la formación de PDI, PTGAS y estudiantes. Las unidades de igualdad responden a la estrategia de transversalidad de género porque deberían afectar a la estructura de la organización en la que se quiere intervenir, de manera coordinada y en los distintos niveles. Los diagnósticos analizan el estado de la igualdad de género a partir de una serie de datos e indicadores, con los planes de igualdad se definen objetivos y procesos a fin de mejorar esa situación y con el seguimiento y la evaluación se da continuidad a la actuación a través de la revisión periódica de cómo se han llevado a cabo los planes, el contraste con la nueva situación y la redacción de un nuevo plan. En la actualidad, todas las Universidades públicas tienen entre sus estructuras dichas unidades de igualdad[255], y se debe destacar que se ha convertido en una obligación para las Universidades privadas (art. 97.2 LOSU). La única excepción actual es la Universidad Internacional Menéndez Pelayo, con una estructura peculiar y no permanente, que ha dificultado que en su organización aparezca la unidad de igualdad por innecesaria.

Las unidades de igualdad de las Universidades tienen una estructura de dependencia orgánica que suele establecerse de tres formas distintas, dependiendo directamente del Rector como Delegado/a del rector, integrándose en algún vicerrectorado o como servicio autónomo de la Universidad. Entre las cincuenta unidades de igualdad de las universidades públicas, la dependencia de algún vicerrectorado es el supuesto más abundante. También es habitual que las unidades dependan directamente del Rector a través de la figura del Delegado/a del rector para la igualdad o de la secretaría general, es menos habitual que dependa de la gerencia, pero más frecuente que no se especifique su inserción en la estructura universitaria a través de la página web.

En cualquier caso, la autonomía organizativa de las Universidades permite desarrollar en los Estatutos y con libertad de criterio la estructura orgánica, los criterios de dependencia y de organización interna, con lo que las diferencias entre Universidades pueden ser muy significativas a nivel orgánico y producto de su propio criterio. Respecto a la estructura interna de las unidades de igualdad, el personal consiste, básicamente, en

---

255 Se pueden consultar las unidades de igualdad de las Universidades públicas en las siguientes páginas web, en las que aparecen todas con redirecciones:

- https://www.uv.es/uvweb/unitat-igualtat/ca/recursos//unitats-organismes-igualtat-1285875313045.html
- http://www.upct.es/unidad-de-igualdad/es/enlaces/unidades-de-igualdad-de-las-universidades-publicas-espanolas/

el director/a, un técnico de investigación y alguna persona de apoyo administrativo. También suele existir e integrarse en la unidad una comisión de igualdad o/y un consejo asesor donde la representación de los sectores varía con especialistas en la perspectiva de género o con cargos de las diferentes Facultades y Departamentos. Cuando el observatorio de igualdad está integrado en la unidad, realiza funciones de tratamiento de datos y análisis de situación, siendo el encargado de realizar los diagnósticos.

Se ha mencionado que una de las funciones de las unidades de igualdad es elaborar las propuestas de planes de igualdad con medidas para corregir la desigualdad entre mujeres y hombres y que deben ser definidos e impulsados por el Consejo de Gobierno (art. 46.2.j LOSU), que debe ser negociado con la representación de los trabajadores (art. 46.2.k LOSU), así como los planes de inclusión y no discriminación a propuesta de la unidad de diversidad (art. 46.2.l LOSU). El carácter estructural de la desigualdad requiere planes integrales, que concreten objetivos y acciones estratégicas en todos los ámbitos y en los distintos niveles de la organización. Estos planes responden también a la necesidad de coordinación, al reunir en un solo documento todas las medidas definidas para un plazo de tiempo. Previos a los planes son los diagnósticos sobre la situación de las mujeres en la institución, que permiten conocer, a partir del análisis de datos, la realidad concreta para la que debe diseñarse el plan. De hecho, algunas veces se integran en los planes porque son el punto de partida que justifica las actuaciones propuestas. La Ley Orgánica para la igualdad efectiva define los planes de igualdad como un conjunto ordenado de medidas, adoptadas después de realizar un diagnóstico de situación, tendentes a alcanzar en la empresa la igualdad de trato y de oportunidades entre mujeres y hombres y a eliminar la discriminación por razón de sexo (art. 46 Ley Orgánica para la igualdad efectiva). La importancia de los planes de igualdad es tan grande que constituye un requisito para la creación o reconocimiento de las Universidades públicas y privadas (art. 4.3 LOSU) y se debe deducir que el incumplimiento grave de esta norma podría poner en marcha los procedimientos de suspensión, intervención e incluso supresión de las Universidades que no elaboraran y aprobaran su plan de igualdad.

La transversalidad de género también se concreta en la presencia equilibrada de mujeres y hombres en los órganos de gobierno, representación y selección del personal, así como en la introducción de la perspectiva de género en los planes de estudio, las normas y los presupuestos. Las unidades de igualdad deben destacar estas problemáticas en los diagnósticos de situación y proponer medidas en los planes. Desde otra perspectiva, las unidades de igualdad deben abordar acciones relacionadas con políticas de igualdad de género evitando que se identifiquen sólo con las mujeres. El principio de presencia equilibrada es algo que debería mantenerse cuando se traslada a la composición de las unidades y comisiones de igualdad. Sin embargo, se ha convertido en práctica habitual no solo que las unidades estén dirigidas por mujeres, sino que su exiguo personal sea básicamente femenino, y que las comisiones asesoras tampoco cumplan con dicho principio de composición equilibrada.

La presencia equilibrada es parte del proceso de empoderamiento de las mujeres y se vincula con la calidad de la democracia porque aumenta la representación en los procesos de toma de decisiones. Se entiende por presencia o composición equilibrada que las personas de cada sexo no superen el 60% ni sean menos del 40% (Disposición adicional primera de la Ley Orgánica para la igualdad efectiva). El art. 44.5 LOSU confiere carácter estatutario a las normas electorales que propicien la presencia equilibrada en los órganos colegiados y no alude directamente a los órganos unipersonales. Sin embargo, la Ley Orgánica para la igualdad efectiva dice que los poderes públicos procurarán atender a este principio en los nombramientos y designaciones de los cargos de responsabilidad y, además, para el caso de los centros educativos, la referencia es a los órganos de control y gobierno (art. 16 y art. 24.d Ley Orgánica para la igualdad efectiva). Se entiende que la promoción de la presencia equilibrada afecta tanto a los órganos colegiados como a los órganos unipersonales, así como a los comités de selección y promoción del personal, de forma que las Administraciones públicas promuevan la presencia equilibrada en los órganos de selección y valoración (art. 51.d Ley Orgánica para la igualdad efectiva) y si se incumple, debe ser por razones fundadas y objetivas, debidamente motivadas (art. 53 Ley Orgánica para la igualdad efectiva). En estos principios se integran diversos preceptos sobre presencia equilibrada en la composición de las comisiones de selección en proyectos de investigación (art. 13.2 LOSU), del Consejo de Universidades (art. 16.2.b LOSU), de las comisiones de selección del PDI (art. 65.3 LOSU), del PTGAS (art. 91.2 LOSU) y también en las Universidades privadas (art. 97.2 y 98.1 LOSU).[256].

---

[256] En general, sobre la presencia equilibrada en el Gobierno de las Universidades, vid. REKALDE, I.-CRUZ IGLESIAS, E., "Las Mujeres en los Equipos de Gobierno en la Universidad Española. Un Estudio Discreto", *Revista Internacional de Educación para la Justicia Social (RIEJS)*, 2017, 6(2), p. 129-146; CUEVAS-LÓPEZ, M.-DÍAZ-ROSAS, F., "Género y liderazgo en la universidad española. Un estudio sobre la brecha de género en la gestión universitaria", *Education Policy Analysis Archives/Archivos Analíticos de Políticas Educativas*, vol. 23, 2015, p. 1-22; CARMONA CUENCA, E., "Igualdad de género en la universidad: órganos de dirección y decisión", AAVV, *Formación y objeto del Derecho antidiscriminatorio de género. Perspectiva sistemática de la igualdad desde el Derecho público*, Manuela Mora Ruiz (dir.), Atelier, Barcelona, 2010, p. 149-167; LAURORA LACASA, M. E., "Universidades y género", *op. cit.*, p. 1073-1079; MARTÍN BARDERA, S., *Concepto de género: de las teorías feministas a las políticas públicas. La universidad pública española como estudio de caso, op. cit.*, p. 295 y ss.; MARTÍN BARDERA, S., "Querer y poder: (des)igualdad en la universidad pública española", *op. cit.*, p. 25-26 y 29 y ss.; AAVV, *La Universidad vista desde la perspectiva de género. Estudios sobre el profesorado*, Marina Tomàs i

Las Universidades incluirán y fomentarán en todos los ámbitos académicos la formación, docencia e investigación en igualdad de género y no discriminación de forma transversal. De este modo, la Ley Orgánica contra la violencia de género introduce la igualdad de género en la universidad en el ámbito de la enseñanza entendida en sentido amplio porque abarca la formación (término vinculado al aprendizaje continuo, que incluiría también al PDI y al PTGAS), la docencia (en referencia a la enseñanza reglada) y la investigación[257]. La incorporación

---

Folch (coord.), Octaedro, Barcelona, 2011, en concreto los estudios "El liderazgo y la asunción de cargos académicos en función del género" de Marita Sánchez Moreno-José Manuel Lavié Martínez y " El papel de la participación en el gobierno de las universidades: ¿profesoras y profesores participan de la misma forma?" de María del Mar Duran Bellonch-Marina Tomàs Folch; DÍAZ FERNÁNDEZ, M. C.- MARTÍNEZ TORRES, M. R.-LÓPEZ BONILLA, J. M., "Mujeres en órganos de gobierno universitarios. Nuevo contexto normativo y políticas de igualdad", *Convergencia. Revista de ciencias sociales*, núm. 75 (septiembre-diciembre), 2017, p. 107-131. Asimismo, GAVARA DE CARA, J. C., "Universidad y perspectiva de género: estructuración y desarrollo", *op. cit.*, p. 70 y ss.

257 En general sobre la situación de la docencia en la perspectiva de género, vid. LAURORA LACASA, M. E., "Universidades y género", *op. cit.*, p. 1066-1070; MARTÍN BARDERA, S., "Querer y poder: (des)igualdad en la universidad pública española", *op. cit.*, p. 28-29; MARTÍN BARDERA, S., *Concepto de género: de las teorías feministas a las políticas públicas. La universidad pública española como estudio de caso, op. cit.*, p. 302 y ss.; AAVV, *Unidades de igualdad. Género y universidad, op. cit.*, en concreto "El género como categoría de análisis en los grados universitarios" de Laura Nuño Gómez, p. 111-126 y "Los postgrados de género: consolidación y retos" de Cristina Sánchez Muñoz, p. 127-140. Sobre estudios concretos, REBOLLAR SÁNCHEZ, E. M., *El Género en los planes de estudio de los grados de educación en las universidades públicas españolas*, Tesis Doctoral dirigida por Marina Tomás Folch, Universitat Autònoma de Barcelona. Departament de Pedagogía Aplicada, Bellaterra, 2013; AAVV, *La Universidad en clave de género*, Ángeles Rebollo-Catalán, Estrella

de asignaturas específicas de género en los grados queda al libre arbitrio de las Universidades, siendo la única vía prevista para su incorporación. En este sentido, la acción es difícil de detectar a partir de las páginas web y es una tarea compleja, ya que implicaría revisar todos los planes de estudio, de todas las titulaciones. Podrían servir de referencia los diagnósticos de situación en cada Universidad, si es que contemplan esta medida de implementación. Algunas universidades refieren desde la página de su unidad de igualdad la docencia relacionada con este tema y otras emiten informes sobre la incorporación de la perspectiva de género en los programas de grado. De esta manera se convierte en un buen referente de cómo la coordinación es fundamental para una transversalización eficaz, la información es muy accesible y se ofrece una herramienta de evaluación sobre la aplicación de la perspectiva de género en los programas académicos. En definitiva, el marco legal impone que las Universidades incluyan y fomenten en todos los ámbitos académicos la formación, docencia e investigación en igualdad de género y no discriminación de forma transversal, por lo que se integra en el ámbito de la autonomía universitaria, pero respetando el marco legal vigente y las obligaciones deducibles del mismo.

Como problemática se debe destacar la falta de evaluación preceptiva de los planes de igualdad, a lo que se suma la ausencia de homogeneidad entre Universidades con relación a los informes, su extensión y contenido. En principio, los informes

---

Ruíz-Pinto, Luisa Vega-Caro (coord.), Octaedro, Barcelona, 2018, sobre todo los capítulos "La perspectiva de género en los planes de estudio de grados universitarios en Educación de Galicia" de Ana M. Porto Castro-M. Josefa Mosteiro García-M. Dolores Castro País y "La inclusión de la perspectiva de género en estudios de ingeniería" de Carmen Arnáiz-Franco y otras. Asimismo, GAVARA DE CARA, J. C., "Universidad y perspectiva de género: estructuración y desarrollo", *op. cit.*, p. 77 y ss.

de evaluación de impacto de género deben basarse en datos estadísticos desagregados por sexos, indicadores de género y responsables de la aplicación del plan de igualdad, que no siempre se realizan en todas las Universidades. Su elaboración debe verificarse por personal técnico con formación específica en género que garantiza la eliminación de cláusulas o disposiciones sexistas. Al efecto puede constituirse una Comisión de Seguimiento y Evaluación y designarse un responsable de la coordinación del desarrollo del Plan de Igualdad. En todas las Universidades en las que se ha reconocido la existencia de un plan de igualdad, se presenta un programa de trabajo hacia la igualdad, que deben estar acompañadas de instancias responsables de llevarlas a cabo y de recursos humanos y económicos, aunque estas premisas no se cumplen en todas a pesar de la elaboración del plan de igualdad. El conjunto de estas medidas forma parte de la autonomía universitaria, pero también corresponde a la Conferencia General de Política Universitaria la elaboración de informes sobre la situación universitaria (art. 15.1.h LOSU).

6.3.- LA AUTONOMÍA UNIVERSITARIA EN RELACIÓN EL PERSONAL UNIVERSITARIO

En relación con el personal universitario (personal docente e investigador funcionario y permanente laboral -PDI- y personal técnico, de gestión y de administración y servicios -PTGAS-), la autonomía universitaria se manifiesta en la capacidad para la selección, formación y promoción de su PDI y PTGAS, así como determinar las condiciones en las que sus integrantes han de desarrollar su trabajo y, en relación con todo ello, el establecimiento y modificación de sus relaciones de puestos de trabajo (art. 3.2.j y k LOSU)[258].

El ejercicio de la autonomía universitaria en este ámbito se encuentra en permanente sospecha y su personal es el sospechoso habitual, ya que cuenta con una presunción *iuris tantum*, no diré tanto de corrupto, vago y maleante, pero sí de imputar a todo un colectivo las faltas que cometen unos pocos individuos, a pesar de un continuo sometimiento a encuestas de evaluación docente, a sexenios de investigación, a sexenios de transferencia, a quinquenios de docencia, a las valoraciones y concesiones de proyectos competitivos y a los sucesivos concursos de accesos a las distintas figuras docentes que constituyen la carrera académica universitaria. Estas críticas van acompañadas de la reducción del sector público educativo universitario y el fortalecimiento del sector empresarial universitario privado que va alejando a las universidades públicas del entorno institucional propio de los servicios públicos, que de paso ha convertido a la actividad científica en una mera lucha competitiva por la obtención de rendimientos económicos[259].

Respecto al PDI, las Universidades seleccionan a su profesorado, en el marco de un sistema de descentralización parcial, mediante diversos procedimientos como los concursos de acceso a las plazas docentes de funcionarios que convoca conforme a su relación de puestos de trabajo, pero pueden también

---

[258] Sobre la autonomía universitaria respecto al personal universitario, vid. GAVARA DE CARA, J.C., "La autonomía universitaria en la jurisprudencia del Tribunal Constitucional", *op. cit.*, p. 80 y ss.

[259] AMOEDO-SOUTO, C.-A., "Del personal docente e investigador funcionario", en HORGUÉ BAENA, C. (dir.), *La nueva ordenación de las universidades. Estudios sobre la ley orgánica 2/2023 del sistema universitario*, Iustel, Madrid, 2023, p. 388. Asimismo, AMOEDO-SOUTO, C.-A., "Crisis y cambio de modelo en las Universidades públicas. Reflexiones de urgencia", *El Cronista del Estado Social y Democrático de Derecho*, 2013, núm. 33, p. 74-81.

contratar a su propio personal permanente en régimen laboral hasta unos máximos determinados y también podrán contratar profesorado visitante de reconocido prestigio de otras universidades y centros de investigación, tanto españoles como extranjeros. La autonomía universitaria sobre todo recae en la selección del PDI, no sobre la fijación de los requisitos y condiciones necesarias para el acceso a las diferentes plazas que corresponde al Estado.

En relación con el PTGAS, las Universidades pueden crear escalas de personal propio conforme a la legislación general de función pública y proceder a su selección mediante las correspondientes pruebas de acceso según establezcan los estatutos en el marco de la legislación aplicable. De especial importancia es el establecimiento de los correspondientes planes de formación y profesionalización de la carrera de este personal. En este particular aspecto, la autonomía universitaria se proyecta potencialmente con fuerza sobre la autoorganización y el funcionamiento de su administración y, por tanto, también sobre la gestión y los aspectos técnicos necesarios, en orden a la consecución de sus objetivos y fines conforme a la estrategia que cada universidad pueda definir[260], lo que conlleva la fijación de las condiciones de acceso a las plazas, como la selección del PTGAS concreta y específica de cada Universidad.

De acuerdo a la doctrina constitucional queda claro que el contenido esencial del derecho fundamental a la autonomía universitaria supone, en principio, libertad de cada universidad para seleccionar su PDI y, por ello, libertad para establecer el sistema general de designación de las comisiones que han de juzgar la provisión de las plazas[261], aunque de conformidad con los límites establecidos en la legislación vigente

---

260 CÁMARA VILLAR, G., "La autonomía universitaria en España hoy, entre el mito y la realidad", op. cit., p. 103

261 STC 87/2014 FJ 5 (TOL4.373.236); STC 44/2016 FJ 4 (TOL5.713.543)

(en la actualidad el art. 71.1 LOSU ha establecido condiciones más restrictivas a dicha libertad). En consecuencia, este reconocimiento de que la selección del PDI por cada Universidad es uno de los ámbitos comprendidos en el contenido esencial de su derecho fundamental a la autonomía universitaria no se comporta como un límite absoluto que haga imposible cualquier intervención legislativa en ese ámbito[262].

El art. 68.2 LOSU referido al PDI funcionario de las universidades, sin perjuicio de su conexión con el art. 149.1.30 CE por su posible repercusión en la configuración del sistema educativo en sí, ha de señalarse como el título competencial prevalente que el Estado puede esgrimir para dictar esta regulación es el contenido en el art. 149.1.18 CE (bases del régimen estatutario de los funcionarios públicos). Los funcionarios, catedráticos y profesores titulares de universidad, no son empleados públicos de las Comunidades Autónomas ni de las corporaciones locales, en términos positivos, pertenecen a cuerpos de ámbito estatal, con independencia de la universidad concreta a la que pertenezcan, lo que les permite una movilidad geográfica completa dentro de ellos[263]. Son funcionarios inicialmente de la universidad por la que son nombrados, pero pertenecen a la vez a un cuerpo interuniversitario de ámbito nacional. En consecuencia, el Estado puede regular, sin distinción de bases y desarrollo, el estatuto de los funcionarios docentes universitarios, pertenecientes a los Cuerpos Nacionales, con el límite de la autonomía universitaria (art. 27.10 CE)[264]. De esta forma, se ha entendido que el desarrollo de las bases del régimen funcionarial, incluido el régimen de dedicación del profesorado universitario, no

262 STC 87/2014 FJ 6 (TOL4.373.236)

263 STC 26/1987 FJ 12 (TOL79.735) y STC 146/1989 FJ 2 (TOL81.595)

264 STC 235/1991 FJ 2 (TOL81.914) y STC 131/1996 FJ 7 (TOL83.064)

corresponde a la Comunidad Autónoma[265], que solo podrán adoptar normativa en desarrollo concreto de las disposiciones de la LOSU que así se establezca de forma expresa.

En relación con la dedicación de los profesores, el art. 3.1.j LOU garantiza la capacidad de seleccionar, formar y promover a todo su personal docente y no docente, así como de determinar las condiciones en que han de desarrollar sus actividades y las características de éstas. Concretamente, las actividades del profesorado universitario comprenden tres facetas fundamentales, que son la docencia, la investigación y la gestión, es decir, las tareas que identifican los aspectos del trabajo del profesorado que son objeto de evaluación, certificación y acreditación. La suma de la dedicación a cada una de estas actividades determina la dedicación laboral global del personal docente y el contenido de su jornada de trabajo. Por tanto, la organización y distribución de la dedicación del profesorado a sus tareas docentes forman parte relevante de las condiciones de ejercicio de sus actividades que las Universidades deben gestionar con autonomía.

La autonomía universitaria encuentra su razón de ser en la protección de la libertad académica, en su manifestación de libertad de enseñanza, estudio e investigación, frente a todo tipo de injerencias externas, de manera que, en todo caso, la libertad de ciencia quede garantizada, tanto en su vertiente individual como institucional, entendida ésta, además, como la correspondiente a cada Universidad en particular[266]. Ahora bien, la obtención del informe favorable con el proceso propiamente de contratación del profesorado, debiendo deslindarse la previsión legal de una serie de requisitos de idoneidad (titulación requerida y evaluación favorable, entre otros) del

---

265 STC 235/1991 FJ 4 (TOL81.914), STC 176/2015 FJ 5 (TOL5.440.472), STC 26/2016 FJ 5 (TOL5.676.626).

266 STC 106/1990 FJ 6 (TOL81.794)

proceso de contratación en sí mismo considerado. La promoción de la calidad docente e investigadora figura entre los objetivos recogidos por la Ley Orgánica como fin esencial de la política universitaria (art. 69.1 LOSU), que una de las maneras de cumplir los objetivos legales es la evaluación (art. 69.2 LOSU), que las funciones de evaluación se encomiendan por la Ley a la ANECA o, en el ámbito de sus competencias, a entes análogos de las Comunidades Autónomas y que la evaluación de la actividad y dedicación docente y de la actividad y dedicación investigadora constituye un criterio relevante para determinar la eficiencia en el desarrollo de la actividad profesional. La exigencia de una evaluación positiva por parte del órgano que legalmente tiene atribuida esta potestad no es innecesaria y desproporcionada para asegurar la calidad del profesorado. Desde el punto de vista de la autonomía universitaria constitucionalmente garantizada, pero legalmente configurada, la ley orgánica ha puesto especial atención, una vez determinados los requisitos de idoneidad, en atribuir estrictamente el proceso de selección y contratación del personal docente a las universidades de acuerdo con los principios generales establecidos en la misma, sin que se pueda considerar que vulnera la autonomía universitaria[267].

El art. 76.1 LOSU dispone que el Gobierno establecerá el régimen retributivo del profesorado universitario, pero sin establecer la uniformidad retributiva, ya que respecto de ese personal se determina que se estructuren atribuciones adicionales por méritos de docencia, investigación y transferencia, evaluados por la ANECA o las agencias autonómicas (art. 76.2 LOSU), retribuciones adicionales de carácter autonómico (art. 76.3 LOSU) y retribuciones adicionales por méritos individuales fijados por las Universidades y mediante procedimientos negociados con la parte social y transparentes (art. 76.4 LOSU).

---

[267] STC 131/2013 FJ 9 (TOL3.785.911)

No se infringe el principio de igualdad del art. 14 CE, por no realizar la misma determinación para el PTGAS, ya que no se da en este personal el carácter interuniversitario que concurre en los cuerpos docentes, de modo no tendría sentido extender la antigua previsión de uniformidad a que responde este precepto a funcionarios en que no concurre la peculiaridad que lo justifica, cuyas retribuciones dependerán en último extremo de decisiones de cada Comunidad Autónoma (art. 99 LOSU).

En cualquier caso, los aspectos competenciales interrelacionados con la autonomía universitaria en materia de personal universitario deben estar concretados y eventualmente desarrollados en los Estatutos universitarios, tanto por la determinación de su contenido y alcance como por ser un elemento de protección para el propio personal universitario en los caracterización de las competencias universitarias en este ámbito.

6.4.- LA PROYECCIÓN EXTERIOR DE LA UNIVERSIDAD COMO ÁMBITO MULTIDIMENSIONAL

Un último grupo de funciones de gobierno que también forman parte de la autonomía universitaria conforme a su desarrollo legal son las relativas a la proyección exterior de la institución y a la definición de sus aspectos simbólicos o protocolarios conforme a su propio criterio. Con estas funciones la Universidad se define y singulariza con relación al resto de la sociedad en sentido amplio, tanto mediante sus actuaciones en el espacio público incluida la transferencia de conocimiento e incluso sobre aspectos de su internacionalización como a través de su imagen institucional, como algo diferenciado de sus procesos internos[268].

---

268 En general, sobre la proyección exterior de la Universidad, vid. CAPODIFERRO CUBERO, D., "La configuración legal de la auto-

La primera de estas dimensiones está reconocida expresamente en el art. 3.2.a LOSU, que menciona como parte de la autonomía universitaria a las líneas estratégicas de internacionalización, el art. 3.2.p LOSU sobre las políticas propias de internacionalización, así como el art. 3.2.q LOSU sobre el establecimiento de relaciones con otras entidades (Universidades, instituciones, organismos, Corporaciones de Derecho Público o empresas y entidades locales, nacionales o internacionales) para la promoción y desarrollo de algunas funciones de las Universidades, siendo las normas internas de las Universidades quienes deberán definir a quien corresponde cada potestad concreta.

La autonomía universitaria en materia de internacionalización es uno de los aspectos que más se ha reforzado en la LOSU, ya que se le ha dedicado el Título VII (art. 23-30 LOSU) como una de las principales novedades. En este sentido, se reconoce autonomía y propia decisión para fomentar la internacionalización de las Universidades, incluida la acreditación internacional de planes de estudio o fomentar y usar el uso de las lenguas extranjeras en la actividad de las universidades (art. 23.1 LOSU), para seguir estrategias propias de internacionalización (art. 24.2 LOSU), alianzas con las Administraciones

---

nomía universitaria en el ordenamiento español", *op. cit.*, p. 48 y ss. Sobre el régimen jurídico de la internacionalización, MAGALDI MENDAÑA, N., "Régimen jurídico de la actividad internacional de las universidades públicas", en AAVV, *Organización de la Universidad y la Ciencia, op. cit.*, p. 613-661; MAGALDI MENDAÑA, N., "La internacionalización de las universidades. Avances, ausencias y deficiencias", en HORGUÉ BAENA, C. (dir.), *La nueva ordenación de las universidades. Estudios sobre la ley orgánica 2/2023 del sistema universitario,* Iustel, Madrid, 2023, p. 315 y ss. En general, sobre la internacionalización de las Universidades, SANZ MARTÍNEZ, J. M.-HAUG, G., "La internacionalización universitaria", en AAVV, *Lecturas de política y gestión universitarias, op. cit.*, p. 567-591

Públicas y otras Universidades (art. 25 LOSU), creación de títulos y programas conjuntos, incorporando como opción el uso de lenguas extranjeras o incentivar los doctorados en cotutela internacional (art. 26 LOSU), programas de movilidad e intercambio, aunque se trata de una competencia compartida con el Estado y las Comunidades Autónomas (art. 27 LOSU), atracción de talento internacional (art. 28 LOSU), creación de centros en el extranjero (art. 29 LOSU)[269] y cooperación internacional para la solidaridad y el desarrollo sostenible (art. 30 LOSU). Aunque no existe una obligación, sí que sería conveniente incluir estas competencias y funciones en los Estatutos universitarios. Por otra parte, la acción exterior del Gobierno que podrá tener una estrategia de internacionalización del sistema universitario (art. 23.3 LOSU), colaborará con las estrategias propias de internacionalización de la Universidades pudiéndose apoyar e implementar estas en sus actuaciones a través del servicio exterior[270].

La internacionalización debe ser más compartida y transversal, que integre todas actividades y unidades de la universidad en lugar de ser un capítulo específico y marginal como función separada del resto de las propias de la universidad, adoptar planes estratégicos más autónomos (menos dependientes de prioridades y ayudas de entidades gubernamentales o internacionales) o considerarlo como un elemento clave de calidad en todos los ámbitos de actuación de la universidad e incluso en el marco del Sistema Interno de Garantía de la Calidad. En este sentido, el proceso de internacionalización debe ir más allá de la movilidad, ya que debe ser de calidad, más coordinada, diversa e inclusiva, debe ser un proceso interno que implique

---

269 MAGALDI MENDAÑA, N., "La internacionalización de las universidades. Avances, ausencias y deficiencias", *op. cit.*, p. 321-324.

270 MAGALDI MENDAÑA, N., "La internacionalización de las universidades. Avances, ausencias y deficiencias", *op. cit.*, p. 318-321.

la adopción de competencias internacionales para todos los miembros de la comunidad universitaria, con colaboraciones y alianzas estratégicas multifuncionales y sostenibles, pero que precisa una flexibilización de la legislación y las normas para facilitar la internacionalización[271]. En cualquier caso, se ha destacado como déficit, ausencias y carencias de la LOSU en el ámbito de la internacionalización de las Universidades a la importancia de las lenguas extranjeras, a los servicios de idiomas de las universidades y a los convenios y acuerdos internacionales de las universidades[272].

En relación con el establecimiento de relaciones con otras entidades para el desarrollo de las funciones propias de la Universidad, se trata de una facultad que se manifiesta en una doble vertiente, es decir, una jurídica-contractual (la realización de negocios jurídicos en nombre de la Universidad), y otra más política (la participación, en nombre de la institución, en órganos públicos y foros específicos). El propio precepto reconoce que se trata de una función indirectamente relacionada con las actividades académicas y docentes al señalar que sólo entrarán en el ámbito protegido por el derecho del art. 27.10 CE las actuaciones exteriores llevadas a cabo por una Universidad cuando se dirijan a promocionar y realizar aquellos derechos que constituyen su razón de ser como institución. Por tanto, carecerán de cobertura iusfundamental aquellas acciones llevadas a cabo por los órganos representativos de una Universidad, en ejercicio de sus potestades y en nombre de aquella, que tengan naturaleza puramente mercantil, sin una repercusión clara en la actividad de investigación o enseñanza. En consecuencia, no

---

271 SANZ MARTÍNEZ, J. M.-HAUG, G., "La internacionalización universitaria", en AAVV, *Lecturas de política y gestión universitarias*, *op. cit.*, p. 577.

272 MAGALDI MENDAÑA, N., "La internacionalización de las universidades. Avances, ausencias y deficiencias", *op. cit.*, p. 324-330.

parece que haya para el legislador estatal o autonómico excesivos límites si se opta por acotar las posibilidades de actuación hacia el exterior de las Universidades.

Los Estatutos de todas las Universidades públicas españolas encomiendan al Rector la representación de la propia institución en cualquier interacción que realice con el poder público, incluyendo el ámbito judicial, o con personas o entes privados, concretando la atribución de la máxima potestad representativa de la Universidad que el art. 50.1 LOSU otorga a esta figura. En principio, será el responsable de formalizar todo negocio o relación jurídica mediante la que la Universidad se obligue con una persona o ente público o privado. Aunque no con carácter exclusivo, ya que el art. 60 LOSU permite a profesores a título individual, Grupos de Investigación reconocidos, Departamentos, Institutos Universitarios de Investigación y estructuras organizativas análogas instituidas en la Universidad celebrar contratos para la realización de actividades que presenten un retorno claro como actividad investigadora o para la transferencia de conocimientos hacia la sociedad, dentro del marco fijado por cada Universidad a través de sus Estatutos y las normas específicas que aprueben al respecto.

La representación de las Universidades públicas en los organismos de coordinación en materia de educación superior en los que participan directamente se articula obligatoriamente también a través de sus Rectores, que formarán parte del Consejo de Universidades (art. 16.2.a LOSU) y de los órganos autonómicos equivalentes[273], algunos de los cuales también

---

[273] Así se establece en la regulación de la mayoría de los Consejos Autonómicos de coordinación universitaria, con algunas excepciones puntuales. En el caso de la Región de Murcia, en la Comisión Social del Consejo Interuniversitario de la Región de Murcia cada Universidad estará representada por dos personas que ellas mismas establezcan, sin que necesariamente una de ellas deba ser su

dan cabida a los Rectores de las Universidades privadas. Los mismos serán también quienes participen, en nombre de la Universidad cuando sea miembro, en la Conferencia de Rectores de las Universidades Españolas (CRUE), asociación privada

---

Rector, aunque sí al menos Vicerrector, incorporándose también las Universidades privadas (art. 8 de la Ley 3/2005, de 25 de abril, de Universidades de la Región de Murcia). En el caso de Aragón, la coordinación universitaria recae en la Comisión mixta Gobierno de Aragón-Universidad de Zaragoza (arts. 60 y s. de la Ley 5/2005, de Ordenación del Sistema Universitario de Aragón), de la que, junto al Rector, forman parte cuatro miembros de la Universidad de Zaragoza designados por éste; un caso similar es el de las Islas Baleares (Junta de Coordinación Universitaria de las Illes Balears–art. 29 de la Ley 2/2003, de 20 de marzo, de organización institucional del sistema universitario de las Illes Balears). En lo que respecta a la participación de las Universidades privadas, sólo Cataluña (Consejo Interuniversitario de Cataluña, tanto en la Conferencia General como en la Junta–art. 127 y 129 de la Ley 1/2003, de 19 de febrero, de Universidades de Cataluña), Canarias (Consejo Universitario de Canarias–art. 21 de la Ley 11/2003, de 4 de abril, sobre Consejos Sociales y Coordinación del Sistema Universitario de Canarias), Castilla y León (Consejo de Universidades de Castilla y León–art. 6 de la Ley 3/2003, de 28 de marzo, de Universidades de Castilla y León), Galicia (Consejo Gallego de Universidades–art. 58 de la Ley 6/2013, de 13 de junio, del Sistema universitario de Galicia), Comunidad de Madrid (Consejo Universitario de la Comunidad de Madrid–art. 6 de la Ley 4/1998, de 8 de abril, de Coordinación Universitaria de la Comunidad de Madrid), País Vasco (Consejo Vasco de Universidades–art. 66 de la Ley 3/2004, de 25 de febrero, del Sistema Universitario Vasco) y Comunidad Valenciana (Consejo Valenciano de Universidades y de Formación Superior–art. 25 de la Ley 4/2007, de 9 de febrero, de coordinación del Sistema Universitario Valenciano), incluyen a sus representantes en los órganos de coordinación. En el Consejo Andaluz de Universidades no está prevista la participación de las Universidades privadas (art. 76 del Decreto Legislativo 1/2013, de 8 de enero, por el que se aprueba el Texto Refundido de la Ley Andaluza de Universidades).

planteada como un organismo de representación institucional de las Universidades españolas[274].

En lo que respecta a la configuración de la propia imagen institucional, resulta llamativo cómo la legislación no integra el aspecto simbólico de las Universidades en la autonomía universitaria, generando un vacío que la jurisprudencia del Tribunal Constitucional se ha encargado de rellenar adoptando una perspectiva muy favorable a este derecho[275]. En este sentido, se señaló que la capacidad de una Universidad para adoptar su escudo, sello o símbolos de identidad y representación en modo alguno desborda las facultades legalmente asignadas a la institución universitaria, sino que se comprende con evidencia y naturalidad en el contenido normal de la potestad de autonormación en la que también se concreta su autonomía[276]. Por tanto, la posibilidad de dotarse de los propios símbolos identificativos formaría parte del contenido esencial de la autonomía universitaria en la medida en que sirve para configurar la identidad misma de la institución, anclándose normativamente en la cláusula residual del art. 3.2.s LOSU, que atribuye a las Universidades cualquier competencia no mencionada que sea necesaria para el adecuado cumplimiento de sus funciones esenciales.

---

274 Vid. los Estatutos de Conferencia de Rectores de las Universidades Españolas, accesibles en: [https://www.crue.org/wp-content/uploads/2023/06/2023.06.06-INS-ESTATUTOS-DEFINITIVOS.pdf]. Sobre la incidencia de las CRUE y de los Consejos sociales en el gobierno de las Universidades, vid. RUIZ-RICO RUIZ, C., "La Conferencia de Rectores de las Universidades Españolas (CRUE) y los Consejos Sociales", en GAVARA DE CARA, J.C. (Ed.), *El Gobierno de la Universidad,* J.M. Bosch Editor, Barcelona, 2018, p. P. 87 y ss.

275 TORRES MURO, I., *La autonomía universitaria. Aspectos constitucionales, op. cit.*, p. 72.

276 STC 130/1991 FJ 3 (TOL80.544).

En definitiva, con la salvedad de la denominación oficial, que viene fijada en la ley de creación o de reconocimiento de la Universidad (y, con relación a la cual, cabría plantearse qué tratamiento debería darse a una eventual petición de cambio por parte de ésta), el resto de los elementos identificativos de la institución suelen encontrarse descritos en sus Estatutos. De este modo, no se limitan necesariamente al escudo y sello. La práctica muestra que pueden comprender otros símbolos como una bandera o, incluso, himno propio, determinando también las reglas para su uso. Por tanto, sin perjuicio del visto bueno de la Comunidad Autónoma en la que se ubique la Universidad, corresponde al Claustro, y tal como ha señalado el Tribunal Constitucional, la fijación de los elementos representativos de la Universidad como órgano encargado de aprobar la norma estatutaria. Para ello gozará de total libertad para adoptar las opciones mayoritariamente consideradas más convenientes conforme a criterios de oportunidad o conveniencia libremente valorados y decididos por los claustrales, dado que no existe predeterminación normativa ni de contenido preceptivo alguno respecto a los criterios que a tales efectos habrían de seguirse[277].

En paralelo a la representación institucional de la Universidad como proyección exterior se desarrolla la comunicación institucional que tradicionalmente se centraba en las relaciones con los medios o la edición de publicaciones, pero que en la actualidad se estructura teniendo en cuenta el valor estratégico de los intangibles, la necesidad de la inteligencia contextual, el recurso a las redes sociales o el marco de la sostenibilidad. La comunicación institucional es un ámbito de amplio contenido que va desde las relaciones públicas, la publicidad de todas las actividades universitarias con repercusión social, así como toda la comunicación interna con

---

[277] STC 130/1991 FJ 5 (TOL80.544).

grupos relevantes para la universidad a través de canales adecuados[278]. Las herramientas de comunicación, transparencia y rendición de cuentas suelen ir unidas y con estrategias similares. Las webs de las universidades tienen una sección de comunicación, donde aparece la información de los gabinetes de prensa, con noticias e información de contacto, de forma que se suele realizar la publicación de la agenda, una guía de contactos de personas especialistas en distintas materias y la publicación de un contacto para que periodistas realicen sus peticiones de información. Las universidades suelen disponer de blogs y webs especializadas en divulgación de la ciencia y formación, así como de redes sociales institucionales, donde difunden información sobre las actividades. Los gabinetes de prensa realicen un trabajo muy promocional e incluso publicitario, de forma que la estrategia de comunicación consiste en la creación de una marca universitaria y en la difusión de la actividad docente, investigadora y social de estas instituciones académicas. Las universidades cuentan con un portal de transparencia en el que permiten el derecho de acceso a la información y publican información institucional, organizacional, estadística o económica. A través de estos portales de transparencia, las universidades tratan de rendir cuentas a la sociedad, publicando los informes del Rector presentados al Claustro Universitario, en el que se debería incluir la determinación del grado de cumplimiento de sus planes estratégicos y programas[279].

---

278 Sobre la comunicación institucional de la universidad, MORA GARCÍA DE LOMAS, J. M., "La comunicación institucional de las universidades", en AAVV, *Lecturas de política y gestión universitarias, op. cit.*, p. 557-565

279 DÍEZ GARRIDO, M., "Comunicación universitaria: ¿publicidad o rendición de cuentas?", en AAVV, *Los límites orgánicos internos a la autonomía de las universidades públicas, op. cit.*, p. 307-323

En cualquier caso, esta proyección exterior de la universidad se está convirtiendo en un tema mucho más importante, ya que no se debe limitar a las problemáticas de la internacionalización y de la representación, como ámbitos más tradicionales de proyección, sino que se puede considerar como ámbitos más multidimensionales que deben ser recogidos en los Estatutos como puede ser la universidad digital, la inserción laboral y la oferta de prácticas y empleo, la transferencia de conocimientos o la función cultural.

En este sentido, se requiere plasmar una estrategia para estructurar una universidad digital y un marco para un modelo hibrido de universidad con la suficiente flexibilidad para poder atender mejor a las demandas de la sociedad, tanto en su cometido de formación e investigación como de transferencia científica y cultural, que hasta el momento han dependido de las decisiones estratégicas relacionadas con las TI son responsabilidad de los equipos rectorales, pero que precisan de parámetros en los Estatutos, ya que afecta a la gestión, innovación, gobierno y transformación digital[280]. Conlleva que existan estructuras necesarias para el gobierno de las TIC, las inversiones necesarias, la priorización de los proyectos estratégicos, la seguridad de los servicios y la capacitación digital de la comunidad universitaria. En este sentido no se puede dejar a la libre decisión de los equipos de gobierno o de las gerencias decisiones sobre estructuración de la universidad digital para la innovación en la formación y una oferta de calidad que puede afectar a la oferta ordinaria, pero también al aprendizaje permanente a lo largo de la vida para los profesionales y los

---

[280] Sobre la madurez digital de las Universidades, vid. LLORENS LARGO, F.-FERNÁNDEZ MARTÍNEZ, A., “Madurez digital de las universidades”, en AAVV, *Lecturas de política y gestión universitarias, op. cit.*, p. 357-384

ciudadanos, como para la novedad introducida por la LOSU de la ciencia abierta y redes que impulsan la investigación.

La estrategia de la incorporación de todos los ciudadanos a un futuro cambiante desde el punto de vista de la universidad requiere una formación permanente a lo largo de la vida por lo que se deben valorar las priorizaciones internas, las posibilidades reales de implementación, las distintas funciones y papeles que deben tener los distintos implicados institucionales, así como los potenciales destinatarios de las mismas, que suelen ser profesionales o empresas con necesidades concretas de formación. La particularidad de estos destinatarios implica que este tipo de formación forme parte del entorno digital por las dificultades de su desarrollo dentro de la formación de tipo presencial. En cualquier caso, no se puede dejar de tener en cuenta que este tipo de formación que no suele ser reglada en caso de que no lo ofrezca la universidad será realizada por otros agentes como escuelas de negocios, asociaciones y colegios profesionales, centros de formación, plataformas educativas, las universidades corporativas abiertas (vinculadas a empresas como Google o Linkedin), así como las propias empresas que dedican importantes recursos a dar formación a sus empleados o aprovechando las oportunidades que ofrecen las nuevas tecnologías (plataformas, sesiones formativas en YouTube)[281]. En definitiva, se trata de un ámbito en el que coexisten una pluralidad de actores y en el que la universidad debe encontrar la forma de responder de manera adecuada a esta nueva demanda, ya que incluye actividades muy diversas y se refiere a todos los ámbitos del saber, pero es sobre todo en el campo del desarrollo profesional donde actualmente hay una

---

281 Sobre aprendizaje a lo largo de la vida, vid. GÓMEZ MONTORO, Á. J., "¿Qué valorar a la hora de implantar una estrategia de "formación permanente a lo largo de la vida"?", en AAVV, *Lecturas de política y gestión universitarias*, *op. cit.*, p. 507-529, en especial p. 513 y p. 526.

mayor demanda tanto de profesionales como de las propias empresas. Dar respuesta a esta demanda resulta una exigencia para la universidad que deberá adoptar una estrategia en función de las posibilidades reales y de selección del formato (programas cortos e intensivos y largos, presenciales, online o mixtos, atención a la demanda local o aspiración a una presencia de mayor alcance). En cualquier caso, se debe determinar los responsables académicos (rectorado, facultades, institutos o una unidad específica), definir la especialización y la flexibilidad de formatos.

Un aspecto muy importante para la atracción de una Universidad en su oferta de estudios es la oferta de prácticas y de empleos, así como la inserción laboral que ocasiona las correspondientes titulaciones. Desde un punto de vista de la competencia en oferta de enseñanzas entre las Universidades públicas y privadas probablemente es el aspecto más importante en la actualidad y el que con mayor profundidad regirá en las futuras decisiones por la interrelación con las necesidades del mercado laboral. Este terreno no permite decisiones autónomas de los equipos de gobierno de la universidad por lo que los aspectos esenciales en materia de estudios de opinión o de acuerdo en la oferta de prácticas y oficina de empleo, así como de inserción laboral no pueden dejarse sin establecer criterios normativos vinculantes en los Estatutos que reflejen la responsabilidad de los distintos servicios, su independencia en relación con los gestores y la periodicidad de los estudios[282].

Finalmente, la transferencia de conocimiento es un elemento clave de la proyección exterior de una universidad que implica la creación en procesos de investigación y su aplicación en

---

[282] Sobre estudios de opinión e inserción laboral, vid. LUQUE MARTÍNEZ, T., "Los estudios de opinión e inserción laboral referidos a la Universidad", en AAVV, *Lecturas de política y gestión universitarias, op. cit.*, p. 449-473

iniciativas productivas innovadoras generadoras de crecimiento, como a la necesaria actividad innovadora en un modelo de flujo del conocimiento por el itinerario universidad-empresa-sociedad, pero también se debe incorporar la divulgación científica. En este sentido, se plantea la necesidad de transformación de las universidades en entidades promotoras del crecimiento social, responsables de activar las iniciativas de todos los agentes sociales implicados, entidades investigadoras y emprendedoras para una sociedad emprendedora e innovadora. Por estos motivos se debe generar un modelo de universidad que potencie la generación de nuevo conocimiento mediante la adecuada planificación de la investigación en universidades y otras instituciones investigadoras, que establezca las vías de la transferencia de ese conocimiento al entorno receptor, empresas y otros agentes sociales y que garantice la aplicabilidad de ese conocimiento en procesos productivos generadores de empleo y riqueza desde las estructuras existentes, las empresas, o por creación de nuevas mediante el emprendimiento[283]. Muchos de estos ámbitos de actuación han quedado al margen de la regulación normativa y al mero decisionismo autónomo de los equipos de gobierno por lo que deben incluirse en los Estatutos para garantía interior y exterior de su funcionamiento.

En conexión con la transferencia de conocimiento se encuentra la función cultural de la Universidad que deja de ser un concepto polisémico para no limitarse al cultivo de las actividades propias del sector artístico dentro de la Universidad, sino un concepto antropológico de cultura con múltiples

---

283 Sobre transferencia de conocimientos, vid. MATO DE LA IGLESIA, S.-GUTIÉRREZ-SOLANA SALCEDO, F., "Transferencia de conocimiento para innovar y hacer una sociedad más competitiva", en AAVV, *Lecturas de política y gestión universitarias*, *op. cit.*, p. 475-505, en especial p. 481 y ss.

contenidos[284]. Entre estos destaca la creación de agrupaciones artísticas (teatro, música, danza, cine) propias de las universidades, la implantación de cursos/universidades de verano, la creación de aulas/universidades para las personas mayores, la creación de unidades de divulgación de la ciencia o la difusión de actividades culturales por el entorno, entendida como proyección territorial, entre las que generan mayor visibilidad como realización de exposiciones, debates, conferencias o convocatoria de premios. También destaca el patrimonio cultural de las universidades que se integra por los inmuebles y objetos muebles de interés artístico, histórico, paleontológico, arqueológico, etnográfico, científico o técnico, pero también forman parte de este el patrimonio documental y bibliográfico, los yacimientos y zonas arqueológicas, así como los sitios naturales, jardines y parques, que tengan valor artístico, histórico o antropológico, de conformidad con el art. 1.2 de la Ley de Patrimonio Histórico Español. En este sentido, las universidades son poseedoras de bienes de todos los tipos señalados en la ley y son ellas mismas, en muchos casos, por su origen y trayectoria, patrimonio cultural de la sociedad y son las instituciones que poseen la inmensa mayoría del patrimonio científico de la sociedad española y una parte importante del documental y bibliográfico[285]. En cualquier caso, esta función cultural de la universidad contribuye a que ejerza su papel en la cohesión social y territorial y en el compromiso al desarrollo sostenible, pero no se agota en las cuestiones interrelacionadas con el patrimonio y las bibliotecas, sino que se

---

284 En general sobre la función cultural de la universidad, vid. ARIÑO VILLARROYA, A., *Cultura universitaria. Políticas para la alma mater*, Tirant Humanidades, Valencia, 2019.

285 ARIÑO VILLARROYA, A., "La función cultural de la universidad", en AAVV, *Lecturas de política y gestión universitarias*, *op. cit.*, p. 531-556, en especial p. 546.

amplía a otros sectores como el deporte y la actividad física o incluso en la diversidad lingüística[286].

Esta proyección exterior de las universidades afecta a numerosos ámbitos por lo que tiene un carácter multidimensional, siempre caracterizado por dirigirse a una dimensión que no se interrelaciona con el funcionamiento interno, sino a las relaciones de la universidad con la sociedad en general o con otras instituciones universitarios o no de carácter externo. En cualquier caso, se deben incluir el alcance general de sus finalidades y las competencias concretas de ejercicio de dichas funciones en los Estatutos universitarios en los que se podrán estructurar innovaciones *praeter legem* dada la escasa regulación de la LOSU.

---

286 OCHOA MONZÓ, J., "Universidad, sociedad y cultura", en HORGUÉ BAENA, C. (dir.), *La nueva ordenación de las universidades. Estudios sobre la ley orgánica 2/2023 del sistema universitario,* Iustel, Madrid, 2023, p. 337-359.

Capítulo 7

La distribución de competencias aplicables a la materia de Universidades

En general, se mantiene una relación directa entre la LOSU y los Estatutos universitarios a efectos de articulación del contenido y desarrollo de la autonomía universitaria como derecho fundamental, pero en la práctica hay aspectos concretos que interrelacionan los Estatutos universitarios con la legislación autonómica en la materia a partir del momento en que la LOSU como normativa básica permite el desarrollo normativo autonómico mediante remisión de colaboración internormativa expresa, pero solo admisible sobre aquellas materias que no deben afectar directamente al contenido de la autonomía universitaria. En cualquier caso, las Comunidades Autónomas carecen de competencias en las materias que se integran en el ámbito material de la Ley orgánica por estar vinculadas con la configuración legislativa del derecho a la autonomía universitaria o en la normativa que sea declarada como básica, incluso cuando hay una remisión normativa al reglamento prevista en la LOSU.

Un eje central en la explicación de la situación competencial actual es la cláusula residual que establece la competencia del Estado en todas aquellas materias que no se regulan expresamente en los Estatutos de Autonomía (art. 149.3 CE). Las palabras universidad y competencia en la materia no existían formalmente y no se preveían como intersección ni en la Constitución, ni en los Estatutos de Autonomía, ya que tan solo estaba prevista la autonomía universitaria como derecho fundamental, con la consecuencia, ante la ausencia de concreción expresa de la materia universitaria, de que proyectaba al menos originariamente una competencia exclusiva del Estado. En definitiva, la competencia en materia de universidades no es expresa, tan solo se regula constitucionalmente a través de la autonomía universitaria, por una parte, como derecho fundamental que se debe desarrollar por una ley orgánica elaborada por las Cortes Generales, y, por otra parte, tan solo se podía incidir por parte de las CCAA y de forma muy limitada e indirecta a través de la materia genérica de educación (art. 149.1.30 CE).

No obstante, los Estatutos de Autonomía de la última generación han regulado la competencia de Universidad para forzar un blindaje de competencias[287], en el sentido de recoger la evolución normativa de las bases normativas y la jurisprudencia constitucional de tres décadas e intentar proyectar sobre el futuro una ampliación de competencias y al mismo tiempo una limitación y una congelación de las bases normativas estatales en la materia. La ausencia, la dificultad e incluso la imposibilidad de reforma de la Constitución y la posibilidad y necesidad de la actualización en materia de distribución de competencias han forzado que sean los Estatutos de Autonomía los instrumentos de actualización normativa de las competencias,

---

[287] Por ejemplo, en relación con el art. 172.1 EAC, el Tribunal Constitucional en una interpretación conforme a la Constitución considera que dichas competencias son de naturaleza ejecutiva que no puede excluir la intervención de una regulación general del Estado (STC 31/2010 FJ 109, con remisión a su FJ 60 (TOL1.880.189). Vid. GALÁN VIOQUE, R., "Los estatutos de las universidades públicas, una vez más, en la tesitura de su necesaria adaptación a la tercera ley de cabecera del sistema universitario español", en HORGUÉ BAENA, C. (dir.), *La nueva ordenación de las universidades. Estudios sobre la ley orgánica 2/2023 del sistema universitario*, Iustel, Madrid, 2023, p. 205.

sobre todo para regular aquellas competencias que no estaban previstas expresamente ni en la norma constitucional, ni en la regulación originaria de los Estatutos de Autonomía. En esencia, se ha querido convertir las necesarias reformas constitucionales en materia de distribución de competencias para su actualización tal como operan en otros sistemas constitucionales como el alemán (aunque en este sistema la reforma de la constitución se utiliza para garantizar las competencias estatales, ya que la cláusula residual actúa a favor de los Länder, por lo que la Federación va actualizando sus competencias mediante reforma constitucional), por lo que se ha aceptado que sea la vía de los Estatutos de Autonomía la forma de ampliación de competencias autonómicas, pero con el uso indebido de intentar limitar la normativa básica estatal en las materias que incidan en competencias autonómicas sobre competencias ejecutivas y sobre desarrollo normativo autonómico.

Con esta reforma de los Estatutos ampliando competencias, se está intentando que la cláusula residual competencial a favor del Estado (art. 149.3 CE) pierda su funcionalidad sobre las materias expresamente no reguladas, sobre todo eliminando materialmente la posibilidad de que pueda ser aplicada en materia de universidades, de forma que las competencias universitarias autonómicas suelen recaer sobre aspectos propios de la cláusula residual, es decir, aspectos no expresamente regulados en la Constitución.

En principio, las competencias autonómicas en materia de universidades teóricamente son ejecutivas, pero la realidad no limita tanto, ya que la configuración de la autonomía universitaria es necesariamente regulada mediante ley orgánica, pero el resto de la LOSU es competencia básica del Estado, de modo que al permitir el desarrollo normativo autonómico de forma expresa como técnica de colaboración internormativa, se van realizando en el texto una especie de micro-delegaciones al margen del art. 150.2 CE a favor de todas las CCAA que sean competentes según su Estatuto de Autonomía expresamente en materia universitaria, pero también para el resto de las Comunidades Autónomas que utilizan los antiguos títulos competenciales genéricos de desarrollo normativo en materia de educación[288]. En realidad, puede considerarse como innecesaria la reforma estatutaria de última generación en materia universitaria, porque las competencias genéricas en materia de educación permitían integrar todo el contenido de la competencia autonómica en materia universitaria, tanto en las anteriores leyes universitarias como en la LOSU.

De todos modos, es previsible un aumento de la conflictividad por una posible incidencia en los ámbitos ampliados de autonomía universitaria por la LOSU a favor de las universidades. En este sentido, se puede deducir la existencia de unas CCAA muy intervencionistas en materia universitaria y otras CCAA menos o nada intervencionistas, que incluso carecen de una legislación universitaria completa, lo que genera unas diferencias notables entre los distintos sistemas universitarios autonómicos. En cualquier caso, no resulta admisible que en unas CCAA se apliquen unas reglas generales establecidas directamente en la LOSU y poco intervencionistas y en otras CCAA se apliquen unas reglas propias mucho más intervencionistas que limitan a las universidades. El federalismo cooperativo de carácter multinivel no suele funcionar en exceso en nuestro sistema, no hay cooperación global entre Estado y CCAA por la preferencia de algunas autonomías por el acuerdo bilateral y la frecuente imposición del Estado de sus propios criterios sin negociar con autonomías o mediante la elaboración de bases normativas legislativas en la materia universitaria. Sin embargo, es

---

288 Sobre el título competencial genérico en materia de educación y su evolución y vinculación con la financiación, vid. SÁENZ ROYO, E., "La financiación de la educación en el Estado Autonómico y su coherencia con la distribución de competencias educativas", *Revista de Derecho Político*, 2021, núm. 111, p. 45-76, en especial p. 51 y ss.

mucho mayor la cooperación del Estado con universidades o la CRUE (al menos mientras ha durado el Ministerio de Universidades) o de las CCAA con las Universidades de sus respectivos sistemas (aunque con notables diferencias cuando comparamos los distintos sistemas universitarios autonómicos). En todo caso, común a Estado o CCAA es el deseo de imponer los criterios políticos propios a sus respectivos sistemas universitarios, con poco respeto al alcance e importancia de la autonomía universitaria, ya que el poder público tiende a no negociar, sino a actuar e imponer sus decisiones. La situación actual se entiende por estos parámetros, es decir, por la poca negociación y por no escuchar a los diversos agentes intervinientes, lo que se concreta en una congelación de universidades públicas y un creciente número de universidades privadas -la universidad es un buen negocio-, plantillas de funcionarios de CDU a punto de jubilarse por completo y sin un recambio previsto, exigencias cada vez superiores para acreditarse y realizar una carrera académica universitaria, acompañado de una desconfianza suprema hacia el profesorado universitario y numerosos actores o agentes secundarios del sistema universitario que se han convertido en principales.

7.1.- LA AUSENCIA EXPRESA DE ARTICULACIÓN CONSTITUCIONAL DE LA MATERIA DE UNIVERSIDADES Y SU ACTUALIZACIÓN POR LA LOSU

La LOSU, del mismo modo que la LOU (en sus diferentes versiones y modificaciones) tiene un papel central en la distribución de competencias entre el Estado y las Comunidades Autónomas en materia de Universidades, ya que es la encargada de fijar el marco competencial, es decir, el alcance de las competencias estatales al constituir normativa básica (que incluso admite la colaboración internormativa con el reglamento estatal) y el marco de desarrollo de las competencias autonómicas, así como de concretar y especificar la configuración legislativa de la autonomía universitaria.

En esta materia, la distribución de competencias entre Estado y Comunidades Autónomas es una cuestión complicada en nuestro sistema, ya que la Constitución en los art. 148 y 149 CE no había realizado, ni concretado una sola referencia a la Universidad como materia objeto de reparto de competencias entre el Estado y las Comunidades Autónomas[289]. Este hecho permitía deducir que al menos originariamente, en virtud de la aplicación de la cláusula de cierre (art. 149.3 CE), existía una voluntad de que la mayor parte de las competencias en este ámbito material fueran ejercidas por el Estado. En esencia, llegar a esta conclusión, ayudaba el hecho de que esta materia se recondujo al desarrollo normativo del derecho fundamental a la autonomía universitaria y al ámbito de la educación, dando entrada a la competencia que se atribuía al Estado en los art. 149.1.1 y 149.1.30 CE, así como en otros títulos que podían concurrir en otras materias (art. 149.1.15 y 149.1.18 CE).

En virtud de estos títulos, los Estatutos de las Comunidades Autónomas vieron, desde el inicio, muy limitada su capacidad de intervención en materia universitaria, ya que la concepción de la autonomía universitaria como un derecho fundamental con la intervención del Estado mediante Ley Orgánica (art. 81 CE), reducía las competencias autonómicas a una mínima

---

289 Vid. EMBID IRUJO, A., "La autonomía universitaria y la autonomía de las Comunidades Autónomas", *Revista de Administración Pública*, núm. 146, 1998, p. 15; PONS PARERA, E., *La autonomía universitaria*, Publicaciones de la Universidad, Barcelona, 2001, p. 313. En general sobre el sistema de distribución de competencias en materia universitaria, vid. GAVARA DE CARA, J.C., "La distribución de competencias en materia de Universidades en la jurisprudencia del Tribunal Constitucional y la complejidad de su estructuración", en GAVARA DE CARA, J.C. (Ed.), *El Gobierno de la Universidad*, J.M. Bosch Editor, Barcelona, 2018, p. 173-238

expresión hasta que se produjese el desarrollo competencial estatal. La desvalorización de las competencias autonómicas afectó inicialmente a cuestiones nucleares de la autonomía como el profesorado, planes de estudio o estructura departamental de las Universidades y otras no tan esenciales, de forma que básicamente en el periodo de la LRU casi todas las competencias normativas se ejercían por el Estado[290], aunque también se trataba de la primera ley que regulaba de forma global a las universidades.

Hasta que no se produjo un mayor desarrollo de las competencias estatales, unido al cambio de orientación con la LOU y sus sucesivas reformas y la última generación de reformas de los Estatutos de Autonomía, no se ha producido un cambio real de la distribución de competencias en materia universitaria con determinación del ámbito material autonómico, a pesar de la vaguedad con que se formulan las atribuciones competenciales en el texto constitucional[291], paso a paso las competencias autonómicas han ido creciendo.

El alcance de las competencias de cada actor presente en la materia de Universidades, es decir, Estado, Comunidades Autónomas o Universidades no puede ser apriorístico, sino fruto de una concreción normativa y una determinación posterior en caso de conflicto a través de una decisión del Tribunal Constitucional. De este modo, la doctrina del alto Tribunal determinará las actuales concreciones en los distintos sectores en los que de forma trasversal se plasma las interrelaciones entre los

---

[290] Sobre el ejercicio de las competencias autonómicas en los momentos iniciales de concreción del Estado de las Autonomías, vid. EMBID IRUJO, A., "La autonomía universitaria y la autonomía de las Comunidades Autónomas", *op. cit.*, p. 20 y ss.

[291] NOGUEIRA LÓPEZ, A., "Distribución de competencias y organización administrativa en materia de universidades", en AAVV, *Comentarios a la Ley Orgánica de Universidades*, Civitas, Madrid, 2009, p. 131

tres actores presentes, en cuanto a creación de Universidades y estructuras básicas y no básicas de docencia e investigación, personal docente e investigador (PDI), personal técnico, de gestión, de administración y servicios (PTGAS), así como ordenación de enseñanzas, pero también se deberá plasmar en una extensa existencia de temas y epígrafes en cada título competencial que permite deducir y concluir la complejidad que caracteriza a la materia de Universidades.

En definitiva, la LOSU como normativa de cabecera y normativa básica estatal debe ser desarrollada normativamente en un segundo nivel por las Comunidades Autónomas en aspectos que no afectan a la autonomía universitaria, con una concreción de forma desigual, pero que obliga a que sean respetadas también por los Estatutos universitarios, que deben ser considerados como normas de concreción del contenido de la autonomía universitaria, pero no exclusivamente, ya que deberán respetar la normativa autonómica de desarrollo en aspectos de incidencia indirecta en la autonomía universitaria. En consecuencia, es comprensible que se considere que ambas normativas estatal y autonómica restrinjan considerablemente el ámbito de configuración de los Estatutos universitarios por la duplicidad de normativas cuyo cumplimiento se somete a control de legalidad autonómico[292]. La normativa autonómica se ha centrado en los Consejos sociales y en el régimen aplicable al PDI y PTGAS laboral, pero también en la creación, organización y modificación de las estructuras básicas universitarias, aunque en el caso de incumplimiento de obligaciones materiales o temporales solo puede intervenir para evitar que

---

292 Vid. SOSA WAGNER, F., *El mito de la autonomía universitaria*, Aranzadi, Cizur Menor, 2007, 3ª ed., p. 124-125. Asimismo, GALÁN VIOQUE, R., "Los estatutos de las universidades públicas, una vez más, en la tesitura de su necesaria adaptación a la tercera ley de cabecera del sistema universitario español", *op. cit.*, p. 209-210.

omisiones voluntarias de la Universidad conduzca a anomalías incompatibles con el correcto funcionamiento de la institución universitaria. No obstante, a pesar de que la LOSU ha supuesto un aumento de normativa universitaria de desarrollo autonómico que se deberá adaptar a la normativa estatal básica que puede ser cambiante, la realidad es que en los últimos tiempos el Estado solo ha negociado con los Rectores realizando pequeños cambios en el contenido de su normativa y con algunas CCAA que pueden aportar gobernabilidad al sistema político, considerando al resto de los sistemas universitarios autonómicos secundarios. Por otra parte, la crítica actual reside en que los nuevos Estatutos universitarios están sometidos a un plazo para su elaboración y adaptación, pero la normativa autonómica no, por lo que puede ocasionar que se deban adaptar de nuevo para introducir los cambios producidos con posterioridad a nivel autonómico[293].

Desde una perspectiva evolutiva se puede concluir que esta complejidad ha sido creciente y que seguramente la materia de Universidades tenderá a una disminución de las competencias estatales, un aumento de las competencias de las Comunidades Autónomas y de las Universidades para facilitar que se concreten las competencias en función de las respectivas necesidades e intereses presentes en sus ámbitos de actuación, aunque la consideración de la autonomía universitaria como derecho fundamental y su integración en una competencia concurrente con unas amplias bases normativas a favor del Estado implica que sus competencias sean amplias en materia de ejecución y gestión, pero menores desde un punto de vista normativo.

En este sentido, una disminución no implica que desaparezcan las competencias estatales. A título indicativo, la creación

---

293 GALÁN VIOQUE, R., "Los estatutos de las universidades públicas, una vez más, en la tesitura de su necesaria adaptación a la tercera ley de cabecera del sistema universitario español", *op. cit.*, p. 211

por ley estatal de una determinada Universidad se mantiene, pero tiene que responder, y será una constante más estricta en el futuro a las concretas necesidades de la programación general educativa o de coordinación de la investigación que, por ser de interés supracomunitario, no podrían ser satisfechas por cada una de las Comunidades Autónomas, aunque además será necesario que el Estado motive la existencia de dichas necesidades. En principio, no por el hecho de haber asumido las Comunidades Autónomas competencias en materia de universidades se impide que el Estado pueda crear universidades propias, pero siempre será necesario que la creación de dichas universidades públicas pueda ser una herramienta necesaria en casos concretos y que se garantice el correcto ejercicio por el Estado de las competencias que la Constitución le atribuye, sin menoscabar las competencias de las Comunidades Autónomas.

La complejidad del sistema de distribución de competencias aparece plasmada con toda su intensidad en la Disposición adicional décima quinta LOSU que cumple una función de garantía del ámbito competencial de las universidades y las Comunidades Autónomas, pero al mismo tiempo de blindaje competencial de los respectivos ámbitos, al señalar que la aplicación y el desarrollo de lo dispuesto en esta ley orgánica respetará la autonomía universitaria reconocida constitucionalmente en el artículo 27.10 de la Constitución, así como las competencias atribuidas a las Comunidades Autónomas por sus respectivos Estatutos de Autonomía. Esta cláusula meramente interpretativa fruto de la negociación parlamentaria sirve para reconocer y articular la relación directa de la LOSU como norma de cabecera y de referencia directa como reguladora de la autonomía universitaria como derecho fundamental a través de ley orgánica con los Estatutos de la Universidad y sin intermediación posible con la legislación autonómica, ya que no puede regular el derecho fundamental. Al mismo tiempo se recupera el viejo planteamiento del blindaje competencial autonómico de forma que las leyes orgánicas deben respetar las competencias autonómicas en sus Estatutos, claro está siempre que estas no incidan en la autonomía universitaria cuyo contenido define la LOSU.

7.2.- LA ESTRUCTURACIÓN NORMATIVA DE LAS COMPETENCIAS ESTATALES EN MATERIA DE UNIVERSIDADES

La autonomía universitaria como derecho fundamental no impide la potestad del legislador para regular la organización de las Universidades, sin perjuicio de que el ejercicio de tal potestad haya de realizarse respetando el contenido esencial de la autonomía constitucionalmente garantizada. A pesar de la existencia y articulación de dicho contenido esencial integrado por todos los elementos necesarios para asegurar la libertad académica, la autonomía universitaria se encuentra sometida a limitaciones que corresponderá fijar al legislador con el respeto de las reglas constitucionales en su conjunto. No se puede olvidar que la LOSU regula el sistema universitario por completo y no solo la autonomía universitaria por lo que pueden convivir normas propias de desarrollo de derechos fundamentales y otras temáticas que no requieren el uso de la ley orgánica.

En cuanto al régimen relativo al reparto de competencias en materia universitaria, de acuerdo con lo prevenido en el art. 149.1.1 y 30 CE[294], se sostiene que las competencias estatales en

[294] La Disposición final sexta LOSU relativa a título competencial, en su apartado 1, establece que esta ley orgánica se dicta al amparo de las reglas 1.ª y 30.ª del artículo 149.1 de la Constitución Española, que reservan al Estado la competencia exclusiva para la regulación de las condiciones básicas que garanticen la igualdad de todos los

materia de enseñanza son tanto normativas como ejecutivas, sin que pueda descartarse la incidencia de otros títulos, como los previstos en el art. 149.1.18 CE, a la hora de normar las pruebas de acceso a los cuerpos docentes universitarios[295]. Sin embargo, la intervención estatal no excluye la de las Comunidades Autónomas, resultando, en consecuencia, en el caso que nos ocupa, una triple dimensión competencial, es decir, la universitaria, en razón de su autonomía reconocida como derecho fundamental, la de la Comunidad Autónoma a través de las competencias explícitas o deducidas de su Estatuto de Autonomía o de las leyes delimitadoras del alcance de sus competencias en esta materia como puede ser la propia LOSU, y la del propio Estado[296].

---

españoles en el ejercicio de los derechos, así como en el cumplimiento de los deberes constitucionales y la aprobación de las normas básicas para el desarrollo del artículo 27 de la Constitución, a fin de garantizar el cumplimiento de las obligaciones de los poderes públicos en esta materia, respectivamente.

[295] La Disposición final sexta LOSU, en su apartado 2, utiliza muchos títulos competenciales como el art. 149.1.15 CE, pero también en función de las distintas materias y leyes expresamente modificadas, se remite precisamente a las competencias expresadas en las leyes objeto de modificación.

[296] Sobre la complejidad del sistema de distribución de competencias en materia de educación y enseñanza, especialmente en relación con las Universidades, vid. CÁMARA VILLAR, G. "Educación y enseñanza" y "Universidades", en AAVV, *Reformas Estatutarias y Distribución de Competencias*, Balaguer Callejón, Francisco (dir.), y Ortega, Luis; Cámara Villar, Gregorio; Montilla, José A. (coord.), Sevilla, Instituto Andaluz de Administración Pública, Consejería de Justicia y Administración Pública, 2007, pp. 513-524 y 525-536, respectivamente; EMBID IRUJO, A., "La autonomía universitaria y la autonomía de las Comunidades Autónomas", *La enseñanza en España en el umbral del siglo XXI. Consideraciones jurídicas*, Tecnos, Madrid, 2000, p. 106-156; NAVARRO RUIZ, J. C., *Universidades, sistemas europeo, estatal y autonómico. Su articulación competencial*, Tirant lo Blanch, Valencia,

En relación con las competencias del Estado, se debe partir de que la interpretación del art. 149.1.30 CE no debe limitarse a desarrollar el mandato constitucional de la autonomía universitaria contenido en el art. 27.10 CE y a garantizar el cumplimiento de las obligaciones de los poderes públicos en esta materia, ya que un precepto aislado e incluso fragmentado de la Constitución no puede interpretarse sin contextualizar sistemáticamente el conjunto armónico de los artículos que forman el bloque de constitucionalidad en esta materia[297]. En

---

2005; NIETO, A., "Autonomía política y autonomía universitaria", *Revista del Departamento de Derecho Político (UNED)*, núm. 5, 1979-80; EMBID IRUJO, A., "La autonomía universitaria y la autonomía de las Comunidades Autónomas", *op. cit.*, p. 7-50; MAGRO SERVET, V., "Autonomía universitaria y comunidades autónomas", *Poder Judicial*, núm. 43-44; MAGRO SERVET, V., "Alcance competencial de las Comunidades Autónomas en materia universitaria", *Revista Valenciana d'Estudis Autonòmics*, núm. 27, 1999; PONS PARERA, E., *La autonomía universitaria, op. cit.*, p. 311 y ss.; NOGUEIRA LÓPEZ, A., "Distribución de competencias y organización administrativa en materia de universidades", *op. cit.*, p. 129 y ss. Asimismo, vid. RUIZ-RICO RUIZ, C., "La distribución de competencias en materia de Universidades: problemática en torno a la educación universitaria", en GAVARA DE CARA, J.C. (Ed.), *El Gobierno de la Universidad, op. cit.*, p. 146 y ss.; MORA RUIZ, M., "La participación de las Comunidades Autónomas en la configuración del "nuevo" sistema universitario y su organización administrativa", en HORGUÉ BAENA, C. (dir.), *La nueva ordenación de las universidades. Estudios sobre la ley orgánica 2/2023 del sistema universitario*, Iustel, Madrid, 2023, p. 23 y ss.

297 STC 26/1987 FJ 4 (TOL79.735). No hay que aislar uno o varios preceptos constitucionales y extraer consecuencias parciales de los mismos, los principios constitucionales no son compartimientos estancos, sino que, al contrario, cada uno de ellos cobra valor en función de los demás y en tanto sirva a promover los valores superiores del ordenamiento jurídico (STC 27/1981 (TOL110.830). La unidad de la Constitución no toleraría que una de sus disposiciones se desvirtuara íntegramente por lo establecido en otra (STC 63/1982 (TOL79.036).

todo caso, la LOSU es la ley reguladora de todo el sistema universitario que comprende la normativa de autonomía universitaria, pero también la normativa básica estatal en la materia universitaria que puede ser también estructurada también por ley ordinaria o a partir de colaboración internormativa con el reglamento. En esencia, las competencias exclusivas del Estado relevantes en materia de autonomía universitaria serían[298]:

a) La regulación de las condiciones básicas que garanticen la igualdad de derechos y deberes de todos los españoles (art. 149.1.1 CE)[299].

b) Las bases del régimen jurídico de las Administraciones Públicas y del régimen estatutario de los funcionarios (art. 149.1.18 CE).

c) El fomento y la coordinación general de la investigación científica y técnica (art. 149.1.15 CE).

d) La regulación de las condiciones de obtención y expedición y homologación de títulos académicos y profesionales y normas básicas para el desarrollo del art. 27 de

---

298 Vid. EMBID IRUJO, A., "La autonomía universitaria y la autonomía de las Comunidades Autónomas", *op. cit.*, p. 16; PONS, E., *La autonomía universitaria, op. cit.*, p. 315; ZAMBONINO PULITO, M., "Las Universidades Públicas como Administraciones Públicas. Bases de su creación y régimen jurídico", en AAVV, *Comentarios a la Ley Orgánica de Universidades*, Civitas, Madrid, 2009, p. 182. Asimismo, vid. GAVARA DE CARA, J.C., "La distribución de competencias en materia de Universidades en la jurisprudencia del Tribunal Constitucional y la complejidad de su estructuración", *op. cit.*, p. 176; MORA RUIZ, M., "La participación de las Comunidades Autónomas en la configuración del "nuevo" sistema universitario y su organización administrativa", *op. cit.*, p. 26-29.

299 Sobre su aplicación a los derechos educativos, vid. RUIZ-RICO RUIZ, C., "La distribución de competencias en materia de Universidades: problemática en torno a la educación universitaria", *op. cit.*, p. 152 y ss.

la Constitución, a fin de garantizar el cumplimiento de las obligaciones de los poderes públicos en esta materia (art. 149.1.30 CE), que incluye entre las competencias exclusivas del Estado las relativas a las figuras centrales del sistema educativo, los órganos de gobierno y la determinación de sus competencias, lo que constituye el marco institucional de cualquier pieza clave del sistema educativo.

En cualquier caso, se debe resaltar e insistir en que una hipotética vulneración de las competencias de la autonomía universitaria en la actualidad, no se limita a un problema de distribución de competencias entre el Estado y la Comunidad Autónoma, sino que tiene una triple dimensión, ya que el reparto de competencias constitucionalmente también corresponde a la universidad, en razón de su autonomía, aunque se tratan de competencias en sus contenidos derivadas de la ley o incluso estructuras por normas de carácter reglamentario, ya que no se establece expresa y específicamente en la Constitución. Por su parte, a las Comunidades Autónomas pueden corresponderles competencias en virtud de su Estatuto y pueden elaborar normativa de desarrollo a partir de las bases normativas articuladas en la LOSU, aunque siempre respetando la autonomía universitaria. Por último, al Estado cuyas competencias derivan directamente de títulos competenciales establecidos en la Constitución, tal como ha quedado reflejado. En consecuencia, las competencias de la Universidad y del Estado derivan directamente de la Constitución, ya sea a través de un derecho fundamental de configuración legislativa o de un título competencial, mientras que las competencias autonómicas derivan de su Estatuto o en realidad, dado el carácter abierto de los preceptos estatutarios en la materia que implican dejar a salvo las competencias estatales y la autonomía universitaria, del alcance que se derive de las bases normativas fijadas en la LOSU al permitir un desarrollo normativo autonómico.

Con el objeto de clarificar, dejando al margen las disposiciones estatutarias que tienen un alcance fundamentalmente interpretativo (no prescriptivo), las Comunidades Autónomas disponen de competencia de desarrollo de las normas básicas que dicte el Estado, competencia legislativa y reglamentaria sobre aquellos aspectos que no tiene reservados constitucionalmente el Estado y competencia exclusiva de ejecución y gestión del servicio público universitario, incluida la titularidad de las Universidades Públicas en el territorio de la Comunidad. Además, podemos encontrar supuestos en los que el Estado ejercerá las competencias de ejecución y gestión tal como sucede con la UNED o la UIMP, por lo que se puede deducir que en este ámbito de creación de universidades se puede deducir la existencia de una competencia plena en concurrencia con las Comunidades Autónomas[300].

En relación a las competencias estatales, la LOSU también reserva determinados ámbitos materiales al Estado con la finalidad de clarificar y prevenir invasiones o conflictos competenciales como la creación por Ley de Cortes Generales de Universidades con especiales características (art. 4.1.b LOSU), funciones y regulación de la ANECA (art. 5.4 LOSU), regulación del procedimiento y las condiciones para la acreditación institucional de los centros universitarios (art. 5.5 LOSU), docencia oficial con validez y eficacia en todo el Estado, configurada por los títulos de Grado, Máster Universitario y Doctorado

---

300 En la disposición adicional primera.2 LOU sobre la UNED se establece que las Cortes Generales y el Gobierno ejercerán las competencias que la presente Ley atribuye, respectivamente, a la Asamblea Legislativa y al Consejo de Gobierno de las Comunidades Autónomas. En atención a sus especiales características y ámbito de sus actividades, esta disposición no es necesaria en la Universidad Internacional Menéndez Pelayo, dependiente directamente del Estado, pero sin la estructura ordinaria del resto de las universidades públicas (Disposición adicional segunda LOSU).

(art. 6.6 LOSU), directrices y condiciones para la obtención y expedición de los títulos universitarios oficiales (art. 8.1 LOSU), inscripción de títulos en el Registro de Universidades, Centros y Títulos (art. 8.3 LOSU), convalidación o adaptación de estudios, homologación y declaración de equivalencia de títulos extranjeros (art. 10 LOSU), cooperación y coordinación en el sistema universitario a través de la Conferencia General de Política Universitaria, el Consejo de Universidades y el Consejo de Estudiantes Universitario del Estado (art. 14-17 LOSU), medidas de internacionalización del sistema universitario (art. 23-30 LOSU), derechos y deberes del estudiantado en el sistema universitario, incluidas becas y ayudas al estudio (art. 31-37 LOSU), reglamentación de la adscripción de centros universitarios (art. 42.1 LOSU), regulación de la excedencia al PDI para participar en entidades y empresas basadas en el conocimiento (art. 61.3 LOSU), procedimiento de acreditación de los cuerpos docentes universitarios (art. 69 LOSU), regulación de las comisiones de reclamaciones de las acreditaciones y de los concursos de selección (art. 73 LOSU), Estatuto del Personal docente e investigador universitario (art. 73.4, Disposición final décima LOSU), régimen retributivo del PDI funcionario (art. 76 LOSU), programas de incentivos para PDI laboral (art. 87.3 LOSU), programas de incentivos para PTGAS (art. 93.3 LOSU), además de algunas especialidades como la UNED, la UIMP, relaciones con Universidades de la Iglesia Católica, Centros Universitarios de la Defensa, de la Guardia Civil y de Formación de la Policía Nacional y el reconocimiento de efectos civiles de determinados títulos académicos de carácter teológico y de formación de ministros de culto de otras confesiones religiosas (Disposición final décima primera LOSU).

En cualquier caso, en la perspectiva de la ejecución también se deben situar las competencias del Estado en la órbita de la evaluación y control del sistema universitario, situadas en la rendición de cuentas externa, que puede ser ejercida por la ANECA o a través de Agencias independientes, en aras de su homologación europea e internacional, de la Administración Pública y de los distintos Gobiernos estatales o autonómicos, que incluso puedan ser objeto de relaciones cooperativas o intergubernamentales con las Comunidades Autónomas, de forma que se puede optar por un sistema de delegaciones en ellas, a través de una racionalización que impida la duplicidad de unos esfuerzos no siempre bien justificados y adecuados (art. 5.4 LOSU). En un sentido similar, la financiación universitaria, su margen y sus criterios básicos deberán responder a criterios homogéneos, así como las nuevas políticas en materia de enseñanza universitaria, sobre todo si son consecuencia de desarrollo de prescripciones de la Unión Europea, lo que ocasionaría competencias estatales de coordinación. En general, el Estado es competente legislativamente para coordinar, facilitar la cooperación y garantizar una prestación homogénea y eficaz del servicio público que permita corregir desequilibrios y desigualdades en la educación universitaria[301].

Por otra parte, se debe tener en cuenta que la normativa básica estatal en materia universitaria se puede fijar en actos normativos distintos de la LOSU, ya que antes de la LOSU se aprobó la Ley 3/2022, de 24 de febrero, de convivencia universitaria, que tiene carácter básico y ordinario, pero no orgánico, de conformidad con su Disposición final primera, que utiliza como títulos competenciales a los art. 149.1.18 y 149.1.30 CE. Esta Ley de convivencia universitaria actualizó el régimen disciplinario de los estudiantes universitarios, que se encontraba todavía regulado mediante un reglamento de la época franquista (Decreto de 8 de septiembre de 1954). Además, la Disposición

---

301 Sobre la vertiente prestacional y de servicio público de la educación universitaria, vid. RUIZ-RICO RUIZ, C., "La distribución de competencias en materia de Universidades: problemática en torno a la educación universitaria", *op. cit.*, p. 157-159, así como sobre coordinación y cooperación, p. 159-161

adicional cuarta de esta Ley de convivencia universitaria establecía la obligación de aprobar Normas de Convivencia y de las medidas de prevención y respuesta frente a la violencia, la discriminación o el acoso, por parte de las universidades públicas y privadas, en el plazo máximo de un año a contar desde la entrada en vigor de esta ley (25 de febrero de 2023), pudiendo incorporar a dichas Normas de Convivencia aquellas medidas de análoga naturaleza que tuvieran vigentes, ajustándolas a lo dispuesto por dicha ley[302]. Esta normativa se integrará en el acervo normativo de cada universidad concreta, como normativa al margen de los Estatutos universitarios, sin relación directa con la LOSU, con independencia de que se pueda considerar eventualmente como una colaboración internormativa de su contenido con una ley ordinaria.

Finalmente, se debe tener en cuenta también y destacar las numerosas remisiones de la LOSU a disposiciones reglamentarias que se integran en la normativa básica del Estado en el ámbito de una materia como es la universitaria sujeta en parte a ley orgánica. Estas disposiciones reglamentarias responden a la finalidad de la homologación del sistema universitario para garantizar el cumplimiento de las leyes, que no podrá interferir en los Estatutos universitarios, ni reducir su autonomía organizativa[303], ya que no pueden regular en sentido estricto la autonomía universitaria. En este sentido, son numerosos los reglamentos estatales normativos de carácter básico y las propuestas de reglamentos que se deben aprobar en un futuro próximo por el Estado, tanto antes como después de la entrada en vigor

---

[302] GALÁN VIOQUE, R., "Los estatutos de las universidades públicas, una vez más, en la tesitura de su necesaria adaptación a la tercera ley de cabecera del sistema universitario español", *op. cit.*, p. 206-207

[303] GALÁN VIOQUE, R., "Los estatutos de las universidades públicas, una vez más, en la tesitura de su necesaria adaptación a la tercera ley de cabecera del sistema universitario español", *op. cit.*, p. 207

de la LOSU[304]. Estos reglamentos estatales son de carácter

304 En este sentido destacan, el Real Decreto 576/2023, de 4 de julio, por el que se modifican el Real Decreto 99/2011, de 28 de enero, por el que se regulan las enseñanzas oficiales de doctorado; el Real Decreto 1002/2010, de 5 de agosto, sobre expedición de títulos universitarios oficiales; y el Real Decreto 641/2021, de 27 de julio, por el que se regula la concesión directa de subvenciones a universidades públicas españolas para la modernización y digitalización del sistema universitario español en el marco del Plan de Recuperación, Transformación y Resiliencia; y el Real Decreto 678/2023, de 18 de julio, por el que se regula la acreditación estatal para el acceso a los cuerpos docentes universitarios y el régimen de los concursos de acceso a plazas de dichos cuerpos. Con anterioridad a la LOSU se aprobaron el Real Decreto 640/2021, de 27 de julio, de creación, reconocimiento y autorización de universidades y centros universitarios, y acreditación institucional de centros universitarios y el Real Decreto 822/2021, de 28 de septiembre, por el que se establece la organización de las enseñanzas universitarias y del procedimiento de aseguramiento de su calidad. También se debe destacar la existencia de dos proyectos de Real Decreto elaborados por el antiguo Ministerio de Universidades, que se encontraban ya sometidos a información y audiencia pública, afectando a los ámbitos de conocimiento para adscripción del PDI y a los departamentos universitarios (fundamentalmente para fijar el número de sus miembros entre 35 y 50), pero ambos proyectos teóricamente no han sido retomado por el nuevo Ministerio de Ciencia, Innovación y Universidades, por lo que se consideran parados. Por otra parte, queda pendiente como siempre el histórico y non nato Estatuto de Personal Docente e Investigador (EPDI), cuyo proyecto debería de haberse presentado en el plazo de seis meses desde la entrada en vigor de la LOSU por el Gobierno como un proyecto de ley (Disposición Final décima LOSU). Como el EPDI en las anteriores leyes universitarias (que también preveían su presentación en unos plazos que nunca fueron cumplidos) se contemplaba como un reglamento, en la actualidad ha sido objeto de legalización, pero de un reglamento que nunca fue aprobado. La consecuencia de que el EPDI en un futuro sea una ley facilitará la intervención de las Cortes Generales para poder enmendar el contenido proyectado por el Gobierno, pero al

ejecutivo sometidos a habilitación expresa (Disposición Final octava LOSU), pero se trata de una habilitación genérica, que exige que el Gobierno justifique y motive su inclusión entre la normativa básica estatal en la materia, aunque es una cuestión no excesivamente complicada, pero cuyas consecuencias pueden generar una conflictividad extrema debido a que son objeto de discusión por invasión de competencias autonómicas o universitarias en la jurisdicción ordinaria.

En resumen, se debe destacar que constitucionalmente se plantea un triple sistema de distribución de competencias entre Estado, CCAA y universidades, en el que las competencias estatales se configuran a través de títulos genéricos de alcance no específico universitario y articulado en su estructura concreta por la jurisprudencia del Tribunal Constitucional[305].

---

mismo tiempo la situación política en minoría de este permitirá que continúe en el mundo de los anteproyectos non natos.

305 En definitiva, de forma explícita, la jurisprudencia del Tribunal Constitucional ha determinado que las competencias del Estado se centren en la fijación del sistema universitario como modelo nacional (STC 26/1987 (TOL79.735), STC 176/2015 (TOL5.440.472), la regulación básica de los Consejos Sociales mediante Ley Orgánica (STC 26/1987 (TOL79.735), STC 235/1991 (TOL81.914), STC 156/2013 (TOL3.973.299); el régimen uniforme del profesorado (STC 26/1987 (TOL79.735), comprendiendo no solo las bases, sino también el desarrollo y dedicación (STC 235/1991 (TOL81.914), STC 26/2016 (TOL5.676.626), STC 84/2016 (TOL5.791.874); el régimen retributivo (STC 26/1987 (TOL79.735), evaluación positiva para contratar personal docente (STC 131/2013 (TOL3.785.911); condiciones básicas del profesorado de universidades privadas (STC 223/2012 (TOL2.713.895), STC 131/2013 (TOL3.785.911), STC 134/2013 (TOL3.785.940), STC 141/2013 (TOL3.855.995), STC 158/2013 (TOL3.973.302), STC 159/2013 (TOL3.973.300), STC 160/2013 (TOL3.973.301), el Estado no es competente para crear un servicio de inspección (STC 235/1991 (TOL81.914), aunque la LOSU prevé como obligatoria la existencia interna en las universidades de una unidad de inspección de servicios; los requisitos

básicos para crear y reconocer universidades y Centros Universitarios (STC 131/1996 (TOL83.064), STC 160/2013 (TOL3.973.301); normativa básica sobre becas y ayudas al estudio (STC 188/2001 (TOL110.433); igualdad de las universidades públicas y privadas en la aplicación del sistema de becas y ayudas al estudio (STC 191/2020 (TOL8.441.193), STC 2/2021 (TOL8.318.464), STC 6/2021 (TOL8.318.462), STC 19/2021 (TOL8.347.255), STC 42/2021 (TOL8.364.814), STC 138/2021 (TOL8.506.484), STC 162/2021 (TOL8.629.511), STC 1/2022 (TOL8.791.713), STC 4/2022 (TOL8.791.710), STC 27/2022 (TOL8.871.427), STC 78/2022 (TOL9.136.491), STC 101/2022 (TOL9.239.723); coordinación y régimen básico de los planes de estudio (STC 187/1991 (TOL80.599), STC 183/2011 (TOL2.295.008); establecimiento de los conocimientos necesarios para obtener títulos oficiales con validez en todo el territorio nacional (STC 187/1991 (TOL80.599), STC 103/2001 (TOL104.632); fijar las bases en materia de procedimientos de selección para el acceso a los centros universitarios (STC 223/2012 (TOL2.713.895), STC 131/2013 (TOL3.785.911), STC 134/2013 (TOL3.785.940), STC 141/2013 (TOL3.855.995), STC 158/2013 (TOL3.973.302), STC 159/2013 (TOL3.973.300), STC 160/2013 (TOL3.973.301), STC 87/2014 (TOL4.373.236); convenios de colaboración para enseñanza universitaria en centros penitenciarios (STC 206/2011 (TOL2.347.883); regulación de centros docentes adscritos (STC 223/2012 (TOL2.713.895), STC 131/2013 (TOL3.785.911), STC 134/2013 (TOL3.785.940), STC 141/2013 (TOL3.855.995), STC 158/2013 (TOL3.973.302), STC 159/2013 (TOL3.973.300), STC 160/2013 (TOL3.973.301); establecer los requisitos mínimos para constituir Departamentos universitarios (STC 156/1994 (TOL82.562), STC 223/2012 (TOL2.713.895), STC 131/2013 (TOL3.785.911), STC 134/2013 (TOL3.785.940), STC 141/2013 (TOL3.855.995), STC 158/2013 (TOL3.973.302), STC 159/2013 (TOL3.973.300), STC 160/2013 (TOL3.973.301); regulación de las estructuras básicas de la Universidad (STC 156/1994 (TOL82.562), STC 47/2005 (TOL598.423), STC 192/2012 (TOL2.680.132); regulación de los órganos de gobierno de las universidades privadas (STC 176/2015 (TOL5.440.472); necesidad de distinguir entre universidades públicas y privadas a efectos de establecer régimen de concertación con instituciones sanitarias de

En este sentido, es recomendable que en una futura reforma constitucional se introduzcan títulos competenciales específicos estatales en materia universitaria, que disminuyan la conflictividad y las dudas que se puedan plantear en las sucesivas reformas normativas.

7.3.- EL ALCANCE DE LAS COMPETENCIAS AUTONÓMICAS EN MATERIA DE UNIVERSIDADES

Tras la reforma de los últimos Estatutos de Autonomía, hace ya más de una década, se ha introducido en estos de forma explícita competencias autonómicas en materia de Universidades, por lo menos en las Comunidades Autónomas que llegaron a reformar sus Estatutos en aquellos tiempos que empiezan a ser lejanos. A título indicativo, el art. 172 EAC atribuye a la Generalitat de Cataluña, bajo la rúbrica "Universidades", una serie de competencias exclusivas, compartidas y ejecutivas sobre determinadas cuestiones "en materia de enseñanza universitaria, sin perjuicio de la autonomía universitaria". No obstante, las Comunidades Autónomas, a pesar de la atribución de la exclusividad, de conformidad con la jurisprudencia del Tribunal Constitucional, no puede ostentar competencias exclusivas en materia de enseñanza universitaria, ni determinar el contenido de lo básico o invadir materia reservada al

---

titularidad pública (STC 14/2019 (TOL7.059.451); régimen de las universidades eclesiásticas (STC 223/2012 (TOL2.713.895), STC 131/2013 (TOL3.785.911), STC 134/2013 (TOL3.785.940), STC 141/2013 (TOL3.855.995), STC 158/2013 (TOL3.973.302), STC 159/2013 (TOL3.973.300), STC 160/2013 (TOL3.973.301). Vid. NAVARRO RUIZ, J. C., *universidades, sistemas europeo, estatal y autonómico. Su articulación competencial, op. cit.*, p. 117-118; NAVARRO RUIZ, J. C., "Competencias del Estado y las Comunidades Autónomas en relación con el Espacio Europeo de Educación Superior", *Revista de Derecho de la Unión Europea*, núm. 12, 2007, p. 102-103

legislador orgánico, del mismo modo que tampoco podría el Estatuto blindar en sus normas la doctrina jurisprudencial del Tribunal Constitucional en dicha materia[306], ya que por su carácter puede ser evolutiva o cambiar sustancialmente a través de una reforma de la Constitución, acto normativo principal al que evidentemente se encuentra vinculado el Tribunal Constitucional, pero también para evitar que la futura normativa estatal básica del Estado en la materia pudiera incidir en las competencias autonómicas.

En consecuencia, las competencias reservadas constitucionalmente al Estado -en lo que ahora importa, por los arts. 27, 81.1 y 149.1.1, 15, 18 y 30 CE, todas ellas implicadas en el ámbito de la educación universitaria a que se refiere el art. 172 EAC- no quedan desvirtuadas por la calificación estatutaria de determinadas competencias autonómicas como exclusivas, pues el sentido y alcance de esa expresión sólo puede ser el que, con carácter general, admite el art. 110 EAC, en su interpretación conforme a la Constitución. Las funciones comprendidas en las competencias de las que puede ser titular la Comunidad Autónoma de Cataluña serán siempre y sólo las que se deriven de la interpretación de la Constitución reservada al Tribunal Constitucional y, de no mediar la oportuna reforma constitucional, su contenido y alcance no será sino el que eventualmente resulte de la propia evolución de su jurisprudencia[307], sin que el Estatuto de Autonomía pueda modificar los preceptos constitucionales o la interpretación superior resultantes. En este sentido, el alcance real de las competencias autonómicas no se ha visto modificado por la reforma del Estatuto de Autonomía y la calificación de títulos competenciales

---

306 Vid. GAVARA DE CARA, J.C., "La distribución de competencias en materia de Universidades en la jurisprudencia del Tribunal Constitucional y la complejidad de su estructuración", *op. cit.*, p. 178 y ss.

307 STC 31/2010 FJ 108 (TOL1.880.189)

autonómicos en materia universitaria que éste realiza, ya que se siguen aplicando las mismas reglas ambiguas y de carácter no explícito de distribución de competencias entre el Estado y las CCAA hasta que sea operativa una reforma constitucional.

En relación a los concretos apartados del art. 172.1 EAC[308], la competencia mencionada en la letra b del precepto (decisiones de creación de universidades públicas y autorización de las privadas) permite con naturalidad una interpretación que excluya la posibilidad de establecer la regulación del marco jurídico general en el que tales decisiones hayan de adoptarse, quedando así reducida a una dimensión estrictamente ejecutiva que no sería contraria a ninguna reserva constitucional a favor del Estado. Por su parte, las letras e y h se refieren, respectivamente, al marco jurídico de los títulos propios de las universidades y al régimen retributivo del personal docente e investigador contratado de las universidades y al establecimiento de las retribuciones adicionales del personal docente funcionario. En el primer caso, el propio precepto hace salvedad expresa del principio de autonomía universitaria y ha de entenderse que, refiriéndose a los títulos propios de las universidades, también la hace del marco jurídico de las titulaciones del sistema educativo general, respecto de los que ha de estarse

---

308 3. La competencia ejecutiva sobre la expedición de los títulos universitarios oficiales".
En Cataluña, con anterioridad, ya se había aprobado la Ley 1/2003, de 19 de febrero, de Universidades de Cataluña, que ha sido modificada en la disposición adicional 5ª por la Ley 26/2009, de 23 de diciembre; en la disposición adicional 13ª por la Ley 11/2011, de 29 de diciembre; en los art. 129.2.d, 131.1.m, 156 y 157.1 por la Ley 5/2012, de 20 de marzo; en la disposición adicional 15ª por la Ley 3/2015, de 11 de marzo; se deroga los capítulos II y III del Título VII por la Ley 15/2015, de 21 de julio, de la Agencia de Calidad del Sistema Universitario de Cataluña; el art. 47 por la Ley 5/2017, de 28 de marzo; los arts. 4, 41, 117 y se añade el 4 bis por la Ley 7/2022, de 12 de mayo.

a la reserva del art. 149.1.30 CE. En el supuesto de la letra h, la Comunidad Autónoma ostenta competencias que no pueden ser exclusivas en materia de PDI contratado y de retribuciones adicionales del PDI funcionario y, por ello, excluyentes de toda competencia del Estado[309]. En si mismo, el Tribunal Constitucional viene a reconocer que una definición de competencia exclusiva de determinadas materias concretas de los Estatutos de Autonomía no modifica los criterios interpretativos de títulos competenciales estatales que se deriven directamente de la Constitución y de sus reglas interpretativas.

El reconocimiento expreso y explícito de la competencia autonómica en materia de Universidades no solo ha quedado plasmado en el Estatuto de Autonomía de Cataluña adoptado como modelo o en el Estatuto Autonomía de Andalucía (art. 53 EAAnd)[310], o en el más reciente de Canarias (art. 134

---

309 STC 31/2010 FJ 108 (TOL1.880.189)

310 El Estatuto de Autonomía para Andalucía en su artículo 53 atribuye competencias a la Comunidad Autónoma en materia de enseñanza universitaria. Este precepto es prácticamente idéntico al art. 172 EAC por lo que no se reproduce. Este precepto del Estatuto de Andalucía se ha desarrollado mediante el Decreto Legislativo 1/2013, de 8 de enero (modificado en los art. 89.1 y 2 por la disposición final 8ª de la Ley 10/2016, de 27 de diciembre; el art. 89.5 por la Ley 6/2019, de 19 de diciembre; el art. 58 por el Decreto-ley 26/2021, de 14 de diciembre), por el que se aprueba el Texto Refundido de la Ley Andaluza de Universidades, procedente de la Ley 12/2011, de 16 de diciembre, por la que se modifica la Ley 15/2003, de 22 de diciembre, Andaluza de Universidades, que en su disposición final primera atribuye al Consejo de Gobierno la potestad para elaborar el Texto Refundido de la misma junto a los contenidos que permanecen vigentes de la Ley 15/2003, de 22 de diciembre, Andaluza de Universidades. En uso de esa habilitación se ha elaborado el decreto legislativo que, dada su naturaleza, no incorpora novedad normativa alguna, se trata de formar un texto sistemático y unificado, comprensivo de la normativa vigente aplicable en esta materia.

EACan)[311], como manifestaciones más desarrolladas de la materia de Universidades[312], sino que también se ha incorporado en Valencia[313] y en Baleares[314], aunque en este caso existe una

---

311 El art. 134 EACan opta por este modelo más desarrollado y similar a los anteriores Estatutos de Cataluña y Andalucía en la Ley Orgánica 1/2018, de 5 de noviembre, de reforma del Estatuto de Autonomía de Canarias. La normativa de desarrollo es la Ley 11/2003, de 4 de abril, sobre Consejos Sociales y Coordinación del Sistema Universitario de Canarias, sobre la que se realizó una amplia reforma por la Ley 5/2009, de 24 de abril, para adecuarla a la reforma de la LOU de 2007.

312 Sobre las competencias autonómicas en dichos Estatutos de Autonomía, vid. ZAMBONINO PULITO, M., "Las Universidades Públicas como Administraciones Públicas. Bases de su creación y régimen jurídico", *op. cit.*, p. 183 y ss.; MORA RUIZ, M., "La participación de las Comunidades Autónomas en la configuración del "nuevo" sistema universitario y su organización administrativa", *op. cit.*, p. 29-34,

313 La Ley Orgánica 1/2006 de reforma del Estatuto de Autonomía de Valencia (EAVal) establece que tras haber asumido con la aprobación del Estatuto de Autonomía de la Comunitat Valenciana mediante Ley Orgánica 5/1982, de 1 de julio, la Generalitat la competencia plena, se ha mantenido en el art. 53.1, para la regulación y administración de la enseñanza en toda su extensión, niveles y grados, modalidades y especialidades «sin perjuicio de lo dispuesto en el artículo 27 de la Constitución y Leyes Orgánicas que, conforme al apartado 1 del artículo 81, lo desarrollen». Esta norma del Estatuto de Autonomía es similar a la del Estatuto vasco. Las competencias en materia de Universidad se han desarrollado normativamente por la Ley 4/2007, de 9 de febrero, de coordinación del Sistema Universitario Valenciano, que en sucesivas modificaciones han ido incluyendo las previsiones de las reformas de la LOU de 2007 y 2012, a través de la Ley 16/2008, de 22 de diciembre; Ley 16/2010, de 27 de diciembre y Ley 2/2012, de 14 de junio.

314 El art. 36.4 EAIBal (redactado conforme a la Ley Orgánica 1/2007, de 28 de febrero, de reforma del Estatuto de Autonomía de las Illes Balears) establece el alcance de la competencia en materia de enseñanza universitaria, fijando que la Comunidad Autónoma de las Illes Balears tiene competencia exclusiva, sin perjuicio de la

normativa de desarrollo autonómico de las competencias en materia universitaria anterior a dicha reforma estatutaria[315], pero posterior a la LOU de 2001. También figura un título competencial de Universidades en los Estatutos de Aragón[316]

---

autonomía universitaria, en la programación y la coordinación del sistema universitario, en la financiación propia de las universidades y en la regulación y la gestión del sistema propio de becas y ayudas.

315 Ley 2/2003, de 20 de marzo, de organización institucional del sistema universitario de las Illes Balears, aprobada con posterioridad a la LOU 2001, pero sin asumir las reformas sucesivas o la reforma del Estatuto de Autonomía. Tan solo se ha modificado el art. 20 por la Ley 6/2023, de 16 de marzo.

316 La Comunidad Autónoma de Aragón tiene, tal y como indica el artículo 73 EAAra, la competencia compartida en enseñanza en toda su extensión, niveles y grados, modalidades y especialidades, que, en todo caso, incluye la ordenación del sector de la enseñanza y de la actividad docente y educativa, su programación, inspección y evaluación; el establecimiento de criterios de admisión a los centros sostenidos con fondos públicos para asegurar una red educativa equilibrada y de carácter compensatorio; la promoción y apoyo al estudio; la formación y el perfeccionamiento del personal docente; la garantía de la calidad del sistema educativo, y la ordenación, coordinación y descentralización del sistema universitario de Aragón con respeto al principio de autonomía universitaria, en la redacción resultante de la Ley Orgánica 5/2007, de 20 de abril, de reforma del Estatuto de Autonomía de Aragón. En aplicación de tal competencia y de lo previsto por el Estatuto de Autonomía para la asunción efectiva de la misma y su ejecución, por Real Decreto 96/1996, de 26 de enero, fueron transferidas a la Comunidad Autónoma de Aragón las funciones y servicios de la Administración del Estado en materia de universidades, lo que, en concreto, supuso el traspaso de la Universidad de Zaragoza. Las competencias autonómicas se encuentran reguladas mediante la Ley 5/2005, de 14 de junio, de Ordenación del Sistema Universitario de Aragón. De la misma forma, y mediante esta Ley, se crea la Agencia de Calidad y Prospectiva Universitaria de Aragón. El art. 71.41ª EAAra, también establece la competencia exclusiva en materia de Investigación, desarrollo e innovación científica y tecnológica, que comprende,

y Castilla-León[317], de similares características que los anteriores, pero más desarrollados en su concreción. Con un criterio excluyente de las competencias estatales sin mencionar a las Universidades, pero respetuoso con todos los títulos competenciales estatales se regulaban originariamente en el Estatuto de Guernica (art. 16 EAPV), pero se excluían las competencias estatales en materia de enseñanza en la propuesta del País

---

en todo caso, la planificación, programación y coordinación de la actividad investigadora de la Universidad y de los demás centros públicos y privados, la transferencia de conocimientos y el fomento y desarrollo de las tecnologías para la sociedad de la información. La Ley 5/2005 ha sido objeto de diversas modificaciones en los art. 87.2, 88.1 y se añade el art. 85bis por la Ley 14/2014, de 30 de diciembre; se han modificado los art. 5 y 95 por la Ley 2/2016, de 28 de enero; y el art. 85.1.a por la Ley 17/2018, de 4 de diciembre; además se han añadido los arts. 13 bis y 14 bis por la Ley 2/2022, de 19 de mayo. Por otra parte, el Tribunal Constitucional ha declarado inconstitucionales los art. 5.1 por la STC 74/2019 (TOL7.278.792) y el art. 68.2 por la STC 156/2013 (TOL3.973.299).

317 El art. 73.3 EACL establece que "En materia de enseñanza universitaria, sin perjuicio de la autonomía de las Universidades, es competencia exclusiva de la Comunidad de Castilla y León en todo caso la programación y coordinación del sistema universitario de Castilla y León; la creación de Universidades públicas y autorización de las privadas; la aprobación de los estatutos de las Universidades públicas y de las normas de organización y funcionamiento de las privadas; la coordinación de los procedimientos de acceso a las Universidades y regulación de los planes de estudio; el marco jurídico de los títulos propios de las Universidades; la financiación de las Universidades; la regulación y gestión del sistema propio de becas y ayudas al estudio; el régimen retributivo del personal docente e investigador contratado en las Universidades públicas y el establecimiento de retribuciones complementarias del personal docente e investigador funcionario". En Castilla y León se ha adoptado la Ley 3/2003, de 28 de marzo, de Universidades de Castilla y León, modificada por la Ley 12/2010, de 28 de octubre y la Ley 2/2017, de 4 de julio.

Vasco que fue rechazada por el Congreso de los Diputados en 2005 (Plan Ibarretxe)[318], aunque se debe destacar que en el País Vasco se ha aprobado una normativa de desarrollo en materia universitaria con posterioridad a la LOU de 2001[319], pero no teniendo en cuenta sus sucesivas modificaciones. En la IX legislatura se presentaron el proyecto retirado de Castilla-La Mancha[320] y el aprobado de Extremadura (Ley Orgánica

---

318 Vid. Art. 47.2.a de la propuesta de reforma del Estatuto de Euzkadi (Plan Ibarretxe), BOCG, VIII Legislatura, Serie B, 21.1.2005. Dicho art. 47.2 de la propuesta establecía que "Para la elaboración, ejecución y control de las políticas públicas educativas y culturales que le corresponden con carácter exclusivo a la Comunidad de Euskadi, las instituciones vascas tendrán todas las potestades legislativas y de ejecución en las siguientes materias y ámbitos: a) Enseñanza, tanto no universitaria como universitaria, en toda su extensión, niveles y grados, modalidades y especialidades, incluido el aprendizaje permanente".

319 Ley 3/2004, de 25 de febrero, del Sistema Universitario Vasco, modificada por la Ley 13/2012, de 28 de junio, de creación de la Unibasq – Agencia de Calidad del Sistema Universitario Vasco. Asimismo, se planteó con relación a su contenido una cuestión de inconstitucionalidad que fue desestimada (STC 87/2014 (TOL4.373.236).

320 Vid. El art. 139 de la propuesta de reforma del Estatuto de Castilla-La Mancha establece que "1. La Junta de Comunidades tiene atribuida de forma compartida la enseñanza universitaria respetando el principio de la autonomía universitaria. Dentro de este reparto competencial le corresponde de forma exclusiva en todo caso:

a) La financiación universitaria y en su caso la gestión de los fondos estatales en materia de enseñanza universitaria.
b) El régimen retributivo del personal docente e investigador contratado y el establecimiento de las retribuciones adicionales del personal docente funcionario.
c) El sistema propio de becas y ayudas y en su caso la regulación y la gestión de los respectivos fondos estatales.
d) La programación y la coordinación del sistema universitario de Castilla-La Mancha en el marco de la coordinación general del Estado. Le corresponde asimismo la creación de universidades

1/2011, de 28 de enero). En el Estatuto de Autonomía de Extremadura (EAExt) se establece simplemente la competencia de desarrollo normativo y ejecución en materia de Universidades públicas y privadas (art. 10.1.5 EAExt), aunque carece de una normativa genérica de desarrollo[321].

En las convulsivas últimas legislaturas, no se han adoptado nuevas reformas estatutarias, ni se han concretado antiguas iniciativas, seguramente esperando a articular algún tipo de medida o solución del problema catalán, por lo que el tema autonómico y su desarrollo general o concreto a nivel universitario se puede considerar hasta cierto punto parado hasta que se pueda afrontar una reforma de la Constitución y se emprenda la sucesiva reforma y actualización de los Estatutos de

---

públicas y el reconocimiento de las privadas, conforme a la legislación del Estado.

e) La aprobación de los estatutos de las universidades públicas y de las normas de organización y funcionamiento de las universidades privadas y la coordinación de los procedimientos de acceso a la Universidad.

f) Los planes de estudio y el régimen legal de los títulos propios de acuerdo con el principio de autonomía universitaria.

2. La Junta de Comunidades tiene atribuida de forma compartida la expedición de los títulos universitarios oficiales respetando la legislación del Estado" (BOCG, IX Legislatura, Serie B, 11.4.2008).

321 El art. 10.1.5 EAExt establece dicha competencia en relación con las Universidades públicas y privadas, indicando, en particular, la programación y creación de centros públicos, la autorización de los privados, la aprobación definitiva de sus estatutos y normas de funcionamiento, los procedimientos de acceso, el régimen retributivo y la regulación de los títulos propios, así como la financiación de las públicas y el régimen de control, fiscalización y examen de sus cuentas. La normativa de desarrollo universitario en el caso de Extremadura se ha centrado en la Ley 1/2010, de 7 de enero, del Consejo Social de la Universidad de Extremadura y la Ley 8/2014, de 1 de octubre, por la que se establece un marco de financiación estable para la Universidad de Extremadura.

Autonomía. Evidentemente, la paralización del Estado y de las posibles reformas en materia autonómica también llega a los parámetros de alcance universitario. El riesgo es que se quieran realizar estas reformas por vía legislativa, ya que el conflicto con la Constitución es muy alto y se requerida nuevos pronunciamientos del Tribunal Constitucional, incluso sobre temas ya antiguos.

En el caso de Galicia, sin modificar el Estatuto de Autonomía en materia universitaria[322], se ha adoptado una Ley de Universidades con posterioridad a las reformas de la LOU de 2007 y 2012[323]. En la Región de Murcia, sin modificar su Estatuto de Autonomía en materia universitaria[324], se ha aprobado una Ley

---

322 La Comunidad Autónoma de Galicia, en virtud del artículo 31 de su Estatuto de autonomía, aprobado por Ley Orgánica 1/1981, asumió la competencia plena sobre la regulación y administración de la enseñanza en toda su extensión, niveles y grados, modalidades y especialidades, en el ámbito de sus competencias, sin perjuicio de lo dispuesto en el artículo 27 de la Constitución y en las leyes orgánicas que, conforme al punto primero del artículo 81 de la misma, lo desarrollen, de las facultades que atribuye al Estado el apartado 30 del punto 1 del artículo 149 de la Constitución y de la alta inspección precisa para su cumplimiento y garantía. Este precepto es idéntico al art. 16 EAPV.

323 Ley 6/2013, de 13 de junio, del Sistema universitario de Galicia, modificado el art. 116 por la Ley 9/2017, de 26 de diciembre; el art. 115 por la Ley 7/2019, de 23 de diciembre; los arts. 77 y 83 y se añade el 19 bis, por la Ley 18/2021, de 27 de diciembre.

324 El artículo 16.1 del Estatuto de Autonomía para la Región de Murcia, aprobado por Ley Orgánica 4/1982, de 9 de junio, establece que «corresponde a la Región de Murcia la competencia de desarrollo legislativo y ejecución de la enseñanza en toda su extensión, niveles y grados, modalidades y especialidades, de acuerdo con lo dispuesto en el artículo 27 de la Constitución y leyes orgánicas que, conforme al apartado 1 del artículo 81 de la misma, lo desarrollen, y sin perjuicio de las facultades que atribuye al Estado el número 30 del apartado 1 del artículo 149, y de la alta inspección para su cumplimiento y garantía».

de desarrollo de la materia de Universidad[325], de conformidad con la primera redacción de la LOU en 2001. En el caso de Madrid, no se ha modificado ni el Estatuto de Autonomía[326], ni la normativa de desarrollo de la competencia universitaria, que es anterior a la LOU[327]. Otros casos similares son el Estatuto del Principado de Asturias, Castilla-La Mancha y Comunidad Foral de Navarra que no han modificado su Estatuto y no cuenta con normativa de desarrollo en materia de Universidades[328],

---

325 Ley 3/2005, de 25 de abril, de Universidades de la Región de Murcia, modificada por la Ley 13/2009, de 23 de diciembre.

326 De conformidad con lo dispuesto en el artículo 30 del Estatuto de Autonomía de la Comunidad de Madrid, redactado de conformidad con la Ley Orgánica 10/1994, de 24 de marzo, corresponde a la misma la competencia de desarrollo legislativo y de ejecución de la enseñanza en toda su extensión, niveles y grados modalidades y especialidades, de acuerdo con lo dispuesto en el artículo 27 de la Constitución y Leyes Orgánicas que, conforme al apartado 1 del artículo 81 de la misma, la desarrollan, y sin perjuicio de las facultades que atribuye al Estado el número 30 del apartado 1 del artículo 149 y de la Alta Inspección, para su cumplimiento y garantía.

327 Ley 4/1998, de 8 de abril, de Coordinación Universitaria de la Comunidad de Madrid, modificada por la Ley 24/1998, de 21 de diciembre. No obstante, la Ley 12/2002, de 18 de diciembre, de los Consejos Sociales de las Universidades Públicas de la Comunidad de Madrid, modificada en el art. 3 por la Ley 6/2013, de 23 de diciembre, se adecua la LOU tanto en el texto del 2001 como en el del 2007 en materia de consejos sociales.

328 El art. 18.1 EAAst es de una redacción similar al del País Vasco y al de Galicia. Sin embargo, carece de una ley específica autonómica en la materia, salvo la Ley 2/1997, de 16 de julio, del Consejo Social de la Universidad de Oviedo. El art. 37.1 EAC-LM es idéntico y carece de normativa específica, salvo la Ley 7/2003, de 13 de marzo, del Consejo Social de la Universidad de Castilla-La Mancha. El art. 47 EANav es similar y carece de normativa específica en materia universitaria, salvo la Ley Foral 8/1987, de 21 de abril, de creación de la Universidad Pública de Navarra.

e idéntico supuesto se plantea en Cantabria y La Rioja a pesar de que cuentan con una Universidad privada[329]

En cualquier caso, una comparativa de la situación actual de las Comunidades Autónomas nos puede mostrar que estamos en una situación similar en la mayoría de ellas con independencia de que su regulación haya sido punto de partida o de llegada a la materia de Universidades[330]. En este sentido, pueden haber aprobado antes o después un texto legislativo que regule de forma unitaria a las Universidades en su Comunidad Autónoma, aunque no sea regulador y agotador de todas las posibilidades que le permite el actual marco normativo. En común todas las Comunidades Autónomas regulan los Consejos Sociales, las Agencias de Evaluación de la Calidad y la Acreditación Universitaria, el régimen de la coordinación universitaria, el régimen retributivo y condiciones de contratación del PDI laboral y los complementos salariales previstos autonómicamente tanto para PDI contratado laboral como funcionarios, a lo que se puede añadir creación de Universidades, oferta académica, títulos propios, estructuras básicas universitarias, es decir, el ámbito competencial autonómico. Las leyes

---

329 El art. 28.1 EACant establece una regulación idéntica a las anteriores, carece de normativa específica salvo la Ley 4/2018, de 15 de junio, por el que se regula el Consejo Social de la Universidad de Cantabria y la Ley 5/2013, de 5 de julio, por la que se reconoce como universidad privada a la Universidad Europea del Atlántico. El art. 10.1 EALR establece una regulación idéntica a las anteriores, carece de normativa específica salvo la Ley 6/2003, de 26 de marzo, del Consejo Social de la Universidad de La Rioja y la Ley 3/2008, de 13 de octubre, de reconocimiento de la Universidad Internacional de La Rioja.

330 GAVARA DE CARA, J.C., "La distribución de competencias en materia de Universidades en la jurisprudencia del Tribunal Constitucional y la complejidad de su estructuración", *op. cit.*, p. 185 y ss.

más exhaustivas y unitarias de la regulación corresponden a Cataluña[331], Andalucía[332], País Vasco[333], en el denominado modelo integral[334], pero también existen regulaciones completas en Galicia[335], Canarias[336], Castilla y León[337], Comunidad Valenciana[338], Comunidad de Madrid[339], Baleares[340], Aragón[341] y Murcia[342], en el que se ha denominado modelo compartido[343]. En los casos de Extremadura, Asturias, Castilla-La Mancha, Navarra, Cantabria y la Rioja, no se ha adoptado ni normativa integral, ni compartida, sino que simplemente carecen de normativa universitaria o sobre temas puntuales (consejos sociales), motivado generalmente por la existencia de una única

---

331 Ley 1/2003, de 19 de febrero, de Universidades de Cataluña

332 Decreto Legislativo 1/2013, de 8 de enero, por el que se aprueba el Texto Refundido de la Ley Andaluza de Universidades

333 Ley 3/2004, de 25 de febrero, del Sistema Universitario Vasco

334 NAVARRO RUIZ, J. C., *Universidades, sistemas europeo, estatal y autonómico. Su articulación competencial*, *op. cit.*, p. 246 y ss.; NAVARRO RUIZ, J. C., "Competencias del Estado y las Comunidades Autónomas en relación con el Espacio Europeo de Educación Superior", *op. cit.*, p. 108 y ss.

335 Ley 6/2013, de 13 de junio, del Sistema universitario de Galicia

336 Ley 11/2003, de 4 de abril, sobre Consejos Sociales y Coordinación del Sistema Universitario de Canarias

337 Ley 3/2003, de 28 de marzo, de Universidades de Castilla y León

338 Ley 4/2007, de 9 de febrero, de coordinación del Sistema Universitario Valenciano

339 Ley 4/1998, de 8 de abril, de Coordinación Universitaria de la Comunidad de Madrid

340 Ley 2/2003, de 20 de marzo, de organización institucional del sistema universitario de las Illes Balears

341 Ley 5/2005, de 14 de junio, de Ordenación del Sistema Universitario de Aragón

342 Ley 3/2005, de 25 de abril, de Universidades de la Región de Murcia

343 NAVARRO RUIZ, J. C., Universidades, sistemas europeo, estatal y autonómico. Su articulación competencial, op. cit., p. 238 y ss.

Universidad pública (o a lo sumo otra privada) que implica que no se requiera especiales labores de coordinación, optando por relaciones bilaterales entre la Comunidad Autónoma y la Universidad. Sin embargo, este no es un criterio normativo o general, ya que otras Comunidades Autónomas, como Murcia o Islas Baleares, presentan unas situaciones similares, pero se integran en el modelo compartido.

El modelo integral supone un desarrollo normativo autonómico completo de todas sus competencias en materia universitaria, mientras que el modelo compartido implica regulaciones parciales de dichas competencias, aplicando supletoriamente en los temas no previstos la normativa estatal universitaria. Ambos modelos se pueden desarrollar sin que sea necesaria una reforma de los Estatutos de Autonomía, que, aunque aportan especificidad y claridad a la distribución de competencias, no suponen una ampliación o blindaje de las competencias autonómicas en la materia. Si que presentan diferencias la existencia de leyes de desarrollo autonómico más completas o no, ya que en caso contrario no se podrían implementar las medidas autonómicas en la materia. Este hecho también explica que con carácter mínimo o puntual todas las Comunidades Autónomas han ido adoptando medidas legislativas sobre los temas que precisan implementar.

A las Comunidades Autónomas les debe corresponder la oferta de estudios, incluso la articulación de los nuevos estudios sin previa existencia, aunque debe ser necesario y básicos una serie de títulos que deben contar con criterios homogéneos, sobre todo si son profesionalizadores, la flexibilidad y la adaptabilidad de sistema debería recaer en su área de responsabilidad, sobre todo a nivel de oferta de estudios y de personal docente e investigador en régimen laboral y de personal técnico, de gestión y de administración y servicios. Las conexiones con las necesidades de mercado a nivel territorial también deben ser objeto de su competencia y responsabilidad. Con carácter específico, la LOSU ha establecido la competencia de las Comunidades en materia de creación y reconocimiento de las universidades (art. 4 LOSU), agencias de evaluación de calidad y acreditación autonómicas (art. 5.4 LOSU), informe y autorización de implantación de títulos oficiales (art. 8.2 LOSU), fomento de investigación y transferencia de conocimiento (art. 13 LOSU), coordinación de Universidades en su ámbito competencial (art. 14 LOSU), apoyo a política universitaria de diversidad lingüística (art. 20 LOSU), fomento de medidas de internacionalización (art. 23-30 LOSU), medidas en materia de acceso a la Universidad y becas y ayudas al estudio (art. 31-32 LOSU), control de legalidad de los Estatutos universitarios (art. 38 LOSU), creación, modificación y supresión de centros y estructuras (art. 41 LOSU), adscripción de centros (art. 42 LOSU), consejos sociales (art. 47.3 LOSU), nombramiento del Rector o Rectora (art. 51.3 LOSU), normas de elaboración del presupuesto de las Universidades (art. 53 y 56 LOSU), transparencia y rendición de cuentas en la gestión económico-financiera (art. 59 LOSU), ofertas de empleo del PDI (art. 65 LOSU), retribuciones adicionales del PDI funcionario (art. 76.3 LOSU), regulación del PDI laboral (art. 77.3 y 5 LOSU), acreditación del PDI laboral (art. 85 LOSU), oferta de empleo del PTGAS (art. 92 LOSU), creación, supresión y funcionamiento de los centros docentes privados de educación superior no universitarios (Disposición adicional octava LOSU).

Estas especificaciones y previsiones normativas de la LOSU no pueden entenderse en sentido estricto como una especie de ley delegación de competencias a pesar de que cumple dicha función, sino como un reconocimiento del espacio propio de las Comunidades Autónomas o como una dejación de competencias estatales, ya que su posición no debería ser la de normas meramente interpretativas de las competencias autonómicas. En todo caso, la LOSU actúa con independencia y de forma autónoma a las previsiones en la materia que establecen los Estatutos de Autonomía y contribuye a un aumento la confusión general que preside esta materia. La única interpretación posible es que este espacio propio de las CCAA para completar el sistema universitario y establecer las características del propio sirve para reconocer que deben completar el régimen jurídico de las universidades, incidir sobre las enseñanzas, establecer sistemas de control o seguimiento de la actividad económica, así como la implantación de sistemas de calidad y evaluación de la docencia y la investigación, con lo que, aún con respeto a la autonomía universitaria, se puede deducir que inciden en la misma en la medida que determinan la acción de cada universidad. En cualquier caso, el sistema se puede caracterizar por la fragmentación y la ausencia de un verdadero modelo universitario[344].

Estas competencias autonómicas no se pueden entender exclusivamente en clave ejecutiva, sino en clave normativa para establecer el propio sistema universitario a través de potestades que atribuyen para su funcionamiento funciones de autorización, supervisión, control y fomento de la actividad universitaria en la respectiva Comunidad Autónoma. Su alcance dependerá de las bases estatales fijadas en la Disposición Final Sexta LOSU, de sus Estatutos de Autonomía, de la legislación universitaria propia y de las coordinaciones con el sistema universitario estatal, así como de las previsiones de la LOSU para atribuir facultades normativas y de ordenación del sistema universitario a las CCAA[345], que deberán ser interpretadas de conformidad con la jurisprudencia constitucional[346]. En cualquier caso, si en el futuro se aprueban nuevas

---

344 MORA RUIZ, M., "La participación de las Comunidades Autónomas en la configuración del "nuevo" sistema universitario y su organización administrativa", *op. cit.*, p. 24, y sobre todo p. 39-44

345 MORA RUIZ, M., "La participación de las Comunidades Autónomas en la configuración del "nuevo" sistema universitario y su organización administrativa", *op. cit.*, p. 25-26

346 La jurisprudencia constitucional de forma específica ha establecido como competencias autonómicas en el ámbito de las universidades a

leyes autonómicas en materia universitaria en los respectivos

---

la autorización de los costes del personal docente universitario (STC 235/1991 (TOL81.914), política propia de contratación de PDI laboral (STC 141/2018 (TOL6.978.680), reglas sobre designación de los miembros de las comisiones de selección del PDI laboral (STC 87/2014 (TOL4.373.236), programación de la oferta de enseñanzas y la oferta de plazas (STC 223/2012 (TOL2.713.895), STC 131/2013 (TOL3.785.911), STC 134/2013 (TOL3.785.940), STC 141/2013 (TOL3.855.995), STC 158/2013 (TOL3.973.302), STC 159/2013 (TOL3.973.300), STC 160/2013 (TOL3.973.301), autorizar y convalidar la implantación de enseñanzas universitarias, pero no establecer restricciones incondicionadas (STC 74/2019 (TOL7.278.792), fijar el calendario académico (STC 235/1991 (TOL81.914), desarrollo de la normativa estatal para crear y reconocer universidades y Centros Universitarios (STC 131/1996 (TOL83.064), STC 31/2010 (TOL1.880.189), STC 223/2012 (TOL2.713.895), STC 131/2013 (TOL3.785.911), STC 134/2013 (TOL3.785.940), STC 141/2013 (TOL3.855.995), STC 158/2013 (TOL3.973.302), STC 159/2013 (TOL3.973.300), STC 160/2013 (TOL3.973.301), readscripción de Centros Universitarios a universidades distintas (STC 47/2005 (TOL598.423), reorganización de universidades dentro de la misma Comunidad Autónoma (STC 106/1990 (TOL81.794), desarrollo de la normativa estatal sobre becas y ayudas al estudio (STC 188/2001 (TOL110.433), control de la legalidad de los estatutos de la Universidad (STC 55/1989 (TOL80.266), controlar y verificar la elaboración de los planes de estudio (STC 74/2019 (TOL7.278.792), coordinación de las universidades de su competencia (STC 106/1990 (TOL81.794) y STC 47/2005 (TOL598.423), retribución del personal docente contratado y retribuciones adicionales del personal funcionario (STC 31/2010 (TOL1.880.189), regulación de centros docentes adscritos (STC 223/2012 (TOL2.713.895), STC 131/2013 (TOL3.785.911), STC 134/2013 (TOL3.785.940), STC 141/2013 (TOL3.855.995), STC 158/2013 (TOL3.973.302), STC 159/2013 (TOL3.973.300), STC 160/2013 (TOL3.973.301). Vid. NAVARRO RUIZ, J. C., *Universidades, sistemas europeo, estatal y autonómico. Su articulación competencial, op. cit.*, p. 118; NAVARRO RUIZ, J. C., "Competencias del Estado y las Comunidades Autónomas en relación con el Espacio Europeo de Educación Superior", *op. cit.*, p. 103

sistemas universitarios autonómicos, los Estatutos universitarios de sus sistemas se podrán ver forzados a adoptar nuevas reformas.

7.4.- LAS COMPETENCIAS AUTONÓMICAS TRASVERSALES DERIVADAS DEL EJERCICIO DE COMPETENCIAS NORMATIVAS ESTATALES

Como se puede deducir con facilidad, las reglas constitucionales de distribución de competencias en materia de universidades son escasas y de forma concreta inexistentes, se limitan a establecer títulos competenciales indicativos del Estado sin carácter específico, lo que ha dado lugar a una amplia jurisprudencia constitucional para determinar de forma explícita el alcance de las respectivas competencias.

La distribución de competencias en esta materia universitaria tiene un grado de complejidad amplio, ya que supone un reparto entre tres Administraciones Públicas, diferenciadas entre sí e independientes unas de otras, aunque hasta cierto punto, ya que la interdependencia normativa entre ellas ocasiona que sus competencias no puedan considerarse como plenas en ningún caso, por lo que los límites y las restricciones en su ejercicio pueden aparecer en cualquier momento generando el correspondiente conflicto.

Las Universidades se benefician del hecho de que están ejerciendo un derecho fundamental a la autonomía universitaria que les abre la posibilidad de presentar recursos de amparo (cuando en realidad deberían de ser conflictos de competencia en defensa de su autonomía) que permiten examinar la labor y decisiones del Estado y de las Comunidades Autónomas en sus respectivos ámbitos de actuación para determinar si se ha producido una infracción del derecho fundamental a la autonomía universitaria. Este hecho a nuestros efectos resulta equivalente a una invasión de competencias propias de la Universidad, a pesar de que estas son definidas y configuradas formal y materialmente por el legislador, es decir, por los poderes públicos que son a su vez los hipotéticos infractores del derecho fundamental. En cualquier caso, el contenido propio y no dependiente de la configuración legislativa de la autonomía universitaria es mínimo y escaso al vincularse exclusivamente a la dimensión organizativa de la libertad académica. Por el contrario, otros aspectos como la libertad de cátedra o de investigación vinculados individualmente a esa libertad académica sí que es protegible a través de las titularidades de los miembros singularizados de la comunidad universitaria.

En un contexto como el presente se debe añadir que algunas materias vinculadas al ámbito universitario (creación y reconocimiento de Universidades, ordenación de la enseñanza universitaria, personal universitario y financiación universitaria) pueden tener una actuación simultánea de todos los poderes públicos que pueden intervenir en materia universitaria, a lo que se debe añadir el hecho de que esta distribución de competencias simultánea no se establece de forma explícita y ordenada por lo que se debe deducir de forma implícita algunos de sus contenidos, lo que añade una complejidad desmesurada y como se ha dicho un conflicto continuo ante la necesidad de establecer el marco competencial concreto.

Algunos ámbitos materiales, sobre todo en materia de creación de universidades, ordenación de enseñanzas, PDI, PTGAS y financiación de las universidades, presentan un carácter que puede ser definido como trasversal en tanto que todos los poderes públicos intervinientes deben adoptar decisiones que afectarán con carácter más general o específico a su desarrollo ejecutivo, pero también normativo aunque afecta a normativa diferente jerárquica y competencialmente (ley estatal o autonómica y Estatuto de Autonomía). En este contexto, se debe recordar que no existen reglas constitucionales de carácter específico que traten estas materias, por lo que se debe recurrir e integrar dichos supuestos y casos en los planteamientos de carácter general. En este sentido, sigue siendo claro que a la LOSU como normativa básica de regulación del derecho fundamental a la autonomía universitaria le corresponde la determinación del alcance de las respectivas competencias de los poderes públicos intervinientes, de forma que CCAA y universidades ven condicionada su actuación normativa y ejecutiva por la legislación estatal.

Aprovechando este marco regulador, su evolución, así como los criterios adoptados por el Tribunal Constitucional a través de su jurisprudencia se han ido estableciendo unas pautas y criterios interpretativos a los que se han querido dar carácter de definitivo mediante las reformas de los Estatutos de Autonomía. En este sentido, adoptando como pauta el Estatuto de Autonomía de Cataluña que recoge de forma explícita las pautas o criterios del Tribunal Constitucional, ya que de forma expresa, implícita o deducida es aplicable al resto de las CCAA, se debe destacar que el art. 172.1 EAC declara como competencia exclusiva del Comunidad Autónoma, sin perjuicio de la autonomía universitaria, en la letra f) la financiación propia de las Universidades y, si procede, la gestión de los fondos estatales en materia de enseñanza universitaria y en la letra h) el régimen retributivo del personal docente e investigador contratado y de las retribuciones adicionales del personal funcionario y en el art. 172.2 EAC se declara como competencias compartidas, sin perjuicio a su vez de la autonomía universitaria, en la letra e) la regulación del régimen del profesorado e investigadores contratados y funcionario. No obstante, conviene resaltar que las coletillas "sin perjuicio de la autonomía universitaria", dado el sistema de configuración legislativa del contenido del derecho fundamental, no deja de ser un recurso elegante, sin apenas plasmación práctica más allá que el respeto de la LOSU como normativa básica en materia de universidades. Sin embargo, aunque parece un criterio mínimo, significa y tiene muchas consecuencias, ya que implica afirmar la competencia estatal para la normativa básica que condiciona y determina el alcance de cualquier competencia que ejerza la Comunidad Autónoma y en concreto las determinadas en el art. 172 EAC, con independencia de que sean caracterizadas por dicho precepto como competencias exclusivas.

En cualquier caso, el Estatuto de Autonomía es una norma que se debe interpretar, ya que no es una norma que pueda sustituir las legítimas competencias del Estado para adoptar a través de la LOSU u otras normas asimilables las bases y el alcance de la normativa de desarrollo necesaria para articular dichas competencias. En este sentido, se debe insistir en la idea de que la materia universitaria y el reparto competencial no fue regulada originariamente en la Constitución, sino que se puede considerar su estructuración como una creación del legislador estatal.

En consecuencia, la incidencia que puede tener la LOSU no puede ser examinada en base a los Estatutos de Autonomía como parámetro de constitucionalidad, sino a través de la Constitución y siguiendo el proceso de articulación de competencias a través de la normativa básica en materia de Universidades, tal como ha sucedido hasta ahora sin relevancia para el Tribunal Constitucional. Con independencia de que se haya reforma el Estatuto de Autonomía detallando las competencias como en el caso del EAC, o se haya optado por una norma muy genérica en los Estatutos de Autonomía sin mención a la materia universitaria (caso del País Vasco, art. 16 EPV, que sirve como modelo a la mayoría de los restantes Estatutos de Autonomía), la LOSU en la medida que fija una normativa básica y fija las características del desarrollo autonómico, se aplica de igual manera a todas las Comunidades Autónomas. De mismo modo, con independencia de que una Comunidad Autónoma haya adoptado su propia ley universitaria, el sistema y las previsiones LOSU se van a aplicar, ya que en muchas Comunidades Autónomas por la simplicidad de su sistema universitario no requieren de normas de desarrollo o de concreción ya que no aportaría especificidad al funcionamiento ordinario.

En definitiva, el proceso precisamente es el contrario, ya que ha sido la LOSU la que ha establecido el alcance de las competencias autonómicas en materia de Universidades y no la Constitución, sin que la incorporación de dichas competencias a los Estatutos de Autonomía pueda suponer un blindaje frente a futuras reformas legislativas por parte del Estado, cuya vinculación en este tema es directamente con la Constitución, de modo que no se pueden ver limitadas sus futuras normas básicas del Estado por los Estatutos de Autonomía que son normas que en este tema particular no pueden incidir en la actividad del legislador estatal. En este contexto, hay que considerar que las normas estatutarias referenciadas y singularmente el precepto del Estatuto de Autonomía de Cataluña, tienen el alcance que se derive, no del texto normativo, sino de la interpretación reservada por la Constitución al Tribunal Constitucional y, en caso de no mediar una reforma constitucional, de la propia evolución de su jurisprudencia[347].

Desde otra perspectiva, es distinto que dicha articulación competencial en materia de Universidades se realice directamente a través de la Constitución o en una futura posible reforma. En dicho sentido, no se planteará ningún problema de articulación estatutaria de las competencias autonómicas, pero en la situación actual la mayoría de estas competencias derivan en materia universitaria de la LOSU, que se convierte en la regla de distribución de competencias explícita e implícita en este ámbito material. Como hemos visto, la LOSU fija ámbitos de competencias propios del Estado con la función de reconocer su propio espacio e impedir que se pueda invadir por las Comunidades Autónomas o las Universidades, y de un modo

---

347 STC 31/2010 FJ 108 (TOL1.880.189)

similar remite a la competencia de las Comunidades Autónomas determinados ámbitos para su desarrollo normativo o su ejecución y gestión.

A modo de reflexión, analizando las últimas reformas de los Estatutos de Autonomía, los títulos competenciales se han convertido en una descripción exhaustiva del estado de la cuestión de la distribución de competencias en materia universitaria entre el Estado y las CCAA, que desde un punto de vista de técnica legislativa no parece muy acertado e inútil en su planteamiento, ya que si su finalidad es proteger y blindar las competencias autonómicas en un determinado momento temporal, como criterio no es correcto e incluso se puede considerar inconstitucional en un caso como el presente en el que la concreción de las competencias se ha realizado por el legislador estatal a través de la LOSU y sometido a criterios interpretativos del Tribunal Constitucional. En este sentido, parece más acertado no profundizar en la vía de concretar estatutariamente hasta el agotamiento las competencias autonómicas y recurrir a un planteamiento más tradicional de un título competencial abierto y genérico o más federal con una previa reforma constitucional de que solo debe existir una lista de competencias estatales en la Constitución, correspondiendo residualmente el resto de las competencias a las Comunidades Autónomas. Este sistema que es el imperante en la mayoría de los Estados federales implicaría disminuir los conflictos en relación con las reglas de distribución de competencias y el contenido de los Estatutos de Autonomía que dejarían de ser listados amplios de competencias y normas de atribución de competencias (papel que se reservaría en exclusiva a la Constitución como *Kompetenz-Kompetenz*), aunque en la práctica pueda suponer un aumento de la conflictividad jurídica ante el Tribunal Constitucional.

En resumen, para evitar la conflictividad y el excesivo protagonismo del Tribunal Constitucional en la determinación del alcance de las respectivas competencias se debe introducir una regla clara en materia de universidades de forma expresa en el texto constitucional. Esta regla seguramente en la actualidad no debe tener un contenido básico muy distinto del que se desprende de la jurisprudencia del Tribunal Constitucional, pero si que debe ser más extensa para mejorar cualitativamente la orientación normativa, introduciendo, por ejemplo, en materia financiera criterios objetivos para determinar los ingresos de la Universidad que impidan la introducción de diferenciaciones discrecionales entre Universidades por parte de las CCAA a través de sus transferencias, o clarificando el modelo de profesorado o de PAS que se desea imponer en la Universidad. Una materia tan importante como la universitaria con un juego político amplio, puede desdibujar el alcance de un derecho fundamental como es la autonomía universitaria hasta convertirlo en un contenido mínimo, sin virtualidad que vaya más allá del puro decisionismo político que ejercen los diversos poderes públicos que intervienen en su plasmación práctica y real. En cualquier caso, no son buenos tiempos para el federalismo cooperativo, de forma que los intentos de la LOSU para desarrollar una mejoría en el campo de la cooperación y coordinación interterritorial en materia universitaria (Conferencia General de Política Universitaria, Consejo de Universidades o Consejo de Estudiantes Universitarios del Estado) no están llamados a tener un resultado significativo más allá de la mera actividad de gestión e intercomunicación entre Administraciones[348].

---

[348] Sobre esta actividad de cooperación, vid. MORA RUIZ, M., "La participación de las Comunidades Autónomas en la configuración del "nuevo" sistema universitario y su organización administrativa", *op. cit.*, p. 35-39.

7.5.- LAS COMPETENCIAS PROPIAS DE LAS UNIVERSIDADES

En general, tal como se ha ido remarcando, se puede destacar que el marco de distribución de competencias en materia de universidades es complejo y ambiguo, con pocas reglas normativas en la Constitución y mucho despliegue normativo en la LOSU, en las CCAA y una casuística exhaustiva en la jurisprudencia constitucional. Al pasado no se puede renunciar, pero una futura reforma constitucional debería clarificar este alcance competencial de los tres entes implicados para no ser tan dependientes ni de las sucesivas reformas legislativas, ni de los criterios derivados de los casos concretos que puede llegar a resolver el Tribunal Constitucional.

La creación de un Ministerio de Universidades con escasas competencias ejecutivas o de gestión, ha supuesto que su mayor cometido sea emprender reformas normativas, que cuando no se consiguen materializar se concretan en la dimisión del Ministro, y cuando se consiguen realizar carecen de contenido material nuevo, abordan problemas superficiales o formales, pero sin adoptar medidas dirigidas a solucionar problemas de fondo o a introducir medidas que reformen sustancialmente el sistema universitario. La realidad demuestra que la Universidad española es compleja, con un gran número de actores políticos y sociales con capacidad de intervención en un proceso de reforma o de incidencia en la adopción de medidas de política pública universitaria que dificultan en extremo la posibilidad de adoptar medidas normativas generales que puedan ser útiles para todas las Universidades, públicas o privadas. En cualquier caso, la LOSU es una nueva ley en la materia que lejos de establecer configuraciones legislativas u obligaciones de nuevo cuño, se ha dedicado a retocar ligeramente el modelo de funcionamiento establecido en las normativas anteriores.

Teóricamente la universidad española es generalista y se ha evolucionado exclusivamente hacia dicho modelo como exigencia global, pero la realidad es menos intensa, a pesar de que algunas universidades especializadas como las politécnicas empiezan a ofertar títulos generalistas de otras especialidades como administración de empresas o derecho (o al revés universidades generalistas ofrecen títulos técnicos o de ingenierías), mientras que las universidades pequeñas se especializan en función de sus características propias de PDI o de investigación. La única característica del sistema es que el número de universidades públicas es estable en los últimos años (50 Universidades públicas sin crecer, una de ellas no presencial), mientras que el número de universidades privadas ha ido creciendo sin parar (en la actualidad 43 universidades, 5 no presenciales entre ellas, algunas que empezarán sus actividades el próximo curso como la universidad CEU Fernando III en Sevilla y la UNIE – Universidad Internacional de la Empresa). La regulación en un único acto normativo de realidades tan complejas y diferenciadas empieza a ser conflictiva, teniendo en cuenta que incluso para las estadísticas oficiales es complejo determinar el número exacto de universidades privadas en España.

En relación con el alcance de las competencias de la Universidad, se debe destacar la dificultad de determinar un ámbito propio y originario que establezca su significado, ya que sus competencias derivan de la configuración realizada por el legislador, sobre todo el estatal, pero también el autonómico. En consecuencia, aunque se reconozca una autonomía universitaria, esta se deriva de un contenido material fijado por ley, sin que se pueda desarrollar nuevos contenidos o competencias no previstos en dicha ley. En relación con los aspectos de la autonomía universitaria desarrollados por los Estatutos de la Universidad, conviene recordar que son sometidos a un control riguroso, a no ser que se puedan interrelacionar los contenidos no previstos en la ley de forma directa con la defensa de la libertad académica[349].

En este contexto, la LOSU ha establecido a lo largo de su normativa de forma específica y concreta las competencias de las Universidades de dos maneras, remitiendo a la regulación de los Estatutos universitarios la regulación de determinados temas concretos o estableciendo con carácter general o directo una competencia de las Universidades, pero sin especificar el modo en que se va a desarrollar y sin remitir a los Estatutos universitarios su regulación, pero que en todo caso, por motivos de técnica, seguridad, concreción y claridad, se deberían incluir y desarrollar en dichos Estatutos. Las remisiones de la LOSU a los Estatutos universitarios son amplias, pero en todo caso, la mayoría de los supuestos recogen criterios jurisprudenciales del TC fijados con carácter previo[350].

---

349 Sobre la autonomía universitaria como límite de las competencias estatales y autonómicas, vid. RUIZ-RICO RUIZ, C., "La distribución de competencias en materia de Universidades: problemática en torno a la educación universitaria", *op. cit.*, p. 161-164

350 En este sentido, de forma coherente, en relación con su autonomía y desarrollo normativo, según la jurisprudencia del Tribunal Constitucional, a las universidades les corresponde las competencias en materia de enseñanza y organización académica (STC 26/1987 (TOL79.735), STC 217/1992 (TOL81.997), STC 179/1996 (TOL83.108), STC 183/2011 (TOL2.295.008), seleccionar el personal docente e investigador y establecer el sistema general de designación de las comisiones que han de juzgar la provisión de las plazas de profesorado mediante concurso (STC 26/1987 (TOL79.735), STC 87/2014 (TOL4.373.236), STC 176/2015 (TOL5.440.472), STC 141/2018 (TOL6.978.680), valoración de méritos y circunstancias para contratar al profesorado (STC 26/1987 (TOL79.735), imposibilidad de aplicar autónomamente la edad de jubilación (STC 44/2016 (TOL5.713.543), autoorganización de los medios de que disponga cada Universidad (STC 106/1990 (TOL81.794), competencias necesarias para ejercer la libertad de ciencia (STC 106/1990 (TOL81.794), potestad de autonormación

Entre las competencias a las Universidades sin remisión a los Estatutos destacan el desarrollo de las funciones de las Universidades (art. 2.2. LOSU), los contenidos genéricos de la autonomía universitaria (art. 3.2 LOSU), rendición de cuentas y transparencia (art. 3.5 y 39 LOSU), realización y mantenimiento del plan de igualdad (art. 4.3 LOSU), sistema interno de garantía de calidad (art. 5.3 LOSU), formación continua del PDI (art. 6.4 y 67 LOSU), evaluación de la actividad docente (art. 6.5 LOSU), impartición de enseñanza oficial y títulos propios (art. 7.1 LOSU), estrategias de innovación docente (art. 9.8 LOSU), impulso de estructuras de investigación y transferencia (art. 11.4 LOSU), promoción relaciones entre investigación y sociedad (art. 11.5 LOSU), impulso de la formación de redes de investigación (art. 11.7 LOSU), promoción de la Ciencia Abierta (art. 12.1 LOSU), promoción de la transparencia en los acuerdos de suscripción

---

(STC 55/1989 (TOL80.266), elaborar sus propios Estatutos (STC 55/1989 (TOL80.266), STC 156/1994 (TOL82.562), STC 75/1997 (TOL83.218), adoptar símbolos de representación (STC 130/1991 (TOL80.544), aplicación restrictiva de causas de inelegibilidad al Rector (STC 192/2012 (TOL2.680.132), aprobar planes de estudio y de investigación (STC 187/1991 (TOL80.599), STC 74/2019 (TOL7.278.792), desarrollo de la regulación de las estructuras básicas de la Universidad (STC 156/1994 (TOL82.562), calificación académica de la lengua (STC 75/1997 (TOL83.218), establecimiento de títulos y diplomas propios (STC 103/2001 (TOL104.632), STC 31/2010 (TOL1.880.189), STC 74/2019 (TOL7.278.792), formación a lo largo de la vida (STC 74/2019 (TOL7.278.792). Vid. NAVARRO RUIZ, J. C., *Universidades, sistemas europeo, estatal y autonómico. Su articulación competencial*, op. cit., p. 118-119; NAVARRO RUIZ, J. C., "Competencias del Estado y las Comunidades Autónomas en relación con el Espacio Europeo de Educación Superior", *op. cit.*, p. 103-104. Asimismo, GAVARA DE CARA, J.C., "La distribución de competencias en materia de universidades en la jurisprudencia del Tribunal Constitucional y la complejidad de su estructuración", *op. cit.*, p. 187.

con editoriales científicas (art. 12.6 LOSU), fomento de la Ciencia Ciudadana (art. 11.10 LOSU), cooperación y colaboración con otras instituciones y organismos de educación superior o de investigación (art. 14.2 LOSU), fomento de la cohesión social y territorial (art. 18 LOSU), fomento de la cultura (art. 19 LOSU), fomento de la diversidad lingüística (art. 20 LOSU), conservación del patrimonio histórico, artístico y cultural universitario y las bibliotecas (art. 21 LOSU), promoción del deporte y la actividad física (art. 22 LOSU), fomento y estrategia de internacionalización de la Universidad, incluida creación de Centros en el extranjero (art. 23-30 LOSU), promoción de los derechos de participación y representación del estudiantado (art. 34 LOSU), eficacia y garantía de los derechos del estudiantado (art. 35 LOSU), promoción de los derechos de equidad y no discriminación del estudiantado (art. 37 LOSU), presupuesto (art. 57 LOSU), patrimonio (art. 58 LOSU), transparencia y rendición de cuentas en la gestión económico-financiera (art. 59 LOSU), colaboración con otras entidades o personas físicas (art. 60 LOSU), creación o participación de entidades o empresas basadas en el conocimiento (art. 61 LOSU), creación de fundaciones públicas y otras personas jurídicas públicas (art. 63 LOSU), ofertas de empleo (art. 65.2 LOSU), conciliación de la vida personal, laboral y familiar (art. 65.4 LOSU), financiación presupuestaria a los planes de movilidad del PDI (art. 66.3 LOSU), convocatoria de los concursos para el acceso a plazas de los cuerpos docentes universitarios y programas de promoción interna (art. 71 LOSU), convocatoria de concursos de movilidad para la provisión de plazas docentes (art. 72 LOSU), retribuciones adicionales ligadas a méritos individuales (art. 76.4 LOSU), contratación de PDI en régimen laboral (art. 77-84 LOSU), contratación y determinación de funciones del PTGAS (art. 89-94 LOSU), régimen jurídico de Universidades privadas con las limitaciones legales establecidas (art. 95-100 LOSU). En cualquier caso, estas competencias sin remisión a los Estatutos deben ser concretadas para poder ser ejercidas con plenitud y control interno en los propios Estatutos universitarios.

Capítulo 8

La distribución de competencias en materia de creación y reconocimiento de Universidades

La competencia en materia de creación de Universidades es fundamentalmente de carácter autonómico, lo que ha sido una constante reconocida de la legislación universitaria de la democracia (antiguos arts. 5.1.b y 58.1.b LRU), ya que desde un inicio se optaba por un modelo universitario de implantación territorial, en el que la Universidad responde a las necesidades sociales y educativas de cada territorio concreto en el que se creaba. De este modo, en lugar de un sistema universitario estatal nos enfrentamos a diversos sistemas universitarios autonómicos, subsidiarios de los parámetros estatales, pero que se caracterizan internamente a partir de las iniciativas y decisiones autónomas de las Universidades.

La competencia autonómica correspondiente reconocida inicialmente en las disposiciones estatutarias respetaba escrupulosamente el art. 27 CE, las leyes orgánicas que lo desarrollen y las facultades que atribuye al Estado el artículo 149.1.30 CE[351]. Estos preceptos no contienen una facultad de ejecución

---

351 Sobre la distribución de competencias en materia de creación de universidades, vid. GAVARA DE CARA, J.C., "La distribución de competencias en materia de Universidades en la jurisprudencia del Tribunal Constitucional y la complejidad de su estructuración", *op. cit.*, p. 187 y ss.; BUSTILLO BOLADO, R. O., "Creación de universidades públicas, reconocimiento de universidades privadas y adscripción de

o desarrollo legislativo que pueda encuadrarse en los preceptos estatutarios como competencia exclusiva de las Comunidades Autónomas, ya que lo que con ellos se pretende es que mediante la posibilidad de crear o reconocer Universidades pueda el Estado, respetando análoga potestad en las Comunidades que la hayan asumido, servir, en su caso, las necesidades de programación de la enseñanza universitaria (art. 149.1.30 CE en relación con el 27.5 CE) y cumplir la obligación de fomento y coordinación general de la investigación científica y técnica (art. 149.1.15 CE)[352]. En la actualidad, las competencias del Estado en materia de creación y reconocimiento de universidades se regulan por el art. 4.1.b LOSU que establece que por Ley de las Cortes Generales se podrá crear o reconocer Universidades, a propuesta del Gobierno, de acuerdo con el Consejo de Gobierno de la Comunidad Autónoma en cuyo ámbito territorial hayan de establecerse, pero limitado a Universidades de especiales características.

En definitiva, en sí mismo se puede deducir que las competencias en materia de creación de universidades pueden ser calificada de materia concurrente imperfecta con unos efectos que como veremos se extiende a la creación tanto de Universidades públicas como privadas y católicas. En consecuencia, la programación general de la enseñanza es competencia estatal (art. 149.1.30 CE), de manera que la creación de una concreta Universidad por medio de la competencia de la programación general (art. 4.2 LOSU), no implica que se pueda condicionar la competencia de autorización que posibilitaría que posteriormente se produzca una decisión autonómica de creación o reconocimiento de una Universidad.

---

centros universitarios", en HORGUÉ BAENA, C. (dir.), *La nueva ordenación de las universidades. Estudios sobre la ley orgánica 2/2023 del sistema universitario,* Iustel, Madrid, 2023, p. 74-81

352 STC 26/1987 FJ 6 (TOL79.735).

De este modo, las competencias que ejerce el Estado a través de un Real Decreto que determina las condiciones y requisitos básicos y el desarrollo de las actividades en la creación y el reconocimiento de las Universidades previsto en el art. 4.2 LOSU (en la actualidad el Real Decreto 640/2021, de 27 de julio, de creación, reconocimiento y autorización de universidades y centros universitarios, y acreditación institucional de centros universitarios), implica una interpretación de este precepto que condiciona la autorización autonómica de creación o reconocimiento de una nueva Universidad. En la anterior normativa LOU se exigía un informe del Consejo de Universidades que no podía ocasionar una interpretación que privara de todo contenido decisorio propio a la tramitación del proyecto de la creación de una universidad por parte del ejecutivo y del legislativo autonómico[353], pero que con el nuevo contenido del Real Decreto no se puede examinar la adecuación de la ley autonómica, pero de todos modos se encuentra condicionada por unas bases estatales fijadas en el mencionado Real Decreto por la aplicación del principio de prevalencia del derecho estatal (art. 149.3 CE), lo que puede ocasionar problemas de constitucionalidad.

Desde otra perspectiva, la Disposición adicional primera.2 LOSU prescribe que las Cortes Generales y el Gobierno ejercerán las competencias que la presente Ley atribuye, respectivamente, a la Asamblea Legislativa y al Consejo de Gobierno de las Comunidades Autónomas, en cuanto se refiere a la Universidad Nacional de Educación a Distancia, y se extiende en la Disposición adicional segunda a la Universidad Internacional Menéndez Pelayo. Estas dos Universidades son las únicas de carácter estatal, en las que se ejercen plenas competencias, incluidas las de ejecución. En cualquier caso, no se trata de una competencia indistinta en la capacidad legislativa de creación

---

353 STC 47/2005 FJ 11 (TOL598.423)

de Universidades, por más que hubiera sido deseable que la LOSU fijara de modo expreso las circunstancias que amparan de modo expreso la creación estatal de Universidades en contraposición con la vía ordinaria de creación autonómica[354], que se ha limitado a indicar que se deben tratar de Universidades de especiales características, sin dar ninguna de indicación del significado de estos términos, pero se refiere a actividades en todo el territorio estatal o en varias CCAA, o sin una actividad docente e investigadora ordinaria (no presencial, a distancia o de actividad ocasional o estival), siguiendo los modelos actuales. Sin embargo, la Disposición adicional tercera LOSU se refiere a otras Universidades con especificidades académicas, que establece la competencia de la Comunidad Autónoma en el territorio en el que se ubiquen, aunque este supuesto puede ser distinto del anterior ya que hace referencia a Universidades virtuales u online como UOC, Udima o Unir que han sido creadas por CCAA, que no realizan evidentemente una actividad limitada a los territorios de las respectivas autonomías. En cualquier caso, es previsible que la creación de nuevas Universidades por el Estado, dada la confusión y confluencia temática dará lugar a una conflictividad por la confluencia de supuestos.

En esencia, el Estado y las Comunidades Autónomas parecerían mantener un espacio normativo compartido y concurrente, incluso el Estado puede establecer como hemos visto mediante Real Decreto los requisitos básicos para la creación y reconocimiento de las Universidades (art. 4.2 LOSU), pero no reserva espacio normativo para adecuar las estructuras académicas universitarias, ni para la decisión final de creación, debiendo incluso permitir espacio a las Comunidades Autónomas para permitir la configuración de opciones políticas

---

354 NOGUEIRA LÓPEZ, A., "Distribución de competencias y organización administrativa en materia de universidades", *op. cit.*, p. 134

propias y distintas dentro del respeto al mínimo común normativo básico[355]. En todo caso, la Comunidad Autónoma tiene la competencia de autorización para el inicio de actividades, de comprobación del cumplimiento de las condiciones y requisitos y de supervisión y control periódico del cumplimiento de las condiciones y requisitos de creación o reconocimiento, cuyo incumplimiento grave puede dar lugar a la revocación de la autorización u otras consecuencias, que se deben regular reglamentariamente, aunque no se fija si la competencia normativa es estatal o autonómica (art. 4.2 LOSU).

En general, como hemos visto, las disposiciones de los Estatutos de Autonomía atribuyen con carácter exclusivo a la Comunidad Autónoma competencias en materia de enseñanza universitaria, sin perjuicio de la autonomía universitaria, sobre la creación de universidades públicas y la autorización de las privadas. Sin embargo, el alcance de tal exclusividad se debe precisar ya que el Tribunal Constitucional no puede desconocer las competencias reservadas constitucionalmente al Estado (art. 27, 81.1 y 149.1.15, 18 y 30 CE), que no pueden quedar desvirtuadas por la calificación estatutaria de determinadas competencias autonómicas como exclusivas. En definitiva, la atribución de competencias ejecutivas no es contraria a la reserva constitucional de competencias del Estado porque permite una interpretación que no excluye la regulación por parte de éste del marco jurídico donde deben adoptarse[356], aunque de todos modos podría ser cuestionable la regulación mediante reglamento estatal (Real Decreto) de unas bases estatales que se pueden imponer a una ley autonómica de desarrollo en la materia. Por otra parte, este RD 640/2021 es tan detallado

---

355 STC 131/1996 FJ 3 (TOL83.064). Vid. NOGUEIRA LÓPEZ, A., "Distribución de competencias y organización administrativa en materia de universidades", *op. cit.*, p. 133

356 STC 223/2012 FJ 7 (TOL2.713.895)

y concreto en los requisitos mínimos que apenas deja margen al desarrollo normativo autonómico para introducir criterios propios en la materia.

La doctrina del Tribunal Constitucional hacía hincapié en el expreso reconocimiento que el legislador estatal hizo de la competencia autonómica sobre creación y reconocimiento de universidades y vinculó la competencia estatal de creación de universidades públicas con las necesidades de programación de la enseñanza universitaria (art. 149.1.30 en relación con el art. 27.5 CE) y con la función de fomento y coordinación general de la investigación científica y técnica (art. 149.1.15 CE), títulos ambos que amparaban esta competencia ejecutiva del Estado en materia de universidades[357].

Sin embargo, una vez asumida por las Comunidades Autónomas la competencia en materia de universidades y realizado el traspaso de servicios y funciones, la situación ya no es la misma que la que dio lugar a la primera jurisprudencia del Tribunal Constitucional, sin que quepa deducir del precepto legislativo en la actualidad una especie de competencia ejecutiva concurrente o indistinta del Estado y las Comunidades Autónomas para la creación de universidades de ámbito e interés autonómico. No obstante, el reconocimiento al Estado de la facultad de creación de universidades no vulnera, necesariamente, las competencias autonómicas, ya que no todo el territorio nacional está integrado en Comunidades Autónomas, de

---

[357] STC 26/1987 FJ 6 (TOL79.735). El art. 4.1 LRU declara que la creación y reconocimiento de universidades se llevará a efecto "por Ley de la Asamblea Legislativa de la Comunidad Autónoma en cuyo ámbito territorial hayan de establecerse", y se reconoce al Estado la competencia normativa de crear universidades para garantizar el ejercicio de sus competencias en materia de programación general de la enseñanza e investigación científica, que como títulos competenciales estatales fueron asumidos por el Tribunal Constitucional.

modo que la garantía del ejercicio de las competencias estatales en materia de programación de la enseñanza, y de fomento y coordinación general de la investigación científica (art. 149.1.15 CE) puede, en un caso dado y concreto, aconsejar la creación de universidades de especiales características o de ámbito supracomunitario, como lo son la UNED y la UIMP, a las que se refiere la Disposición adicional primera y segunda LOSU, junto con el resto de universidades que, en su caso, se creen o reconozcan por el Estado. En cualquier caso, el Estado deba justificar de forma concreta la directa relación o adecuación de la medida adoptada, a las concretas necesidades de la programación de la enseñanza y fomento de investigación a las que ésta sirve, lo cual, habida cuenta del rango legal de la ley de creación, podrá ser controlado por el Tribunal Constitucional. En definitiva, la creación por ley estatal de una determinada universidad tiene que responder a las concretas necesidades de la programación general educativa o de coordinación de la investigación que, por ser de interés supracomunitario, no podrían ser satisfechas por cada una de las Comunidades Autónomas. En principio, no por el hecho de haber asumido las Comunidades Autónomas competencias en materia de universidades se impide que el Estado pueda crear universidades propias, pero siempre que la creación de dichas universidades públicas pueda ser una herramienta necesaria en casos concretos y que se garantice el correcto ejercicio por el Estado de las competencias que la Constitución le atribuye, sin menoscabar las competencias de las Comunidades Autónomas[358]. En estas condiciones se debe interpretar las Universidades de especiales características que puede crear o reconocer el Estado previstos en el art. 4.1.b LOSU.

---

358 STC 223/2012 FJ 7 (TOL2.713.895). También STC 141/2013 FJ 3 (TOL3.855.995); STC 158/2013 FJ 6 (TOL3.973.302); STC 159/2013 FJ 6 (TOL3.973.300); STC 160/2013 FJ 6 (TOL3.973.301)

En cualquier caso, a efectos concretos, el Real Decreto mencionado en el art. 4.2 LOSU (en la actualidad el RD 640/2021) con la finalidad de garantizar la calidad del sistema universitario y, en particular, de la docencia y la investigación, así como la normativa de desarrollo autonómica pueden establecer los requisitos necesarios para la creación de Universidades en el sentido de que establezca los recursos materiales humanos necesarios para su autorización y mantenimiento de la misma, las titulaciones y los ámbitos académicos necesarios con los que debe contar la institución universitaria para que se tramite su ley de reconocimiento, afectando tanto a las Universidades públicas como a las privadas, que incluso pueden ser diferentes al no poder establecerse un término de comparación entre ellas. Del mismo modo se somete a autorización autonómica el comienzo de las actividades de las nuevas Universidades, con comprobación de las dotaciones de personal, medios técnicos, recursos financieros y titulaciones académicas. También se comprueban en el caso de las Universidades privadas las modificaciones con reserva de denegación o de revocación de la autorización autonómica. De todos modos, se debe destacar como novedad legislativa el establecimiento como requisito para la creación y reconocimiento de las Universidades, así como su correspondiente mantenimiento, el establecimiento de un plan de igualdad de género (art. 4.3 LOSU) [359].

---

[359] Este desarrollo normativo es como hemos visto el Real Decreto 640/2021, de 27 de julio, de creación, reconocimiento y autorización de universidades y centros universitarios, y acreditación institucional de centros universitarios. Se exige por el art. 5. 1 que las universidades deberán disponer de una oferta académica mínima conformada concretamente por la obtención de diez títulos oficiales de grado, seis títulos oficiales de máster y dos programas oficiales de doctorado. En el conjunto de esta oferta estarán representadas como mínimo tres de las cinco grandes ramas del conocimiento (Artes y Humanidades, Ciencias, Ciencias de la Salud, Ciencias Sociales y Jurídicas e Ingeniería y Arquitectura, que a su vez agrupan

De todos modos, el reconocimiento automático de títulos europeos plantea un riesgo que ya es real de deslocalización de universidades privadas virtuales que se pueden instalar fuera del territorio nacional, por ejemplo, en Andorra[360], en la que la acreditación y reconocimiento se puede someter a normas distintas de las planteadas por la Agencias de calidad estatales o autonómicas, pudiendo incluso recurrir a cualquiera de las

---

los diversos ámbitos del conocimiento), sin perjuicio de lo establecido en la normativa autonómica aplicable a esta materia. Además, el art. 6 exige que las universidades deberán desarrollar la actividad investigadora y de transferencia de conocimiento de su personal docente e investigador. La programación plurianual de la actividad investigadora deberá incluir los grupos de investigación que inicialmente se constituirán, la dotación de equipamientos e infraestructuras científico-técnicas disponibles y aquellas que se prevén de tal modo que viabilicen y garanticen el desarrollo de la programación plurianual investigadora, la participación en proyectos de investigación competitivos (autonómicos, estatales e internacionales) y los mecanismos para incentivarla en el personal docente e investigador, los recursos presupuestarios propios destinados al fomento de la investigación, las medidas que se pretenden poner en marcha para la captación de talento, las estrategias de colaboración con los sectores productivos e institucionales mediante la transferencia del conocimiento y la innovación, y, por último, deberá detallar el sistema de indicadores que la universidad desarrollará para el seguimiento de las actividades investigadoras, que debe ser contrastable con los criterios utilizados por la ANECA, la Comisión Nacional Evaluadora de la Actividad Investigadora (CNEAI) o las agencias de las Comunidades Autónomas para la acreditación del profesorado universitario y la evaluación de su actividad investigadora. En este sentido, las universidades deberán dedicar al menos un 5 por ciento de su presupuesto a un programa o programas propio de incentivación de la investigación, en cuanto esta actividad constituye una de las finalidades esenciales de estas.

360 RIVERO ORTEGA, R.- JIMÉNEZ TELLO, P., "Creación y reconocimiento de las universidades y calidad del sistema universitario", en AAVV, *La reforma universitaria de 2003, op. cit.*, p. 47

agencias del marco europeo (EQAR), pero con unos efectos internos similares a los títulos regulados en la LOSU. No es extraño que el carácter virtual de alguna de las universidades andorranas posibilite que puedan seguir sus estudios estudiantes nacionales, incluso ofertan planes de estudios similares a los españoles, que tendrán reconocidos su título de forma automática al finalizarlos.

8.1.- LA CREACIÓN DE UNIVERSIDADES PÚBLICAS

Tal como se acaba de mencionar, el art. 4.2 LOSU se refiere a los requisitos básicos para la creación y reconocimiento de las universidades, estableciendo que para garantizar la calidad de la docencia e investigación y, en general, del conjunto del sistema universitario, el Gobierno, mediante Real Decreto, determinará, con carácter general, las condiciones y requisitos básicos para la creación y reconocimiento de Universidades, así como para el desarrollo de las actividades. Los mencionados requisitos contemplarán los medios y recursos adecuados para el cumplimiento por las Universidades de sus funciones básicas (art. 2.2 LOSU). Las Universidades podrán impartir enseñanzas conducentes a la obtención de títulos de carácter oficial y propios con validez en todo el territorio nacional, no siendo necesario diferenciar en la actualidad entre Universidades en modalidad presencial y no presencial, ya que todas pueden realizar y ofertar enseñanzas y titulaciones en ambas modalidades, virtual e incluso híbrida o semipresencial (art. 6.1 LOSU), aunque se declare la preferencia por adoptar la modalidad presencial[361].

---

[361] Sobre la creación de Universidades públicas, vid. SOUVIRÓN MORENILLA, J. M.-PALENCIA HERREJÓN, F., *La nueva regulación de las Universidades. Comentarios y análisis sistemático de la Ley Orgánica 6/2001, de 21 de diciembre, de Universidades*, Comares, Granada, 2002, p. 106 y ss.; ZAMBONINO PULITO, M., "Las Universidades Públicas

Este precepto nos conecta con el primero de los problemas que se plantea como es la regulación mediante reglamento del procedimiento de creación de una Universidad pública. En este supuesto, se critica que la intervención normativa del Gobierno por medio de reglamento para fijar los requisitos básicos pueda suponer una deslegalización de la materia que contraviene la reserva de ley orgánica, ya que la creación de las Universidades se trata de una cuestión nuclear de la autonomía universitaria. Sin embargo, la colaboración entre la ley orgánica y el reglamento no ha quedado descartada por el Tribunal Constitucional siempre que la remisión que se haga por parte de la ley a favor de la norma de desarrollo sin que se desvirtúe la finalidad que tiene reservar determinadas materias en tan cualificado tipo de leyes, ya que la introducción en nuestro ordenamiento constitucional de la categoría de Ley Orgánica, a la cual se reserva la regulación de determinadas materias, como es en este caso el derecho fundamental a la autonomía universitaria, no altera las relaciones tradicionalmente establecidas entre la Ley y el Reglamento[362]. En consecuencia, no

---

como Administraciones Públicas. Bases de su creación y régimen jurídico", *op. cit.*, p. 199 y ss. Asimismo, GAVARA DE CARA, J.C., "La distribución de competencias en materia de Universidades en la jurisprudencia del Tribunal Constitucional y la complejidad de su estructuración", *op. cit.*, p. 192 y ss.; RODRÍGUEZ DE SANTIAGO, J. M., "¿Existe libertad de creación y establecimiento de universidades en España?", *Revista española de derecho administrativo*, 2018, núm. 193, p. 57-84; RIVERO ORTEGA, R.- JIMÉNEZ TELLO, P., "Creación y reconocimiento de las universidades y calidad del sistema universitario", en AAVV, *La reforma universitaria de 2003*, *op. cit.*, p. 45 y ss.

362 En la STC 77/1985 FJ 14 (TOL79.492) se afirma que las peculiaridades de la Ley Orgánica —en especial la delimitación positiva de su ámbito de normación— en modo alguno justifican el que, respecto a este tipo de fuente, se hayan de considerar alteradas las relaciones entre Ley y Reglamento ejecutivo, siendo constitucionalmente legítimo que el legislador orgánico remita al Reglamento

supone que la remisión a la regulación reglamentaria de materia reservada a Ley Orgánica sea, en todo caso, constitucionalmente legítima, ya que se puede realizar una abstracción de los términos en que se realice, puesto que es preciso que la delegación se formule en condiciones que no contraríen materialmente la finalidad de la reserva[363]. Además, se deberá tener en cuenta que este Reglamento concreto constituye normativa estatal básica en la materia.

Esta doctrina implica que el art. 4.2 LOSU no puede interpretarse de modo aislado sin tener en cuenta de forma sistemática otros apartados o disposiciones de la ley, lo cual permite negar el carácter incondicionado de la remisión reglamentaria. Aunque en la actualidad no se prescribe que los requisitos contemplen los medios y recursos adecuados para el cumplimiento por las Universidades de sus funciones propias (art. 2.2 LOSU), el reglamento debe poner en relación los requisitos para la creación y reconocimiento de las universidades con las funciones legalmente contempladas que les son encomendadas. Además, la LOSU configura el procedimiento de creación de las universidades públicas y de reconocimiento de las privadas, en cuanto exige ley de las Cortes Generales o de la Asamblea legislativa de la correspondiente Comunidad Autónoma (art. 4.1 LOSU) e

---

para completar el desarrollo normativo de las materias reservadas al mismo, ya que no hay Ley en la que se pueda dar entrada a todos los problemas imaginables, muchos de los cuales podrán tener solución particular y derivada en normas reglamentarias.

363 En la STC 83/1984 FJ 4 (TOL79.372) se afirma que pueden derivarse ciertas exigencias en cuanto al alcance de las remisiones o habilitaciones legales a la potestad reglamentaria, como sería que se restrinja efectivamente el ejercicio de esa potestad a un complemento de la regulación legal que sea indispensable por motivos técnicos o para optimizar el cumplimiento de las finalidades propuestas por la Constitución o por la propia Ley (STC 101/1991 FJ 3 (TOL80.515) y más recientemente STC 17/2013 FJ 4 (TOL3.058.706).

informe preceptivo de la Conferencia General de Política Universitaria, pero sin especificar los sujetos que pueden adoptar la iniciativa en la creación de Universidades públicas. En el caso de las Universidades privadas se regulan los sujetos a quienes se atribuye la iniciativa de su creación, de modo que las cuestiones nucleares relativas al reconocimiento de las universidades sí aparecen determinadas por el legislador (art. 96 LOSU)[364].

De todos modos, la cuestión más polémica será determinar si se puede establecer las condiciones y requisitos básicos de creación de Universidades públicas en un Real Decreto, ya que constituye unas bases normativas estatales establecidas en un reglamento que se pueden imponer a la ley autonómica de creación de una Universidad pública como consecuencia de la aplicación del principio de prevalencia del Derecho estatal, ya que sería normativa con primacía en caso de conflicto. La Jurisprudencia del TC no es clara, ni unívoca, pero puede ser cuestionable que haya bases estatales que no se encuentren formalizadas en una ley, aunque es indiferente que se establezca una remisión de la LOSU como ley orgánica para la regulación de unas bases a un Real Decreto o a una ley ordinaria, a pesar de que formalmente sería más correcto realizarlo mediante la ley ordinaria.

Desde otra perspectiva otro tema aún no discutido y resuelto es que la creación de una universidad requiere una ley de carácter singular, que podría ser incompatible con el art. 27.6 CE, de forma que hasta el momento en que se realice un pronunciamiento expreso del Tribunal Constitucional sobre la cuestión, se podría considerar que esta ley singular de creación es una ley de autorización[365], que tampoco no se relaciona

---

364 STC 131/2013 FJ 5 (TOL3.785.911); STC 134/2013 FJ 4 y 6 (TOL3.785.940); STC 158/2013 FJ 5 (TOL3.973.302); STC 160/2013 FJ 6 (TOL3.973.301)

365 RIVERO ORTEGA, R.- JIMÉNEZ TELLO, P., "Creación y reconocimiento de las universidades y calidad del sistema universitario", en AAVV, *La reforma universitaria de 2003, op. cit.*, p. 46

correctamente con el ejercicio de un derecho fundamental en tanto que como libertad no puede ser sometido su ejercicio a una autorización previa, aunque sea adoptada por el legislador. Las dificultades de considerar que la autonomía universitaria es un derecho fundamental de libertad se aprecian desde el momento inicial de la creación de la propia universidad.

En materia de creación de Universidades Públicas se ha planteado una segunda problemática que ha tenido cierto grado de recorrido en la jurisprudencia del Tribunal Constitucional como ha sido la de la reorganización y readscripción de Universidades por afectar a la distribución de competencias entre el Estado, las Comunidades Autónomas y las propias Universidades en cuanto a su autonomía. Los dos principales procesos afectaron a la reorganización universitaria de Canarias[366],

366 La Ley autonómica 5/1989, de 4 de mayo, de Reorganización Universitaria de Canarias, procede a una reorganización de las Universidades existentes en su ámbito territorial (la de La Laguna y la Politécnica de Las Palmas de Gran Canaria, con sedes respectivas en las ciudades del mismo nombre, situadas la primera en la isla de Tenerife, y la segunda, en la de Gran Canaria), que viene presidida por el criterio, muy gráficamente expresado en las alegaciones del Parlamento de Canarias, del «rectorado más cercano». La reorganización consistió en que, como regla general, la Universidad de La Laguna no dispondrá de centros y dependencias universitarias en la isla de Gran Canaria, ni a la inversa, la Universidad de las Palmas no dispondría de tales centros y dependencias en la isla de Tenerife. Se adopta un determinado modelo territorial para las dos Universidades de Canarias, que aparece claramente sancionado en el art. 4.A) de la Ley, al establecer que «la solicitud de creación de un centro por parte del Consejo Social de una Universidad implicará su localización en la isla sede de esta Universidad», configurándose como supuesto excepcional en el apartado B), del mismo artículo la posibilidad de que se cree y sitúe un centro universitario dependiente de una de las Universidades en la isla sede de la otra, quedando en tal caso condicionada la creación a que sean coincidentes los informes de los Consejos Sociales de

y a la creación de la Universidad Miguel Hernández de Elche[367].

---

ambas Universidades. Finalmente, y en relación con las restantes islas que forman el archipiélago canario, los centros que puedan crearse en las mismas dependerán de la Universidad que hubiese solicitado esa creación, si garantiza su tutela académica [art. 4 C)]. De este modo, aun cuando en el art. 1.2 de la Ley se proclama el carácter y ámbito regional de las dos Universidades, la idea motriz de la reforma es la regla general de que los centros de la Universidad de La Laguna no se localicen en Gran Canaria, ni los de la Universidad de Las Palmas lo hagan Tenerife. Sin perjuicio de ese criterio de territorialización que ordenará en el futuro la creación de nuevos centros universitarios, la Ley aborda la readscripción de los existentes que no se adecuan al mismo, disponiendo en su art. 2, que los centros de la Universidad de La Laguna situados en Gran Canaria queden integrados en la Universidad de Las Palmas y los dependientes de ésta situados en Tenerife pasen a la Universidad de La Laguna. Esta reestructuración, que se hará plenamente efectiva a través del correspondiente proceso de readscripción e integración de los centros existentes en la actualidad (Disposición transitoria primera), viene acompañada de la superación del principio de especialización funcional de las dos Universidades, de manera que, tal como establece el art. 3 de la Ley, cada una de ellas podrá impartir todo tipo de estudios, cualquiera que sea su carácter técnico, científico o humanístico (STC 106/1990 FJ 5 (TOL81.794)

367 Por Ley de la Generalitat Valenciana 2/1996, de 27 de diciembre, se creó la Universidad Miguel Hernández de Elche. Prevé su articulado que esa nueva Universidad de Alicante habría de constar de los siguientes centros: Facultad de Ciencias Experimentales (Campus de Elche), Facultad de Ciencias Sociales y Jurídicas (Campus de Elche), Escuela Politécnica Superior (con Campus en Elche y en Altea), Escuela Politécnica Superior de Orihuela (Campus de Orihuela) y Facultad de Medicina (Campus de San Juan de Alicante) —art. 2.1 y anexo I de dicha Ley. Algunos de los centros y enseñanzas integrados en la nueva Universidad eran de nueva creación; otros procedían de la readscripción a la Universidad de Elche de centros y enseñanzas integrados antes en otras dos Universidades con implantación en diferentes localidades de la provincia de Alicante:

En la STC 106/1990 (TOL81.794), la reorganización universitaria estaba justificada por razones de tipo territorial y se llevó a cabo conforme al criterio de readscribir, entre la Universidad de La Laguna y la de Las Palmas, los centros y enseñanzas al Rectorado más cercano. En el caso STC 47/2005 (TOL598.423), la Facultad de Medicina y el Instituto Universitario de Neurociencia se adscriben a una Universidad cuya sede está geográficamente más lejana que la Universidad de la que esos centros se segregan. Sin embargo, es necesario poner de manifiesto que el criterio de la territorialidad —que puede ser especialmente relevante cuando concurre el hecho insular— no es evidentemente el único, ni quizá el más importante, de los que pueden ser ponderados por los órganos legislativos competentes en materia de organización universitaria. El Tribunal Constitucional ha declarado también que ni la autonomía universitaria garantiza a las universidades un ámbito regional de actuación[368], ni de ella se deriva que los centros docentes existentes en una población no puedan depender de otros situados en lugar distinto, o que una universidad no pueda tener sus centros de enseñanza en diversas ciudades[369]. Por otra parte, es de señalar que la operación de segregación está, además, facilitada por el hecho de que la Facultad de Medicina es el único centro universitario desplazado del campus principal de la Universidad de Alicante por lo que su transferencia a la nueva Universidad de Alicante puede articularse sin interferencia alguna en el orden físico. Dado que se trataba de evitar una megauniversidad y aspirando a un resultado final en el que cada una de las universidades atendiera una demanda en torno a 25.000 alumnos, la creación de la de Elche había de drenar

la Universidad de Alicante y la Universidad Politécnica de Valencia (Campus de Orihuela) —anexo II de la ya mencionada Ley (STC 47/2005 FJ 1 (TOL598.423).

368 STC 106/1990 FJ 10 (TOL81.794)

369 ATC 493/1983 FJ único

a las otras dos, contribuyendo a desmasificarlas, absorbiendo, de forma lo más inmediata posible, unos 4.000 estudiantes. Así pues, el punto de partida era la existencia de dos universidades, cada una de ellas con varios campus y para la desmasificación se crea otra nueva que acoge centros ya existentes, sin que estos preceptos carezcan de toda justificación razonable, de modo que la opción tomada por el legislador, aunque pueda ser discutible, no resulta arbitraria ni irracional[370]. En consecuencia, al atender al desarrollo equilibrado y uniforme en cuanto al número de alumnos de las diversas universidades de la Comunidad Valenciana ya constituye una finalidad justificada y razonable de la medida legislativa[371].

Finalmente, una tercera problemática conectada a la creación de Universidades públicas afecta a los centros adscritos a una Universidad pública. El art. 42 LOSU establece que los centros adscritos a una Universidad pública requerirán previamente de un convenio de adscripción en la Universidad, de conformidad con los requisitos básicos establecidos reglamentariamente por el Gobierno estatal y con la aprobación de la Comunidad Autónoma. Con anterioridad, el problema que planteaba el precepto era la omisión, en el marco normativo de los centros adscritos, de cualquier mención a las normas universitarias, más concretamente a los correspondientes Estatutos, pero es una cuestión que ha solventado la LOSU, es decir, en la actualidad, en el ejercicio de su autonomía, corresponde a las Universidades decidir si establecen o no, y en qué términos, convenios de adscripción, sin que el precepto impida que

---

370 En sentido idéntico, STC 44/1988 FJ 13 (TOL80.155), STC 104/2000 FJ 8 (TOL232.769); STC 96/2002 FJ 6 (TOL3.058.706) y STC 242/2004 FJ 7 (TOL526.399)

371 STC 47/2005 FJ 7 (TOL598.423)

los Estatutos u otras normas universitarias contengan normas orgánicas o procedimentales que afecten a estos centros[372].

Sin embargo, la creación de centros universitarios privados y el establecimiento de su régimen jurídico no es manifestación de la autonomía universitaria consagrada en el art. 27.10 CE, sino del art. 27.6 CE, en cuanto reconoce a las personas físicas y jurídicas la libertad de creación de centros docentes, dentro del respeto a los principios constitucionales. En consecuencia, el art. 96.5 y 6 LOSU establecen que los centros universitarios privados deberán integrarse en las universidades privadas como centros propios o adscribirse a una universidad pública o privada. Si se adscriben a una Universidad pública debe aplicarse el art. 4.2 LOSU y, en cualquier caso, solo pueden estar adscritos a una única Universidad[373].

Siendo la autonomía universitaria un derecho de configuración legal, el legislador no ha incluido en la potestad autonormadora que integra la autonomía universitaria la aprobación del régimen jurídico de los centros universitarios adscritos -que por emanar del art. 27.6 CE corresponde al legislador estatal y autonómico- en cuanto conformación de estos, sino que le atribuye la decisión de su adscripción, que sí forma parte ineludible de la autonomía universitaria. En consecuencia, no puede sostenerse que el texto aprobado por un claustro, según el cual la adscripción de estos centros (los que dependen de instituciones públicas o privadas) así como su desvinculación se ajustará a lo previsto en la legislación vigente y deberá contar con la aprobación de la junta de gobierno y del consejo social, infrinja dicha legalidad vigente, pues ésta se asume expresamente, y la condición fijada, de que la

---

372 STC 223/2012 FJ 6 (TOL2.713.895). También STC 141/2013 FJ 5 (TOL3.855.995)

373 STC 223/2012 FJ 6 (TOL2.713.895). También STC 141/2013 FJ 5 (TOL3.855.995)

adscripción cuente con la aprobación de la universidad en la que se integra el centro, resulta una exigencia ineludible de la autonomía universitaria[374].

Además, del vigente art. 42 LOSU no puede deducirse que exista lesión de la autonomía universitaria. Por un lado, la conformación de los centros docentes adscritos corresponde a los legisladores estatal y autonómico (art. 27.6 CE), y dentro de ella el legislador estatal ha determinado el régimen jurídico de dichas estructuras docentes, integrado fundamentalmente, además de por las normas estatales y autonómicas, por el convenio de adscripción. Por otro lado, el convenio, del que el legislador no preconfigura contenido alguno, contiene el régimen jurídico de cada centro en particular y las condiciones bajo las cuales se sustancia la adscripción del centro a una universidad y, por tanto, es resultado de la libertad negociadora de las partes que lo suscriben y, en consecuencia, de la autonomía universitaria. El convenio es, en definitiva, el instrumento normativo que contiene, en esencia, el régimen de cada centro docente adscrito, manteniendo la universidad plena capacidad de decisión en aquellos aspectos que libremente hayan decidido las partes que lo suscribieron, y sin perjuicio de las remisiones que los citados convenios puedan hacer a las normas estatutarias universitarias. Así entendido el vigente art. 42 LOSU, han de descartarse los reproches de inconstitucionalidad y sirve para la distribución de competencias en esta materia entre Estado, Comunidades Autónomas y Universidad[375].

---

374 STC 55/1989 FJ 10 (TOL80.266); STC 223/2012 FJ 6 (TOL2.713.895)

375 STC 223/2012 FJ 6 (TOL2.713.895). También STC 141/2013 FJ 5 (TOL3.855.995); STC 159/2013 FJ 5 (TOL3.973.300); STC 160/2013 FJ 5 (TOL3.973.301)

8.2.- EL RECONOCIMIENTO DE UNIVERSIDADES PRIVADAS

El art. 95.3 LOSU se refiere a las normas de organización y funcionamiento de las Universidades privadas, establece que se regirán por las normas a que se refiere el art. 95.2 LOSU, por las normas correspondientes a la personalidad jurídica adoptada, por la Ley de su reconocimiento, por las normas que adopten el Estado y las CCAA en el ejercicio de sus respectivas competencias y por sus propias normas de organización y funcionamiento. Estas normas de organización y funcionamiento de las Universidades privadas, que no son en sentido estricto unos Estatutos universitarios, serán elaboradas y aprobadas por ellas mismas, con sujeción, en todo caso, a los principios constitucionales y con garantía efectiva del principio de libertad académica manifestada en las libertades de cátedra en los términos del art. 3.3 LOSU, de investigación y de estudio. El régimen de su aprobación implicará que sea realizada por las Comunidades Autónomas a efectos de su control de legalidad[376]. Las Universidades privadas se organizarán de forma que quede asegurada la participación y representación en sus órganos de los diferentes sectores de la comunidad universitaria (art. 95.4 LOSU)[377].

---

376 Sobre esta cuestión, vid. ABAD LICERAS, J. M., "El estatuto jurídico de las universidades privadas en el ordenamiento jurídico español", *La Ley: Revista jurídica española de doctrina, jurisprudencia y bibliografía*, 2000, núm. 7, p. 1526-1534. En general, sobre las normas de organización y funcionamiento de las universidades privadas, vid. DE LA FUENTE, E., "Las universidades privadas en la LOSU", en HORGUÉ BAENA, C. (dir.), *La nueva ordenación de las universidades. Estudios sobre la ley orgánica 2/2023 del sistema universitario*, Iustel, Madrid, 2023, p. 276 y ss.

377 Sobre el reconocimiento de Universidades privadas, vid. GAVARA DE CARA, J.C., "La distribución de competencias en materia de Universidades en la jurisprudencia del Tribunal Constitucional y la

La autonomía universitaria presupone un ámbito propio ajeno a instancias o poderes ajenos. No obstante, los preceptos reguladores de las Universidades privadas son objeto de regulación mediante Ley orgánica a través de la LOSU (salvo las remisiones genéricas de carácter estructural como la decisión de creación de universidades), lo cual es una presunción de que su regulación a efectos de dicha Ley afecta directamente al derecho fundamental a la autonomía universitaria de las Universidades privadas. En definitiva, la regulación de la organización y funcionamiento de las Universidades privadas queda desregulada o autorregulada y atribuida a actores ajenos a la comunidad universitaria, es decir, a las personas jurídicas y físicas promotoras y titulares de estas, que eventualmente están ejerciendo su derecho fundamental a la autonomía universitaria. Esta diferencia de trato del legislador puede provocar la existencia de dos categorías distintas sujetas a regímenes diferentes en cuanto al ejercicio de derechos fundamentales, sin que las referencias a los principios constitucionales y a la garantía de la libertad académica palíen la diferencia. En apariencia, a pesar de que el régimen jurídico de las Universidades privadas es amplio, referido a un gran número de leyes y normas, a los efectos de la LOSU, su régimen es mucho más libre que el aplicable a las Universidades públicas. De hecho, las Universidades privadas ni siquiera son objeto de una creación, sino de un reconocimiento del ejercicio de una libertad.

El distinto origen de las Universidades públicas y privadas justifica la existencia de un régimen no estrictamente igual entre ambas, hasta tal punto que parecen sugerir que los sujetos

---

complejidad de su estructuración", *op. cit.*, p. 197 y ss. Asimismo, POLO SABAU, J. R., *El régimen jurídico de las universidades privadas*, INAP, Madrid, 1997; DÍAZ DÍAZ, M. C., "Régimen específico de las universidades privadas", en AAVV, *La reforma universitaria de 2003*, *op. cit.*, p. 233 y ss.; DE LA FUENTE, E., "Las universidades privadas en la LOSU", *op. cit.*, p. 261 y ss., en especial p. 278-285.

titulares y promotores de las segundas, una vez ejercitada la iniciativa del reconocimiento de la Universidad, han de entregar la gestión de la misma a los integrantes de la comunidad universitaria, quedando despojados de cualquier facultad de normación y organización en su condición de actores ajenos a dicha comunidad. En este sentido, el Tribunal Constitucional consideró que la creación de centros universitarios privados y el establecimiento de su régimen jurídico no es manifestación de la autonomía universitaria consagrada en el art. 27.10 CE, sino del art. 27.6 CE, en cuanto reconoce a las personas físicas y jurídicas la libertad de creación de centros docentes, dentro del respeto a los principios constitucionales. En consecuencia, la LOSU ha dispuesto en su art. 97.3 LOSU que la creación de estos centros docentes de las Universidades privadas se hará con sometimiento a lo dispuesto en el art. 41 LOSU y en las normas que, en su desarrollo, dicten el Estado y las Comunidades Autónomas en el ámbito de sus respectivas competencias[378]. En cualquier caso, las reivindicaciones de las Universidades privadas para que sean tratadas de igual modo que las públicas, sobre todo en materia de becas y ayudas cuando son excluidas del sistema general de ayudas al estudio sin una justificación objetiva y racional[379], pero también por la limitación de los convenios con las instituciones sanitarias públicas aplicables exclusivamente a las Universidades de titularidad pública[380].

---

[378] STC 223/2012 FJ 6 (TOL2.713.895) con cita de otras, STC 131/2013 FJ 9 (TOL3.785.911)

[379] STC 191/2020 FJ 5 y 6 (TOL8.441.193). Asimismo, STC 2/2021 FJ 3 (TOL8.318.464); STC 6/2021 FJ 2 y 3 (TOL8.318.462); STC 19/2021 FJ 2 y 3 (TOL8.347.255); STC 42/2021 FJ 2 (TOL8.364.814); STC 138/2021 FJ 3 (TOL8.506.484); STC 162/2021 FJ único (TOL8.629.511); STC 1/2022 FJ 1 (TOL8.791.713); STC 4/2022 FJ 3 (TOL8.791.710); STC 27/2022 FJ único (TOL8.871.427); STC 78/2022 FJ único (TOL9.136.491); STC 101/2022 FJ único (TOL9.239.723)

[380] STC 14/2019 FJ 6 (TOL7.059.451)

El papel que la ley de reconocimiento de las Universidades privadas cumple en el sistema diseñado por la LOSU responde a un perfil distinto que el de las universidades públicas. Mientras que la creación de las universidades públicas requiere un acto insustituible de voluntad de los poderes públicos, para el cual el legislador orgánico ha establecido una reserva de ley, la creación de las universidades privadas corresponde, al amparo de lo establecido en el art. 27.6 CE, a las personas físicas o jurídicas (art. 96.1 LOSU), por lo que la ley singular de reconocimiento carece de este componente fundacional. La ley de reconocimiento no tiene, pues, naturaleza constitutiva, en cuyo caso no podría prescindirse de ella, sino que propiamente tiene la naturaleza de una autorización previa, sin que dicha naturaleza no se vea alterada por la intervención del legislador. En efecto, el Gobierno estatal establece los requisitos básicos necesarios para la creación y reconocimiento de las universidades públicas y privadas (art. 4.2 LOSU) que, en la actualidad, están regulados en el Real Decreto 640/2021, de 27 de julio, de creación, reconocimiento y autorización de universidades y centros universitarios, y acreditación institucional de centros universitarios, siendo, en todo caso, necesaria para Universidades públicas y privadas la preceptiva autorización que, para el comienzo de sus actividades, otorgan las Comunidades Autónomas una vez comprobado el cumplimiento de los requisitos normativamente establecidos (art. 4.2 LOSU). En definitiva, corresponde al Estado la regulación del marco jurídico general como normativa básica estatal en que deben fundamentarse y adoptarse las decisiones autonómicas de creación y reconocimiento de universidades[381]. En consecuencia, la exigencia o no de una ley singular de reconocimiento de estas características, con carácter previo a la autorización administrativa que, en todo caso, corresponde a las Comunidades

---

381 STC 31/2010 FJ 108 (TOL1.880.189)

Autónomas, es una opción de política legislativa que no corresponde al Tribunal Constitucional enjuiciar, salvo en aquello que pueda vulnerar las competencias autonómicas. En cualquier caso, el control de los poderes públicos no se agota únicamente en el acto inicial de reconocimiento, sino que se proyecta también en su funcionamiento[382].

No está exento de críticas de que a pesar de que se reconozca como derecho fundamental la creación de universidades privadas mediante una ley de reconocimiento, en esencia se trata de un requisito de autorización en el ejercicio de una libertad, eso sí de carácter legal, pero cuyo procedimiento y fijación de los requisitos de creación se ha realizado por una disposición reglamentaria[383], lo que puede considerarse una extralimitación en el ejercicio y delimitación de elementos básicos de una libertad cuyo ejercicio no debería someterse a una autorización previa.

Los poderes de dirección que pueda atribuirse a los promotores y titulares de las universidades no son incondicionados, aunque ofrece un carácter dinámico porque el acto de creación o reconocimiento no se agota en sí mismo, sino que tiene evidentemente un contenido que se proyecta en el tiempo y que se traduce en una potestad de dirección del titular[384]. Al margen de las menciones a la sujeción, en todo caso, a los principios constitucionales y con garantía efectiva del principio de libertad académica manifestada en las libertades de cátedra, de investigación y de estudio, y que en su organización quede asegurada, mediante la participación y

---

[382] STC 176/2015 FJ 2 (TOL5.440.472)

[383] LOSTAO CRESPO, F., *Universidades de titularidad pública y privada. Una misma misión, un mismo mercado, distintas reglas*, Civitas-Thomson Reuters, Madrid, 2022, p. 86; DE LA FUENTE, E., "Las universidades privadas en la LOSU", *op. cit.*, p. 263

[384] STC 77/1985 FJ 20 (TOL79.492), STC 176/2015 FJ 2 (TOL5.440.472)

representación de todos los sectores de la comunidad universitaria en los órganos de gobierno de la Universidad, se debe tener en cuenta que en el art. 96.1 LOSU se prescribe que la creación de las Universidades privadas ha de hacerse dentro del respeto a los principios constitucionales y podrá ser causa de la denegación de la conformidad para la realización de determinadas actividades por parte de la autoridad administrativa correspondiente (art. 96.4 LOSU)[385]. En todo caso, las normas de organización y funcionamiento de las Universidades privadas deberán garantizar que las decisiones de naturaleza estrictamente académica se adopten por órganos en los que el PDI tenga una representación mayoritaria (art. 98.1 LOSU). Igualmente, deberán garantizar que el PDI, PTGAS y el estudiantado sea consultado en el nombramiento del Rector (art. 98.3 LOSU)[386]. Finalmente, se establece que el incumplimiento de las condiciones esenciales de reconocimiento será causa de revocación por parte de la Comunidad Autónoma (art. 96.4 LOSU)[387]. A estos requisitos y condiciones para el reconocimiento de una Universidad privada se añade la obligación de que debe contar con un plan de igualdad de género (art. 4.3 LOSU), así como una defensoría universitaria y una unidad de igualdad de igualdad y diversidad (art. 97.2 LOSU).

En resumen, la Comunidad Autónoma es competente para la autorización y reconocimiento concreto de la Universidad privada en el ámbito de sus competencias, mientras que el Estado es competente en materia de la regulación de los requisitos básicos para su reconocimiento, de un modo similar al que

---

385 Sobre la constitucionalidad de la regulación problemática de la participación de los diferentes sectores y en la elección del Rector en las Universidades privadas, vid. STC 176/2015 FJ 2 (TOL5.440.472)

386 STC 131/2013 FJ 9 (TOL3.785.911)

387 DE LA FUENTE, E., "Las universidades privadas en la LOSU", *op. cit.*, p. 266

se aplica para la creación de Universidades públicas (art. 4.2 LOSU). Estos criterios de competencia autonómica también son aplicables en caso de transmisión de la titularidad directa o indirecta de una universidad privada (art. 96.3 LOSU) o de autorización del inicio de su actividad, que eventualmente puede precisar una ampliación del plazo otorgado en la ley de reconocimiento (art. 11 Real Decreto 640/2021)[388].

En relación con el art. 6.4 Real Decreto 640/2021, se impone a las universidades la obligación de invertir un mínimo de su presupuesto (al menos, un 5%) en programas de incentivación de la investigación, determinando además qué concretas partidas deben o no contabilizarse a estos efectos de costes ligados a la investigación de los que, además, se excluye el coste salarial del personal investigador. Pero no existe afectación a este ámbito de la autonomía universitaria en su vertiente de gestión de sus presupuestos y administración de sus bienes en la medida en que la norma proyectada introduce un condicionante en la gestión, pero no afecta a esta en su modo de ejercicio, dirigiéndose esta previsión a garantizar la suficiencia de la actividad investigadora de las universidades, como elemento inherente al servicio público de la educación superior. Todas las universidades, cualquiera que sea su titularidad, son instituciones de docencia e investigación y están habilitadas para emitir diplomas con validez oficial, por lo que es legítimo que a las universidades privadas se les exija -al igual que a las públicas- satisfacer determinadas condiciones mínimas de cualificación de su profesorado y de realización de las actividades propiamente universitarias, incluida la investigación. Admitir otra cosa equivaldría a aceptar que pudieran utilizar la denominación de "universidad" entidades que poco o nada tienen que ver con las funciones típicamente universitarias; algo que

[388] DE LA FUENTE, E., "Las universidades privadas en la LOSU", *op. cit.*, p. 266-270.

podría llamar a engaño a una parte del público, así como conducir a una ausencia de controles mínimos de calidad[389]. En todo caso y en función de la posibilidad regulatoria reglamentaria que admitimos, el porcentaje del presupuesto que quedaría afectado para garantizar una de las finalidades esenciales de las universidades no ha sido cuestionado desde el punto de vista de la proporcionalidad[390].

Respecto del art. 7 Real Decreto 640/2021 que regula la información que después de transcurridos cinco años de la creación de la universidad se debe adjuntar a la Memoria presentada inicialmente en el proceso de creación o reconocimiento, el apartado a) del art. 7.11 impone la inclusión de una relación del personal docente e investigador doctor o doctora que haya obtenido una evaluación positiva de su actividad investigadora por la CNEAI o por las agencias de las Comunidades Autónomas con competencias en dicha evaluación. Se considerará un valor mínimo el que el 60 por ciento del conjunto del personal docente e investigador doctor o doctora haya alcanzado una evaluación positiva, en algún momento del periodo de desarrollo de su actividad como personal docente e investigador. Se ha considerado perfectamente legítimo que a las universidades privadas se les exija -al igual que a las públicas- satisfacer determinadas condiciones mínimas de cualificación de su profesorado, por lo que admitir otra cosa conduciría a una ausencia de controles mínimos de calidad[391]. Por otra parte, el apartado c) del artículo 7.11 impone la participación demostrada por parte del personal docente e investigador de la universidad en la solicitud de proyectos de investigación competitivos de ámbito autonómico, estatal e internacional, o en actividades de investigación colaborativa con empresas, entidades, organizaciones

---

389 STS 6 de julio de 2022 (ROJ: STS 2681/2022) FJ 3 (TOL9.123.843)

390 STS 13 de julio de 2022 (ROJ: STS 2840/2022) FJ 5 (TOL9.140.748)

391 STS 6 de julio de 2022 (ROJ: STS 2681/2022) FJ 3 (TOL9.123.843)

o instituciones, que deberá ser coherente con las líneas de investigación fundamentales de los programas de doctorado con que cuente la universidad. Esta participación supondrá haber presentado anualmente como mínimo cinco propuestas de proyectos de investigación en programas nacionales e internacionales, al menos una de las cuáles deberá tener este último carácter. Asimismo, transcurridos cinco años desde el inicio de actividades, se deberá demostrar la concesión de al menos cinco proyectos de investigación de ámbito nacional o internacional. Para acreditar este requisito, la universidad facilitará la relación de propuestas de proyectos de investigación competitivos presentados y, en su caso, de los concedidos, así como de las actividades de investigación colaborativa con empresas, entidades, organizaciones o instituciones. Este precepto contiene reglas precisas para determinar el término "competitivos" desde el momento en que establece la previsión de cuál debe ser la participación (haber presentado anualmente como mínimo cinco propuestas de proyectos de investigación en programas nacionales e internacionales, al menos una de las cuáles deberá tener este último carácter, presentando relación de las propuestas) y cómo se acredita la competitividad (transcurridos cinco años desde el inicio de actividades, se deberá demostrar la concesión de al menos cinco proyectos de investigación de ámbito nacional o internacional, presentando relación los proyectos de investigación que obtuvieron el reconocimiento)[392].

La distribución competencial entre el Estado y las Comunidades Autónomas en materia de universidades implica, según el artículo 149.1.30 CE, que el Estado tiene competencia exclusiva sobre la regulación de las condiciones de obtención, expedición y homologación de títulos académicos y profesionales y normas básicas para el desarrollo del artículo 27 de la Constitución, a fin de garantizar el cumplimiento de las obligaciones

---

392 STS de 13 de julio de 2022 (ROJ: STS 2840/2022) FJ 6 (TOL9.140.748)

de los poderes públicos en esta materia, correspondiendo a las Comunidades Autónomas asumir el desarrollo legislativo y la ejecución de dicho régimen básico. En consecuencia, el Estado puede establecer condiciones básicas relativas al profesorado, a la viabilidad económico-financiera y a la calidad de las instalaciones universitarias, puesto que desde este título puede regular las bases que garanticen el derecho de todos a la educación mediante la programación general de la enseñanza (art. 27.5), la libertad de creación de centros docentes dentro del respeto a los derechos constitucionales (art. 27.6) y la homologación del sistema educativo para garantizar el cumplimiento de las leyes (art. 27.8)[393], es decir, los elementos esenciales de un sistema universitario sin diferenciar entre universidades públicas y privadas.

8.3.- LA CREACIÓN DE UNIVERSIDADES CATÓLICAS

La Disposición adicional cuarta en su apartado segundo LOSU, relativa al régimen de reconocimiento de las universidades de la Iglesia católica, establece que las Universidades concordatarias establecidas o que se establezcan en España por la Iglesia Católica con posterioridad al Acuerdo entre el Estado español y la Santa Sede de 3 de enero de 1979, sobre Enseñanza y Asuntos Culturales, quedarán sometidas a lo previsto por la LOSU, sus normas reglamentarias de ejecución y desarrollo, tanto para las Universidades privadas como para las públicas[394].

---

393 STS de 13 de julio de 2022 (ROJ: STS 2840/2022) FJ 7 (TOL9.140.748)

394 Sobre la creación y el estatuto de las universidades católicas, vid. GAVARA DE CARA, J.C., "La distribución de competencias en materia de Universidades en la jurisprudencia del Tribunal Constitucional y la complejidad de su estructuración", *op. cit.*, p. 201 y ss.; POLO SABAU, J. R., "El Estatuto de las universidades católicas en la Ley Orgánica de universidades", *Revista española de derecho administrativo*,

No se mantiene la exención de la necesidad de una ley de reconocimiento, pero la realidad es que las Universidades concordatarias católicas más antiguas carecen de ley de reconocimiento en la actualidad, pero también generaría inseguridad jurídica inconstitucional exigirles cumplir con este requisito retroactivamente, ya que la mayoría de estas Universidades fueron creadas a mediados del Siglo pasado (Universidad Pontificia en 1940 y Universidad de Navarra en 1952).

En definitiva, la Disposición adicional cuarta LOSU modula el régimen de reconocimiento de las Universidades de la Iglesia católica y las exime de la preceptiva ley de reconocimiento, estatal o autonómica, prevista en el art. 4.1 LOSU, lo que descarta a priori que el Estado haya asumido competencias que corresponden a las Comunidades Autónomas que siguen teniendo la competencia ejecutiva para autorizar la actividad de las Universidades de la Iglesia católica que se someten, salvo en lo que respecta al reconocimiento por ley, al mismo régimen jurídico que el resto de las Universidades privadas, lo que, en consecuencia, no vulnera las competencias de las Comunidades Autónomas[395]. Sin embargo, desde la perspectiva de la exención de ley de reconocimiento para las Universidades creadas por la Iglesia católica que se sustentaba estrictamente en términos competenciales, no fue examinado en su momento en el enjuiciamiento de la Disposición adicional cuarta LOU (muy similar al precepto actual LOSU), en los términos del principio de igualdad del art. 14 CE[396], lo que podría motivar un replanteamiento de la cuestión en una sentencia posterior.

2013, núm. 158, p. 263-288; MARTÍNEZ LÓPEZ-MUÑIZ, J. L., "Régimen de las universidades privadas", en AAVV, *Comentarios a la Ley Orgánica de Universidades*, Civitas, Madrid, 2009, p. 1263-1334.

395 STC 223/2012 FJ 10 (TOL2.713.895)

396 STC 131/2013 FJ 10 (TOL3.785.911)

En el apartado primero, la Disposición adicional cuarta LOSU contempla que la aplicación de la LOSU a las Universidades de la Iglesia católica se ajustará a lo recogido en los acuerdos entre el Estado español y la Santa Sede. La lectura del citado Acuerdo de 1979 revela que en el mismo no se contiene exención expresa del requisito de la ley de reconocimiento para las universidades creadas con posterioridad al mismo. El artículo X se remite a lo que disponga la legislación aplicable en cuanto al modo de ejercer las actividades y en cuanto al reconocimiento de los estudios realizados en dichas universidades, ya que establece que las universidades, colegios universitarios, escuelas universitarias y otros centros universitarios que se establezcan por la Iglesia católica se acomodarán a la legislación que se promulgue con carácter general, en cuanto al modo de ejercer sus actividades, de forma que para el reconocimiento a efectos civiles de los estudios realizados en dichos centros se estará a lo que disponga la legislación vigente en la materia en cada momento.

Esa remisión podría dar a entender que habría que estar a lo que discrecionalmente disponga el legislador nacional que, en este caso, ha optado por la exención de la ley de reconocimiento a favor de las Universidades de la Iglesia católica. Sin embargo, como hemos visto, a diferencia de lo que sucede con la ley de creación de Universidades públicas, con un marcado componente fundacional, la ley de reconocimiento de las universidades privadas carece de carácter constitutivo y tiene la naturaleza de una autorización, sin que esta naturaleza se vea alterada por la intervención del legislador[397], de forma que la exención de ley de reconocimiento para las Universidades creadas por la Iglesia católica desvirtúa en buena medida el procedimiento administrativo de autorización de comienzo de las actividades del ente universitario. Este procedimiento

---

397 STC 223/2012 FJ 10 (TOL2.713.895)

administrativo que no sólo se sustancia a través de la verificación del cumplimiento de los requisitos establecidos en la propia Ley Orgánica y normas de desarrollo en la materia (en concreto el Real Decreto 640/2021), sino de aquellos contenidos en la propia ley de reconocimiento[398].

Esta decisión del legislador podría ocasionar una real y efectiva diferencia de trato entre las Universidades privadas debido a que hayan sido creadas o no por la Iglesia católica. Sin embargo, el trato desigual por sí mismo considerado no es necesariamente contrario a la Constitución, ya que no toda desigualdad de trato legislativo en la regulación de una materia entraña una vulneración del derecho fundamental a la igualdad ante la Ley del art. 14 CE, sino únicamente aquellas que introduzcan una diferencia de trato entre situaciones que puedan considerarse sustancialmente iguales y sin que posean una justificación objetiva y razonable. Por lo que dicho precepto constitucional, en cuanto límite al propio legislador, prohíbe la utilización de elementos de diferenciación que quepa calificar de arbitrarios o carentes de una justificación objetiva y razonable. A lo que cabe agregar que también es necesario, para que la diferencia de trato sea constitucionalmente lícita, que las consecuencias jurídicas que se deriven de tal diferenciación sean proporcionadas a la finalidad perseguida por el legislador, de suerte que se eviten resultados excesivamente gravosos o desmedidos, de forma que exige el principio de igualdad no sólo que la diferencia de trato resulte objetivamente justificada, sino también que supere un juicio de proporcionalidad en sede constitucional sobre la relación existente entre la medida adoptada, el resultado producido y la finalidad pretendida por el legislador[399].

---

398 STC 131/2013 FJ 10 (TOL3.785.911)

399 STC 110/1993 FJ 4 (TOL82.133), STC 340/1993 FJ 4 c (TOL82.361)

En la disposición adicional cuarta LOSU es posible encontrar una finalidad objetiva y razonable que justifique el establecimiento del tratamiento diferenciado al que se ha hecho referencia entre las distintas Universidades privadas. Sin embargo, la exigencia de una ley de reconocimiento no es una cuestión sin importancia, ya que el reconocimiento sirve para garantizar la calidad de la docencia e investigación y, en general, del conjunto del sistema universitario, así como para asegurar que las Universidades disponen de los medios y recursos adecuados para el cumplimiento de las funciones que, en relación con la educación superior, les ha asignado ese mismo legislador orgánico y que se detallan en el art. 2.2 LOSU. En su momento, el resultado de la exención de la ley de reconocimiento suponía la introducción de un trato diferenciado entre Universidades privadas pues todas ellas, salvo las establecidas por la Iglesia católica, están sometidas a esa exigencia de ley de reconocimiento[400], por lo que en base a esta distinción se declaró dicha exención como inconstitucional, aunque por motivos de seguridad jurídica se declaran sus efectos para casos en el futuro que es el supuesto que en la actualidad ha sido recogido en la LOSU. En consecuencia, la creación de nuevas Universidades católicas implica que se apliquen los requisitos de reconocimiento de las Universidades privadas sin diferenciaciones legales.

---

[400] STC 131/2013 FJ 10 (TOL3.785.911). Se presentan cinco votos particulares, suscritos por seis magistrados.

8.4.- LA CREACIÓN DE ESTRUCTURAS BÁSICAS DE DOCENCIA E INVESTIGACIÓN: FACULTADES, DEPARTAMENTOS Y INSTITUTOS UNIVERSITARIOS Y OTRAS ESTRUCTURAS PROPIAS

La competencia en materia de creación de estructuras básicas de docencia e investigación también puede ser calificada de compleja en cuanto pueden intervenir en su ejercicio concreto tanto el Estado como las Comunidades Autónomas y las Universidades en aplicación de su autonomía[401].

El antiguo art. 3.2 g) LRU ya establecía que la autonomía de las Universidades comprende la creación de estructuras específicas quc actúan como soporte de la investigación y la docencia, que en la versión actual en el art. 3.2.c LOSU es la determinación de su organización y estructuras, incluida la creación de organismos y entidades que actúen como apoyo para sus actividades. Ahora bien, esta potestad aparece expresamente limitada, por lo que a la docencia e investigación se refiere, en relación con aquellas estructuras que la ley considera básicas dentro de la Universidad, es decir, las Facultades y los Departamentos, las primeras en cuanto órganos encargados de la gestión administrativa y de la organización de las enseñanzas universitarias conducentes a la obtención de títulos académicos y los segundos en cuanto órganos a los que se encomienda la organización y desarrollo de la investigación y las enseñanzas propias de las respectivas áreas de conocimiento. En relación

---

[401] Sobre la distribución de competencias en materia de creación de estructuras básicas de docencia e investigación, vid. GAVARA DE CARA, J.C., "La distribución de competencias en materia de Universidades en la jurisprudencia del Tribunal Constitucional y la complejidad de su estructuración", *op. cit.*, p. 204 y ss.; BUSTILLO BOLADO, R. O., "Creación de universidades públicas, reconocimiento de universidades privadas y adscripción de centros universitarios", *op. cit.*, p. 82-92

con estos centros, el art. 41.1 LOSU establece expresamente que su creación y supresión en el caso de las Facultades será acordada por la Comunidad Autónoma correspondiente, a iniciativa del Consejo de Gobierno de la Universidad[402], mientras que los órganos que completan la estructura universitaria (Departamentos, Escuelas de Doctorado, Institutos de investigación) son creados por la propia Universidad, de conformidad con sus Estatutos (art. 41.2 LOSU), pero son también objeto de regulación autonómica en tanto que esta Administración coordina y financia su sistema universitario propio y autoriza la creación de estas estructuras por ser los órganos que conforman la estructura básica de las Universidades en los ámbitos docente e investigador[403].

No obstante, también está previsto que los Estatutos de las Universidades puedan promover la creación de otros centros universitarios, que son órganos encargados de la organización de las enseñanzas universitarias también eventualmente encaminadas a la obtención de títulos académicos y de la gestión administrativa de ellos. De modo que al no determinar la legislación universitaria anterior a quien corresponde la potestad de crear centros docentes distintos de los Departamentos y Facultades, y no existir norma alguna que contuviera alguna otra limitación, era evidente que entraba dentro del ámbito de la potestad estatutaria de cada Universidad establecer a quien correspondía la capacidad de creación de estos[404]. En resumen,

---

402 Sobre la creación de estas estructuras básicas de docencia e investigación, vid. SOUVIRÓN MORENILLA, J. M.-PALENCIA HERREJÓN, F., *La nueva regulación de las Universidades, op. cit.*, p. 190 y ss.; CUESTA REVILLA, J., "La estructura de las Universidades", en AAVV, *Comentarios a la Ley Orgánica de Universidades*, Civitas, Madrid, 2009, p. 251 y ss.

403 NOGUEIRA LÓPEZ, A., "Distribución de competencias y organización administrativa en materia de universidades", *op. cit.*, p. 134

404 STC 55/1989 FJ 7 (TOL80.266)

el contenido esencial de la autonomía universitaria incluye la competencia de cada Universidad de elaborar sus Estatutos que, aunque se sometan a un control de mera legalidad, comprende la creación de estructuras específicas que actúen como soporte de la investigación y la docencia, entre las que se cuentan también los Departamentos[405].

En cualquier caso, no se trata de una potestad de ejercicio puramente discrecional, ya que las exigencias del servicio público universitario justifica que el legislador que tenga esta materia entre sus competencias puede regir, al menos en cuanto al marco general, las estructuras organizativas básicas de las Universidades, limitando así una de las potestades que integran el contenido esencial de su autonomía como es la creación de estructuras específicas que actúen como soporte de la investigación y la docencia. En consecuencia, siendo el Departamento una estructura básica, no cabe eliminar la posibilidad de que se establezcan ciertos límites por quien tiene la responsabilidad última del servicio público universitario, siendo también relevante que el límite mínimo establecido, aunque pueda parecer riguroso, deja una amplia autonomía a las Universidades para establecer no sólo cómo, sino sobre todo qué Departamentos crear[406].

De este modo, el legislador competente, en tanto último responsable de la mejor organización del servicio público

---

405 No obstante, las SSTC 55/1989 (TOL80.266) y 106/1990 han matizado la doctrina sentada en la STC 26/1987 (TOL79.735), al declarar que "la citada potestad organizativa de las Universidades comprende únicamente las estructuras que la LRU no considere básicas, quedando, por lo tanto, fuera de su ámbito, según tenemos declarado en la STC 55/1989 FJ 6 (TOL80.266) la creación de estructuras organizativas básicas" (STC 106/1990 FJ 8 (TOL81.794) y STC 156/1994 FJ 2 (TOL82.562).

406 STC 156/1994 FJ 3 (TOL82.562) y STC 87/2014 FJ 7 (TOL4.373.236)

universitario, puede legítimamente imponer límites en ese ámbito esencial de la autonomía universitaria, reconociendo como límite constitucionalmente oportuno la sujeción de las Universidades a las estructuras organizativas básicas que establezca dicho legislador, de forma que la potestad organizativa de las Universidades comprende únicamente las estructuras que la propia LOU no considera básicas[407].

La competencia en materia de creación, modificación y supresión de Centros y estructuras es compleja, ya que, si bien como hemos visto para Facultades corresponde a la Comunidad Autónoma a iniciativa de la Universidad, en el resto de los casos corresponde a la Universidad, que deberá respetar el art. 41.2 LOSU que establece que se deberá realizar de conformidad con la propia LOSU y a su normativa de desarrollo.

En materia estricta de estructuras básicas, en relación con el antiguo art. 8.2 LOU que establecía que la creación y supresión de Facultades sería acordada por la Comunidad Autónoma correspondiente, a propuesta del Consejo Social de la Universidad respectiva, el Tribunal Constitucional, en el caso ya mencionado de segregación de la Facultad de Medicina y de un Instituto Universitario de Neurociencia que se había llevado a cabo sin oír previamente al Consejo Social de la Universidad, consideró que no puede admitirse la equiparación de las figuras de la "supresión" y la "redistribución" de centros universitarios, ya que la "readscripción" de los centros universitarios de una Universidad a otra, se mantiene el servicio público que aquéllos vienen prestando, lo que hace que la medida tenga muy diferente trascendencia para la sociedad y dado que "el Consejo Social es el órgano de participación de la sociedad en la Universidad" (art. 14.1 LOU), es claro que la intervención de éste no puede tener la misma relevancia en los dos

---

407 STC 55/1989 FJ 6 (TOL80.266)

casos. En consecuencia, el antiguo art. 8.2 LOU había de ser interpretado en el sentido de que la participación del Consejo Social sería preceptiva en la "supresión" del centro como cese del servicio público, pero no en la "readscripción" que implica la continuidad del servicio. A diferencia de los supuestos de supresión de centros, la singularidad del supuesto contemplado en la Ley es que se mantienen los centros readscritos y no se produce cesación del servicio público que vienen prestando ni, por tanto, es precisa la concurrencia del consentimiento de quien, por decisión del legislador competente, deja de tener asignada la gestión del centro[408]. Esta jurisprudencia constitucional en relación con Facultades y Centros sobre la distinción entre supresión y readscripción de los mismos se puede seguir manteniendo en un futuro.

El art. 41.2 LOSU establece que la creación, modificación y supresión de los departamentos universitarios, Institutos universitarios, escuelas de doctorado y otros centros corresponde a la Universidad conforme a sus Estatutos, y de acuerdo con la LOSU y la normativa de su desarrollo. En la redacción vigente ha desaparecido la mención de la atribución al Gobierno de la regulación básica, pero en el fondo no significa que desaparezca como tal dicha regulación básica, ya que las normas no derogadas se seguirán aplicando como marco regulador[409], por lo que no se niega que mantengan su vigencia por lo menos en el caso de los Departamentos universitarios para los que es competente el Estado, pero en los otros supuestos la competencia pertenece a las CCAA. Este será en el futuro un posible

---

408 STC 106/1990 FJ 7 (TOL81.794), STC 47/2005 FJ 10 (TOL598.423)

409 Sobre los Departamentos universitarios, vid. PEMÁN GAVÍN, J. M., "El Régimen Jurídico de los Departamentos Universitarios. Acotaciones de la Jurisprudencia", *Revista de Administración Pública*, núm. 142, 1997, p. 247-304; OCÓN GARCÍA, J. de la C., "Los departamentos universitarios", en AAVV, *Los límites orgánicos internos a la autonomía de las universidades públicas*, *op. cit.*, p. 243-264

punto de conflicto, ya que hay un problema de regulación en los Departamentos cuyo desarrollo normativo y reglamentario siempre ha correspondido al Estado que podrá seguir alegando el título competencial del art. 149.1.30 CE para establecer normativa básica estatal, y de hecho se ha realizado un proyecto de Real Decreto que se encuentra en fase de información a pesar de la falta de previsión expresa. Sobre el resto de los centros y las estructuras, la competencia de desarrollo normativo debería pertenecer en todo caso a las CCAA.

No obstante, se debe matizar que, con anterioridad, el antiguo art. 8.4 LRU fue cuestionado en la potestad atribuida al Gobierno para dictar normas básicas, a propuesta del Consejo de Universidades, relativas a la creación, modificación y supresión de los Departamentos. No se impugnó la organización de las Universidades en Departamentos que establece el art. 7 LRU, ni su organización y funciones en los términos del art. 8.1, 2 y 3 LRU, tan solo se dirigía a determinar si era contrario al contenido esencial de la autonomía universitaria la introducción de normas básicas en relación con los Departamentos. En cualquier caso, las normas básicas no podían por exceso de concreción o por amplitud en su contenido, reducir injustificadamente el régimen de autonomía organizativa de cada Universidad para configurar sus respectivos Departamentos, pues si éstos son los órganos básicos encargados de organizar y desarrollar la investigación y las enseñanzas y, al mismo tiempo, la autonomía de cada Universidad comprende la elaboración y aprobación de planes de estudio e investigación, es indudable que su creación, modificación y supresión y, en definitiva, la configuración de su contenido debe quedar reservada a la decisión autónoma de cada Universidad, sin que las normas básicas puedan reducir la capacidad de autogobierno de cada Universidad más allá de lo necesario. En consecuencia, es admisible reconocer al Gobierno la posibilidad de establecer otras normas básicas con la misma finalidad, pero tales normas deben contener un elevado margen de flexibilidad, de modo tal que pueda cada Universidad, conocedora de sus límites, sus necesidades, sus posibilidades reales y sus preferencias, y ponderando todas estas circunstancias, decidir cómo configurar sus órganos básicos de investigación y enseñanza. Esta decisión que para ser autónoma ha de poder optar entre márgenes reales y no ficticios, amplios y no residuales y, sobre todo, flexibles o adaptables a las características propias de cada Universidad, pues siendo éstas tan diferentes entre sí, unas normas básicas rígidas en su contenido podrían incluso ser materialmente inaplicables en Universidades que no se ajustaran por su número de Profesores o de áreas de conocimiento al modelo resultante de tales normas[410].

Una de esas normas básicas admisibles aunque no pueden ser rígidas ni tan concretas o amplias que reduzcan injustificadamente la autonomía organizativa de las Universidades, es el RD 2360/1984, sobre Departamentos universitarios, que se encuentra inmerso en un proceso de reforma, de cambio de orientación y adecuación a la LOSU, que, en su art. 4.1, establece que el número de Catedráticos y Profesores Titulares necesarios para la constitución de un Departamento no puede ser inferior a doce con dedicación a tiempo completo[411]. No es posible aceptar la conclusión de que el establecimiento del límite mínimo de Catedráticos y Profesores Titulares a tiempo completo necesario para crear un Departamento, fijado por aquel Real Decreto, infringe la autonomía universitaria, de modo que en el actual proceso de modificación hay una previsión

---

410 STC 26/1987 FJ 7 (TOL79.735); STC 156/1994 FJ 2 (TOL82.562)

411 STC 156/1994 FJ 2 (TOL82.562). El nuevo proyecto de Real Decreto prevé un aumento muy considerable del número mínimo de miembros por lo que será necesaria una gran reestructuración de toda la estructura departamental de todas las Universidades públicas, por lo que se considera que la reducción de los Departamentos ha sido una petición de Rectores que no se atreven a afrontar directamente en sus respectivas Universidades dichas medidas.

de aumentar considerablemente este número mínimo de profesorado a tiempo completo (entre 35 y 50 miembros a fijar en los Estatutos) para forzar la disminución del número de Departamentos en las Universidades. Sin duda, el Gobierno podía haber sido más flexible al establecer ese tipo de límites o haber decidido no fijar ninguno, de manera que todas las Universidades tuvieran más libertad para adaptar la estructura de los Departamentos a sus propias circunstancias. No obstante, esta regulación deja una amplia autonomía a las Universidades para establecer no sólo el procedimiento y el modo, sino también la cantidad de Departamentos que se pueden crear, o incluso su supresión completa, aunque es un supuesto improbable, encontrando al tiempo explicación en la conveniencia de no multiplicar en exceso las estructuras internas de las Universidades, así como en la de asegurar un nivel mínimo de docentes e investigadores en cualquier Departamento, teniendo en cuenta las importantes funciones atribuidas a los mismos[412].

---

412 STC 156/1994 FJ 3 (TOL82.562); STC 44/2016 FJ 4 (TOL5.713.543). En relación con la dirección del Departamento, se debe tener en cuenta el antiguo art. 8.5 LRU establece que «la dirección de cada Departamento corresponderá a uno de sus Catedráticos, y, de no haber candidato de esa categoría, a uno de sus Profesores titulares», pero no invade la autonomía universitaria, ya que no comprende el derecho a nombrar director de Departamento al Profesor que la Universidad considere más apto, sea cual fuere su categoría profesional. La distinción entre Catedráticos y Profesores titulares no vulnera el art. 14 CE al establecer una desigualdad de trato entre los dos tipos de Profesores a los que el art. 33 de la LRU equipara en capacidad docente e investigadora. La preferencia para ciertas funciones universitarias de los Catedráticos sobre los Profesores titulares se justifica porque el acceso a aquella categoría requiere pruebas de aptitud distintas de las exigidas para ser Profesor titular, por lo que la situación de unos y otros no es idéntica, siendo, por otra parte, la cátedra la culminación de la carrera universitaria. Es cierto que en un régimen ideal de autonomía universitaria la elección de Directores de Departamento debería corresponder con

En cualquier caso, en los supuestos (que serán todos los casos por las dificultades internas de supresión de los Departamentos) en los que se prevea la existencia de Departamentos universitarios, se deben adecuar a la normativa básica estatal vigente en cada momento.

---

amplia libertad a las Universidades, ya que los Departamentos son el centro de la «articulación y coordinación de las enseñanzas y de las actividades investigadoras de las Universidades» (art. 8.3 LRU) y la libertad para esas actividades es precisamente la justificación última de la autonomía universitaria, por lo que debería corresponder a cada Universidad la designación de los responsables de esas tareas sin injerencia de los poderes públicos estatales o autonómicos. Sin embargo, el hecho de que el profesorado de la Universidad española esté constituido fundamentalmente por funcionarios, sometidos al régimen estatutario a que se remite el art. 149.1.18 CE, explica la exigencia de que los Directores de Departamento sean Profesores a ser posible de la máxima categoría y ello no vulnera el contenido esencial de la autonomía universitaria, toda vez que la elección puede recaer en cualquier Catedrático o, en su caso, Profesor titular del departamento (STC 26/1987 FJ 7 (TOL79.735). Desde otra perspectiva, la exigencia de dedicación a tiempo completo del profesorado universitario, exigida en el art. 45.2 LRU para el desempeño de cargos unipersonales de gobierno no lesiona el principio de igualdad (art. 14 CE), ya que no se trata de un requisito de elegibilidad, sino que es una condición «para el desempeño de órganos unipersonales de gobierno». No hay distinción o exclusión previa alguna de los profesores universitarios para ser elegibles para estos puestos, hay una exigencia para el desempeño del cargo que habrá de ser asumida por quien lo obtenga. Se trata de una determinación legal que, como la no simultaneidad en el desempeño de estos cargos, y cualquiera que sea su causa o su utilidad, no entraña en modo alguno la infracción del art. 14 CE (STC 26/1987 FJ 12 (TOL79.735). En cualquier caso, como hemos visto la tendencia LOSU ha sido establecer que los cargos unipersonales pueden ser ocupados por cualquier PDI funcionario o permanente laboral que cumplan con los requisitos establecidos en los Estatutos universitarios, o en el caso del Rector con las características establecidas en el art. 51.1 LOSU.

En consecuencia, se puede concluir que la regulación normativa de las Universidades sobre su estructura organizativa, es decir, sus Estatutos tienen como finalidad garantizar la libertad académica, por lo que fuera de dicho ámbito le corresponde al Estado (Facultades o Departamentos) o a la Comunidad Autónoma fijar los requisitos, criterios o límites que son aplicables a las estructuras universitarias[413]. En este sentido, el mayor cambio en relación a estas estructuras básicas es que se ha suprimido de la LOSU la mayoría de las antiguas normas reguladoras en la LRU o en la LOU sobre Facultades, Departamentos o Institutos universitarios, ya que se limita a establecer las denominaciones de las estructuras y centros, remitiendo a los Estatutos su regulación (art. 40 LOSU), así como la competencia de ejecución y de gestión en materia de creación, modificación y supresión (art. 41 LOSU) y unas reglas en relación a sus órganos unipersonales y sistema de designación y elección (art. 52 LOSU).

Finalmente, al margen de Facultades y Departamentos, los institutos universitarios de investigación son expresión de la autonomía universitaria, aunque con anterioridad fueron regulados por el legislador orgánico, la LOSU confiere la creación, supresión y adscripción de dichos institutos a las Universidades, pero podrán ser objeto de una regulación normativa por las CCAA. No se puede trazar una analogía entre los centros y los institutos universitarios de investigación, pues mientras la creación de los primeros es emanación del art. 27.6 CE, la creación de los segundos se integra en la autonomía universitaria (art. 27.10 CE) que comprende, en su configuración legal, la creación de estructuras específicas que actúen como soporte de la investigación y de la docencia. Los Estatutos de Autonomía atribuyen a la Comunidad Autónoma, en

413 NOGUEIRA LÓPEZ, A., "Distribución de competencias y organización administrativa en materia de universidades", *op. cit.*, p. 135

régimen de competencia compartida y sin perjuicio de la autonomía universitaria, el régimen jurídico de la organización y el funcionamiento de las universidades públicas, incluyendo los órganos de gobierno y representación. Por ello, en la determinación de dicho régimen jurídico, no puede descartarse la existencia de normas que regulen aspectos que incidan o afecten a los institutos universitarios en el marco de las competencias de las Comunidades Autónomas. En consecuencia, el legislador orgánico puede configurar el marco normativo de los institutos universitarios de investigación en cuanto emanación de la autonomía universitaria, que está integrado, además de las propias disposiciones del legislador orgánico, por la normativa propia de las universidades, de los propios institutos y por el correspondiente convenio de adscripción, pero ello no impide que la Comunidad Autónoma pueda establecer normas que incidan en el funcionamiento de los citados institutos en el ejercicio de sus competencias normativas relativas a la determinación del régimen jurídico de las universidades[414].

Por último, en la jurisprudencia del Tribunal Constitucional también se plantean límites a las competencias de las Comunidades Autónomas para determinar mediante ley el sometimiento de todas las fundaciones creadas por las Universidades públicas de una Comunidad a su propia regulación y requisitos en materia de fundaciones por la única y exclusiva razón de la ubicación territorial de la persona jurídico-pública creadora. El Tribunal Constitucional ha entendido que, con dicha presunción *iure et de iure*, el legislador autonómico no sólo desconoce que la Universidad pública de que se trate puede no ser la única creadora de la fundación, también prescinde de la posibilidad de que las Universidades públicas de una Comunidad Autónoma, para el mejor servicio a los fines que tienen

---

414 STC 223/2012 FJ 8 (TOL2.713.895). También STC 141/2013 FJ 4 (TOL3.855.995); STC 159/2013 FJ 6 (TOL3.973.300)

normativamente encomendados, constituyan o participen en fundaciones cuyas actividades no se realicen principalmente dentro del territorio autonómico[415]. En la regulación actual, el art. 63 LOSU establece la obligatoriedad de que las fundaciones públicas de las Universidades se ajusten a la normativa del sector público como la Ley 2/2011, de economía sostenible, y la Ley 14/2011, de la ciencia, la tecnología y la innovación (LCTI).

En consecuencia, la competencia en materia de creación de estructuras básicas y no básicas de docencia e investigación implica una interrelación entre ámbitos materiales competenciales entre Estado, Comunidades Autónomas y Universidades que puede ser calificado de complejo y que se debe estructurar de forma concreta en la normativa de desarrollo, singularmente a través de los Estatutos universitarios y eventualmente en la jurisprudencia del Tribunal Constitucional que fijará el alcance de cada ámbito respectivo en función del respeto de los intereses propios, la necesidad de garantizar un servicio público que responda a unas características homogéneas mínimas y a las peculiaridades de cada Universidad.

---

[415] STC 120/2011 FJ 13 (TOL2.209.750)

Capítulo 9

La distribución de competencias en materia de ordenación de enseñanzas

Esta competencia de ordenación de enseñanzas también puede ser caracterizada como compleja en materia de distribución entre Estado, CCAA y Universidades. En esencia, la ordenación de la enseñanza universitaria es una materia que en sus aspectos sustanciales y normativos es competencia del Estado a partir el título competencial previsto en el art. 149.1.30 CE[416]. Sin embargo, en mayor o menor medida participan los otros actores, ya que tanto las Comunidades Autónomas pueden implementar y desarrollar dicha normativa en aspectos como el régimen de acceso, evaluación de calidad de las enseñanzas universitarias o expedición de títulos, como las propias Universidades que pueden en base a la autonomía universitaria ordenar formalmente los planes de estudio, establecer la tipología de las materias, con sus máximos y mínimos de determinadas materias, ciclos de enseñanza o combinación de enseñanza teórica y práctica.

---

416 Sobre distribución de competencias en materia de ordenación de las enseñanzas universitarias, vid. GONZÁLEZ GARCIA, J. V., "Ordenación de las enseñanzas universitarias" en AAVV, *Comentarios a la Ley Orgánica de Universidades*, Civitas, Madrid, 2009, p. 642 y ss. Asimismo, GAVARA DE CARA, J.C., "La distribución de competencias en materia de Universidades en la jurisprudencia del Tribunal Constitucional y la complejidad de su estructuración", *op. cit.*, p. 231 y ss.

El Estado tiene atribuida en virtud del art. 149.1.30 CE la competencia para dictar normas básicas para el desarrollo del art. 27 CE, que incluye de modo concreto la programación general de la enseñanza (art. 27.5 CE), de forma suficientemente amplia y flexible como para permitir que las Comunidades Autónomas con competencias normativas en la materia puedan adoptar sus propias alternativas políticas en función de sus circunstancias específicas[417]. No obstante, el mayor problema es que no se ha definido de forma expresa el alcance del carácter básico de la LOSU, ya que no se determinan los preceptos concretos que poseen dicho alcance por lo que debe ser una deducción jurisprudencial y doctrinal su determinación[418]. A pesar de ello el Estado puede regular la Universidad como institución autónoma en virtud del derecho fundamental a través de la ley orgánica y sectorialmente en relación con todos los aspectos organizativos y funcionales que se puedan conectar con sus títulos competenciales como normativa básica deducida del art. 149.1.30 CE. La normativa básica estatal está constituida actualmente por el Real Decreto 822/2021, de 28 de septiembre, por el que se establece la organización de las enseñanzas universitarias y del procedimiento de aseguramiento de su calidad. Esta normativa implica que se ha adoptado y determinado mediante reglamento estatal el alcance de la normativa básica estatal en materia de ordenación de la enseñanza.

En cualquier caso, es competencia estatal exclusiva la regulación de la obtención, expedición y homologación de los títulos, incluida la regulación de las condiciones materiales y formales que deben cumplirse para la expedición de los títulos,

---

417 STC 131/1996 FJ 3 (TOL83.064). La importancia del art. 149.1.30 CE en materia universitaria ya fue destacada por NIETO, A., "Autonomía política y autonomía universitaria", *op. cit.*, p.79

418 NAVARRO RUIZ, J. C., *Universidades, sistemas europeo, estatal y autonómico. Su articulación competencial*, op. cit., p. 234 y ss.

los efectos que se le reconozcan por el ordenamiento (obtención), así como los requisitos necesarios para que un título no expedido en el Estado pueda alcanzar el valor de aquellos (homologación)[419]. En estos ámbitos no cabe margen competencial ni para las Comunidades Autónomas, ni para las Universidades en virtud de su autonomía. Esta competencia estatal se refiere a titulaciones universitarias de carácter oficial (art. 8 LOSU), así como la estructuración de las enseñanzas oficiales (art. 9 LOSU) y la convalidación y homologación de los títulos extranjeros (art. 10 LOSU)[420], y no a los títulos propios que corresponden a las Universidades (art. 7.1 LOSU)[421]. Los planes

---

419 Vid. SOUVIRÓN MORENILLA, J. M.-PALENCIA HERREJÓN, F., *La nueva regulación de las Universidades, op. cit.*, p. 315

420 El art. 28.2 LOSU exige la simplificación de los trámites de homologación y declaración de equivalencia de los títulos extranjeros, por lo que el Gobierno ha redactado un nuevo RD 889/2022, de 18 de octubre, que sin cambios radicales incorpora para una mayor agilización de los procedimientos el sistema electrónico, pero las dificultades para acceso y firma en los procedimientos electrónicos y los incumplimientos de la pasarela digital única europea no ha permitido superar la acumulación de expedientes, que se calcula en cerca de 80 mil, creciendo a razón de 3500 solicitudes mensuales.

421 Sobre el sistema de títulos universitarios, vid. NEVADO-BATALLA MORENO, P. T., "Organización de las enseñanzas", en AAVV, *La reforma universitaria de 2003, op. cit.*, p. 60 y ss. Asimismo, MARTÍNEZ LÓPEZ-MUÑIZ, J. L., "Títulos académicos y profesionales, regulación y autonomía universitaria ante el espacio europeo de enseñanza superior", en AAVV, *Autonomía municipal, administración y regulación económica: títulos académicos y profesionales*, AEPDA, Thomson Reuters Aranzadi, Cizur Menor, 2007, p. 163-226, y en la misma obra, CARRILLO DONAIRE, J. A., "La diferenciación jurídica entre títulos académicos y profesionales", *op. cit.*, p. 227-302. Asimismo, GÓMEZ OTERO, C. A., "Universidades, estudios y títulos en la nueva ley: Hacia la deconstrucción de la salsa boloñesa", en AAVV, *El futuro del sistema universitario español y su nuevo marco jurídico*, Actas del XVI curso sobre régimen jurídico de universidades, Universitat de les Illes Balears, Ana Isabel Caro Muñoz (dir.), La Ley, Las Rozas,

de estudio de los títulos universitarios de carácter oficial, dada su conexión con la libertad académica y la autonomía universitaria, son aprobados a iniciativa de las Universidades tras un procedimiento de examen de adecuación a la legalidad ejercido por las agencias de acreditación, pero el procedimiento y condiciones de inscripción en el RUCT corresponde al Gobierno (art. 7.3 LOSU). Sin embargo, tienen un mayor protagonismo en la aprobación de los planes de estudio las Comunidades Autónomas, ya que realizarán una evaluación subjetiva sobre la necesidad, viabilidad académica o pertinencia social de los títulos propuestos, lo que en el fondo encierra una decisión de discrecionalidad política sobre su implantación (art. 8.2 LOSU). Estas decisiones autonómicas pueden dar lugar a controles judiciales y en amparo para examinar si se produce una infracción de la autonomía universitaria[422].

El procedimiento previsto para la determinación de cómo y por quién se elaboran los planes de estudios que conducen a la obtención de los títulos de Graduado es un procedimiento complejo en el que intervienen varias Administraciones (Universidades, Comunidades Autónomas y Administración del

2023, p. 129-161., Desde un plano organizativo interno, vid. MATIA PORTILLA, F. J., "Los comités de título", en AAVV, *Los límites orgánicos internos a la autonomía de las universidades públicas, op. cit.*, p. 219-241. Sobre los distintos efectos de los títulos propios y de los títulos oficiales, vid. STS de 15 de junio de 2020 (ROJ: STS 1694/2020) FJ 4 (TOL7.969.830)

422 En este sentido, por ejemplo, deben coexistir títulos de grado de 240 créditos con otros títulos de 180 créditos homogéneos o de similitud denominación, por lo que el Consejo de Universidades en estos supuestos debe fijar criterios que deben reunir estos títulos para obtener una verificación positiva (SAN 4 de febrero 2021 FJ 8 (ROJ: SAN 246/2021) (TOL8.337.410)

Estado)[423]. Ni la aprobación por parte de la Universidad, ni la autorización de la Comunidad Autónoma condiciona la posterior decisión del Gobierno destinada a autorizar el carácter oficial de dicho título. El reconocimiento de carácter oficial a los títulos académicos corresponde legalmente al Consejo de Ministros, no a las Administraciones autonómicas. De aquí que, si una disposición autonómica autoriza a impartir ciertas enseñanzas en su territorio antes de que el correspondiente título haya sido reconocido por el Consejo de Ministros, lo hace a su propio riesgo, sin que puede pretenderse que ello cree una situación que condicione en el futuro las decisiones que el Consejo de Ministros haya de adoptar en la materia[424]. De forma que la autonomía de la Universidad está limitada en doble aspecto: por un lado, solo es posible la utilización de títulos de carácter oficial y con validez en todo el territorio nacional, cuando hayan sido autorizadas o reconocidas de acuerdo con lo dispuesto en la misma; y en segundo lugar no podrán utilizarse aquellas otras denominaciones que, por su significado, puedan inducir a confusión con aquéllas. En aquellos supuestos en que la normativa comunitaria imponga especiales exigencias de formación, el Gobierno establecerá las condiciones a las que se refiere el párrafo anterior, aun cuando el correspondiente título de Grado no habilite para el ejercicio profesional de que se trate, pero constituya requisito de acceso al título de Máster que, en su caso, se haya determinado como habilitante. La denominación de un título oficial, máxime cuando éste habilite para el ejercicio de una profesión regulada,

---

423 STS de 18 de marzo de 2019 FJ 3 (ROJ: STS 838/2019) (TOL7.118.801) con cita a las STS 4 de diciembre de 2012 FJ 3 (ROJ: STS 8467/2012) (TOL4.940.727) y STS de 12 de febrero de 2013 FJ 3 (ROJ: STS 561/2013) (TOL3.060.093).

424 STS de 18 de marzo de 2019 FJ 3 (ROJ: STS 838/2019) (TOL7.118.801) con cita a la STS de 28 de abril de 2016 FJ 4 (ROJ: STS 1878/2016) (TOL5.712.195).

tiene una importancia capital, pues con ella se identifica la superación de unos determinados estudios y la capacitación técnica y profesional de quien lo ostenta frente a la sociedad, con importantes consecuencias jurídicas. El Tribunal Supremo ha sostenido, en una jurisprudencia reiterada, la importancia que tienen la denominación, tanto de títulos como de los colegios profesionales referidos al ejercicio de profesiones reguladas, anulándolos cuando inducen a confusión sobre la identificación de la profesión, para cuyo ejercicio habilita, o sobre sus efectos profesionales[425].

En relación con el procedimiento para la implantación de un título universitario, el art. 26.3 del Real Decreto 822/2021 dispone que las Comunidades Autónomas en ejercicio de sus competencias sobre la programación universitaria y la ordenación del mapa de titulaciones de su ámbito territorial, realizarán un

[425] Las Universidades son las que crean y proponen las enseñanzas y los títulos que hayan de impartir y expedir, sin estar sujetas, incluso si habilitan para el ejercicio de profesiones reguladas, a exigencias de uniformidad en la denominación, ni de identidad entre ésta y la de la profesión. Pero, en ese último supuesto, de títulos que habilitan para el ejercicio de esas profesiones, la autonomía de la Universidad y la facultad de establecimiento del Gobierno están sujetas a determinadas limitaciones, condensadas, como reconocen las mismas partes recurridas, en la idea de que la denominación elegida ha de facilitar la identificación de la profesión para cuyo ejercicio habilita el título y no ha de conducir a error o confusión sobre sus efectos profesionales (STS de 24 de julio de 2012 FJ 6–ROJ: STS 5491/2012 (TOL2.603.831). Esta jurisprudencia se mantiene en numerosas sentencias del Tribunal Supremo tales como STS de 9 de marzo de 2010 FJ 6 (ROJ: STS 1409/2010) (TOL1.808.489), STS de 22 de noviembre de 2011 FJ 3 (ROJ: STS 7892/2011) (TOL2.290.217), STS de 19 de diciembre de 2012 FJ 4 (ROJ: STS 8825/2012) (TOL2.723.514) o la STS de 3 de marzo de 2015 FJ 2 (ROJ: STS 892/2015) (TOL4.777.641) y en la STS de 8 de noviembre de 2017 FJ 4 y 5 (ROJ: STS 3995/2017) (TOL6.435.824), entre otras muchas.

informe preceptivo sobre la necesidad y viabilidad académica y social de la implantación del título universitario oficial previsto al inicio del procedimiento de verificación. En caso de informe favorable, la universidad podrá iniciar el procedimiento de verificación del título. Este informe preceptivo y vinculante no contraviene la autonomía universitaria, en la medida que su intervención no coarta, por sí misma, la implantación de titulaciones, ni supone una intromisión en el espacio de libertad de las Universidades, pues se obvia la naturaleza de servicio público y la relevante función sobre la expedición de títulos oficiales que corresponde a la Administración.

Las Universidades, sean públicas o privadas, prestan un servicio público de educación superior sin distinción, a través de las funciones que les asigna la Ley. En este sentido, las universidades privadas también realizan la expedición de títulos académicos oficiales, por lo que la intervención de las Administraciones competentes en la materia resulta necesaria, siempre que sea la idónea para alcanzar unos adecuados estándares de calidad, pues todas las universidades, públicas y privadas, forman parte del sistema educativo universitario que presta ese servicio público de educación superior.

La configuración del informe al pronunciarse sobre la necesidad y viabilidad académica y social de la implantación de un título universitario no supone una limitación sin fundamento, sino que permite la intervención de las Comunidades Autónomas. La concreción en el ejercicio de las respectivas competencias educativas debe tomar en consideración las singulares circunstancias concurrentes en cada caso, que la Administración autonómica conoce destacadamente, en su correspondiente ámbito territorial, en relación con las posibilidades y probabilidades para culminar adecuadamente un determinado proyecto, en definitiva, la implantación de una nueva titulación universitaria. También permite la detección de carencias en el ámbito educativo superior que deban solventarse mediante la implantación de un nuevo título universitario[426].

El art. 26.6, 7 y 8 del Real Decreto 822/2021 establece el procedimiento relativo a la verificación de planes de estudios en las enseñanzas oficiales, que incluye en el apartado 5, que las agencias de calidad, mediante una comisión de expertos, han de realizar un informe preceptivo de verificación de la calidad de la memoria del plan de estudios del título universitario oficial, según los protocolos específicos de dichas agencias. La agencia de calidad debe proponer, a tenor del apartado 6, ese informe provisional de verificación, que deberá ser motivado, y que podrá ser favorable, favorable con condiciones, o desfavorable. En el caso de ser favorable con condiciones, la agencia indicará aquellas cuestiones que deberán ser modificadas con el objetivo de alcanzar una propuesta definitiva de informe favorable. Se prevé también un trámite de audiencia sobre las cuestiones que haya puesto de manifiesto el informe. Tras la presentación de subsanaciones y alegaciones, en su caso, la agencia de calidad correspondiente emitirá el informe definitivo de verificación de la calidad que será favorable o desfavorable, que remitirá a la universidad solicitante, al Consejo de Universidades, al órgano de la Comunidad Autónoma competente y al Ministerio de Universidades. En fin, la Comisión de Verificación y Acreditación de Planes de Estudios del Consejo de Universidades, recibido el informe definitivo, resolverá en función de si es favorable o desfavorable.

En materia de ordenación de las enseñanzas, también se debe determinar las competencias autonómicas en materia de oferta de plazas. La LOSU ha decidido integrar la regulación de estas materias en el derecho de acceso del estudiantado en

426 Sobre el particular, vid. STS de 17 de noviembre de 2022 (ROJ: STS 4122/2022), FJ 3 y 4 (TOL9.296.497)

el sistema universitario, pero es una norma que, en lugar de establecer y reconocer un derecho, regula la distribución de competencias en la materia. En este sentido, el art. 31.2 LOSU establece que el Gobierno, previo informe de la Conferencia General de Política Universitaria y del Consejo de Estudiantes universitarios, aprueba el Real Decreto de normas básicas para el acceso del estudiantado a las enseñanzas universitarias oficiales, así como las de acceso mediante acreditación de la experiencia laboral o profesional sin la titulación académica exigida con carácter general (art. 31.3 LOSU) y los límites máximos de acceso (art. 31.6 LOSU). Las CCAA tienen la competencia en la programación de la oferta de enseñanzas y de las correspondientes plazas (art. 31.4 LOSU). La jurisprudencia del Tribunal Constitucional ha admitido la facultad del Estado para fijar las bases en materia de procedimientos de selección para el acceso a los centros universitarios (normas básicas de acceso), permitiendo que su determinación fuera atribuida al Gobierno, ya que en la interpretación que haya de darse a los procedimientos de selección para el ingreso en los Centros Universitarios se debe establecer por el Gobierno oído el Consejo de Universidades (en la actualidad de la Conferencia General de Política Universitaria y del Consejo de Estudiantes universitarios). Las competencias del Estado (art. 149.1.1 y 30 CE) permite establecer esos procedimientos, pero limitada al contenido básico de los mismos de acuerdo con dichas normas constitucionales. Su desarrollo corresponde a la Comunidad Autónoma debido a la competencia plena que tiene en materia de educación, pero los procedimientos de selección a que se refiere el precepto, de conformidad con las competencias que ejerce el Estado (art. 149.1. 1 y 30 CE), habrán de establecer exclusivamente las condiciones o normas básicas de selección para el ingreso en los Centros universitarios, correspondiendo su desarrollo a las Comunidades Autónomas con competencia plena en materia de educación[427].

El art. 31.4 LOSU relativo a la oferta de enseñanzas y plazas en las universidades públicas establece que las Comunidades Autónomas efectuarán la programación de la oferta de enseñanzas de las Universidades públicas de su competencia y sus distintos centros, de acuerdo con ellas y conforme a los procedimientos que establezcan. La oferta de plazas se comunicará a la Conferencia General de Política Universitaria para su estudio, aprobación y determinación de la oferta general de enseñanzas y plazas, mientras que el Ministerio de Universidades le dará publicidad con el límite de la reserva del 5% de las plazas para estudiantes con discapacidad[428]. La competencia autonómica previstos en los correspondientes Estatutos de Autonomía, además de la coordinación general en materia universitaria en el ámbito territorial de aplicación, los títulos que atribuye el Estatuto de Autonomía a la Comunidad Autónoma y que pudieran relacionarse con el art. 31.4 LOU serían la coordinación de los procedimientos de acceso a las universidades, entendiendo comprendida en los procedimientos de acceso la determinación de plazas en las Universidades públicas (coordinación que se atribuye en régimen de competencia exclusiva según los correspondientes Estatutos de Autonomía) y la regulación del régimen de acceso a las universidades, que se atribuye en régimen de competencia compartida en los correspondientes Estatutos de Autonomía. Por lo tanto, únicamente en el caso que, de acuerdo con la jurisprudencia expuesta, sea

---

427 STC 27/1987 FJ 10 a (TOL100.382); STC 223/2012 FJ 12 (TOL2.713.895); STC 131/2013 FJ 6 (TOL3.785.911); STC 158/2013 FJ 5 (TOL3.973.302); STC 159/2013 FJ 7 (TOL3.973.300); STC 160/2013 FJ 6 (TOL3.973.301)

428 Sobre oferta de enseñanzas y plazas en las Universidades públicas, vid. SOUVIRÓN MORENILLA, J. M.-PALENCIA HERREJÓN, F., *La nueva regulación de las Universidades, op. cit.*, p. 414 y ss.

necesario eliminar contradicciones o reducir disfunciones puede entenderse que se requieran medidas suficientes y necesarias de coordinación, que puedan eventualmente incidir en la oferta de plazas comunicada al órgano estatal que cumple esta función, resultado de la facultad de programación de la oferta de enseñanzas de las universidades públicas y sus distintos centros que sean competencia de la Comunidad Autónoma[429].

Un problema recurrente es la oferta de plazas de estudio en las universidades privadas, ya que una vez verificados los distintos planes de estudio y titulaciones someten a modificación sustancial para aumentar las plazas en oferta en función de peticiones, posibilidades o necesidades de mercado. Conviene recordar que, al margen de los procedimientos de verificación ante las agencias de calidad, en estos supuestos también es obligatoria la realización de un informe por parte de la Comunidad Autónoma sobre la necesidad y viabilidad académica y social de la modificación que supone el aumento de oferta de plazas (art. 26.3 RD 822/2021), de conformidad con el art. 33.3 RD 822/2021. En dicho informe, que no consta en la documentación de la agencia de calidad, se debe valorar la programación docente y aplican la ordenación de un mapa de titulaciones autonómicas, en el que se debe tener en cuenta en cada titulación las repercusiones que puede tener dicho aumento, sobre todo en el caso de los títulos que habilitan para el acceso y ejercicio de una profesión reglada.

La coordinación estatal en la materia viene a sostener que la facultad autonómica queda relegada a una mera propuesta de la oferta de plazas en las Universidades públicas, en su ámbito territorial, que le corresponda elevar a la citada conferencia, llegando a sugerir que la norma debiera haber contemplado que dicha oferta debe ser respetada por el órgano estatal en

---

429 STC 223/2012 FJ 9 (TOL2.713.895); STC 159/2013 FJ 6 (TOL3.973.300)

cuanto lo permitan sus facultades de coordinación[430]. Sin embargo, la doctrina del Tribunal Constitucional sobre la competencia estatal de coordinación implica que, a través de la integración de la diversidad de partes o subsistemas, se persigue reducir disfunciones o evitar contradicciones, de forma que la coordinación tiene como presupuesto la existencia de competencias autonómicas que deben ser coordinadas y que no deben quedar vacías de contenido por dicha competencia estatal. Además, la coordinación ha de entenderse como la fijación de medios y sistemas de relación que hagan posible la información recíproca, la homogeneidad técnica en determinados aspectos y la acción conjunta de las autoridades estatales y comunitarias en el ejercicio de sus respectivas competencias, de tal modo que se logre la integración de actos parciales en la globalidad del sistema. Con respecto de su alcance, exige la adopción de las medidas necesarias y suficientes para lograr la integración y, por último, que la competencia estatal de coordinación no excluye el recurso, en su caso, a medidas de carácter preventivo. En especial en lo que atañe a la competencia de coordinación en materia de educación, se trata de una facultad que guarda estrecha conexión con las competencias normativas, es decir, se configura como un complemento necesario que no queda reservado exclusivamente a la regulación básica, sino a toda la normativa en general, de manera que resultan posibles formas de intervención normativa que cumplan una función coordinadora de las Administraciones Autonómicas entre sí y con el Estado[431].

---

430 GAVARA DE CARA, J.C., "La distribución de competencias en materia de Universidades en la jurisprudencia del Tribunal Constitucional y la complejidad de su estructuración", *op. cit.*, p. 234

431 STC 32/1983 FJ 2 (TOL79.199); STC 45/1991 FJ 4 (TOL100.375); STC 111/2012 FJ 8 (TOL2.566.035)

Desde otra perspectiva, el art. 14.2 LOSU establece que sin perjuicio de las funciones atribuidas a la Conferencia General de Política Universitaria y de la autonomía universitaria, corresponde al Gobierno y sobre todo a cada Comunidad Autónoma las tareas de coordinación de las Universidades de su respectivo ámbito competencial. Por lo tanto, se establece dos niveles de coordinación, uno estatal y otro autonómico. La coordinación se utiliza para integrar sistemas compuestos de organizaciones distintas, que ejercer sus propias competencias por separado, tiene carácter vinculante, derivado de la ley, constituye un límite para el ejercicio de las competencias de las distintas organizaciones, que da lugar a un régimen competencial de carácter formal y no sustancial, que da lugar a un método de actuación y un modo de ejercicio de los poderes propios mediante la participación de diversas instancias. Por el contrario, la cooperación supone una actuación conjunta de distintas organizaciones, de carácter voluntario y que afecta al fondo material de sus competencias[432]. La integración de diversas partes en un conjunto unitario que es la finalidad perseguida por la coordinación exige la adopción de las medidas necesarias para asegurar tal coordinación, de forma que las decisiones del ente coordinador serán vinculantes, ya que la coordinación implica un poder de dirección y la correspondiente subordinación.

Finalmente, a estos efectos se debe tener en cuenta, la política de becas, ya que el art. 32.3 LOSU habilita para que el Gobierno fije las bases sobre las modalidades y cuantías de las becas y ayudas al estudio, las condiciones académicas y económicas que hayan de reunir los candidatos, así como los supuestos de incompatibilidad, revocación y reintegro y cuantos requisitos, condiciones socioeconómicas u otros factores sean

---

432 SOUVIRÓN MORENILLA, J. M.-PALENCIA HERREJÓN, F., *La nueva regulación de las Universidades, op. cit.*, p. 100

precisos para asegurar la igualdad en el acceso a las citadas becas y ayudas en todo el territorio, sin detrimento de las competencias normativas y de ejecución de las Comunidades Autónomas[433]. La intervención del Estado en la materia no puede descartarse a partir de una comprensión sistemática del título contenido en el art. 149.1.30 CE en cuya virtud le corresponde la regulación de normas básicas para el desarrollo del art. 27 CE y del art. 149.1.1 CE que alude a la regulación de las condiciones básicas que garanticen la igualdad de todos los españoles en el ejercicio de los derechos y en el cumplimiento de los deberes constitucionales. Precisamente para garantizar el acceso a la educación universitaria de los estudiantes que reúnan las condiciones previstas por la ley, disfrutando de las mismas oportunidades, se establece por el Estado el sistema general de becas y ayudas al estudio destinado a remover los obstáculos de orden socioeconómico que, en cualquier parte del territorio, impidan o dificulten el acceso o la continuidad de los estudios superiores a aquellos estudiantes que se vean incursos en determinadas situaciones descritas en el art. 32.4 y 6 LOSU. En este sentido, el Tribunal Constitucional afirma que la cuantía de las ayudas forma parte de las condiciones esenciales de otorgamiento de las subvenciones, toda vez que constituye un aspecto central de la prestación, estableciendo su percepción uniforme en todo el territorio nacional, por lo que su regulación constituye normativa básica y que los requisitos para acceder a las ayudas también constituyen otro de los aspectos centrales de toda regulación subvencional,

433 Vid. GAVARA DE CARA, J.C., "La distribución de competencias en materia de Universidades en la jurisprudencia del Tribunal Constitucional y la complejidad de su estructuración", *op. cit.*, p. 236. Sobre la competencia estatal en becas y ayudas, vid. CANAL MUÑOZ, J., "La competencia estatal en materia de becas y ayudas al estudio: fundamento y alcance", *Revista de derecho político*, 2018, núm. 102, p. 123-154.

siendo susceptibles, por ello, de configurarse como normativa básica[434]. En el mismo sentido, se señala que la fijación del objeto de las ayudas y sus modalidades constituye el elemento esencial de la competencia básica del Estado, que puede determinar la finalidad y orientación de su política educativa en aras de la efectividad del art. 27 CE, ocurriendo lo mismo con los requisitos exigibles para su otorgamiento y con la cuantía de las diferentes líneas de ayuda pues se trata de aspectos que constituyen elementos centrales de las condiciones de otorgamiento de las ayudas[435].

La competencia en materia de ordenación de enseñanzas y sus diferentes concreciones también aparece caracterizada como compleja y por la necesidad de que las concreciones de los distintos contenidos integrados en cada ámbito sean determinadas a través de la jurisprudencia del Tribunal Constitucional, en caso de conflicto que deberá determinar el ámbito y alcance respectivo en función de los diferentes intereses, la necesidad de garantizar un servicio público que responde a una homogeneidad mínima y de las peculiaridades de cada Universidad. No obstante, algunas necesidades del sistema como un mapa de titulaciones por Comunidades Autónomas y su integración en un sistema estatal no ha sido articulado normativamente, por lo que, por ejemplo, una coordinación entre Facultades y titulaciones de Veterinaria a nivel estatal o autonómico en la actualidad se deja a una decisión política de gestión con un difícil control jurídico[436].

---

434 STC 188/2001 FJ 10 (TOL110.433)

435 STC 212/2005 FJ 9 (TOL687.278); STC 158/2013 FJ 6 (TOL3.973.302)

436 Sobre la necesidad de un cambio en el mapa de titulaciones, vid. CARMONA, S., "El mapa de títulos. Las nuevas necesidades", *Nueva revista de política, cultura y arte*, 2017, núm. 163, Ejemplar dedicado a: Universidad 2018, p. 103-114, en especial, p. 105-106.

En este sentido, la LOSU no ha conseguido abordar los problemas reales de la ordenación de las enseñanzas y probablemente ha creado nuevas problemáticas y conflictos como la intervención de los estudiantes en la elaboración, seguimiento y actualización de los planes de estudio en el que la colisión de intereses con la función docente está anunciada. En conexión con esta problemática de la disminución de los estudiantes desde un punto de vista interno por lo que se prevé una competencia de captación de estudiantes entre universidades, que sobre todo se centrará en títulos propios y en estudiantes extranjeros orientados en la cantidad y no en la calidad de la oferta académica[437].

La evolución demográfica de jóvenes en edad de cursar estudios universitarios ha registrado un descenso en las últimas décadas, aunque ha aumentado la proporción de jóvenes que cursan formación universitaria. Las preferencias por ramas de enseñanza no han respondido a la demanda de especialización que transmite el mercado laboral. Ante el retroceso de la demanda potencial de origen demográfico las universidades públicas han optado por mantener su oferta de titulaciones de grado, pero las universidades privadas han expandido intensamente la oferta de titulaciones de grado, aunque ambas han implantado un extenso abanico de oferta de másteres. Los mayores incrementos de estudiantes se han producido en modalidades no presenciales. La implantación territorial de la oferta de titulaciones permite acercar a la demanda una enseñanza universitaria de calidad, minimizando el coste de desplazamiento y residencia para las familias. La expansión de la oferta de grado se ha producido en el ámbito de las universidades

437 Vid. PARRAS ROSA, M., "Los factores de cambio en el Sistema Universitario Español y las misiones universitarias", en AAVV, *Lecturas de política y gestión universitarias, op. cit.*, p. 46-47

privadas y se ha concentrado enormemente en la Comunidad de Madrid, Valenciana, Andalucía y Cataluña[438].

El art. 5.1 del Real Decreto 640/2021, de 27 de julio, de creación, reconocimiento y autorización de universidades y centros universitarios, y acreditación institucional de centros universitarios establece que las universidades deberán disponer de una oferta académica conformada por títulos universitarios oficiales de grado, de máster y de doctorado. Concretamente, se establece como requisito en el sistema universitario español que una universidad cuente como mínimo con una oferta de enseñanzas conducentes a la obtención de diez títulos oficiales de grado, seis títulos oficiales de máster y dos programas oficiales de doctorado. En el conjunto de esta oferta estarán representadas como mínimo tres de las cinco grandes ramas del conocimiento (Artes y Humanidades, Ciencias, Ciencias de la Salud, Ciencias Sociales y Jurídicas e Ingeniería y Arquitectura, que a su vez agrupan los diversos ámbitos del conocimiento), sin perjuicio de lo establecido en la normativa autonómica aplicable a esta materia.

Este precepto sería la base de una criticada universidad generalista, ya que la finalidad del precepto es asegurar un cierto carácter generalista para las universidades[439], aunque esta disposición no contraviene ninguna previsión de rango legal en la materia, y se debe tener en cuenta la existencia de una larga lista de universidades europeas y americanas junto con la variedad de estudios que ofrecen que permite inferir que la pauta normal en una perspectiva comparada es el carácter

---

438 Sobre el funcionamiento de la ordenación de enseñanzas en el sistema universitario español, vid. HERNÁNDEZ ARMENTEROS, J.-PÉREZ-GARCÍA, J. A., "Demanda y oferta de enseñanzas universitarias en el Sistema Universitario Español", en AAVV, *Lecturas de política y gestión universitarias, op. cit.*, p. 419-447

439 STS de 6 de julio de 2022 (ROJ: STS 2681/2022) FJ 3 (TOL9.123.843)

generalista. Al no existir ninguna garantía legal de universidades especializadas en una única rama del conocimiento, hay que entender que la exigencia reglamentaria entra dentro del margen de apreciación del Gobierno, sin que pueda afirmarse que esa opción reglamentaria sea irrazonable o arbitraria[440].

---

440 STS de 13 de julio de 2022 (ROJ: STS 2840/2022) FJ 4 (TOL9.140.748)

Capítulo 10

La distribución de competencias en materia de personal universitario

Las reglas generales del reparto competencial en materia de universidades son complejas y ambiguas con carácter general y afecta a numerosos ámbitos materiales y títulos competenciales, pero se puede afirmar que la mayor parte de las novedades de la LOSU se han centrado en la regulación de su personal. Sin embargo, no se puede dejar de afirmar que la LOSU ha añadido confusión y dificultades de gestión a un complejo sistemas de fuentes en materia de profesorado y, en general, de todo el personal universitario[441]. No solo por el art. 68.2 LOSU con su larga enumeración de fuentes para el profesorado universitario funcionario (las bases de la LOSU y su desarrollo, las disposiciones autonómicas en base a sus competencias, la legislación general de la función pública y los Estatutos de la Universidad), sino por el art. 77.3 LOSU que introduce la competencia autonómica para aprobar el régimen del personal docente e investigador (PDI) laboral en todas las remisiones que realiza la LOSU. Este hecho apenas discutido en la doctrina y en la jurisprudencia constitucional merece un poco de atención, no solo por el hecho de que una Ley Orgánica específica de desarrollo de un derecho fundamental como la autonomía universitaria pueda otorgar y reconocer una competencia general a las CCAA, con la que antes no contaba, sino porque

---

441 ORTEGA, L., "Régimen del personal docente e investigador", en AAVV, *Comentarios a la Ley Orgánica de Universidades*, Civitas, Madrid, 2009, p. 392-393.

además se debe tener en cuenta que no es una de las leyes previstas para ampliar extraestatutariamente competencias en el art. 150.2 CE, por lo que se trata de una deducción genérica de la normativa estatal básica en materia de educación.

Desde otra perspectiva, en materia de PDI la problemática actual ha afectado a cinco asuntos que se pueden considerar como más relevantes que serían el envejecimiento de las plantillas, la precariedad, la endogamia, la desigualdad de género y la insuficiente internacionalización[442]. La LOSU debería de haber abordado en profundidad estas problemáticas, aunque la realidad es que se han adoptado normativas muy parciales e insuficientes que no han afectado a las deficiencias fundamentales. Algunos problemas son estructurales y otros consecuencia de las sucesivas medidas que se adoptaron para abordar la crisis económicas de las últimos quince años. Pero lo cierto es que el abordaje de estos problemas se va a dejar a las futuras negociaciones entre Universidades y CCAA en materia de PDI, es decir, tal como se tratan en la actualidad. La LOSU seguramente no ha podido abordar la problemática arrastrada desde la crisis de 2008 con las tasas de reposición cero y restricciones presupuestarias autonómicas en personal, ya que con una universidad desarmada y con unas jubilaciones desbordadas sin un relevo generacional y una renovación sostenible y de calidad de su personal, se ha centrado casi exclusivamente en la consolidación del empleo docente precario y temporal de naturaleza laboral[443], es decir, se ha partido de una presunción

---

[442] Vid. MORESO, J. J., "La política de recursos humanos en las universidades: el personal docente e investigador", en AAVV, *Lecturas de política y gestión universitarias, op. cit.*, p. 285-296

[443] Vid. AMOEDO-SOUTO, C.-A., "Del personal docente e investigador funcionario", en HORGUÉ BAENA, C. (dir.), *La nueva ordenación de las universidades. Estudios sobre la ley orgánica 2/2023 del sistema universitario*, Iustel, Madrid, 2023, p. 385-386. En concreto, sobre la tasa de reposición, AMOEDO-SOUTO, C.-A.- NOGUEIRA LÓPEZ,

de que todos los problemas estructurales se han concentrado en dicho personal que es el que se debe solucionar normativamente, aunque se encuentra alejado de la realidad. En consecuencia, la LOSU tan solo ha ocasionado en la política de PDI pequeños cambios que no van a tener grandes consecuencias al sistema actual, ya que las soluciones son mera transición de unos problemas que se van a mantener.

En definitiva, la LOSU, como con anterioridad la LOU, ha modificado las previsiones explícitas o implícitas constitucionales, incluidas las reglas de atribución competencial directa (que en su aplicación se muestran ineficaces), mediante la modificación global de diversos títulos competenciales, jugando un rol de norma especial como normativa básica estatal sin rango constitucional frente a títulos competenciales con rango constitucional. En este sentido, la competencia exclusiva del Estado en materia de legislación laboral pasó a un segundo plano en materia de PDI laboral, dando mayor importancia a la competencia en materia de organización administrativa autonómica, que no deja de ser a su vez secundaria en un contexto de autonomía universitaria, ya que en la nueva relación laboral de PDI laboral, que debería ser la competencia importante en

---

A., "Regateando hacia la excelencia. Tasa de reposición de efectivos y universidades públicas", *Revista española de derecho administrativo*, 2013, núm. 157, p. 249-278; AMOEDO-SOUTO, C.-A., "El régimen de dotación y cobertura de plazas de profesorado universitario tras la legislatura 2011-2015", *Revista Vasca de Administración Pública*, 2016, núm. 105, p. 23-65; NÚÑEZ LOZANO, M. C.-MALVÁREZ PASCUAL, L. A., "El cómputo de la tasa de reposición de efectivos en relación con las plazas de promoción del profesorado universitario: el análisis de un cambio de criterio carente de fundamento", *Revista General de Derecho Administrativo*, 2013, núm. 34; SEPÚLVEDA GÓMEZ, M., "La ciega aplicación de la tasa de reposición al personal docente e investigador de Universidades públicas", *Temas laborales: Revista andaluza de trabajo y bienestar social*, 2014, núm. 127, 2014, p. 261-281.

este sector del ámbito universitario, se desarrolla en este contexto con una función independiente y al margen de la organización administrativa autonómica. La ley autonómica universitaria y la negociación colectiva también autonómica serán las encargadas de abordar la materia.

En este sentido, en relación con el profesorado universitario en general, el reparto competencial presenta la estructura peculiar y compleja al igual que en otros ámbitos materiales del título competencial universitario consistente en que, a las competencias del Estado y de las Comunidades Autónomas, hay que añadir las competencias derivadas de la autonomía universitaria que limitan necesariamente aquéllas, de forma que esta competencia puede ser calificada de compleja, tal como sucede con la mayoría de las competencias en el ámbito universitario. La autonomía universitaria, conforme a reiterada jurisprudencia del Tribunal Constitucional, conlleva la libertad para la selección concreta del personal docente e investigador al servicio de cada Universidad y que sólo podrá verse limitada cuando lo impongan exigencias inexcusables del sistema funcionarial[444], pero también del sistema laboral en la actualidad, ya que en el ámbito del profesorado progresivamente se ha ido desarrollado hasta prácticamente alcanzar en algunas Comunidades Autónomas el 49'99% previsto como límite máximo de PDI laboral o contratado en las Universidades Públicas (el art. 64.3 LOSU establece que el PDI funcionario debe ser mayoritario computado en equivalencia en tiempo completo en las Universidades, es decir, se rebaja la proporción del 51% al 50,01%). La posibilidad de superar los porcentajes máximos del PDI laboral se puede convertir en algunas CCAA en una realidad, ya que el control o la alta inspección que debería ejercer o poder ejercer el Estado es inexistente. Las posibles quejas o reclamaciones se deben

444 STC 82/1994 FJ 2 (TOL82.490)

enmarcar en su labor ordinaria a través de la CRUE denunciando ante el ministerio estatal o ante la propia Comunidad Autónoma las deficiencias, aunque unas reiteradas negativas a reconocer datos objetivos y cifras en una negociación entre Comunidad Autónoma y Universidad solo sería reconducible ante los tribunales de justicia con lo que la conflictividad está abierta, en el caso de que se aclara en la norma el método de cálculo que se puede utilizar en la determinación de los porcentajes. La LOSU en el art. 64.3 LOSU ha aclarado que no se puede computar en el profesorado a tiempo completo al PDI laboral que no tenga responsabilidades en títulos oficiales, ni al personal de los Institutos universitarios o de las escuelas de doctorado.

No obstante, se debe destacar que en materia de profesorado universitario, ya consta las competencias de cada Universidad deducibles de su autonomía universitaria en la regulación del art. 71.1 LOSU (convocatorias de concursos para la provisión de plazas), aunque se permitía establecer la necesidad de homogeneizar y coordinar la materia en cuestión entre todas las Universidades, conforme a lo dispuesto en el art. 27.10 CE y en los art. 2 y 3 LOSU, por lo que se debe recurrir a una competencia general que ejercía en exclusiva el Estado. Desde otra perspectiva, se debe señalar que en todo caso la coordinación que señala los mencionados preceptos no puede por su propia naturaleza llevarse a cabo a través de una normativa de cada una de las Comunidades Autónomas con competencia plena en materia de enseñanza[445], ya que el profesorado universitario se basa en diferentes relaciones funcionariales y laborales que deben ser coordinadas por la autoridad que puede ejercerlas por todas ellas, en este caso el Estado, competente normativamente en ambos ámbitos naturales. A pesar de tratarse de unos criterios estándar en la regulación originaria de la LRU, mucho han cambiado las circunstancias ya que es viable en la

---

445 STC 26/1987 FJ 12 (TOL79.735)

regulación de la LOU y de la LOSU, en las que se ha introducido un cambio de visión y de regulación admitiéndose el espacio competencial autonómico.

En cualquier caso, un elemento fundamental en el que se expresa la autonomía universitaria es su capacidad para la selección, formación y promoción de su PDI funcionario o permanente laboral y PTGAS, así como determinar las condiciones en las que sus integrantes han de desarrollar su trabajo y, en relación con todo ello, el establecimiento y modificación de sus relaciones de puestos de trabajo (art. 3.3.j y k LOSU)[446]. Estas

---

[446] Sobre profesorado universitario, teniendo en cuenta las diferentes reformas de la normativa universitaria, vid. PRIETO DE PEDRO, J. J., "Sobre la autonomía de las universidades para la selección de su profesorado", *Revista Española de Derecho Administrativo,* núm. 27, 1980, p. 641 y ss.; TRAYTER, J. M., "El régimen jurídico del profesorado universitario: la jurisprudencia del Tribunal Constitucional acerca de su reparto competencial y algunas consecuencias sobre el derecho vigente", *Autonomías. Revista Catalana de Derecho Público,* 1993, núm. 17; NOGUEIRA LÓPEZ, A., "El nuevo marco competencial del profesorado universitario", *Revista de Administración Pública,* 2004, núm. 163, p. 223-244; ORTEGA, L., "Régimen del personal docente e investigador", *op. cit.*, p. 369 y ss.; SOUVIRÓN MORENILLA, J. M., "Perspectivas de reforma en el régimen del profesorado universitario", *Revista Vasca de Administración Pública,* 2010, núm. 86, Vol. II; CAPODIFERRO CUBERO, D., "El régimen jurídico del profesorado contratado en el sistema universitario público", *Revista Vasca de Administración* Pública, 2016, núm. 104, Vol. I, p. 19 y ss. Asimismo, sobre distribución de competencias, vid. GAVARA DE CARA, J. C., "La distribución de competencias en materia de Universidades en la jurisprudencia del Tribunal Constitucional y la complejidad de su estructuración", *op. cit.*, p. 214 y ss. Sobre las reformas concretas introducidas en la LOSU, vid. NOGUEIRA LÓPEZ, A., "Doce notas y una reflexión sobre el modelo de Universidad y empleo público docente que propician los criterios de acreditación", en AAVV, *Organización de la Universidad y la Ciencia,* coord. por Fernando López Ramón, Ricardo Rivero Ortega, Marcos M. Fernando Pablo, AEPDA,

competencias universitarias han sido objeto de un largo recorrido con una laboralización de las figuras contractuales que ha puesto fin a la contratación administrativa en el personal docente y su coexistencia mínima con cuerpos de funcionarios docentes, por lo en la actualidad el PDI se puede caracterizar porque coexisten prácticamente equilibrados profesores funcionarios y permanentes laborales en algunas Comunidades Autónomas, con algunos contratados laborales temporales provenientes de anteriores regulaciones administrativas. En el PTGAS la tendencia a laboralizar el personal es más fuerte, considerando que en dicho ámbito las categorías de funcionarios se consideran a desaparecer.

En resumen, las competencias de las Universidades son fundamentalmente de carácter ejecutivo, para aplicar y gestionar de forma independiente las normas elaboradas y aprobadas por el legislador estatal y/o autonómico y desarrollarlas en los Estatutos de la Universidad y normativa de desarrollo en materia de determinación de los procedimientos de selección, formación y promoción del PDI, así como sus condiciones de trabajo y a nivel global el establecimiento y modificación de la relación de puestos de trabajo.

Respecto al PDI, las Universidades seleccionan a su profesorado, en el marco de un sistema de descentralización parcial, mediante diversos procedimientos[447]:

INAP, Madrid, 2018, p. 283-294; MOLINA NAVARRETE, C., "Nuevos escenarios en el régimen del personal del Sistema Universitario Español: Situaciones administrativas, contratación y jubilación", en AAVV, *El futuro del sistema universitario español y su nuevo marco jurídico, op. cit.*, p. 165-206; MARTÍNEZ MORENO, C., "Novedades e incertidumbres en el régimen jurídico de la contratación de personal en el Sistema Universitario Español", en AAVV, *El futuro del sistema universitario español y su nuevo marco jurídico, op. cit.*, p. 207-231.

447 Sobre el modelo de selección del profesorado en la LOU, vid. DESDENTADO DAROCA, E., "La selección del profesorado universitario",

a) El más importante es el procedimiento de los concursos de acceso a las plazas docentes de funcionarios que convoque conforme a su relación de puestos de trabajo, que generalmente no se encuentra formalmente elaborada por las Universidades para facilitar el intercambio de plazas entre los distintos departamentos. Sin embargo, aunque en la actualidad se ha establecido la competencia exclusiva del Consejo de Gobierno de la Universidad (art. 46.2.e LOSU) y que, de conformidad con el art. 57.6 LOSU, podrá modificarse para ampliar o minorar plazas o por cambio de denominación de las plazas vacantes, es decir, prácticamente una regulación libre, se puede concluir que no se podrá justificar la inexistencia tradicional del documento en algunas Universidades públicas. En dichos concursos pueden presentarse quienes hayan sido previamente acreditados mediante el procedimiento previsto y regulado en el art. 69 LOSU y quienes ya sean funcionarios de los cuerpos correspondientes de titulares y catedráticos. Son precisamente los Estatutos de la Universidad los encargados de regular la composición de las comisiones y el procedimiento a seguir en tales concursos, aplicando el principio de composición equilibrada entre hombres y mujeres y el resto de las normas establecidas en la LOSU, y la realización de la selección conforme a los principios de publicidad, de igualdad de oportunidades, mérito y capacidad (art. 71 LOSU).

---

en AAVV, *Comentarios a la Ley Orgánica de Universidades*, Civitas, Madrid, 2009, p. 413 y ss.; ALEGRE AVILA, J. M., "El nuevo sistema de selección del profesorado universitario funcionario", *REDA*, 2007, núm. 135, p. 435 y ss.; NOGUEIRA LÓPEZ, A., *Régimen jurídico de la selección de profesorado universitario*, Atelier, Barcelona, 2004; MONROY ANTON, A., "La endogamia en la Universidad: tratamiento jurídico y vías de solución", *Actualidad Administrativa*, 2008, núm. 5.

b) Las Universidades pueden también contratar a su propio PDI laboral hasta unos máximos determinados, de acuerdo con el régimen concretado por las correspondientes Comunidades Autónomas conforme a sus competencias y en el marco de las figuras contractuales previstas en la LOSU (permanentes laborales, ayudantes doctor, asociados, sustitutos), aunque también disponen de la posibilidad de contratar PDI laboral con financiación interna o externa para el desarrollo de sus programas propios de I+D+i, de acuerdo con las modalidades contractuales previstas en la LOSU o en la LCTI (art. 77 LOSU). Es evidente el amplio margen de autonomía universitaria, pero la cuestión será el modo en que dichas competencias sean empleadas, dejando al margen la disponibilidad de los correspondientes recursos económicos para contratar, lo que nos remite de nuevo a la problemática de la autonomía financiera, que es precisamente el ámbito en el que se despliega realmente la política del PDI de las Universidades a la hora de decidir el gasto en personal.

c) Finalmente, las Universidades también podrán contratar profesorado visitante o distinguido de reconocido prestigio de otras universidades y centros de investigación, tanto españoles como extranjeros. Tradicionalmente, la incidencia teórica de una u otra categoría había sido casi nula, a la vista de la práctica de nuestras Universidades, pero la verdad es que en los tiempos recientes estas figuras han ido aumentando hasta unos niveles que la desdibujan y convierte a este tipo de profesorado en ordinario o laboral. Por ello, se ha diferenciado entre profesor visitante con contrato temporal limitado a dos años (art. 83 LOSU) y profesorado distinguido de excelencia y reconocido prestigio, que podrá ser incluso contratado indefinido (art. 84 LOSU). En cualquier caso, el profesorado con contrato temporal de las distintas categorías no podrá superar el 8% de la plantilla PDI de las Universidades. Las Universidades también podrán nombrar profesores eméritos a profesores jubilados que hayan prestado servicios destacados a la universidad (art. 81 LOSU).

Como se puede deducir con facilidad las competencias en materia de PDI de las Universidades son amplias, centradas en la ejecución y gestión de la selección y la actividad del PDI, pero sin capacidad real decisoria, ya que por la vía financiera las CCAA pueden controlar las dotaciones reales del PDI con la finalidad de incidir en las plantillas del profesorado universitario. En este sentido, las Universidades tienen competencia incluida dentro de la autonomía universitaria sobre personal universitario, pero depende de las transferencias económico-financieras y presupuestarias y de las regulaciones del Estado y de las CCAA que pueden incidir materialmente en la decisión autónoma universitaria hasta limitarla o imposibilitarla.

10.1.- LOS TÍTULOS COMPETENCIALES AUTONÓMICOS EN MATERIA DE PROFESORADO UNIVERSITARIO

El listado de competencias autonómicas en materia de profesorado universitario que ha sido fijado por la LOSU es amplio, ya que la margen de las reglas generales sobre competencias estatales fijadas en la Constitución o autonómicas en los Estatutos y analizadas con anterioridad, existen múltiples preceptos de normativa estatal básica que fijan dichas competencias diseminadas a lo largo de la LOSU, y además una competencia genérica en relación con el PDI laboral (art. 77.3 LOSU). En este sentido, conviene empezar por el art. 82 LOSU (profesores permanentes laboral), cuya contratación exigirá la previa evaluación positiva de su actividad por las agencias de calidad autonómicas que se hayan creado y que estén previstas en la ley autonómica, con funciones equivalentes a la ANECA, que son también competentes para la evaluación de la actividad del PDI laboral. Esta exigencia de acreditación también se aplicaba al profesorado ayudante doctor, que ha sido suprimida por la LOSU (art. 78 LOSU). En consecuencia, para la principal categoría, es decir, PDI permanente laboral se prevé que el examen de las condiciones de acceso, así como la evaluación de la actividad desarrollada a efectos retributivos por las autoridades autonómicas, se realice por las agencias de calidad autonómicas (art. 85 LOSU). Se trata de una competencia exclusiva normativa, no ejecutiva, ya que la principal competencia se centra en la posibilidad de regulación de su régimen jurídico y retributivo, condiciones de acceso y evaluación de su actividad, pero las competencias ejecutivas centradas en la selección del PDI laboral y el control ordinario de su actividad corresponde a las Universidades.

Esta competencia autonómica, a pesar de ser la más importante, no es la única que puede desarrollar, ya que la ley ha previsto otras normas entre las que destaca el art. 87 LOSU que establece la competencia autonómica, tal como hemos mencionado, para regular el régimen retributivo del PDI laboral de las Universidades públicas y en los art. 57.6 y 87.2 LOSU el establecimiento de retribuciones adicionales vinculadas a méritos docentes, de investigación, de transferencia y gestión.

Desde otra perspectiva, el art. 88.3 LOSU identifica a las Comunidades Autónomas como uno de los actores responsables del fomento de la movilidad del profesorado en el Espacio Europeo de Enseñanza Superior por lo que le está otorgando competencias en materia de cooperación internacional y europea. Esta competencia es fundamentalmente de carácter ejecutivo y desarrollada por la Administración autonómica en cooperación con el Estado y las Universidades (art. 27 LOSU).

Estas competencias autonómicas son fundamentalmente de carácter normativo, pero algún efecto ocasional de carácter ejecutivo. De todos modos, las competencias autonómicas normativas cuentan con importantes limitaciones en las potestades normativas del Estado en materia de función pública, legislación laboral y normativa básica de autonomía universitaria, así como con muchas limitaciones en la ejecución o gestión, debido a que teóricamente en virtud del principio de la autonomía universitaria la ejecución de dichas competencias corresponde principalmente a las propias universidades. En si mismo la mayoría de las competencias autonómicas en el ámbito de personal se pueden considerar como normativas, ocasionalmente ejecutivas y de carácter restringido, pero operativas por parte de las CCAA frente a las Universidades a través de autorización y control mediante la definición y delimitación del gasto público en personal que realizan las Universidades (art. 57.6 LOSU). Por este motivo deben conectarse las competencias de personal, tanto de PDI como PTGAS, con las competencias en materia de financiación universitaria, ya que al tratarse de ámbitos interdependientes en los que las competencias normativas autonómicas no tienen una gran entidad, es fácil deducir que su incidencia real se realiza a través de otras vías más sofisticadas que en épocas de crisis pueden ser más relevantes y efectivas como es la autorización y el control sobre el gasto. En este sentido, para garantizar efectivamente la autonomía universitaria puede ser necesario que se introduzca criterios objetivos para evitar que la autorización y control del gasto en personal encierre decisiones que puedan conllevar manipulación de las competencias de las Universidades para determinar el alcance del PDI necesario para desarrollar sus actividades y el respeto de las reglas de porcentajes de PDI funcionario y laboral fijadas en la LOSU. En cualquier caso, las Disposiciones transitorias LOSU conceden plazos tan amplios y casuísticos para la entrada en vigor de los porcentajes y reglas materiales, que sin necesidad de ser analizadas en concreto se puede concluir que pueden suponer una demora en la aplicación de las reglas LOSU en la materia de cerca de dos años o más tiempo si es que se presentan enmiendas para ampliar dichos plazos.

La filosofía tradicional de la jurisprudencia constitucional respondía al control de la normativa legislativa estatal o una actuación por parte de las Universidades reclamando o reivindicando la protección de su autonomía universitaria ante el Tribunal Constitucional, casi siempre en detrimento de la intervención autonómica en el sector[448]. En cualquier caso, se declara competencia estatal en diversas decisiones en materia de profesorado universitario a la determinación de su régimen de incompatibilidades (STC 26/1987 (TOL79.735), la imposición de la elección del Director entre los funcionarios (STC 131/1996 (TOL83.064), el porcentaje de doctores entre el profesorado de las nuevas Universidades, el porcentaje de profesores en exclusiva o los porcentajes de profesorado perteneciente a los CDU en las Universidades públicas (STC 131/1996 (TOL83.064).

Estas líneas jurisprudenciales enmarcan las competencias estatales en procedimientos de declaración de inconstitucionalidad sobre normativa estatal, pero en sentido contrario es útil para fijar que fuera de dichos ámbitos pueden recaer las competencias normativas de las CCAA, ya que es deducible que el alcance normativo de las competencias autonómicas se encuentra muy mediatizado por el ejercicio de las competencias estatales que en última instancia son las más relevantes a efectos de régimen al profesorado, tanto a nivel funcionarial como laboral.

En este sentido se puede destacar el control de constitucionalidad realizado sobre el Plan Serra Hunter de la Generalitat de Catalunya, en concreto la política de PDI de las universidades

---

[448] ORTEGA, L., "Régimen del personal docente e investigador", *op. cit.*, p. 393

públicas que establecía que la tasa de reposición de 2017 (100 por cien de los efectivos) se debía realizarse mayoritariamente mediante dicho instrumento, y además sobre dicha tasa se requería una autorización de la convocatoria de las plazas del Departamento de Universidades de la Generalitat, previa petición de la Universidades y la acreditación de la no afectación al cumplimiento de los objetivos de estabilidad presupuestaria establecidos en cada una de las universidades correspondientes. El Plan Serra Hunter estaba dirigido a fomentar la contratación de personal docente e investigador de excelencia en las universidades públicas catalanas, que contempla medidas para promover las figuras de catedrático contratado y profesor agregado, en un programa inicial de 12 años para la creación de 400 contratos de catedrático contratado y 800 de profesorado agregado, a razón aproximada de 100 contratos de catedrático o profesor agregado por año, contratos que debe cofinanciar en el 50 por 100 entre Generalitat y Universidad. La vinculación del personal con la universidad lo será siempre en condición de personal contratado no funcionario. La novedad reside en la imposición normativa de la utilización mayoritaria del Plan Serra Hunter para la contratación de personal docente e investigador de las universidades públicas en Cataluña a la hora de cubrir su tasa de reposición de efectivos.

El Plan contiene algunas diferencias fundamentales respecto del régimen de incorporación de los funcionarios docentes universitarios común u ordinario[449]. En primer lugar, la vinculación entre universidad y docente lo será siempre en régimen de contratación laboral, produciéndose así una opción en favor de la laboralización de la función pública docente universitaria. En segundo lugar, las comisiones de selección de los candidatos se componen de cinco miembros nombrados por el Rector con la particularidad de que el presidente debe ser

---

449 STC 141/2018 FJ 3 (TOL6.978.680)

consensuado de común acuerdo entre la universidad convocante y la Generalitat y que dos de los cuatro restantes miembros son propuestos también por el Gobierno autonómico. La composición de las comisiones, pues, ya no depende de lo que se disponga en los Estatutos de cada universidad, sino de la específica previsión del Plan. En tercer lugar, existen algunas singularidades propias más: la acreditación nacional obtenida a través de la ANECA (Agencia Nacional de Evaluación de la Calidad y Acreditación) es un indicador de calidad, pero todos los candidatos que opten a la contratación deben obtener la acreditación de la AQU (Agencia per la Qualitat del Sistema Universitari de Catalunya, que podría considerarse la homóloga autonómica a la agencia estatal). También, las pruebas orales deben desarrollarse preferentemente en lengua inglesa.

La autonomía universitaria exige que el proceso de contratación del personal docente corresponda a las universidades, pero no impide eventuales limitaciones que, sin afectar al principio, puedan preverse en la legislación de las Comunidades Autónomas en atención a la mejor satisfacción de las aspiraciones de calidad del servicio público de enseñanza universitaria cuya organización tienen en gran parte encomendada. Así, cada Comunidad Autónoma puede optar por una política de personal docente universitario con mayor o menor presencia de personal contratado dentro de los límites legislativos[450]. La opción del legislador autonómico por un modelo universitario con vinculaciones laborales y no funcionariales tiene un límite máximo básico que no podrá superar la mayoría del PDI funcionario (actualmente en el 50'01%). La previsión contenida en la disposición controvertida es constitucional siempre que no exceda el límite contemplado con carácter básico y no es desproporcionada puesto que afecta solo a la tasa de reposición de efectivos y, dentro de esta, a la mayoría de las vacantes

---

450 STC 141/2018 FJ 7 (TOL6.978.680)

y se reconduce al ámbito de personal académico de excelencia del Plan Serra Hunter, dentro del cual las universidades son libres de seleccionar a los candidatos que estimen, lo que se manifiesta compatible con derecho a la autonomía de las universidades, por cuanto no excluye otros métodos de contratación y encuentra amparo en los objetivos generales de política educativa basados en el fomento de la excelencia e internacionalización de la universidad catalana[451].

En definitiva, esta jurisprudencia sobre el Plan Serra Hunter en la práctica supone que las posibilidades de utilización de los títulos competenciales autonómicos en materia de PDI laboral son muy amplias y prácticamente sin restricciones, con incidencia no solo indirecta, sino también directa en la autonomía universitaria y en la selección del PDI.

10.2.- LA DUPLICIDAD DE CATEGORÍAS DE PERSONAL DOCENTE UNIVERSITARIO

Tal como se ha mencionado con anterioridad los art. 68.2 y 77.2 y 3 LOSU establecen el sistema de fuentes normativas aplicables desde un punto de vista competencial en materia de regulación del PDI funcionario y laboral que aparece presidido por la LOSU, la legislación autonómica de desarrollo en materia de Universidades, la legislación general de funcionarios (básica estatal y de desarrollo autonómica, aunque con incidencia directa en los CDU), la legislación laboral para contratados y los Estatutos de la Universidad. El PDI funcionario (no el investigador que puede tener otras normativas singulares y específicas, aunque más centradas en la actualidad en el art. 89.4 LOSU, que permite contratar a las Universidades personal investigador conforme a la

[451] STC 141/2018 FJ 7 (TOL6.978.680)

Ley 14/2011, de 1 de junio, de la ciencia, la tecnología y la innovación), se encuentra limitado en su estructuración y adecuación por el EBEP, que al ser ley ordinaria solo debería afectar a la LOSU en preceptos de carácter no orgánico, aunque su incidencia es mayor como puede resultar imaginable. En cualquier caso, la LOSU prevalece sobre el EBEP en carrera profesional, promoción interna, retribuciones complementarias y movilidad voluntaria entre Administraciones Públicas[452]. No deja de ser sorprendente que alguno de estos temas no se ha tratado normativamente o se han dejado a la ambigüedad que puede generar su aplicación práctica por las CCAA o las propias Universidades recurriendo a sus respectivos ámbitos de autonomía, pero también a resoluciones de la jurisdicción ordinaria en caso de conflicto[453].

También se debe mencionar la novedad que introdujo la reforma del 2007 de la LOU al establecer la duplicidad funcionarial y laboral del PDI universitario. La idea general y originaria de la LOU era que como mínimo el 51% del personal docente universitario perteneciera a los CDU, el 9% formara parte de los contratados indefinidos (se entiende exclusivamente profesores contratados doctores en cualquiera de sus variedades) y como máximo el 40% restante fueran contratados temporales (pensados originariamente como contratados administrativos y posteriormente como contratados laborales, tal como permanecen en la actualidad). No es extraño que con estas cifras se haya discutido si el modelo responde a una duplicidad o más

---

452 ORTEGA, L., "Régimen del personal docente e investigador", *op. cit.*, p. 380.

453 La dualidad de modelos y regímenes jurídicos para una misma función seguirá siendo una fuente de conflictos, vid. MOLINA NAVARRETE, C., "Nuevos escenarios en el régimen del personal del Sistema Universitario Español: Situaciones administrativas, contratación y jubilación", en AAVV, *El futuro del sistema universitario español y su nuevo marco jurídico, op. cit.*, p. 165-206, en especial, p. 187 y ss.

bien a un modelo basado en una división en fases, que pudiera ser el sentido lógico al que responde la LOU, es decir, iniciar la carrera profesional docente universitaria como contratado laboral y finalizarla como funcionario[454]. No obstante, estas cifras tan concretas se han modificado en la actualidad, ya que se exige que el PDI funcionario sea mayoritario computado a tiempo completo (50,01%), mientras que el profesorado con contrato temporal no podrá superar el 8% (art. 64.3 LOSU). Estos porcentajes implican que el PDI permanente laboral puede alcanzar el 41'99%, mientras que el porcentaje de sustitutos, visitantes y distinguidos sin contrato indefinido, todos ellos con contratos temporales, no deberían superar el 8% de la plantilla de la Universidad (a pesar de que la tasa de temporalidad real, según los datos que proporciona el mismo Ministerio, se sitúa en el 20%, cifra que será muy difícil corregir). Si los datos son correctos, ya que la posición del asociado y del distinguido con contrato indefinido se pueden considerar no temporales, aunque sometidos a condición resolutoria, mientras que los ayudantes doctores, profesorado asociado de Ciencias de la Salud, personal predoctoral, profesores de institutos de investigación adscritos y de las escuelas de doctorado y personal del capítulo VI de los Presupuestos, no se computan como temporales, siendo su característica la temporalidad, por lo que es fácil concluir que la realidad será una tasa de temporalidad con nombre cambiado que se mantendrá en un 20%.

---

454 ORTEGA, L., "Régimen del personal docente e investigador", *op. cit.*, p. 371, pone un ejemplo de que en caso de variar estas cifras se podría modificar el sentido de la norma, ya que si de cada 100 profesores, 51 son funcionarios, 9 laborales indefinidos y 40 temporales, si se jubilan 10 funcionarios y ningún laboral se convierte en funcionario, automáticamente crece la cifra de los contratados hasta el 54'44% sin haber adoptado ningún tipo de toma de decisiones sobre el particular.

En este sentido, el equilibrio exigido originariamente por la LOU requeriría una sustitución de funcionarios por contratados laborales indefinidos que adquieren en un futuro la condición de funcionario, por lo que el modelo de carrera del PDI universitario parecía que debería ser entendido como un modelo de fases que implicara el acceso a los Cuerpos Docentes Universitarios (CDU) como funcionarios y no un modelo o sistema de duplicidad o doble carrera diferenciada por el que se ha optado en algunas CCAA como Cataluña. Estas fases de la carrera profesional docente universitaria se debe articular con tramos de formación (utilizando contratos temporales) y de permanencia (contratos indefinidos y acceso a los CDU)[455]. En cualquier caso, la LOSU ha optado por mantener este modelo de duplicidad con claridad (art. 64.1 LOSU), aunque en las Disposiciones transitorias ha adoptado numerosas medidas para permitir que el profesorado contratado doctor previsto en la LOU pueda promocionar a profesor titular de universidad (Disposición transitoria quinta.5 LOSU), para que los profesores colaboradores con título de doctor y acreditación positiva pasen directamente a profesor permanente laboral (Disposición transitoria quinta.7 LOSU), procesos de estabilización de asociados (Disposición transitoria séptima LOSU) y programas de promoción interna en Universidades con más de un 20% de profesorado contratado laboral (Disposición transitoria octava LOSU).

De todos modos, se debe insistir que también el modelo LOSU opta por una opción clara de duplicidad del PDI funcionario y laboral (art. 64.1 LOSU). No sin razón se ha sostenido que la dualidad del PDI no encuentra una justificación material desde el punto de vista de la mayor o menor capacidad docente o investigadora, ya que en la LOSU un profesor

---

455 Vid. ORTEGA, L., "Régimen del personal docente e investigador", *op. cit.*, p. 371 y ss.

permanente laboral no se diferencia por la temporalidad o por el carácter fijo de su puesto de trabajo, ni por la capacidad de acceso a los puestos de gestión y gobierno, no hay diferencias en las formas de acreditación y acceso por concurso, ni en el cómputo de las tasas de reposición, ni en los demás aspectos. Tan solo el PDI funcionario posee dos caracterizaciones a efectos laborales, la ausencia de negociación colectiva en el establecimiento de condiciones retributivas y la posibilidad de participar en concursos de movilidad o traslado. Incluso es posible que se interprete que el profesor permanente laboral podrá participar en otras categorías superiores como promoción interna, que se puede traducir en la mayoría de las Comunidades Autónomas como ingreso en el Cuerpo de Catedráticos de Universidad con intercomunicación directa de ambas plazas. Tampoco la diferenciación entre Catedráticos y Titulares responde a criterios funcionales, ya que solo se diferencia por la retribución y un complemento de destino distintos[456].

El principal problema de esta duplicidad de PDI universitario, dejando al margen el modelo de fases, el poco respeto realizado por las CCAA a la voluntad original de la reforma de la LOU de 2007 y la ausencia de un control de constitucionalidad sobre la contradicción que supone y la falta de coherencia del modelo de duplicidad o doble carrera diferenciada introducida por algunas CCAA, es la contabilización de los porcentajes, así como el control e inspección sobre las cifras ofrecidas por los gobiernos autonómicos. La realidad universitaria se conoce en las Universidades públicas que tienen la capacidad de fijar las cifras reales de unas plantillas de PDI que varían en cada curso académico con casos de jubilación, bajas por enfermedad o por otros motivos, no en las CCAA que en el mejor de

---

456 Sobre todas estas cuestiones críticas y la innecesaridad del modelo dualista, vid. AMOEDO-SOUTO, C.-A., "Del personal docente e investigador funcionario", *op. cit.*, p. 398-401.

los casos utilizan cifras que se corresponden con la realidad del curso anterior (o de algunos anteriores) con lo que siempre se produce un desajuste entre cantidad presupuestada de PDI, cifras reales y porcentajes de cada categoría de PDI con unas consecuencias directas para la actividad del servicio público universitario y las decisiones interiores de la Universidad en materia de PDI. A este hecho contribuye la ausencia de realización de la Relación de Puestos de Trabajo en numerosas universidades, que deben ser aprobadas por las Comunidades Autónomas, pero además cuando se realiza las RPT rara vez se cumple de forma plena y completa.

En cualquier caso, se debe introducir criterios objetivos y más concretos sobre el cálculo del PDI, la voluntad de la LOSU es clara (el PDI funcionario debe ser mayoritario respecto del laboral, computado en equivalencias a tiempo completo), pero la aplicación práctica ha dejado y dejará mucho que desear sobre todo si una Comunidad Autónoma opta por el modelo de duplicidad sin ningún tipo de control. La crisis iniciada en el 2008, justo después de la reforma de 2007 de la LOSU ha permitido que rápidamente la realidad del PDI funcionario haya cambiado en algunas CCAA que convocaron un número ínfimo de profesores titulares en la anterior década, lo que ha permitido que las cifras de CDU disminuyeran espectacularmente. En los últimos años se ha conseguido revertir ligeramente las cifras de PDI funcionario, pero se han envejecido tanto las plantillas y se ha perdido capacidad de renovar al PDI funcionario, lo que unido a no tener ideas claras sobre sustitución de PDI en un futuro y lo que es peor carecer de un modelo claro de PDI universitario, ha ocasionado que la mayor parte de la actividad docente en las Universidades públicas se está desarrollando por PDI laboral y temporal. El cálculo de los porcentajes se debe someter a unos criterios objetivos más claros y debe estar sometido a un control externo e independiente de la Comunidad Autónoma e incluso de las Universidades, cuyo único margen reside en acudir a los tribunales de lo contencioso para el control de legalidad.

El art. 68.1 LOSU establece dos CDU en la práctica, Catedráticos de Universidad y Profesores Titulares de Universidad[457], que se entienden como cuerpos nacionales, interuniversitarios o comunicables entre universidades[458]. Ésta restringida duplicidad, no tradicional en nuestro sistema, ya que unos cuerpos unificados en dos nunca existieron, supuso la eliminación de los Cuerpos referidos a las Escuelas Universitarias (CEU y TEU), facilitando que se integrarán como Titulares de Universidad de forma directa para los CEU (Disposición adicional décimo primera.1 LOSU) o indirecta para los TEU (Disposición adicional décimo primera.2 LOSU).

Sin embargo, a pesar de esta reducción de los CDU en dos categorías que puede considerarse positiva por la simplificación, lo cierto es que la estructura de la carrera profesional

---

457 No se van a tratar los problemas derivados del art. 70 LOSU sobre personal CDU con plaza vinculada a los servicios asistenciales de instituciones sanitarias, cuya duplicidad de regulación y la existencia de conciertos conlleva una implicación y competencia autonómica en su articulación, no expresamente previsto ni regulado en la LOSU.

458 AMOEDO-SOUTO, C.-A., "Del personal docente e investigador funcionario", *op. cit.*, p. 390. Con referencias a las STC 26/1987 FJ 12 (TOL79.735), STC 235/1991 FJ 4 (TOL81.914). Más recientemente STC 176/2015 FJ 5 (TOL5.440.472), en la que se afirma que los funcionarios de los Cuerpos docentes universitarios no son funcionarios de la Comunidad Autónoma o de su Administración Local, añadiendo que si bien inicialmente son funcionarios de la Universidad para la que son nombrados, ello no impide su traslado a otras Universidades mediante los concursos de méritos regulados por la Ley, de forma que esta condición de funcionarios interuniversitarios o comunicables entre las diferentes Universidades justifica la aplicación al caso de las competencias exclusivas del Estado que se determinan en el art. 149.1.1, y especialmente en el art. 149.1.18 de la Constitución, sin que las Comunidades Autónomas tengan la competencia del desarrollo legislativo de las bases establecidas por el Estado.

universitaria de los PDI se debe definir en el Estatuto del personal docente o investigador que ha sido elevado a rango de ley[459], pero que aún no se ha aprobado a pesar de que la Disposición final décima LOSU prevé que se realice en un plazo de seis meses desde su entrada en vigor. De todos modos, la disposición adicional 6ª de la Ley Orgánica 4/2007, de 12 de abril, de modificación de la LOU había previsto un plazo máximo de un año para su elaboración, que no se cumplió en los 15 años en que estuvo en vigor sin que se derivara alguna consecuencia. En cualquier caso, se da el agravante de que tampoco se le espera a corto plazo dada la situación de inestabilidad gubernamental y poca disposición sindical a llegar a acuerdos unitarios en el sector, por lo que no es imaginable que antes de la fecha límite se consiga aprobar un texto que pueda ser aceptado por todos. Lo deseable sería que se clarificara el modelo de PDI por el que se opta y que se puede imponer con una situación unitaria en todas las CCAA.

En cualquier caso, la LOSU no ha abordado la problemática de la tasa de reposición para evitar que se convierta en un factor coyuntural a utilizar por los ejecutivos estatal o autonómico, ni el envejecimiento de las plantillas de CDU (la mitad

---

[459] En cualquier caso, existe una amplia potestad reglamentaria que habilita al Gobierno para el desarrollo de esta temática como son los ámbitos de conocimiento a los que se adscribe el PDI tanto funcionario como laboral (art. 64.4 LOSU), el procedimiento de acreditación (art. 69.3 LOSU), personal de plazas vinculadas a instituciones asistenciales y sanitarias (art. 70.2 LOSU), composición de las comisiones de reclamación contra resoluciones de comisiones de acreditación (art. 73.1 LOSU), requisitos de los miembros de las comisiones de reclamación contra las propuestas de las comisiones de los concursos de selección del profesorado (art. 73.2 LOSU), régimen de dedicación del profesorado a tiempo parcial (art. 75.1 LOSU), el régimen retributivo (art. 76.1 LOSU). Vid. AMOEDO-SOUTO, C.-A., "Del personal docente e investigador funcionario", *op. cit.*, p. 393-394

de los Catedráticos de Universidad con más de 60 años)[460]. Estas problemáticas de las tasas de reposición y de los mecanismos de corrección de las distorsiones por la jubilación del PDI funcionario se abordan mediante las leyes de presupuestos generales del Estado, es decir, como gasto público en personal, de modo que en 2023 (y su prórroga) se sitúa la tasa de reposición en un 120% sin computar las plazas de promoción interna entre otras medidas[461]. Por el contrario, como veremos en la LOSU sí que se han adoptado numerosas medidas para mejorar la situación de precariedad en relación con los falsos asociados en situación de servicios a tiempo parcial, actividad plena y retribuciones bajas.

10.3.- LA SELECCIÓN DE PERSONAL DOCENTE UNIVERSITARIO COMO COMPETENCIA DE LAS PROPIAS UNIVERSIDADES

La selección del profesorado universitario en nuestro país no ha dejado de ser nunca un tema controvertido y polémico a lo largo de la historia por la endogamia, amiguismo y arbitrariedad que le ha acompañado, sin que se haya conseguido eliminar la crítica a pesar de las reformas, a menudo desmesuradas y en ocasiones adoptando como regla general la realización de concursos, oposiciones, habilitaciones o acreditaciones, que no han

---

460 En todo caso la jubilación masiva de profesorado debe permitir diseñar políticas de futuro de rejuvenecimiento de plantillas de PDI de conformidad con los criterios de las Universidades, por lo que se deberían integrar en los Estatutos. Vid. MORESO, J. J., "La política de recursos humanos en las universidades: el personal docente e investigador", en AAVV, *Lecturas de política y gestión universitarias, op. cit.*, p. 287.

461 Vid. AMOEDO-SOUTO, C.-A., "Del personal docente e investigador funcionario", *op. cit.*, p. 392-393.

dejado de ser excepciones particulares de carácter específico y concreto, pero que no han sido capaces de alejar las críticas a los sistemas de selección. Las anomalías no deben presidir la descripción del sistema de selección, ni convertirse en regla de solución o resolución de cualquier modificación normativa. En un contexto actual, en el que el conocimiento a nivel de docencia universitaria se encuentra, por lo menos, desprestigiado, y se valora con mayor entusiasmo las experiencias y las capacidades, pero no se articula un procedimiento claro de selección del PDI, ni siquiera transparente, ni se muestra que el tribunal juzgador de cualquier plaza tenga capacidad para valorar esas experiencias y capacidades requeridas, ya que suelen ser especialistas en conocimientos concretos y específicos, que precisamente no son los valorados en dichas selecciones, como tampoco lo han sido en el proceso de acreditación realizado con anterioridad. En cualquier caso, la LOSU establece y mantiene el doble sistema de acceso a los CDU y a las plazas de profesorado permanente laboral, con la regulación de una serie de requisitos generales para el acceso a dichas plazas[462].

La historia de nuestros procedimientos de selección del profesorado universitario refleja muchos cambios y reformas, pero las críticas por las altas tasas de endogamia no se han conseguido ni variar, ni disminuir, sin que el sistema actual de selección pueda considerarse mejor, ya que por poco que se examine los nombramientos en el BOE, las cifras superan el 90% de plazas adjudicadas a personas pertenecientes a la Universidad que las promueve. Cualquier modificación del sistema de selección ha tenido una tendencia natural a ser peor que el anterior. Solo se podría mostrar como eficiente una

---

462 AYMERICH CANO, C., "Selección y promoción del profesorado de las universidades públicas", en HORGUÉ BAENA, C. (dir.), *La nueva ordenación de las universidades. Estudios sobre la ley orgánica 2/2023 del sistema universitario,* Iustel, Madrid, 2023, p. 468-474.

prohibición de que personas que se hayan formado o empleado en una Universidad puedan concursar a una plaza nueva, es decir, ni los doctores a plazas de titular, ni los titulares a plaza de catedrático, pero en el fondo tampoco se garantiza que vaya a resultar mejor, ya que enseguida se formarán grandes escuelas por áreas de conocimiento que convertirán los procesos de selección en taifas dependientes de jerarcas académicos. No obstante, la prohibición de concursos en la propia Universidad es un criterio que se utiliza frecuentemente en países de nuestro entorno en los que la movilidad en el acceso a las plazas de PDI es una constante. En dichos sistemas, también aparece la crítica de que es difícil articular equipos de investigación estables, que es una cuestión que se resuelve con mayor facilidad en los sistemas en los que la movilidad no se convierte en un requisito para la selección del PDI. En este punto, la LOSU ha optado por un punto intermedio, ya que también suele ser frecuente la dificultad de encontrar profesorado cualificado sobre todo en las Universidades grandes sin una adecuada formación interna, por lo que ha fijado como requisito para obtener la acreditación a los CDU la realización de actividades de investigación o docencia en Universidades o centros de investigación distintos de aquella Universidad en la que se presentó la tesis doctoral, de conformidad con los criterios que se fijaran reglamentariamente (art. 69.1 LOSU). Este criterio o uno similar debería ser establecido por las CCAA para las plazas de profesor permanente laboral, ya que la LOSU remite esta cuestión a la regulación autonómica (art. 85.1 LOSU).

En la actualidad, el concurso final que se celebra en la Universidad como verdadero mecanismo de selección del profesorado, se ha convertido en ámbitos que posibilitan la ausencia de control y que han favorecido el corporativismo y el clientelismo interno de la Universidad, así como la ausencia de entrada de PDI externo a la propia Universidad. Las altas cifras de endogamia que se siguen planteando en el sistema actual implica que no se ha abordado una reforma normativa adecuada, ya que siempre se ha centrado en las condiciones de acceso a los concursos, ya sea introduciendo el sistema de habilitaciones o acreditaciones, pero no se ha tratado el sistema interno de las propias Universidades. En la época de la LRU se utilizó el sistema del concurso oposición del 3 + 2 (tres miembros externos designados por sorteo y dos miembros designados por la Universidad). En estas circunstancias se intentó una reforma de este sistema para introducir el concurso oposición de 4 + 1 (cuatro miembros externos designados por sorteo y uno designado por la Universidad), pero la versión original de la LOU de 2001 utilizó el sistema de habilitaciones, un sistema destinado al fracaso desde su inicio por la rémora que supuso un amplio número de plazas convocadas por las Universidades en el periodo transitorio por el sistema LRU y la reforma de la LOU de 2007 que optó por el sistema de acreditaciones en la ANECA. En consecuencia, nunca se abordó el sistema interno de selección de PDI por las Universidades que desde el 2001 con la LOU se regula internamente designando a los miembros de conformidad con las propias reglas establecidas en sus Estatutos a todos los miembros de las comisiones. La LOSU sigue manteniendo la competencia de la selección en las Universidades, pero introduce algunos criterios materiales como la valoración preferente de la experiencia docente e investigadora, que las comisiones de selección estén integradas por una mayoría de miembros externos a la Universidad por sorteo público a partir de una lista cualificada realizada por la Universidad y también la obligación de reservar un 15% de las plazas de CDU y de permanentes laborales para personal que haya superado la evaluación I o hayan obtenido el certificado R (art. 71.1 LOSU)[463].

---

[463] Aunque establecer una mayoría de profesores externos en la selección de PDI mejorara la percepción de la endogamia se precisan medidas más radicales como una absoluta desvinculación con la Universidad en la que se ha leído la Tesis Doctoral. En general sobre

De este modo, el art. 3.3.j LOSU establece entre las potestades de la Universidad a la selección, formación y promoción del PDI y del PTGAS, así como la determinación de las condiciones en que ha de desarrollar sus actividades. La regulación del PDI funcionarial es establecida en su nivel básico por el Estado que ejerce tanto a nivel legal como reglamentario, que además interpone las normas dictadas por las CCAA en sus competencias y por la legislación general de la función pública que sea de aplicación (art. 68.2 LOSU), de forma que los Estatutos universitarios apenas tiene margen para el desarrollo de la normativa de cuerpos docentes por la absorción densa de la regulación de la materia entre Estado y CCAA[464]. En cualquier caso, algunos temas concretos que se dejan abiertos o a los que se remite la LOSU se pueden incorporar a los Estatutos universitarios[465].

El Tribunal Constitucional ha afirmado expresamente la naturaleza estrictamente académica de la selección y formación

---

los concursos de acceso del PDI, AYMERICH CANO, C., "Selección y promoción del profesorado de las universidades públicas", *op. cit.*, p. 486-496.

464 AMOEDO-SOUTO, C.-A., "Del personal docente e investigador funcionario", *op. cit.*, p. 395-396.

465 Entre estas cuestiones destacan los mecanismos de garantía de la composición equilibrada en los órganos de concurso (art. 65.3 LOSU), mecanismos de garantía de los derechos de conciliación de la vida personal, laboral y familiar (art. 65.4 LOSU), la movilidad (art. 66 LOSU), la garantía de la formación docente inicial y continua de su profesorado (art. 67 LOSU), la convocatoria de los concursos de acceso a plazas (art. 71 LOSU), debiéndose añadir también la determinación y los criterios utilizados de la lista cualificada de profesorado y personal investigador en la que escoger por sorteo a la mayoría de miembros externos a la universidad convocante (art. 71 LOSU). Vid. AMOEDO-SOUTO, C.-A., "Del personal docente e investigador funcionario", *op. cit.*, p. 396-398.

de plantillas del profesorado universitario[466], lo que adquiere importante significación en este contexto porque ha declarado reiteradamente que la justificación de la autonomía universitaria que el art. 27.10 CE reconoce, se sitúa en el respeto a la libertad académica[467]. De acuerdo con la doctrina constitucional queda claro que el contenido esencial del derecho fundamental a la autonomía universitaria supone, en principio, la libertad de cada universidad para seleccionar su personal docente e investigador y, por ello, la libertad para establecer el sistema general de designación de las comisiones que han de juzgar la provisión de las plazas[468]. En este contexto, estos criterios jurisprudenciales permiten deducir que la selección del PDI es una competencia de las Universidades motivado en la dimensión organizativa de la libertad académica conectada a la autonomía universitaria. La selección del PDI depende de una comisión nombrada en su totalidad por la Universidad que, responde al criterio de órgano técnico especializado por áreas de conocimiento, es decir, tal como se ha criticado con anterioridad son órganos técnicos en base al conocimiento, no en

---

466 STC 26/1987 FJ 12 5ª (TOL79.735)

467 STC 26/1987 FJ 4 a (TOL79.735), y posteriormente en parecidos términos en las STC 55/1989 FJ 2 (TOL80.266), cualquiera que sea el modelo organizativo que se adopte; STC 106/1990 FJ 6 y FJ 12 (TOL81.794) en el que establece la competencia del Estado y de las Comunidades Autónomas para crear, organizar y modificar las estructuras básicas universitarias; STC 156/1994 FJ 2 (TOL82.562); STC 47/2005 FJ 5 y FJ 11 (TOL598.423) en el que invoca la STC 131/1996 FJ 3 (TOL83.064), reconociendo que las Comunidades Autónomas con competencias normativas pueden adoptar sus propias alternativas políticas en función de las circunstancias específicas; STC 206/2011 FJ 5 (TOL2.347.883), que reitera la doctrina de la STC 26/1987 (TOL79.735) y STC 131/2013 (TOL3.785.911) y que descarta en el FJ 8 b que la evaluación positiva para contratar personal docente vulnere la autonomía universitaria.

468 STC 87/2014 FJ 5 (TOL4.373.236); STC 44/2016 FJ 4 (TOL5.713.543)

base a que sean capaces de evaluar capacidades y habilidades del PDI, sin que al margen de los distintos ejercicios que pueda establecer la regulación de los procedimientos de selección en los Estatutos de la Universidad, la comisión técnica fundamentalmente examina el currículum, las investigaciones presentadas o proyectadas, la docencia en base al conocimiento y especialización de los candidatos en torno a un perfil fijado por la propia Universidad. Este sistema puede envolver criterios endogámicos con cierta facilidad, ya que se puede establecer comisiones, ejercicios y perfiles que favorezcan a los candidatos internos de la propia Universidad. Por otra parte, no es fácil que una Universidad pueda o quiera perder una plaza, ya que si por ejemplo se piensa en una promoción de un profesor titular a catedrático en el caso de que dicho titular no promocione por perder en el concurso, la universidad debe asumir el coste de su titular más el nuevo coste del catedrático externo que ha ganado el proceso de selección, es decir, un perjuicio para el Departamento que seguramente aumenta su plantilla sin necesidad y para la Universidad que gana en personal no deseado en perjuicio de otros Departamentos que son deficitarios. En este contexto, la LOSU ha establecido la posibilidad de realizar programas de promoción desde la categoría de titular o de profesor permanente laboral a otra superior, que se realizará mediante un procedimiento de acceso de concurso de méritos (art. 71.2 LOSU)[469].

Por otra parte, el control que se ejerce sobre estos procedimientos de selección también favorece el carácter endogámico del sistema actual que recae en la autonomía de las Universidades. Las resoluciones de acreditación y selección pueden

---

[469] Estos programas de promoción interna permitiendo una funcionarización del PDI laboral, ha sido objeto de críticas a nivel general, vid. MARTÍNEZ GIRÓN, J., *La funcionarización del personal laboral de las administraciones públicas*, Atelier, Barcelona, 2018, p. 26 y ss.

impugnarse en vía administrativa ante el Consejo de Universidades o el Rector, respectivamente para la acreditación del PDI el primero (art. 73.1 LOSU) o la selección del PDI el segundo (art. 73.2 LOSU), o ante la jurisdicción contencioso-administrativa con posterioridad tras la finalización de la vía administrativa (art. 73.3 LOSU). Dicho control recae fundamentalmente en la motivación de las resoluciones, en los que la jurisdicción contenciosa se ha centrado en determinar si es suficiente una puntuación numérica en las resoluciones de los concursos de selección o si es preciso explicar las razones de dicha puntuación. Sobre todo el tema se ha aplicado en relación con el control de los sexenios de investigación, aunque con posterioridad se han aplicado criterios similares en los procedimientos de selección y acceso del PDI, con jurisprudencia variable en las que frecuentemente no se ha exigido las razones determinantes de la puntuación por parte del Tribunal Supremo que ha afirmado que no es necesario que se explicite por parte de la Comisión Nacional los criterios si se sigue la motivación realizada por el comité asesor[470], pero en una reciente sentencia de casación se afirma que se deberá tener en cuenta el fondo y calidad de los trabajos de investigación aportados además de la importancia del medio en que se hayan publicado[471]. En consecuencia, se puede afirmar que se ha ido evolucionando desde criterios de carácter técnico del procedimiento que no han requerido examinar el fondo de las motivaciones, a más exigencias de carácter material que implica que las comisiones no pueden adoptar sus motivaciones sobre criterios meramente formales sin entrar en el fondo de las investigaciones presentadas, sin limitarse a puntuar numéricamente los méritos presentados.

---

470 Por todas, STS de 5 de julio de 1996 (ROJ: STS 4117/1996) FJ 5 (TOL190.030)

471 Vid. STS de 12 de junio de 2018 (ROJ: STS 2524/2018) FJ 6 (TOL6.660.711)

En las Universidades, en relación a las comisiones de reclamación frente a las resoluciones de selección (art. 73.2 LOSU), el Tribunal Constitucional ha considerado que no es un órgano técnico, sino que puede realizar un control meramente negativo y no sustitutivo, para comprobar que la comisión juzgadora ha respetado la igualdad de condiciones, de los candidatos y de los principios de mérito y capacidad en el procedimiento de adjudicación de las plazas, sin poder alterar el núcleo material de la decisión técnica[472]. Estos criterios deberían ser aplicables también a las comisiones de reclamación en los procedimientos de acreditación (art. 73.1 LOSU), pero la realidad demuestra que en dichos procedimientos se puede variar dichas decisiones y resolver con carácter positivo las reclamaciones presentadas contra las comisiones de acreditación.

En el sistema actual de acreditación del profesorado funcionarial y contratado en la ANECA y en las agencias autonómicas

---

[472] El sistema de control sobre los concursos de funcionarios fue más cuestionado en el pasado, ya que el antiguo 43.3 LRU fue considerado inconstitucional por estimarse contrario a la autonomía universitaria el control que establecía sobre la resolución de los recursos regulados en los art. 43.1 y 2 LRU. El sistema de recursos se regulaba de manera adecuada a la autonomía de las Universidades en los dos primeros apartados, pero se rompía este sistema sin justificación alguna en el apartado 3° a través de una revisión de lo resuelto por la Comisión que, presidida por el Rector, prevé el apartado 2° con composición estrictamente universitaria. La revisión de esta decisión por el Consejo de Universidades, que era un órgano no estrictamente universitario, suponía una subordinación contraria a la autonomía universitaria. La exigencia que el art. 41.1 de la LRU imponía a la resolución de todos los concursos y el control jurisdiccional a que dichas resoluciones quedaban sometidas, eran garantías suficientes que no precisaban la revisión administrativa y extrauniversitaria que establece este precepto y que representan una excepción no justificada de lo dispuesto en el art. 22 LRU (STC 26/1987 FJ 12 (TOL79.735).

aparecen en este sentido algunos elementos críticos, ya que las comisiones de acreditación no son de carácter técnico, sino multidisciplinar, al no tomar como referencia las áreas de conocimiento[473], sino comisiones de expertos a partir de divisiones del conocimiento sin especializaciones[474], que es la tendencia que se pretende imponer con los ámbitos de conocimiento. En este sentido, las motivaciones de estas comisiones podrían ser controladas en relación al fondo material, ya que los criterios deberían ser objetivos y referenciados no numéricamente, sino sobre el expediente concreto presentado, que forma parte del conjunto de nuevas garantías que se han incluido como mejora

---

473 Las áreas de conocimiento, base sobre la que se ha estructura el PDI universitario, tanto funcionarial como contratado, siguen siendo un elemento útil en el contexto universitario, ya que deben constar en la relación de puestos de trabajo y permiten la constitución de departamentos y la convocatoria de plazas funcionariales de los CDU y contratadas indefinidas a partir de un catálogo elaborado por el Gobierno (art. 64.4 LOSU). Sin embargo, las áreas no se tienen en cuenta para temas importantes como las acreditaciones de profesorado por la ANECA o las agencias autonómicas o para la determinación de los sexenios de investigación o de los quinquenios de docencia del PDI funcionario. En cualquier caso, los últimos proyectos de RD, aún no aprobados, se dirigen a determinar ámbitos de conocimiento a efectos de ordenación y acreditación del PDI, pero son más genéricos y no tan concretos y específicos como las áreas de conocimiento.

474 Un estudio completo sobre sistemas de selección y crítica al procedimiento de acreditación en DOMÉNECH PASCUAL, G., "Jugarse la piel. Cómo seleccionar al profesorado universitario", *Anuario de la Facultad de Derecho de la Universidad Autónoma de Madrid*, 2020, núm. 24, p. 347-373. Asimismo, GUILLÉN NAVARRO, N. A., "Análisis jurídico y estado actual de los procesos de acreditación a catedrático/a y profesor/a titular de universidad", *Revista de administración pública*, 2022, núm. 217, p. 241-268; AYMERICH CANO, C., "Selección y promoción del profesorado de las universidades públicas", *op. cit.*, p. 465 y ss., especialmente sobre el procedimiento de acreditación, p. 474-486.

del procedimiento de acreditación (art. 69.2 LOSU). Teóricamente se debería exigir conocimientos concretos y específicos de la Comisión (no genéricos) para evaluar dicho expediente con toda su intensidad, cuestión que no siempre podrá abordar el ámbito de conocimiento genérico. La LOSU permite que la ANECA acuerde por convenio el desarrollo de la evaluación de méritos y competencias por parte de las Agencias de Calidad de las Comunidades Autónomas que lo soliciten (art. 69 LOSU). Este precepto que permite una colaboración interadministrativa no supone una alteración de la titularidad de la competencia, por lo que se ha optado por no descentralizar la competencia ejecutiva y supeditar su contenido y ejercicio a convenios bilaterales que acuerde puntualmente la ANECA[475]. En todo caso, dicha cooperación no supondría en ningún supuesto una delegación definitiva de la competencia.

El alcance del control judicial en el contencioso de los procedimientos de selección del PDI, o incluso de los de acreditación (art. 73.3 LOU), no es extenso por la aplicación de la teoría de la discrecionalidad técnica, ya que el juicio técnico recae sobre conceptos indeterminados como mérito y capacidad, sin que el órgano judicial pueda realizar un control pleno sobre el mismo, sino que se trata de un control limitado, negativo y no sustitutivo. Se trata de un control judicial que no puede consistir en un control sobre el fondo y con la obligación de limitarse a un control mínimo que excluye la fiscalización del juicio técnico, pero en ocasiones se permite la verificación de la razonabilidad y ponderación de los criterios utilizados, corrigiendo los errores manifiestos o evidentes de apreciación[476]. Estos criterios deberían ser aplicables tanto al PDI funcionario

---

475 AMOEDO-SOUTO, C.-A., "Del personal docente e investigador funcionario", *op. cit.*, p. 405-406.

476 Vid. DESDENTADO DAROCA, E., *Los problemas del control judicial de la discrecionalidad técnica*, Civitas, Madrid, 1997

como contratado, pero la jurisdicción laboral aplica criterios normativos que pueden ser diferentes y que favorecen que puedan ser declarados como personal indefinido a personas contratadas temporalmente de forma sucesiva o modifican las resoluciones de las comisiones introduciendo controles positivos y sustitutivos.

En todo caso, se debería permitir que en el control judicial se consideren criterios más cualitativos que cuantitativos sobre las decisiones de las comisiones técnicas, ya que no se pueden volver a evaluar los méritos admitidos a los concursantes, salvo que se pruebe una desviación de poder o arbitrariedad, pero sí que se acepta el control de la coherencia interna de la valoración de la comisión sobre los criterios que se han fijado o un control de conformidad a Derecho de los criterios de valoración establecidos por las comisiones. En la actualidad, la discusión también llega al control de la motivación, ya que no siempre se admite en los tribunales[477]. En cualquier caso, el control de la arbitrariedad de las decisiones de las comisiones de selección o incluso de acreditación parece relevante e importante, se debe centrar en el núcleo material de la decisión y los elementos reglados (no en la apreciación técnica) y debe alcanzar incluso la decisión de no provisión, nombrar candidatos idóneos entre los presentados a las Comisiones de reclamación o adoptar decisiones judiciales que puedan dar plena satisfacción a los principios de mérito y capacidad.

Evidentemente, una parte importante de que el sistema actual de selección pueda ser calificado de endogámico o que el sistema de acreditación se critique por la ausencia de un control, tanto en vía administrativa como en vía contenciosa, en el que la efectividad de una revisión puede producir los efectos deseados. Al considerarse todas las decisiones como técnicas,

---

477 DESDENTADO DAROCA, E., "La selección del profesorado universitario", *op. cit.*, p. 445

ni las decisiones de las comisiones de reclamación, ni la de los tribunales de lo contencioso, pueden tener un alcance que no sea meramente negativo y no sustitutivo, con independencia del caso concreto que en ocasiones puede requerir un alcance distinto y más efectivo.

10.4.- LOS PRINCIPIOS APLICABLES AL PDI EN UN SERVICIO PÚBLICO

La existencia de un sistema universitario nacional organizado sobre la base de cuerpos de profesores docentes funcionarios únicos, es decir, una vuelta atrás sin PDI contratado, tal como había implantado la LRU, no tiene virtualidad, ni excesivas consecuencias en la actualidad ante la excesiva rigidez del sistema en una realidad universitaria cambiante, pues introduce una restricción legislativa que afecta a la selección de profesorado contratado, que por definición también es personal propio de cada universidad, ya que dicho PDI no se integra en ningún sistema general, ni de índole nacional ni de nivel autonómico[478], aunque lo cierto es que cuenta con una incidencia importante tanto en la legislación laboral de carácter estatal, como de las competencias ejecutivas laborales y normativas universitarias de carácter autonómico que pueden llegar a definir las distintas categorías contractuales laborales universitarias.

La limitación legislativa del contenido esencial del derecho fundamental a la autonomía universitaria en el proceso de selección del personal docente se puede justificar

---

[478] STC 87/2014 FJ 8 (TOL4.373.236). En cualquier caso, se aplican las reglas básicas de distribución de competencias en materia de funcionarios, vid. ORTEGA, L., "Régimen del personal docente e investigador", *op. cit.*, p. 379 y ss.

constitucionalmente por resultar necesaria para garantizar el derecho a acceder a la docencia en condiciones de igualdad proclamado en el art. 23.2 CE y, en una formulación más genérica, en el art. 14 CE, pero no es por tratarse de profesorado contratado laboral, pues parece claro que debe garantizarse que el acceso a puestos de trabajo de carácter público, aunque no sean de carácter funcionarial, ha de tener lugar en condiciones de igualdad, que tendría apoyo también en el propio art. 14 CE[479].

La razón de introducir restricciones o condiciones legislativas sobre el personal docente contratado reside en que el respeto a aquellos derechos está garantizado para toda clase de concursos al que, cualquiera que sea el sistema que adopten, han de atenerse las Universidades para la resolución de estos, con las garantías jurisdiccionales que de dicha normativa puedan derivarse[480]. Este razonamiento que permanece porque el art. 86.1 LOSU se refiere al PDI laboral y prevé en su apartado primero para todo tipo de concursos, que la selección se efectuará con respeto a los principios constitucionales de igualdad, mérito, capacidad, publicidad y concurrencia[481].

En consecuencia, una vuelta atrás para que solo exista PDI funcionario en las Universidades públicas no es una necesidad constitucional derivada del derecho fundamental a la autonomía universitaria, sino que es indiferente que exista un PDI laboral y que el sistema actual es coherente y respetuoso con los principios aplicables al PDI en un servicio público universitario, incluso se podría tender a un sistema con PDI laboral única y exclusivamente.

479 STC 38/2007 FJ 9 (TOL1.038.222)

480 STC 26/1987 FJ 12 5c (TOL79.735)

481 Vid. STC 87/2014 FJ 8 (TOL4.373.236)

La conceptuación como derecho fundamental con que se configura la autonomía universitaria no excluye las limitaciones que puede introducir el legislador estatal o autonómico propias del servicio público tal como establece el art. 2.1 LOSU, al disponer que la Universidad realiza el servicio público de la educación superior mediante la investigación, la docencia y la transferencia de conocimientos, por lo que se debe determinar si la restricción legislativa a la autonomía universitaria obedece a alguna de las exigencias organizativas o funcionales de la educación superior como servicio público, que puede tener una incidencia directa tanto para el personal docente funcionario como laboral. En todo caso, la consideración como servicio público se puede considerar como un criterio de ponderación con importancia prioritaria para determinar el régimen de personal docente funcionario y laboral de las Universidades y que normalmente se puede definir a través de las competencias normativas estatales, ya que las competencias autonómicas son en todo caso de desarrollo normativo, pero muy restringidas, o de control de la gestión que realizan las Universidades por la vía de la financiación.

En todo caso, a efectos de este último aspecto de financiación universitaria es importante utilizar en el cálculo de la transferencia que realiza el Estado a las CCAA por el PDI funcionario como el de las transferencias que realiza las CCAA a las Universidades públicas para PDI laboral y retribuciones adicionales, las relaciones del puesto de trabajo del PDI funcionario en las distintas Universidades públicas. Sin embargo, tal como se ha advertido la previsión normativa de las relaciones de puesto de trabajo del profesorado, a pesar de la obligación de su aprobación anual y la posibilidad de su modificación, no dejan de ser un mito en cuanto a su establecimiento concreto y específico, ya que son difíciles de encontrar en muchas de las Universidades públicas. Aunque se afirma su existencia, no siempre se pueden consultar o por lo menos interesa que no se vean, lo que dificulta la actualización real de los puestos de trabajo desempeñados en el interior de la Universidad por el profesorado, a pesar de que sea necesarios listados de PDI actualizados a efectos de estructuración de las transferencias públicas financieras de carácter estatal y autonómico. En cualquier caso, el art. 74 EBEP prevé la existencia de instrumentos de carácter organizativo y con reglas de modificación más sencillas y menos rígidas (distintos de las relaciones de puesto de trabajo), a las que se puede deducir que se han acogido la mayoría de las Universidades, aunque tan flexibles que tampoco se muestra a menudo dichos listados de plazas docente de PDI funcionario, pero en este caso los listados existen para concretar sus necesarios efectos remuneratorios.

Nuestra realidad demuestra que tanto interesa a las CCAA como a las Universidades un cierto grado de nebulosa en esta información para poder recibir más financiación destinada a PDI del Estado o de la Comunidad Autónoma respectivamente y poder mejorar y repartir en el interior de los respectivos sistemas sin tener que dar excesivas cuentas a los interlocutores. Las CCAA no desean justificar al Estado las plazas de PDI funcionario que en realidad se tienen para su utilización como PDI laboral y las Universidades no quieren justificar a la Comunidad Autónoma para poder intercambiar con mayor libertad dichas plazas según las necesidades o intereses de los Departamentos o incluso para disminuir las plazas de los funcionarios mucho más costosas y que permiten contratar o infracontratar laboralmente a mucho personal docente, menos costoso y que cubre mucha más docencia representando un menor coste global. En cualquier caso, la mejora del servicio público universitario debe iniciarse con una clarificación de la información necesaria sobre la base de datos y criterios objetivos para la toma de decisiones.

10.5.- EL RÉGIMEN JURÍDICO DEL PDI FUNCIONARIO

En relación con la distribución de competencias en materia de PDI funcionario de las universidades, se debe insistir en que el art. 68.2 LOSU, sin perjuicio de su conexión con el art. 149.1.30 CE, permite deducir que el título competencial prevalente que el Estado puede esgrimir para dictar esta regulación es el contenido en el art. 149.1.18 CE (bases del régimen estatutario de los funcionarios públicos). Los funcionarios, catedráticos y profesores titulares de universidad y de escuela universitaria (como categorías a extinguir), no son empleados públicos de las Comunidades Autónomas ya que, en términos positivos, pertenecen a cuerpos de ámbito estatal, con independencia de la Universidad concreta a la que pertenezcan, lo que les permite una movilidad geográfica completa dentro de ellos[482], aunque muy restringida en la actualidad por los concursos restringidos al personal de la propia Universidad y limitada en la práctica real de las Universidades más interesadas en el personal propio que en el externo a la misma. Los miembros de dicho cuerpo son funcionarios inicialmente de la Universidad por la que son nombrados, pero pertenecen a la vez a un cuerpo interuniversitario de ámbito nacional. En consecuencia, el Estado puede regular, sin distinción de bases y desarrollo, el estatuto de los funcionarios docentes universitarios, pertenecientes a los CDU, con el límite, claro está, de la autonomía universitaria (art. 27.10 CE)[483]. Por tal razón,

---

482 STC 26/1987 FJ 12 (TOL79.735) y STC 146/1989 FJ 2 (TOL81.595)

483 STC 235/1991 FJ 2 (TOL81.914), citada a su vez en la STC 131/1996 FJ 7 (TOL83.064). Tal como se ha anticipado, los antiguos art. 35, 36, 37 y 38 LRU regularon la composición de las Comisiones a las que correspondía resolver los concursos para la provisión de plazas de Profesores titulares y Catedráticos en las Escuelas Universitarias (arts. 35 y 36) y en las Universidades (arts. 37 y 38). Se preveía que integraran esas Comisiones cinco profesores «del área de conocimiento a la que corresponda la plaza», de los cuales dos (el

presidente y un vocal) eran nombrados «por la Universidad correspondiente en la forma que prevean sus Estatutos», y los tres vocales restantes «serán designados mediante sorteo por el Consejo de Universidades y según el procedimiento que reglamentariamente establezca el Gobierno». La determinación del «área de conocimiento» podría corresponder a las respectivas Universidades en virtud de su autonomía, ya que ni en los artículos relacionados, ni en otros de la LRU se establecía de forma expresa el concepto de áreas de conocimiento ni tampoco a quién correspondía la competencia para su determinación. Pero en estos casos el área de conocimiento era un presupuesto para la formación de las Comisiones que habían de resolver los concursos de acceso a los Cuerpos docentes universitarios y para éstos se había optado por el sistema funcionarial (art. 33 LRU), de forma que no podía tacharse de inconstitucional su regulación por el Estado en virtud de lo dispuesto en el art. 149.1.18 CE. La designación de los profesores integrantes de las Comisiones que habían de resolver los concursos se hacía con referencia al «área de conocimiento a la que corresponda la plaza», por lo que tenía que darse una homogeneidad real entre el objeto de conocimiento que servía de base para la configuración de las áreas y las plazas a las que correspondía el concurso. Esta homogeneidad entre áreas de conocimiento y plazas del concurso había de darse necesariamente para que la «competencia científica» de los miembros de las Comisiones a que expresamente aludía el art. 41.2 LRU estuviera referida a los conocimientos propios que correspondan a las plazas objeto de este. La composición de las Comisiones y el procedimiento tenían carácter básico, dado que eran nacionales los Cuerpos de funcionarios docentes previstos en el art. 33 LRU, ya que no eran «funcionarios de la Comunidad Autónoma o de su Administración Local», y si bien inicialmente eran funcionarios de la Universidad para la que eran nombrados, ello no impedía su traslado a otras Universidades mediante los concursos de méritos regulados por la ley, y esta condición de funcionarios interuniversitarios, o «comunicables» entre las diferentes Universidades, lo que justificaba la aplicación al caso de las competencias exclusivas del Estado del art. 149.1.1.ª y del 149.1.18.ª CE (STC 26/1987 FJ 12 (TOL79.735). Estas reglas se han modificado sustancialmente en el sistema actual, ya que corresponde a las Universidades determinar la composición de

el Tribunal Constitucional afirma que el desarrollo de las bases del régimen funcionarial, al que pertenece el régimen de dedicación del profesorado universitario, no corresponde a la Comunidad Autónoma[484]. No obstante, se debe recordar que el art. 172.2.e EAC y los demás preceptos estatutarios asimilados, consideran que se trata de una competencia compartida, correspondiendo en este sentido al menos competencias ejecutivas a las CCAA en dicha materia.

Uno de los aspectos importantes del régimen jurídico del PDI funcionario[485], dejando al margen la necesidad de aprobar de una vez el Estatuto de Personal Docente o Investigador (Disposición final décima LOSU), consiste en la determinación de la dedicación y carga lectiva del profesorado funcionario universitario. El régimen de dedicación del PDI funcionario se encuentra regulado en el art. 75 LOSU, estableciendo que sea a tiempo completo o parcial, siendo esta dedicación en ambos casos compatible con la realización de trabajos científicos, tecnológicos, humanísticos o artísticos, en los términos del art. 60

---

las Comisiones que pueden tener un menor número de miembros y la importancia de las áreas de conocimiento sigue disminuyendo, ya que solo se utiliza en la actualidad a efectos de convocatorias de concursos, más o menos como se ha descrito, modificando los criterios de convocatoria de los concursos. Como hemos visto la LOSU ha introducido el criterio de que la composición de las comisiones de selección tenga una mayoría de miembros externos a la Universidad (art. 71.1.b LOSU).

484 STC 235/1991 FJ 4 (TOL81.914). Esta doctrina ha sido reiterada y aplicada por la STC 176/2015 FJ 5 (TOL5.440.472), al defender la constitucionalidad del art. 56.2 LOU tras su reforma por la Ley Orgánica 4/2007 (STC 26/2016 FJ 5 (TOL5.676.626).

485 En general, sobre el régimen jurídico del PDI de las universidades públicas con amplias referencias jurisprudenciales sobre los aspectos aquí tratados, MARINA JALVO, B., *El personal docente e investigador de las universidades públicas. Consideraciones sobre su régimen jurídico*, Aranzadi, Cizur Menor, 2023.

LOSU[486]. Este precepto no establece ningún tipo de criterio o porcentaje en su aplicación y ejecución por lo que queda abierto al desarrollo normativo[487]. El RD 898/1985, de 30 de abril, establece los elementos esenciales de la regulación de la dedicación universitaria, que deben ser desarrollados por los Estatutos de la Universidad. No obstante, el art. 77.2 y 3 LOSU establece la competencia autonómica para el régimen del PDI laboral, mientras que para los CDU la competencia se establece por el sistema de fuentes establecido en el art. 68.2 LOSU, aunque el régimen de dedicación del personal laboral se ajustará a lo establecido en el art. 75 LOSU, es decir, similar al sistema del PDI funcionario (art. 77.4 LOSU). Entre estas competencias que se deben desarrollar por el Estado para funcionarios de los CDU, o por las CCAA para el PDI contratado, se incluye la jornada laboral (art. 9.3 RD 898/1985), entre las que se incluye las actividades docentes, de investigación y de gestión, incluidas tutorías y asistencia al alumnado y que el tiempo dedicado a la investigación no sea inferior a un tercio del total (art. 9.9 RD 898/1985). El computo del tiempo docente puede ser semanal o anual (art. 9.8 RD 898/1985), la semanal del profesorado a tiempo completo será de 8 horas lectivas y 6 horas de tutorías (a tiempo parcial entre 3 y 6 horas lectivas semanales–art. 9.4 RD 898/1985). Los departamentos pueden exonerar de la docencia total o parcial a los profesores durante un máximo de un año sin que dé lugar a sustitución, incrementando obligaciones docentes en tres horas semanales al resto de los profesores con dedicación completa. Los regímenes de dedicación se señalan con la preferencia por el

---

486 La dedicación a tiempo completo es condición necesaria para el desempeño de órganos unipersonales de gobierno, con el añadido que no podrán ejercerse simultáneamente más de uno (art. 44.3 LOSU).

487 Vid. ORTEGA, L., "Régimen del personal docente e investigador", *op. cit.*, p. 398

tiempo completo, aunque se permite las modificaciones según las necesidades del servicio y la disponibilidad presupuestaria (art. 9.10 RD 898/1985). Este esquema en base a horas lectivas sigue vigente en cuanto no sea sustituido por el Estatuto de PDI, pero se debe de compaginar con los criterios de cómputo introducidos en la LOSU, que ha abandonado el cómputo en base a los créditos ECTS establecido en el decreto Wert para volver al cómputo de la actividad docente entre un mínimo de 120 y un máximo de 240 horas lectivas (art. 75.2 LOSU), que podrán modular las Universidades.

En relación con la cuestión concreta de la regulación por el Estado de la carga lectiva del profesorado universitario, entre otros aspectos del estatuto funcionarial docente[488], ya se pronunció el Tribunal Constitucional acerca del establecimiento de la carga docente de los profesores universitarios a tiempo completo, que en aquel entonces se concretó en las ocho horas lectivas semanales, más seis de tutorías, previstos en el RD 898/1985. Aunque actualmente se puede articular distintos modelos de implantación en las Universidades, se sigue aplicando el monto concreto de la dedicación que no ha cambiado de momento y se gradúa en tres escalones y no de forma unitaria en las Universidades, por lo que se pueden utilizar los mismos argumentos realizados con anterioridad por el Tribunal Constitucional para determinar las competencias del Estado al regular la jornada laboral del profesor universitario que han de ser mantenidos con plena vigencia[489], siendo, en consecuencia, correcta constitucionalmente su determinación por el Estado.

En relación con la dedicación de los profesores, debe estarse al art. 3.3.j LOSU, que garantiza a las Universidades la capacidad de seleccionar, formar y promover a todo su personal docente

---

488 STC 235/1991 FJ 4 (TOL81.914)

489 STC 26/2016 FJ 5 (TOL5.676.626)

y no docente, así como de determinar las condiciones en que han de desarrollar sus actividades. Concretamente, las actividades del profesorado universitario comprenden tres facetas fundamentales, que son la docencia, la investigación, transferencia de conocimientos y la gestión, pues son las tareas que menciona el art. 69.2 LOSU cuando identifica los aspectos del trabajo del profesorado que son objeto de evaluación, certificación y acreditación. La suma de la dedicación a cada uno de esos quehaceres determina la dedicación laboral global del personal docente y el contenido de su jornada de trabajo. Por tanto, parece claro que la organización y distribución de la dedicación del profesorado (y dentro de ella de sus tareas docentes) forma parte relevante de las condiciones de ejercicio de sus actividades que las Universidades deben gestionar con autonomía, por lo que se puede articular en sus Estatutos o en la normativa de desarrollo interna de los mismos.

La regulación del quantum de la jornada docente del profesorado incide en la determinación de las condiciones de trabajo en la universidad, amparadas por la autonomía universitaria según la LOSU. La parte más visible y externa de ese servicio público son precisamente las clases, teóricas y prácticas, que reciben los estudiantes, pero también la dirección de TFG, TFM y TD, las tutorías respectivas de dichas direcciones y los seminarios realizados. En ese aspecto reside un interés general, que trasciende al de la concreta comunidad universitaria, que habilita al Estado para establecer una regulación. La regulación del quantum general de la dedicación docente del profesor funcionario (fijado en la impartición de 24 créditos ECTS, teóricamente equivalentes al máximo de las 240 horas anuales de actividad docente fijadas en la LOSU y al máximo de 8 horas semanales previstas en el RD 898/1985) no vulnera en su estricto contenido esa libertad académica de las universidades ni de sus profesores, que tiene un carácter mucho más cualitativo que cuantitativo. El objetivo de la regulación estatal es fijar un aspecto esencial de la jornada laboral de unos empleados públicos de ámbito nacional, pero sin condicionar materialmente el sentido u orientación de sus funciones, para las cuales universidades y profesores gozan de verdadera libertad académica. Además, esa dedicación docente general se estratifica en función de la actividad investigadora de cada profesor, que se acredita mediante otro parámetro externo y objetivo, como son los sexenios de investigación reconocidos[490]. En definitiva, la ordenación legislativa del régimen de dedicación docente del profesorado universitario funcionario puede establecer el quantum de la dedicación de esos servidores públicos, dejando su contenido material y su enfoque u orientación en manos de las propias Universidades y de las decisiones que tome el propio profesor afectado, con lo que se respeta el contenido fundamental de su libertad académica[491]. En todo caso, me parece necesario reseñar que la jornada ampliada de 32 créditos ECTS en cada curso previsto en el antiguo art. 68.2 LOU, debe compatibilizarse con el máximo de 8 horas lectivas semanales previsto en el RD 898/1985 y con las 240 horas anuales de la LOSU, de forma que la docencia ampliada no puede recaer en horas lectivas en aula, sino en otro tipo de actividades docentes que deben contabilizarse en la dedicación académica como la dirección de TFG o TFM u otro tipo de actividades adicionales como seminarios o tutorías en aula. En cualquier caso, este tema parece que se ha suprimido, ya que el art. 75.3 LOSU establece un máximo de 240 horas de actividad docente en cómputo anual, abandonando los 32 créditos ECTS del Decreto Wert a pesar de que algunas universidades mantienen dicho parámetro en su normativa interna. Por otra

---

490 Como es sabido en el contexto universitario, el denominado sexenio es un complemento retributivo de productividad ligado a la producción científica acreditada, realizada en periodos de evaluación de seis años, previsto en el art. 2.4 del Real Decreto 1086/1989, de 28 de agosto, sobre retribuciones del profesorado universitario.

491 STC 26/2016 FJ 8 (TOL5.676.626)

parte, en este quantum de la jornada docente tan solo se cuantifica las horas externas y visibles, no las horas de preparación de la docencia o las horas de trabajo administrativo conectado a la docencia (tutorías de prácticas y supervisión de trabajos, realización de los correspondientes informes, programación y confección de guías docentes, preparación de clases prácticas y seminarios, uso docente de correo electrónico y de los capos virtuales para actividades docentes, actividades de evaluación y corrección de pruebas y prácticas, participación en los tribunales de TFG, TFM y TD) que cada vez son más numerosas superando incluso las horas externas y visibles.

En relación con el régimen jurídico del PDI funcionario, un tema importante hace referencia al traslado y movilidad del profesorado de las Universidades públicas. El Tribunal Constitucional ha afirmado que no es lo mismo el ingreso en uno de los Cuerpos de funcionarios docentes universitarios (CDU) que el traslado dentro de la misma categoría (Catedrático o Profesor titular) a una plaza de otra Universidad[492]. Las razones por las cuales en nuestro sistema una Universidad no puede nombrar por sí misma funcionarios docentes que tienen carácter interuniversitario, ya que es un procedimiento que requiere en la actualidad dos fases diferenciadas, una de acreditación y otra de selección, que no se plantean cuando se trata de cubrir una vacante en una Universidad entre quienes ya son funcionarios docentes del mismo Cuerpo a que corresponda la plaza, ya que se refiere exclusivamente a una de las fases, la de selección, que corresponde a cada Universidad individualmente considerada. La autonomía universitaria supone, en principio, libertad para la selección de su personal docente e investigador y, por tanto, libertad para determinar el sistema

492 Tema distinto es el referido al reingreso de excedentes voluntarios al servicio activo, ya que el art. 74 LOSU prevé dicha posibilidad que se realizará en los términos previstos en el EBEP.

general de designación de las Comisiones que han de juzgar la provisión de las plazas. La limitación de esta libertad no puede establecerse como regla general, sino exclusivamente cuando la impongan exigencias inexcusables del sistema funcionarial, que en materia de PDI universitario se centra en la fase de acreditación. El sistema funcionarial no se opone a la regulación por cada Universidad de la provisión de vacantes de Catedráticos o Profesores titulares entre quienes tengan ya esta condición, debido a que el respeto al derecho fundamental establecido en el art. 23.2 CE o el principio de igualdad consagrado en el art. 14 CE, no requiere necesariamente, a diferencia de lo que ocurre cuando se trata del ingreso o acreditación en los citados Cuerpos, de una regulación unitaria que en razón de su carácter interuniversitario impone el acceso a los mismos[493]. En consecuencia, en virtud de la autonomía universitaria, tampoco es constitucional que el legislador haya establecido un sistema de concursos en el que el profesor que ha solicitado la excedencia tenga que acreditar su capacitación actual para el ejercicio de la función que está llamado a desempeñar, como consecuencia de su reincorporación a un ámbito tan trascendente como lo es el del saber científico y su enseñanza[494]. En este sentido, es la propia Universidad la que ha de determinar que procedimiento de selección ha de utilizar para el PDI que ya ha accedido al CDU. En consecuencia, el art. 72 LOSU regula algunas reglas

---

493 STC 26/1987 FJ 12 (TOL79.735). De forma que el antiguo art. 39.3 LRU en el párrafo que establecía que «en tales supuestos, las Comisiones se constituirán de igual forma a la dispuesta para la provisión de plazas correspondientes en los artículos anteriores» fue considerado como contrario a la Constitución, pero no en todo lo demás dispuesto en el mismo precepto, por el carácter de imposición forzosa de la misma a las Universidades, excluyendo su capacidad reguladora al respecto, que implicaba que podía regular y decidir el procedimiento de selección de su PDI de acuerdo a sus propios criterios.

494 STC 82/1994 FJ 4 (TOL82.490)

específicas como que solo pueden concursar los profesores que hayan desempeñado durante dos años una plaza de CDU y la obligación de permanecer en el puesto obtenido de dos años antes de volver a concursar, aunque estas plazas no suponen ingreso de personal nuevo en las Universidades, ni computan a efectos de la Oferta de Empleo Público de la Universidad.

Otro de los temas de régimen jurídico de PDI funcionario en el que se ha centrado la jurisprudencia del Tribunal Constitucional hace referencia a que sucede con el profesorado en las readscripciones universitarias. La readscripción de centros de una Universidad a otra Universidad distinta trae como consecuencia que la relación funcionarial y estatutaria, que vincula a los Profesores que prestan sus servicios en esos centros con la Universidad a la que pertenecen antes de la readscripción, se sustituya por otra relación de idéntica naturaleza con la Universidad a la cual esos centros se adscriben, pero técnicamente dicha sustitución no puede realizarse sin la voluntad de los Profesores afectados por ella. Sin embargo, este argumento sólo sería aplicable por el PDI funcionario afectado, ya que la incidencia sólo puede referirse al interés personal de cada Profesor que, en su caso, podrá defender, según su voluntad, los derechos que a tal efecto les concedan la Constitución y el ordenamiento jurídico. En consecuencia, la pérdida de Profesores que se produce por la segregación de los centros en los que prestan sus servicios y su correlativa incorporación a otra Universidad no es, en sí misma considerada lesiva de la autonomía universitaria[495], entendida como derecho fundamental vinculado a la dimensión organizativa de la libertad académica. Cualquier derecho que se quiera proteger del PDI funcionario debe ser instigado en su protección por cada funcionario individual y no por la Universidad como institución, sobre todo en el caso de la que se ve perjudicada por la readscripción de los centros.

---

495 STC 106/1990 FJ 7 (TOL81.794)

Finalmente, el régimen de retribuciones del PDI funcionario se fija en el art. 76 LOSU que establece en el párrafo 1° la atribución competencial al Gobierno estatal, con posibilidad de retribuciones adicionales basadas en la dedicación docente y la actividad investigadora fundamentalmente (art. 76.2 LOSU), igual posibilidad de establecer retribuciones adicionales reconocida a las CCAA (art. 76.3 LOSU) y sometimiento de dichos complementos retributivos a la evaluación de un órgano externo (Aneca o agencia autonómica), así como la posibilidad de que las Universidades establezcan retribuciones adicionales ligadas a méritos individuales negociadas con la parte social y transparentes (art. 76.4 LOSU), y se debe destacar que permanece en vigor el RD 1086/1989, de 28 de agosto, sobre retribuciones de profesorado universitario.

En materia de retribución, el Tribunal Constitucional se pronunció sobre el antiguo art. 46.1 LRU disponía que «el Gobierno establecerá el régimen retributivo del profesorado universitario, que tendrá carácter uniforme en todas las Universidades», de modo que, si el art. 33 LRU establecía el régimen funcionarial del profesorado, la uniformidad retributiva que respecto de ese personal se determina no es más que una consecuencia del sistema por el que había optado la ley. Las peculiaridades del profesorado universitario como funcionarios docentes interuniversitarios o comunicables entre las diferentes Universidades es precisamente lo que justifica la uniformidad de su régimen retributivo que establece este precepto[496].

---

[496] STC 26/1987 FJ 12 (TOL79.735). En cualquier caso, no se infringe el principio de igualdad del art. 14 CE, por no realizar la misma determinación para el Personal de Administración y Servicios, ya que no se da en este personal el carácter interuniversitario que concurre en los Cuerpos Docentes, de modo no tendría sentido extender la previsión de uniformidad a funcionarios en que no concurre la peculiaridad que lo justifica.

En resumen, mientras no se apruebe el Estatuto del PDI (art. 75.4 y Disposición final décima LOSU) que puede clarificar algunos de los aspectos del régimen jurídico del PDI funcionario, fundamentalmente es una competencia estatal su estructuración normativa, con una escasa incidencia de las CCAA en el régimen funcionarial y que se debe ejecutar y gestionar por la propia Universidad que ve muy restringida en su autonomía universitaria por la dependencia financiera ejercida por las CCAA que pueden limitar decisiones concretas en materia de PDI funcionario.

10.6.- EL RÉGIMEN JURÍDICO DEL PDI LABORAL

El sistema del PDI laboral contratado se podría caracterizar originariamente por la remisión normativa a la competencia autonómica que puede chocar con la competencia estatal exclusiva de legislación laboral (art. 149.1.7 CE) y en el ámbito propio de la negociación colectiva como forma de regulación de la relación laboral de los PDI, pero lo cierto es que la LOSU ha clarificado el régimen al establecer que las modalidades de contratación serán las previstas en la LOSU, con la posibilidad de contratar con financiación interna o externa a personal investigador en los términos de la LCTI, pero también por el Estatuto de los Trabajadores, por los convenios aplicables y el EBEP (art. 77.2 LOSU). En todo caso, las CCAA tienen la competencia para regular las materias remitidas por la LOSU y las que les corresponda en el ámbito de sus competencias (art. 77.3 LOSU). La normativa autonómica de carácter universitario ha regulado numerosas figuras contractuales, dejando para los posteriores convenios colectivos temas como las condiciones de empleo, las retribuciones o los mecanismos de evaluación. Ambos instrumentos, normativa autonómica y regulación de las condiciones propias de la negociación colectiva, pueden desbordar las competencias estatales y el derecho fundamental a la negociación colectiva, pero también el derecho fundamental a la autonomía universitaria, ya que en realidad para el PDI laboral el interlocutor social-empresarial no debería ser la administración autonómica, sino la Universidad que es el empleador. En este, como en otras materias del ámbito universitario, el reconocimiento de unas competencias autonómicas choca frontalmente con la ejecución y gestión de las condiciones de trabajo del PDI laboral que debería corresponder a las Universidades en base a un derecho fundamental a la autonomía universitaria que comprende la autonomía organizativa sobre su propio personal. En general, la posible inconstitucionalidad del sistema tanto por la regulación concreta como por el exceso de la misma desbordando la autonomía universitaria, se pudo ver reflejada en el recurso de inconstitucionalidad presentado ante el Tribunal Constitucional a través de la impugnación de la Llei d'Universitats de Catalunya, con figuras contractuales que iban más allá de las previsiones de la LOU, pero fruto de pactos de legislatura dicho recurso se retiró por el Gobierno y no se obtuvo una declaración sobre el alcance competencias en este complejo ámbito[497].

El art. 77.1 LOSU parece claro en la delimitación de la capacidad de las CCAA el desarrollar el régimen del PDI y las modalidades contractuales[498], ya que expresamente se indica

---

497 En cualquier caso, tal como se ha visto con anterioridad, el TC reconoció la constitucionalidad del Plan Serra Hunter con amplias competencias autonómicas, en materia de determinación y uso de la tasa de reposición, nombramiento de las comisiones de selección, acreditaciones necesarias y lengua de desarrollo de las pruebas de selección (STC 141/2018 (TOL6.978.680).

498 Sobre el PDI laboral, vid. MALDONADO MONTOYA, J. P., *El contrato de trabajo del profesor de universidad*, Civitas/Thomson, Madrid, 2008; SEMPERE, A. V., *El personal docente e investigador (PDI) laboral de los centros universitarios*, Laborum, Murcia, 2006, 2ª ed.; AGUILERA

que solo se pueden realizar en los términos de la presente ley, es decir, dentro de las modalidades previstas en la LOSU, que

IZQUIERDO, R., "El régimen del personal docente e investigador contratado por las Universidades públicas de Madrid", *REDT*, 2003, núm. 118, p. 563-581; DEL REY, S.-MARTÍNEZ, D., "El régimen jurídico del personal docente e investigador no funcionario tras la nueva legislación universitaria", *Relaciones Laborales*, 2008, núm. 2, p. 469-522; MORENO GENE, J., "La contratación laboral del personal docente e investigador en el proyecto de ley orgánica del sistema universitario ¿el fin de la cultura de la temporalidad en las universidades públicas?", *Temas laborales: Revista andaluza de trabajo y bienestar social*, 2022, núm. 165, p. 47-85; MORENO GENE, J., "La contratación laboral del personal docente e investigador en la Ley Orgánica del sistema universitario", *Revista General de Derecho del Trabajo y de la Seguridad Social*, 2023, núm. 65; VALVERDE ASENCIO, A. J., "El personal docente e investigador laboral", en HORGUÉ BAENA, C. (dir.), *La nueva ordenación de las universidades. Estudios sobre la ley orgánica 2/2023 del sistema universitario*, Iustel, Madrid, 2023, p. 419 y ss. Sobre personal investigador contratado, vid. MORENO GENE, J., *La actividad investigadora y la contratación laboral: una constante relación de desencuentros*, Tirant lo blanch, Valencia, 2005; MORENO GENE, J., "Una primera aproximación a la contratación del personal investigador tras la reforma de la Ley de la Ciencia", *Revista General de Derecho del Trabajo y de la Seguridad Social*, 2022, núm. 63; MORENO GENE, J., "La nueva regulación de los contratos laborales específicos del personal investigador", *Revista española de derecho del trabajo*, 2023, núm. 260, p. 65-110. Sobre personal docente en formación, vid. CRISTOBAL RONCERO, R., *El estatuto jurídico del personal investigador en formación*, Civitas/Thomson, Madrid, 2008; MORENO GENE, J., *El estatuto del personal investigador predoctoral en formación: aspectos jurídico-laborales y de seguridad social*, Atelier, Barcelona, 2020. Sobre las diferencias de tratamiento en este tipo de personal por CCAA, vid. GABRIEL CARRANZA, G., "La contratación predoctoral por las Comunidades Autónomas y las universidades públicas españolas", en AAVV, *La precariedad en la universidad española. Un estudio en primera persona*, coord. por Miguel Ángel Andrés Llamas, Alberto Macho Carro; Andrés Iván Dueñas Castrillo (dir.), Fundación Manuel Giménez Abad, Zaragoza, 2022, p. 93-114

se debe insistir en el sentido de que es norma delimitadora y atributiva de competencias en este ámbito. En general, se puede considerar que las figuras contractuales del PDI se fijan normativamente por las CCAA y no a través de la negociación colectiva[499], motivado en una desconfianza de la administración autonómica, pero también de las propias autoridades universitarias en la acción sindical[500]. En cualquier caso, los convenios colectivos de alcance autonómico son distintos y con sus propias reglas y regulaciones específicas como la separación de los colectivos laborales de PDI y PTGAS, la separación de personal funcionario y laboral con derechos y obligaciones diferentes, lo que reviste una complejidad de categorías y realidades sin capacidad de adopción de decisiones globales[501], a pesar de que se intentan equiparar en derechos y obligaciones a los diferentes colectivos en la práctica, no dejan de ser supuestos de igualdad en la diferencia que se abordan normativamente por las CCAA.

La jurisprudencia del Tribunal Constitucional en relación con la distribución de competencias en materia de personal docente laboral tiene en cuenta que en los términos de la LOSU y en el marco de sus competencias, las Comunidades Autónomas establecerán el régimen del PDI laboral en las Universidades (art. 77.3 LOSU), lo cual es coherente con que tengan

---

499 BAYLOS, A., "El personal docente e investigador contratado en régimen laboral", en AAVV, *Comentarios a la Ley Orgánica de Universidades,* Civitas, Madrid, 2009, p. 474.

500 Este hecho no ha impedido que se hayan firmado convenios colectivos de las Universidades en las distintas CCAA, en ocasiones separados PDI y PAS, en otras mediante un instrumento común aplicable a todo el personal contratado y laboral de la Universidad, sin distinciones. A título de ejemplo, el convenio colectivo de las universidades de Catalunya – DOGC 14 de febrero de 2007.

501 BAYLOS, A., "El personal docente e investigador contratado en régimen laboral", *op. cit.*, p. 474

ciertas competencias en la organización del servicio público de enseñanza universitaria, por lo que la autonomía universitaria exige, por principio, que el proceso de contratación del personal docente corresponda a las universidades, pero que no impide eventuales limitaciones que, sin afectar al principio, puedan preverse en la legislación de las Comunidades Autónomas en atención a la mejor satisfacción del servicio público de enseñanza universitaria cuya organización en gran parte tienen encomendada[502]. Del régimen legal aplicable, conformado por la LOSU y la Ley autonómica, resulta que será la universidad la encargada de acordar la convocatoria de una determinada plaza, de establecer las bases reguladoras conforme a las que se adjudicará la misma y de designar a los profesores que integren el ámbito dentro del cual se verificará el sorteo público que arrojará los concretos miembros de la comisión de selección. La normativa legal vigente prevé la participación de la Universidad en la selección del profesorado contratado y que la contempla con una extensión que es suficiente para que pueda gestionar directamente sus intereses en la materia y el precepto cuestionado se explica plenamente por la configuración de la enseñanza superior como servicio público[503].

En cualquier caso, las competencias autonómicas en materia de personal docente contratado no puede implicar una modificación de la competencia del art. 149.1.7 CE a favor del Estado en materia de legislación laboral, ya que no puede poseer la Comunidad Autónoma competencias en materia de desarrollo normativo laboral, sino simplemente de ejecución[504], aunque

---

502 Sobre las competencias autonómicas en materia de profesorado, vid. ORTEGA, L., "Régimen del personal docente e investigador", *op. cit.*, p. 392 y ss.

503 STC 87/2014 FJ 9 (TOL4.373.236)

504 NOGUEIRA LÓPEZ, A., "Distribución de competencias y organización administrativa en materia de universidades", *op. cit.*, p. 141

un cierto grado de orientación al incluir la correspondiente potestad reglamentaria y los convenios colectivos autonómicos para personal docente contratado se permite a las Comunidades Autónomas y a las propias Universidades.

La LOSU ha optado por una equiparación entre PDI laboral permanente con el PDI funcionario con igualdad de derechos y deberes de carácter académico y categorías comparables. Entre las categorías de profesor permanente laboral se han desarrollado autonómicamente dos modelos, uno considerado como vía paralela a la funcionarial con un desarrollo independiente de la carrera profesional, pero con un sistema de acceso, condiciones y funciones similares a las que realiza el PDI funcionario[505]. Este modelo se puede considerar como una vía preparatoria para la eliminación en el sistema del carácter funcionarial del PDI universitario, dada la inexistencia de diferencias entre los regímenes no se requerirá tanta estabilidad y permanencia en los puestos de trabajo como refleja el status funcionarial del PDI. El segundo modelo, ya mencionado con anterioridad, no es un sistema duplicado o alternativo a la vía funcionarial del PDI, sino que es subalterno o sucesivo en las fases en el que el PDI laboral indefinido es una vía preparatoria de acceso a plazas funcionariales, en concreto al CDU de profesores titulares de Universidad (Andalucía o Extremadura). Este modelo es más acorde con el planteamiento global de la LOSU y es el que facilitará que mientras siga subsistiendo en un gran número de CCAA la vía funcionarial del PDI como la

---

[505] Este modelo se sigue en casi todas las Universidades públicas y con diferentes categorías de profesor laboral, aunque solo en Cataluña y en el País Vasco se ha dificultado en la práctica el traspaso de estos colectivos a la categoría funcionarial, fundamentalmente impidiendo la convocatoria de plazas de profesor titular o condicionándolas a requisitos de difícil cumplimiento por personas ajenas a la Comunidad Autónoma (por ejemplo, realizar la docencia exclusivamente en lengua vasca).

principal, será difícil que se adopte un modelo de eliminación de este colectivo, a pesar de la voluntad no oculta existente en algunas CCAA. En cualquier caso, no entramos a analizar las distintas figuras contractuales con sus propias problemáticas[506], sino que nos centramos en la problemática que representan las figuras contractuales permanentes e indefinidas para el contexto del PDI laboral, que no representa más dificultades en la actualidad que su previsión normativa en la LOSU y en la ley autonómica universitaria, pero una vez permitida su gestión y ejecución corresponde a la Universidad que debe aplicar dicha normativa en base a su autonomía.

A pesar de que no se ha realizado el control de constitucionalidad sobre el alcance de las competencias autonómicas en materia de PDI laboral, sí que se han realizado algunos pronunciamientos por parte del Tribunal Constitucional con relación a algunos aspectos concretos, algunos referidos a la LRU[507]. En este sentido, con anterioridad se había pronunciado el TC sobre los límites en la contratación de Profesores Asociados y Visitantes, así como la necesaria autorización por la Comunidad Autónoma de los costes del PDI funcionario y laboral. Estos límites se consideran correctos para mantener el sistema básico del PDI previsto en la Ley, ya que la contratación de otro personal docente sin límite lo pudiera desvirtuar. No

---

[506] Vid. BAYLOS, A., "El personal docente e investigador contratado en régimen laboral", *op. cit.*, p. 477-493. Más recientemente, VALVERDE ASENCIO, A. J., "El personal docente e investigador laboral", *op. cit.*, p. 443-464, con u amplio análisis del Profesorado Ayudante Doctor, Permanente Laboral, Asociado, Sustituto, Emérito, Visitante y distinguido, así como los Profesores Vinculados y el régimen transitorio.

[507] Sobre la evolución histórica de los sistemas de contratación del PDI en las Universidades españolas, vid. BAYLOS, A., "El personal docente e investigador contratado en régimen laboral", *op. cit.*, p. 461-472.

podía excluirse que las Universidades en uso de su autonomía realizaran la contratación en la forma que estimasen más conveniente a la función docente que ha de desempeñar este personal, ya que el gasto que originaba el personal laboral habría de tenerse en cuenta, naturalmente, en el número y condiciones de su contratación, pero la acomodación del gasto a los ingresos presupuestarios era una facultad de gestión que correspondía a la Universidad dentro de los límites del presupuesto que resultara aprobado con arreglo al citado precepto[508]. Este limbo entre contratación y partida financiera fue uno de los problemas tradicionales que se planteó sobre el PDI laboral que en la práctica funcionaba sin excesivas restricciones y favoreció decisiones de la Universidad sin excesivo control hasta la introducción de la LOSU, sobre todo a partir de la reforma del 2007. Al tratarse de un problema del pasado no se debe extraer excesivas conclusiones para la situación actual, aunque los abusos de estas figuras contractuales han sido amplios[509].

También en relación con la LRU se adoptaron pronunciamientos sobre la duración de los contratos del PDI laboral. En este sentido, el Tribunal Constitucional se pronunció sobre el antiguo art. 34.1 LRU que establecía los plazos máximos de

---

508 STC 26/1987 FJ 13 (TOL79.735), en relación con la contratación permanente de profesorado asociado de nacionalidad extranjera.

509 Vid. MORENO GENE, J., "Usos y abusos del recurso a las figuras de Profesores Ayudantes y Visitantes por parte de las universidades públicas", en AAVV, *La precariedad en la universidad española. Un estudio en primera persona, op. cit.*, p. 135-154. Sobre la problemática del profesor asociado, vid. MORENO GENE, J., "Los efectos jurídico-laborales de la contratación irregular de los profesores asociados de universidad: A propósito de la sentencia del tribunal supremo de 22 de junio de 2017", *Revista de información laboral*, 2017, núm. 11, p. 123-151; ANDRÉS LLAMAS, M. Á., "El profesorado asociado: entre el fraude de ley y la precariedad más absoluta", en AAVV, *La precariedad en la universidad española. Un estudio en primera persona, op. cit.*, p. 217-234

duración de los contratos de los ayudantes y limitación de sus prórrogas, pero no podía admitirse que los límites impuestos a la duración de estos contratos excedieran de las normas básicas por excesivamente reglamentista. La actividad de los ayudantes estaba orientada a completar su formación científica y dicha finalidad, que era primordial en ellos, estaba sometida a la temporalidad que impone su propia naturaleza. El hecho de que puedan colaborar en la enseñanza era también parte de aquella formación y, como tal, no desvirtuaba la naturaleza temporal de su permanencia en la Universidad[510]. En este caso, modificando los oportunos criterios normativos, la jurisprudencia se puede mantener en la actualidad ya que los planteamientos son similares, ya que el art. 78 LOSU establece dicha duración en seis años, con una evaluación orientativa en mitad de contrato.

Finalmente, se debe destacar que, en materia de PDI laboral, se ha introducido la exigencia de la previa acreditación, tanto a nivel estatal como autonómico, aplicable a la categoría de profesor permanente laboral, constituyendo una competencia normativa autonómica (art. 85.1 LOSU)[511]. Se discutió si la exigencia de evaluación positiva por parte de la ANECA o de las agencias autonómicas, por entender que dicha exigencia, en cuanto proviene de un órgano externo a la universidad condiciona de forma incompatible con la autonomía universitaria la decisión de las universidades y resulta desproporcionada e innecesaria para los fines relativos a asegurar la calidad del profesorado, ya que se consideraba que dicha acreditación era un veto administrativo contrario

---

510 STC 26/1987 FJ 12 (TOL79.735).

511 Sobre el régimen de acceso y procedimientos de acreditación y selección. Vid. VALVERDE ASENCIO, A. J., "El personal docente e investigador laboral", *op. cit.*, p. 438-443.

a la autonomía universitaria[512]. No obstante, la obtención del informe favorable debe deslindarse del proceso propiamente de contratación del profesorado, así como de los requisitos de idoneidad (titulación requerida y evaluación favorable), ya que sería equivalente a la distinción entre acreditación y selección con relación al PDI funcionario. La promoción de la calidad docente e investigadora figura entre los objetivos de la política universitaria, de modo que una de las maneras de cumplir los objetivos legales es la evaluación. Entre las funciones que se encomiendan por la Ley a la ANECA o a las agencias análogas de las Comunidades Autónomas se encuentra la evaluación de la actividad y dedicación docente y de la actividad y dedicación investigadora como un criterio relevante para determinar la eficiencia en el desarrollo de la actividad profesional (arts. 33.3 y 40.3 LOU). Con estos presupuestos, no puede deducirse que la exigencia de una evaluación positiva por parte del órgano que legalmente tiene atribuida esta potestad sea innecesaria y desproporcionada para asegurar la calidad del profesorado, ya que se vincula a las condiciones que se deben cumplir por ser PDI laboral de las Universidades. Desde el punto de vista de la autonomía universitaria constitucionalmente garantizada, pero legalmente configurada, la ley orgánica ha puesto especial atención, una vez determinados los requisitos de idoneidad, en atribuir estrictamente el proceso de contratación del personal docente a las universidades de acuerdo con los principios generales establecidos en la misma, sin que se pueda considerar que vulnera la autonomía universitaria[513]. En consecuencias, la exigencia de una previa acreditación de determinadas figuras del PDI laboral universitario no es contrario a la Constitución en los términos diseñados por la LOSU en la actualidad que

512 STC 131/2013 FJ 9 (TOL3.785.911)

513 STC 131/2013 FJ 9 (TOL3.785.911)

determina la competencia de la ANECA o de la agencia autonómica como órgano de control externo de dicha actividad.

Por último, no se puede dejar de mencionar la existencia de una doble categoría entre el profesorado permanente laboral en algunas Comunidades Autónomas (en Cataluña se diferencia entre profesores agregados y catedráticos laborales). En este sentido, será una tendencia de los convenios que se firmarán entre las agencias de calidad en materia de acreditación la desaparición de la doble categoría, debido a que los profesores permanentes laborales acreditados a catedráticos de universidad se podrán presentar directamente a plazas de catedrático de universidad de los CDU.

10.7.- EL PERSONAL DOCENTE DE UNIVERSIDADES PRIVADAS

Finalmente, se va a tratar brevemente, aunque no afecta al diseño del PDI de las Universidades públicas, la regulación del PDI de las Universidades privadas que se establece en el art. 99 LOSU, precepto de carácter orgánico, en el que no pueden incidir las CCAA, cuyas reglas más importantes se fijan en el párrafo 3 que exige que el porcentaje del profesorado de las Universidades privadas que deberá ser doctor que será idéntico al de las públicas (que no se fija, pero debe ser igual al porcentaje de los CDU más permanentes laborales y ayudantes doctor, es decir, más del 92%, excluyendo a los contratados laborales, a los que no se exige la titulación de doctor) y de este porcentaje, el 60% deberá estar acreditado en la ANECA o por agencia autonómica análoga, computándose a dichos efectos todo el profesorado a tiempo completo.

En este contexto, se debe analizar las líneas generales de la jurisprudencia del Tribunal Constitucional en materia de profesorado de Universidades privadas, que se basaban en anteriores redacciones del precepto en las que no era posible extraer comparaciones entre los profesorados de universidades públicas y privadas en cuanto no se establecía en relación con los doctores mínimo alguno, tan solo se indicaba que el total del personal docente e investigador no podía exceder del 49 por 100 del total, sin que de ello pudiera derivarse que el restante 51 por 100 hubiera de ostentar la condición de doctor[514]. En este sentido, el inicial art. 72.2 LOU, relativo al profesorado de las universidades privadas, establece que al menos el veinticinco por ciento del total del profesorado deberá estar en posesión del Título de Doctor, pero el art. 48.1 LOU disponía, en la redacción inicial del párrafo segundo, que el número total del personal docente e investigador contratado no podrá superar el cuarenta y nueve por ciento del total del personal docente e investigador de la Universidad, extrayéndose a partir de dicho contraste, que la exigencia legal de profesorado doctor es arbitrariamente inferior en las universidades privadas con respecto de las públicas, lo que podría traducirse en una desigualdad o discriminación en términos comparados. Sin embargo, tras la reforma del art. 48.1 LOU no establece una regulación para las universidades privadas, sino que exige que el 51 por 100 del profesorado habrá de tener la consideración de doctor, cuando la norma establece los porcentajes entre profesorado funcionario y contratado de universidades públicas que como cifras no pueden trasladarse a las universidades privadas. Las eventuales diferencias en el número de doctores responden, en su caso, a que ambos tipos de universidades son situaciones jurídicas diferentes, sin que se pueda establecer un término de comparación homogéneo y adecuado. El art. 48.1 LOU no fijaba ninguna ratio mínima de profesorado doctor en las universidades públicas, sino que lo que hace es determinar que, en éstas, el porcentaje de profesores contratados no puede

514 STC 131/2013 FJ 9 (TOL3.785.911)

exceder del 49 por 100 del total. Sin embargo, no se puede deducir a contrario sensu que en las universidades públicas el 51 por 100 del personal docente e investigador ha de poseer la condición de doctor. De acuerdo con las previsiones de la LOU, no todos los profesores funcionarios deban hallarse en la posesión del título de doctor para acceder a tal condición, pues tal exigencia no se predica de los profesores titulares de escuela universitaria (art. 58.1 LOU), ni a todo el personal docente e investigador contratado de las universidades públicas le es exigible la condición de doctor, por cuanto, entre dicho tipo de profesores, la LOU introdujo la categoría de profesor contratado doctor (art. 52 LOU)[515]. En cualquier caso, el Tribunal Constitucional no valora que los profesores funcionarios de Escuela Universitaria son categorías para extinguir.

En la actualidad, se debe insistir en la idea de que la LOSU ha exigido en las Universidades públicas que el PDI funcionario, que debe ser Doctor necesariamente, sea mayoritario (más del 50%) y otro porcentaje del 8% como máximo de profesorado con contrato laboral temporal que no tienen la obligación de tener el título de doctor, pero además el profesorado permanente laboral y ayudantes doctor deben necesariamente estar en posesión del título de doctor. Aunque no se fija en la LOSU el porcentaje de profesorado doctor en las Universidades públicas, este puede alcanzar hasta el 92%, lo cual seguramente es una cifra muy elevada para ser cumplida por las Universidades privadas que deben equiparse en cuanto al porcentaje de doctores de las universidades públicas, sobre todo si además el 60% del profesorado debe tener la acreditación positiva de la ANECA o de las agencias autonómicas.

---

515 STC 223/2012 FJ 13 (TOL2.713.895); STC 131/2013 FJ 9 (TOL3.785.911); STC 159/2013 FJ 7 (TOL3.973.300)

10.8.- LA DISTRIBUCIÓN DE COMPETENCIAS EN MATERIA DE PERSONAL TÉCNICO, DE GESTIÓN, DE ADMINISTRACIÓN Y SERVICIOS (PTGAS)

La distribución de competencias en materia de PTGAS es menos compleja, ya que la incidencia competencial es mínima o nula en el caso del Estado por lo que se limita los posibles conflictos al papel desarrollado por la Comunidad Autónoma con relación a un personal que se integra en su administración, pero que presta sus funciones en las Universidades. Las competencias de la Universidad en materia de PTGAS se centran en la selección, formación y promoción, así como la determinación de las condiciones en que han de desarrollar sus actividades (art. 3.2.j LOSU), establecimiento y modificación de sus relaciones de puesto de trabajo (art. 3.2.k LOSU), establecimiento del régimen retributivo del personal funcionario y laboral dentro de los límites que establezcan las CCAA (art. 93.1 y 2 LOSU), creación de escalas de personal propio (art. 90.1 LOSU), provisión de puestos de trabajo del PTGAS (art. 92 LOSU) y participación del PTGAS en órganos de gobierno y representación de las Universidades (art. 89.5 LOSU).

En la mayoría de estos aspectos no se va a entrar a analizar en concreto, ya que escapan a los objetivos de esta obra. La evolución del PTGAS de la universidad pública española, durante la última década, se ha caracterizado por un suave descenso de los efectivos, con un incremento del personal funcionario y un descenso del contratado laboral; una leve mejora de la cualificación profesional, con un incremento del 3% en la participación de los puestos de trabajo que requieren educación superior; un envejecimiento de la edad media de los trabajadores, que ha progresado 7 años en sólo una década (2008 a 2018); y una mayor presencia de la mujer en los empleados universitarios, más intensa en los grupos que requieren titulación superior[516].

En relación con su PTGAS[517], las Universidades pueden crear escalas de personal propio conforme a la legislación general de función pública, proceder a su selección mediante las correspondientes pruebas de acceso según establezcan los estatutos en el marco de la legislación aplicable y de acuerdo con los principios de igualdad, mérito y capacidad, así como contratar personal laboral y establecer el régimen retributivo del personal funcionario, dentro de los límites máximos que determine la Comunidad Autónoma y en el marco de las bases que dicte el Estado[518]. Los Estatutos de la Universidad establecen también

---

516 Vid. PÉREZ-GARCÍA, J. A.- HERNÁNDEZ ARMENTEROS, J., "La política de recursos humanos en las universidades: el personal de administración y servicios", en AAVV, *Lecturas de política y gestión universitarias, op. cit.*, p. 297

517 Esta normativa reguladora del PTGAS en la LOSU no se aplica al PTGAS de Universidades privadas, al que solo se refiere de modo marginal la LOSU en relación con su participación en los órganos de gobierno de las Universidades privadas (art. 95.4 LOSU) y tampoco se aplica al personal de servicios de las fundaciones universitarias de las Universidades públicas (art. 63 LOSU), que se someten a las disposiciones generales de la legislación laboral.

518 Sobre el PTGAS, vid. CASTILLO BLANCO, F. A., "El Estatuto Básico del Empleado Público y el régimen de personal al servicio de las Universidades públicas", en AAVV, *Comentarios a la Ley Orgánica de Universidades*, Civitas, Madrid, 2009, p. 311 y ss.; GÓMARA HERNÁNDEZ, J. L., "Personal de Administración y Servicios de las Universidades públicas", en AAVV, *Comentarios a la Ley Orgánica de Universidades*, Civitas, Madrid, 2009, p. 555 y ss.; RODRÍGUEZ-PIÑERO ROYO, M., "Del personal técnico, de gestión y de administración y servicios de las universidades públicas", en HORGUÉ BAENA, C. (dir.), *La nueva ordenación de las universidades. Estudios sobre la ley orgánica 2/2023 del sistema universitario*, Iustel, Madrid, 2023, p. 499 y ss. Asimismo, sobre distribución de competencias en materia de PTGAS, vid. GAVARA

las normas que aseguren la provisión de vacantes, así como las relativas al perfeccionamiento y promoción profesional del personal, de acuerdo con los principios de publicidad, igualdad, mérito y capacidad. Los Estatutos concretan, finalmente, la participación del personal de administración y servicios en los órganos de gobierno y representación. De especial importancia es el establecimiento de los correspondientes planes de formación y de la carrera profesional de este personal (art. 90 y 94 LOSU). En este particular aspecto, la autonomía universitaria se proyecta potencialmente con fuerza sobre la autoorganización y el funcionamiento de su administración y, por tanto, sobre la gestión en orden a la consecución de sus objetivos y fines conforme a la estrategia que cada universidad pueda definir[519].

En cuanto a este tipo de personal, también se puede diferenciar distintas categorías, ya que en principio existe un PTGAS funcionario, un PTGAS contratado laboral por la Universidad y un PTGAS perteneciente a otras Administraciones Públicas que suelen ser la Administración autonómica o local. Dejando al margen la posible articulación funcionarial por ley estatal o autonómica, lo normal es que se fije en las relaciones de puesto de trabajo (que en el caso de los PTGAS si se suelen aprobar por las Universidades públicas de forma expresa, a diferencia de lo que se sucede con el PDI al que se recurre a instrumentos de carácter más flexible) o en los convenios colectivos, quedando fuera de la regulación de la

---

DE CARA, J. C., "La distribución de competencias en materia de Universidades en la jurisprudencia del Tribunal Constitucional y la complejidad de su estructuración", *op. cit.*, p. 228 y ss.

519 CÁMARA VILLAR, G., "La autonomía universitaria en España hoy, entre el mito y la realidad", *op. cit.*, p. 103

LOSU la existencia de personal eventual o del personal directivo de las Universidades públicas, previsto en el EBEP[520].

En general, los Estatutos de Autonomía han atribuido a las Comunidades Autónomas la competencia exclusiva sobre régimen estatutario de los funcionarios públicos de la Comunidad, respetando los derechos y obligaciones esenciales que la legislación básica del Estado reconozca a los funcionarios públicos. Los arts. 87-94 LOSU se pueden incardinar sin dificultad, tanto por su contenido como por su densidad normativa, en la regulación de los derechos y obligaciones esenciales de los funcionarios públicos que compete el legislador estatal, pues se refieren, respectivamente, a la condición estatutaria o laboral del PTGAS de las universidades públicas, a su retribución, a su selección y a la provisión de plazas. Los derechos esenciales de los funcionarios públicos que desarrollan los preceptos impugnados son los de retribución, de acceso a la función pública y de movilidad. Dichos preceptos no se limitan a regular situaciones jurídicas caracterizadoras del propio modelo de régimen estatutario de los funcionarios[521], y que, por razón de un eventual exceso a este respecto, la regulación estatal no desplegaría efecto limitativo con relación al ejercicio de la competencia que en la materia ostenta la Comunidad Autónoma. Como ha señalado el Tribunal Constitucional, es contrario al principio de conservación de las normas entender que una norma rebasa el ámbito propio de competencia de quien la dicta si nada se dice en ella sobre el particular y nada se alega, además, sobre acto alguno que pueda justificar tal interpretación[522].

---

520 Sobre la definición y la regulación del PTGAS, RODRÍGUEZ-PIÑERO ROYO, M., "Del personal técnico, de gestión y de administración y servicios de las universidades públicas", *op. cit.*, p. 501-503 y p. 503-507

521 STC 140/1990 FJ 4 (TOL338.823)

522 STC 176/1999 FJ 4 (TOL81.218)

El art. 89.3 LOSU señala que el personal funcionario de administración y servicios se regirá por la presente ley y sus disposiciones de desarrollo, por la legislación general de funcionarios, y por las disposiciones de desarrollo de ésta que elaboren las Comunidades Autónomas, y por los Estatutos de su Universidad. Nada impide entender que una eventual regulación autonómica sobre el régimen estatutario del PTGAS será una disposición de desarrollo de la legislación general de funcionarios, de aplicación preferente en la Comunidad Autónoma siempre que respete los derechos y obligaciones esenciales de los funcionarios públicos establecidos por la legislación básica del Estado[523]. Así debe entenderse el art. 93.2 LOSU, que establece que las Universidades establecerán el régimen retributivo del personal funcionario, dentro de los límites máximos que determine la Comunidad Autónoma y en el marco de las bases que dicte el Estado.

En general, al PTGAS se le aplica la legislación laboral en gran medida, con algunas especialidades introducidas en la legislación universitaria y de empleo público de las CCAA, además de las normas que se deban integrar en el título competencial de carácter estatal de legislación laboral (art. 149.1.7 CE), así como en las normas de los correspondientes convenios colectivos del personal de las Universidades públicas (en los términos previstos en el art. 7 EBEP). Las leyes de universidades o de empleo público de las CCAA no pueden regular la relación

---

523 En este sentido, se aplicarían los títulos competenciales estatales previstos en los art. 149.1.18 y 149.1.7 CE. Vid. CASTILLO BLANCO, F. A., "El Estatuto Básico del Empleado Público y el régimen de personal al servicio de las Universidades públicas", *op. cit.*, p. 333. Sobre el régimen jurídico aplicable al PTGAS, vid. CASTILLO BLANCO, F. A., "El Estatuto Básico del Empleado Público y el régimen de personal al servicio de las Universidades públicas", *op. cit.*, p. 434 y ss.; GÓMARA HERNÁNDEZ, J. L., "Personal de Administración y Servicios de las Universidades públicas", *op. cit.*, p. 558 y ss., en especial p. 568 y ss.

laboral al estar reservada al Estado, pero si introducir normas sobre aspectos no sustantivos o no propios de la relación laboral de empleo público[524].

En los próximos tiempos ya que es innecesario el carácter uniforme del PTGAS debido a que interesa una singularización en cada una de las Universidades para dar respuesta a sus necesidades, cada vez será más necesaria por una parte una laboralización de todo el personal y una mayor capacidad normativa de las Comunidades Autónomas para permitir dar una respuesta individualizada[525], pero, al mismo tiempo, una mayor autonomía para el establecimiento de escalas propias de personal en las Universidades, que deberán adecuarse a la legislación sobre empleo pública aplicable, así como permitir que las Universidades puedan utilizar su autonomía para una mejor adecuación del personal eventual y sobre todo del personal directivo de la Universidad, si es que finalmente se opta por una tendencia a un modelo profesionalizador de la Universidad[526]. En cualquier caso, la complejidad se basará en una relación entre Comunidad Autónoma y Universidad[527].

---

524 Vid. CASTILLO BLANCO, F. A., "El Estatuto Básico del Empleado Público y el régimen de personal al servicio de las Universidades públicas", *op. cit.*, p. 346

525 CASTILLO BLANCO, F. A., "El Estatuto Básico del Empleado Público y el régimen de personal al servicio de las Universidades públicas", *op. cit.*, p. 347 y ss. En este sentido, los Estatutos de la Universidad podrían desarrollar el EBEP, vid. GÓMARA HERNÁNDEZ, J. L., "Personal de Administración y Servicios de las Universidades públicas", *op. cit.*, p. 574 y ss.

526 Sobre esta última cuestión, vid. CASTILLO BLANCO, F. A., "El Estatuto Básico del Empleado Público y el régimen de personal al servicio de las Universidades públicas", *op. cit.*, p. 361 y ss.; GÓMARA HERNÁNDEZ, J. L., "Personal de Administración y Servicios de las Universidades públicas", *op. cit.*, p. 565-568

527 En general, sobre el régimen jurídico del PTGAS con indicación del sistema de acceso, la Relación de Puestos de Trabajo, la contratación,

El PTGAS, tras la aprobación del EBEP y de las reformas de los Estatutos de Autonomía, se encuentra en un proceso de plena interiorización autonómica, sometido a la legislación autonómica de empleo público al carecer de potestad legislativa las Universidades, sin que dicha normativa autonómica pueda atender a la singularidad del PTGAS universitario, con numerosos problemas propios como la configuración funcionarial o laboral, la racionalización de cuerpos y escalas, el sistema de carrera, el sistema retributivo, el efectivo funcionamiento de áreas funcionales y la adscripción de puestos de trabajo. Estas son temáticas que son estables y recurrentes carecen de respuestas de carácter general entre la legislación autonómica o estatal cuando se aplica al ámbito universitario. Sin embargo, la problemática es de mayor alcance, ya que las Universidades no tienen capacidad para dar una respuesta concreta de carácter racional debido a que son muchas las presiones de carácter interno o sindicales que impiden una regulación correcta, a lo que se le une unos equipos de gobierno débiles, eventuales y sin preparación adecuada que impiden la adopción de decisiones sostenibles en el tiempo. A estos hechos se pueden añadir temas más concretos como la conciliación de la vida familiar y laboral, medidas de discriminación positiva a favor de la mujer en la carrera administrativa, jornadas flexibles, parciales, partidas, teletrabajo, participación en la definición de objetivos, puestos de trabajo multifuncional, establecimiento de deberes, control de calidad, sistemas de responsabilidad y evaluación del rendimiento y otros muchos temas de carácter concreto difíciles de abordar sin una normativa legislativa clara y de referencia para la propia Universidad. La autonomía universitaria por sí misma no puede determinar un buen servicio público

---

los derechos, la carrera profesional, las retribuciones, la formación, la movilidad y el proceso de estabilización, vid. RODRÍGUEZ-PIÑERO ROYO, M., "Del personal técnico, de gestión y de administración y servicios de las universidades públicas", *op. cit.*, p.507-523.

y cuando se quieran adoptar remedios no habrá tiempo para implementar soluciones, ni respuestas que reflexiones sobre una realidad que requieren cambios profundos y no solo de gobierno que es a lo que frecuentemente se recurre en el sistema universitario.

La tendencia es no aumentar ni reconvertir a las plazas del PTGAS en funcionarios, ya que inmersos en el proceso de laboralización plena del PTGAS en el que carece de sentido adoptar medidas contradictorias. En todo caso, esta tendencia debe ser la creación de escalas propias de personal por cada Universidad, ya que pueden tener más o menos tamaño, exigencias, descentralización, concentración, implantación territorial, factores propios que no pueden quedar reflejados en una ley autonómica de empleo público que incluya unas previsiones concretas de las necesidades básicas de las Universidades en su sistema[528]. Se plantean también otras cuestiones

---

528 Con el objetivo de que las universidades ganen en autonomía de gestión y en eficiencia, el PTGAS debería configurarse como personal contratado de la universidad, en régimen laboral, con el menor sometimiento posible a la regulación del ámbito del sector público y la máxima configuración posible como un trabajador que se debe a las reglas propias de su institución, que deberán negociarse, en ese ámbito, con los representantes de los trabajadores. La captación del PTGAS debería ser completamente abierta a otras universidades y a otras organizaciones, públicas y privadas. La selección se realizaría atendiendo a los requisitos previamente establecidos para cada perfil gestor y a la valoración de un comité profesional experto. La mejora de la categoría personal se debería realizar por acumulación de periodos evaluados positivamente. Las retribuciones deberían ser fijadas autónomamente por la universidad, identificando retribuciones de acceso, de estabilización y de personal permanente y mejoradas por superación de evaluaciones quinquenales, parcialmente consolidables. Vid. PÉREZ-GARCÍA, J. A.- HERNÁNDEZ ARMENTEROS, J., "La política de recursos humanos en las universidades: el personal de administración y servicios", en AAVV, *Lecturas de política y gestión universitarias, op. cit.*, p. 308-309.

como el personal eventual o directivo de las Universidades, o la integración de empleados públicos procedentes de otras administraciones requieren reglas concretas en cada Universidad, se encuentran previstas en la normativa general aplicable, pero no se ha podido desarrollar singularmente por lo que se requiere similares reformas[529].

529 CASTILLO BLANCO, F. A., "El Estatuto Básico del Empleado Público y el régimen de personal al servicio de las Universidades públicas", *op. cit.*, p. 347

Capítulo 11

La financiación de las Universidades y la distribución de competencias con la consecuencia de una autonomía universitaria inoperativa

La financiación de las Universidades públicas se considera el principal punto débil del sistema universitario español atendiendo al escaso porcentaje de PIB que se destina en comparación con otros países de la Unión Europea[530]. Seguramente por este motivo, no se plantea ni artículo doctrinal especializado, ni opinión de política universitaria, que no denuncie la falta de recursos o la desatención financiera por parte del poder público a todo el sistema universitario. A estas reclamaciones se une un debate sobre el grado de financiación privada admisible en las Universidades públicas y otro debate más enconado sobre si son pertinentes ingresos privados en un sistema que se define como público[531]. La crisis económica ha implicado restricciones justificadas en los principios de estabilidad presupuestaria y sostenibilidad financiera que han limitado en la práctica la

---

530 CÁMARA VILLAR, G., "La autonomía universitaria en España hoy, entre el mito y la realidad", *op. cit.*, p. 93

531 En este tema se sigue el análisis de CAPODIFERRO CUBERO, D., "La autonomía económica y financiera de las universidades públicas en España", *op. cit.*, p. 116

autonomía universitaria[532], a través de medidas de pura gestión presupuestaria que han condicionado decisiones de ordenación académica y de determinación de personal, pero también cualquier decisión que conlleve un gasto público por parte de la Universidad, y lo que es incluso más cuestionable, ya que conceptos previstos para el resto del sector público se han trasladado a las Universidades de manera indiferenciada y sin la claridad deseable[533]. La LOSU tampoco ha supuesto unos grandes cambios en comparación con los sistemas anteriores de financiación universitaria, ya que como veremos las novedades son mínimas y sin que se prevea una excesiva eficacia. En este ámbito de financiación universitaria, se debe reexaminar y analizar la distribución de competencias entre los distintos poderes intervinientes (Estado, CCAA y Universidades), ya que el grado de interconexión de la financiación con la gestión y la ejecución de la mayoría de las competencias conectadas a la autonomía universitaria es tan amplia que convierte en irreal cualquier contenido por la vía de restringir el gasto público en el interior de las Universidades públicas.

El art. 3.2.e LOSU establece la autonomía económica y financiera, pero ha desaparecido del contenido de la autonomía universitaria dentro del listado principal a la capacidad para elaborar, aprobar y gestionar el propio presupuesto, es decir, la potestad presupuestaria como competencia para la administración de los propios bienes prevista en el antiguo art. 2.2.h LOU. No obstante, las repercusiones de este cambio son mínimas, ya que responde más bien a un desplazamiento por técnica legislativa, porque, por una parte, en el art. 54.1 LOSU se reitera que las Universidades tendrán autonomía económica

---

[532] VIDAL PRADO, C., *Crisis económica, estabilidad presupuestaria y autonomía financiera de las universidades*, Tecnos, Madrid, 2018, p. 16.

[533] ARIAS RODRÍGUEZ, A., *El régimen económico y financiero de las universidades públicas*, Amarante, Salamanca, 2015, 3ª ed., p. 337.

y financiera, aunque en este caso limita este contenido de autonomía universitaria que se ejerce en los términos de la propia LOSU y de las normas de las CCAA, es decir, se hace referencia a las competencias autonómicas debido a que en materia universitaria se ha realizado una transferencia de gestión a todas las CCAA de todas las cuestiones económicas y financieras, salvo la temática conectada a la investigación científica que como se ha analizado es una competencia concurrente perfecta. Por otra parte, en el art. 54.2 LOSU se recupera el antiguo art. 2.2.h LOU, al establecer que corresponde a las Universidades la elaboración, aprobación y gestión de sus presupuestos y la administración de sus bienes. En definitiva, el reconocimiento de estas capacidades da lugar a incluir en el art. 54.1 LOSU a la autonomía económica y financiera de las Universidades públicas, pero se trata esta autonomía de una potestad de configuración legal, como el resto de las que conforman el contenido esencial de la autonomía universitaria, aunque su especialidad reside en que no queda encomendada en exclusiva al legislador universitario, sino que su contenido se configura por dos bloques normativos[534], uno específico y otro de carácter genérico aplicable a todo el sector público.

El primer bloque afecta a la normativa específica que se aplica a la actuación de los órganos de gobierno de las Universidades públicas en lo que respecta a cuestiones de naturaleza económica o financiera que se regirá por el Capítulo III del Título IX de la LOSU (arts. 53 a 63 LOSU), que establecen normas especiales sobre elaboración y ejecución del propio presupuesto, colaboración con entidades o personas físicas ajenas a la Universidades cuando ello suponga un determinado resultado económico o creación de fundaciones u otras

---

534 Vid. RODRÍGUEZ MARQUEZ, J., "El régimen financiero de las Universidades públicas", en AAVV, *Comentarios a la Ley Orgánica de Universidades*, Civitas, Madrid, 2009, p. 870.

personas jurídicas por parte de la institución[535]. Mediante el Decreto-Ley Wert se incorporaron los criterios de estabilidad presupuestaria y sostenibilidad financiera al régimen jurídico-económico de las Universidades públicas, restringiendo su margen de acción en cuestiones específicas donde antes gozaban de mayor capacidad de decisión autónoma[536]. La LOSU ha optado por dar más importancia a la suficiencia y estabilidad financiera de las Universidades (art. 3.4 LOSU), ya que el principio de intentar alcanzar el 1% del PIB en gasto en educación universitaria pública en 2030 no tiene una garantía efectiva, constituyendo una mera promesa legislativa[537]. En

---

535 CAPODIFERRO CUBERO, D., "La autonomía económica y financiera de las universidades públicas en España", *op. cit.*, p. 119

536 ARIAS RODRÍGUEZ, A., "Estabilidad presupuestaria en universidades: autonomía *versus* sostenibilidad", *Presupuesto y Gasto Público*, 2013, núm.73, p. 216

537 Comparativamente en el ámbito de investigación, la situación de la actividad de I+D en España cuenta con un gasto total que representa apenas el 1,2% del PIB poco más de la mitad de la media en la UE (2%) y con un tejido empresarial que contribuye a este gasto en un 0,7% del PIB, cuando en el conjunto de la UE esta contribución es del 1,4% del PIB. Tras un periodo ininterrumpido de casi quince años de aproximación a los valores medios de la Unión Europea y la OCDE, España retrocedió a partir 2009 en su esfuerzo de gasto en I+D, año en el que alcanzó el valor más elevado de su trayectoria (1,36% s/PIB), para situarse en 2019 en el 1,24% s/PIB. Este cambio de tendencia se produjo casi en su totalidad por la intensa reducción del gasto público en I+D, que, entre 2009 y 2019, se contrajo un 23,6%, mientras que las empresas lo mantenían estable y la aportación de la financiación exterior crecía un 37,2%, aunque representa solo un 8,2% de la financiación total del gasto en I+D. Vid. HERNÁNDEZ ARMENTEROS, J.-PÉREZ-GARCÍA, J. A., "Financiación y eficiencia en el Sistema Universitario Español", en AAVV, *Lecturas de política y gestión universitarias*, *op. cit.*, p. 212. Sobre la financiación universitaria en la OCDE, vid. FERREIRA FERNÁNDEZ, J., "El régimen económico y financiero de las universidades públicas", en HORGUÉ BAENA, C. (dir.),

este ámbito, la autonomía financiera de las Universidades puede ser tan mediatizada por la configuración legislativa, que en situaciones de crisis puede llegar a ser equivalente a una inseguridad jurídica su estabilidad o permanencia hasta el extremo de negar la propia autonomía, tal como está sucediendo en las sucesivas crisis económicas de los últimos 15 años, en las que resultaba muy sencillo restringir transferencias económicas y financieras desde las CCAA a las Universidades públicas, en ocasiones desplazando el déficit público a estas últimas, ya que se enfrentaban a gastos directos de personal y gastos fijos o comprometidos ya realizados[538].

El segundo bloque normativo afecta a la actividad de las Universidades públicas que estará sometida con carácter general a toda la legislación económico-financiera y presupuestaria aplicable al sector público (art. 53.1 LOSU)[539]. Esta normativa tendrá carácter general, actuando como normas especiales las reglas establecidas en la LOU, pero que al ser de contenido mínimo no afecta en gran medida, de forma que la Universidad

---

La nueva ordenación de las universidades. Estudios sobre la ley orgánica 2/2023 del sistema universitario, Iustel, Madrid, 2023, p. 243-244.

538 Tras la crisis de 2008, la universidad vio caer, en el periodo 2010-2016, los recursos económicos de las universidades públicas en 595 millones de euros, más de un 6,4%. Las tasas pagadas por los estudiantes vieron incrementar su peso de un 12,7% de los presupuestos de las universidades en 2010 a un 18,3% en 2016 y la tasa de reposición (prohibición de contratación más allá de la sustitución de las jubilaciones) generó un rápido y preocupante envejecimiento de las plantillas donde los profesores entre 60 y 67 años suponen el 14% de éstas frente al 6,1% que representan los menores de 35 años. Estas medidas de contención del gasto han mantenido las plantillas en los niveles de 2010 generando un proceso de desfuncionarización en las universidades públicas. Los funcionarios representaban en 2017 un 8,2% menos que en 2010.

539 CAPODIFERRO CUBERO, D., "La autonomía económica y financiera de las universidades públicas en España", *op. cit.*, p. 119

va a ver condicionada su actividad económico-financiera en muchos supuestos. Estas normativas pueden ser delimitadoras de modo indirecto de la autonomía financiera universitaria, por lo que se podría deducir que la LOSU y dicha normativa general podrían constituir exclusivamente el marco normativo general de su configuración legislativa. Sin embargo, se debe destacar la existencia de una gran cantidad de normas que inciden de modo más directo o indirecto en el régimen económico-financiero de las Universidades, que permiten llegar a la conclusión de que la autonomía financiera universitaria es más un principio que una realidad. Esta referencia se complementa con las que se contienen en múltiples preceptos que explicitan la aplicación de distintas leyes a las Universidades públicas para cuestiones concretas con pocos o ningún matiz que se derive del hecho de tratarse de instituciones de naturaleza particular dentro del sector público[540]. En general, se

---

540 Entre esta normativa con incidencia en la autonomía financiera universitaria destaca la legislación sobre Patrimonio Histórico Español resulta plenamente vigente en cuanto a la disposición de inmuebles integrados en el mismo por parte de las Universidades públicas (art. 58.3 LOSU). En lo que respecta a sus beneficios fiscales o actividades de interés general, se estará a lo establecido en la Ley 49/2002 (art. 58.6 LOSU). Los derechos de propiedad intelectual e industrial deberán gestionarse conforme a Ley 14/2011, de 1 de junio, de la Ciencia, la Tecnología y la Innovación (art. 58.4 LOSU). El presupuesto, sistema contable y cuentas anuales de las Universidades deberán realizarse conforme a las normas generales sobre presupuesto y contabilidad del sector público (art. 57.8 LOSU), sometiendo el desarrollo, ejecución y control presupuestario a las normas que dicten las Comunidades Autónomas y, supletoriamente, a las de aplicación general del sector público (art. 57.9 LOSU). Finalmente, la creación de empresas, fundaciones u otras personas jurídicas por parte de las Universidades públicas queda sometida a la normativa general, incluyendo la Ley 2/2011, de 4 de marzo, de Economía Sostenible y la Ley 14/2011, de 1 de junio, de la Ciencia, la Tecnología y la Innovación (art. 63 LOSU). Además, las contrata-

puede destacar la existencia de un bloque normativo extenso y heterogéneo en el que inciden múltiples normativas que determinan y configuran la autonomía universitaria de carácter financiero, que se puede afirmar que se pierde en un conjunto de obligaciones con una incidencia, limitación y restricción que ocasionan que el ámbito de decisión de las universidades públicas sea mínimo.

En realidad, estas disposiciones concretan la capacidad de actuación de las Universidades públicas en el ámbito económico-financiero y presupuestario, no son limitativas de su autonomía, sino que constituyen las pautas configuradoras de esta dimensión concreta del derecho al delimitar su contenido de forma estricta y restrictiva[541]. Tal como se ha reiterado en diversas ocasiones, la autonomía universitaria es un derecho cuyo contenido debe ser desarrollado por el legislador determinando y reconociendo a las universidades las facultades precisas que aseguren la libertad académica[542], de forma que si las Universidades estén sometidas a una legislación específica o si cuenten con normas propias de organización (los Estatutos universitarios), no se excluye su vinculación con igual intensidad al conjunto del ordenamiento jurídico[543]. Sin embargo, el resultado de este modelo de legislación derivada y abundante sea el debilitamiento de la autonomía, entendida como elemento diferenciador de las Universidades en relación al resto

---

ciones realizadas por las Universidades públicas, que quedan sometidas al régimen general establecido actualmente por la Ley 9/2017, de 8 de noviembre, de Contratos del Sector Público. Vid. CAPODIFERRO CUBERO, D., "La autonomía económica y financiera de las universidades públicas en España", *op. cit.*, p. 119-120.

541 CAPODIFERRO CUBERO, D., "La autonomía económica y financiera de las universidades públicas en España", *op. cit.*, p. 120

542 STC 106/1990 FJ 6 (TOL81.794).

543 Vid. CAPODIFERRO CUBERO, D., "La autonomía económica y financiera de las universidades públicas en España", *op. cit.*, p. 120-121

de entes o instituciones del sector público, ya que las posiciones y la capacidad de actuación de todos en el plano económico y financiero resulta bastante aproximada, por lo que se puede deducir que la autonomía universitaria no aporta ningún contenido que diferencie a las Universidades de cualquier otro ente del sector público. En consecuencia, se puede afirmar que la autonomía económica y financiera de las Universidades es una potestad con un recorrido particularmente inoperativo y escaso, hasta el punto de poder discutir incluso que merezca recibir esa denominación[544].

El art. 55.1 LOSU establece un principio básico del régimen económico y financiero de las Universidades públicas[545], es decir, la suficiencia financiera para dar cumplimiento a sus funciones y objetivos a pesar de las dificultades de su desarrollo y puesta en práctica como consecuencia del contexto de restricciones presupuestarias[546], y las dificultades de llegar a acuerdos en un sistema político inestable tanto a nivel estatal como autonómico, aunque contradice la obligación de los poderes públicos de garantizar la suficiencia y estabilidad financiera de las Universidades (art. 3.4 LOSU). Por una parte, se afirma la autonomía económica y financiera, en los términos de la LOSU, como un elemento diferenciador con relación al régimen financiero y presupuestario aplicable al sector público, pero al mismo tiempo se remite en el art. 53 LOSU como fuente del régimen económico y financiero de las Universidades a la normativa general financiera y presupuestaria del sector público y las normativas de las CCAA para la

---

544 CAPODIFERRO CUBERO, D., "La autonomía económica y financiera de las universidades públicas en España", *op. cit.*, p. 121.

545 RODRÍGUEZ MÁRQUEZ, J., "El régimen financiero de las Universidades públicas", *op. cit.*, p. 871.

546 VIDAL PRADO, C., *Crisis económica, estabilidad presupuestaria y autonomía financiera de las universidades, op. cit.*, p. 88-89.

elaboración, control y ejecución de los presupuestos. En este sentido, es difícil concluir que la autonomía financiera universitaria en la práctica se refiera solo a las normas especiales contempladas en la LOSU y no en las que componen el régimen general que son aplicables a cualquier ente del sector público, por lo que se puede afirmar que no existen excesivos elementos diferenciadores o autónomos en la financiación universitaria. No obstante, las Universidades públicas deberían beneficiarse de una mayor autonomía financiera por la necesidad de preservar otros derechos (la libertad académica al servicio de la cual se erige la autonomía universitaria), la existencia de un sistema universitario nacional que exige instancias coordinadoras o el carácter de servicio público de la actividad que ejercen normativamente las Universidades (art. 2.1 LOSU)[547]. Estas especialidades no se han reconocido, ni concretado a efectos prácticos a pesar de que se debería tener en cuenta a la hora de fijar el contenido de la autonomía económico-financiera universitaria, incluso como parámetro de control y determinación de su constitucionalidad.

La autonomía económico-financiera se plantea como un conjunto de especialidades respecto del sistema común aplicable al resto de los entes que conforman el sector público, pero no como un régimen jurídico diferenciado. Las particularidades se proyectan básicamente sobre dos cuestiones mencionadas en el art. 54.2 LOSU (la elaboración, aprobación y gestión de sus presupuestos y la administración de sus bienes). En relación con la libertad en la elaboración, aprobación y gestión del propio presupuesto, se trata de una facultad de la que en principio carecen el resto de los componentes del sector público y que sólo se reconoce a determinados entes

---

547 STC 26/1987 FJ 4.a (TOL79.735). Vid. CAPODIFERRO CUBERO, D., "La autonomía económica y financiera de las universidades públicas en España", *op. cit.*, p. 122

de manera específica. El Tribunal Constitucional afirmó con relación al contenido de la autonomía local[548], es decir, en un supuesto de similares consecuencias, que esta potestad significa capacidad para determinar y ordenar los gastos derivados del ejercicio de las propias competencias, bajo la propia responsabilidad, debiendo realizarse mediante un instrumento concreto, en nuestro caso el presupuesto de la Universidad, en los términos del art. 57 LOSU. En este sentido, la autonomía económico-financiera de las Universidades implica el reconocimiento de un criterio definitorio de su proceso de planificación, programación, elaboración de presupuestos, evaluación y, en menor medida, control financiero, entendido todo ello como una actividad compleja cuyo fin es administrar los diferentes ingresos que pueda tener la institución con el fin de dotar a las unidades académicas y administrativas de los fondos necesarios para su eficaz funcionamiento[549]. En cualquier caso, más allá de su dimensión descriptiva, debe entenderse que este principio tiene un contenido mínimo, como una garantía en favor de las Universidades frente a injerencias excesivas o indebidas del poder público que puedan alterar la consecución de las libertades a las que responden la docencia e investigación, injerencias que no deben confundirse con el legítimo y necesario control financiero de la Administración competente[550]. De manera paralela, la autonomía también implica la segunda de las particularidades, es decir, la libertad de la Universidad para administrar los propios fondos y bienes. En relación con estos últimos, la capacidad de la que gozan las Universidades se expresa en el art. 54.2 LOSU como poder de administración y

---

548 STC 109/1998 FJ 10 (TOL527.819).

549 GONZÁLEZ LOPEZ, M. J., *La incidencia de la función financiera en las políticas universitarias*, Universidad de Granada, Granada, 2004, p. 135-136.

550 CÁMARA VILLAR, G., "La autonomía universitaria en España hoy, entre el mito y la realidad", *op. cit.*, p. 94.

no de libre disposición[551], si bien en el art. 58.3 LOSU se establece que la administración y disposición de los bienes, ya sean tanto de dominio público como patrimoniales, se regirán por las normas generales del sector público[552].

No obstante, el tema más relevante reside en determinar si la autonomía económica y financiera de las Universidades implica la garantía de que éstas dispongan de los recursos necesarios para un funcionamiento básico de calidad, lo que se denomina suficiencia financiera, en el sentido de que se articule como un principio instrumental en la relación entre las Administraciones competentes y las Universidades públicas, cuyo cumplimiento condicione la posibilidad real de alcanzar los fines que tienen encomendados, es decir, la autonomía económico-financiera universitaria requiere de la plena disposición de medios financieros para poder ejercer, sin condicionamientos indebidos y en toda su extensión las funciones legalmente encomendadas[553]. En consecuencia, la suficiencia financiera no es propiamente un componente de la autonomía de aquellos entes que la tengan reconocida, de forma que carece de consecuencias jurídicas exigibles, ya que no equivalente a la plena disposición de medios financieros que si se reclama en

---

551 SOUVIRÓN MORENILLA, J. M.-PALENCIA HERREJÓN, F., *La nueva regulación de las Universidades. Comentarios y análisis sistemático de la Ley Orgánica 6/2001, de 21 de diciembre, de Universidades*, Comares, Granada, 2002, p. 546.

552 En particular los preceptos de la Ley 33/2003, de 3 de noviembre, del Patrimonio de las Administraciones Públicas que se apliquen a las Universidades como entes vinculados a las Comunidades Autónomas o que tengan carácter básico. Vid. CAPODIFERRO CUBERO, D., "La configuración legal de la autonomía universitaria en el ordenamiento español", *op. cit.*, p. 43

553 Vid. STC 104/2000 FJ 4, que establece estos principios asentados con relación a la autonomía local como referente y que serían aplicables en la autonomía financiera universitaria como supuesto similar.

la actualidad. En este sentido, en el caso de las Universidades, no se puede afirmar que se identifique la suficiencia financiera con la autonomía constitucionalmente reconocida, ni que agote su contenido en ella[554]. La libertad económica de las Universidades simplemente no es reconocida, ni existe, ni es un presupuesto previo de la autonomía universitaria, ni se puede afirmar la existencia de un principio de responsabilidad estatal sobre el sistema nacional de educación superior, que, aunque necesiten que las estructuras que lo componen sean económicamente viables, lo cierto es que no encuentran condicionamientos jurídicos que permitan su articulación. En consecuencia, la suficiencia financiera debe entenderse como una regla de política general que, junto con los principios de eficiencia y equidad se erige como guía del sistema de financiación universitaria[555], pero opera como una garantía abstracta de la capacidad financiera y económica de las Universidades, condicionada por la naturaleza pública de los ingresos implicados[556].

---

554 SOUVIRÓN MORENILLA, J. M.-PALENCIA HERREJÓN, F., *La nueva regulación de las Universidades, op. cit.*, p. 546.

555 Vid. CARBAJO NOGAL, C., "Financiación y captación de fondos en el ámbito de la educación superior: objetivo prioritario", en CARO MUÑOZ, A. I.-GÓMEZ OTERO, C. (Dirs.), *La reforma del Régimen Jurídico Universitario,* Aranzadi, Cizur Menor, 2015, p. 368-369.

556 La suficiencia es un principio transversal de funcionamiento de las Administraciones públicas establecido en el art. 3 de la Ley 40/2015 que no encuentra reflejo en el plano financiero en la Ley General Presupuestaria, ya que el art. 26.1 omite al enumerar los principios de programación presupuestaria. Por eso es especialmente importante la mención al mismo que hace el art. 3.4 LOSU, aunque sea un enunciado que no ofrece demasiada seguridad jurídica como fundamento de un sistema de financiación estable y suficiente, aunque es preciso definir cuál es el nivel de gasto a partir del que se entiende cumplido, cosa que la Ley con un horizonte del 2030 en el art. 55 LOSU ha fijado en 1% del PIB

En resumen, en nuestro contexto existe una autonomía económico-financiera universitaria, basada en la capacidad de aprobar su presupuesto y administrar sus bienes, pero no en la suficiencia financiera, que precisamente es la cuestión que no encuentra un respaldo jurídico real, ya que se queda en meras declaraciones sin garantía, pero sobre la que recae todas las demandas de las Universidades públicas[557]. En el modelo de financiación del sistema público de educación superior, la suficiencia financiera no puede entenderse como el reconocimiento de plena capacidad decisoria sobre el flujo de los ingresos y el nivel de los gastos, ya que no se garantiza una cifra de ingresos concreta a ninguna Universidad pública[558], aunque hay un conocimiento real de los gastos. En consecuencia, tampoco se les dota de capacidad para fijar la cuantía de los propios ingresos de manera libre, de forma que la suficiencia

---

para la educación en Universidades públicas. Más allá de esto, el principio de suficiencia financiera no se proyecta de una manera fehaciente en las normas relativas a los ingresos de la Universidad, limitándose el art. 56 LOSU a enumerar las posibles estructuras de financiación y las obligaciones que recaen sobre las CCAA y las Universidades en la elaboración de su presupuesto con el fin de cumplir con los fines de una programación plurianual. Vid. CAPODIFERRO CUBERO, D., "La autonomía económica y financiera de las universidades públicas en España", *op. cit.*, p. 124

557 En España, la financiación del gasto universitario es mayoritariamente pública, siguiendo la pauta de los países de la Europa Continental (salvo Países Bajos). En 2017, el gasto público para financiar las instituciones de educación superior fue en España del 0,83% del PIB, frente al 0,95% del PIB de la media OCDE y 0,91% del PIB de la media UE a 23. Esta diferencia supone una insuficiencia de financiación pública de 1.557 millones € y de 1.005 millones €, respectivamente. Vid. HERNÁNDEZ ARMENTEROS, J.-PÉREZ-GARCÍA, J. A., "Financiación y eficiencia en el Sistema Universitario Español", en AAVV, *Lecturas de política y gestión universitarias, op. cit.*, p. 217-218

558 CÁMARA VILLAR, G., "La autonomía universitaria en España hoy, entre el mito y la realidad", *op. cit.*, p. 93-94.

financiera es un mandato de la LOSU (art. 3.4 LOSU) a las Administraciones Públicas indisponible para las Universidades en cuanto a su concreción, pero que carece de consecuencias jurídicas en caso de incumplimiento. La vinculación entre suficiencia y autonomía obligaría a la Administración competente a reconocer a las Universidades cierta capacidad para incidir en la determinación de sus ingresos y a que estos sean calculados sobre bases objetivas relacionadas con los servicios públicos prestados[559], pero dicha concreción no ha sido abordada por los gobiernos estatales o autonómicos, ni se han determinado ni exigencias concretas (salvo el 1% del PIB con horizonte 2030), ni la posibilidad de reclamaciones jurídicas sobre incumplimientos que siempre se determinan en abstracto y sin consecuencias prácticas.

No obstante, y a pesar de las intenciones del legislador de reconocer una autonomía económico-financiera universitaria, en la práctica parece complicado hablar de un reconocimiento real, ya que las Universidades públicas no sólo están sometidas a las decisiones que adopten las Administraciones autonómicas competentes en materia de desarrollo, ejecución y control presupuestario, sino que son absolutamente dependientes de los recursos y subvenciones que las propias CCAA aporten[560],

---

559 RODRÍGUEZ MÁRQUEZ, J., "El régimen financiero de las Universidades públicas", *op. cit.*, p. 874.

560 ARIAS RODRÍGUEZ, A., El régimen económico y financiero de las universidades públicas, op. cit., p. 292-293. en todas las CC.AA. ha retrocedido el esfuerzo de financiación en términos reales. En términos de porcentaje del PIB, en 2018 la reducción media de recursos disponibles en la UU. Públicas Presenciales era de un 14%, respecto a la de 2008. Salvo en La Rioja, Castilla y León y C. Valenciana el retroceso se mantiene en valores superiores al 10% en Extremadura y supera el 20% en C. de Madrid. En 2018, solo C. Valenciana y Andalucía superan un esfuerzo del 1% del PIB, a pesar de ser dos territorios con una renta per cápita de 12 p.p.

ya que sus presupuestos se nutren esencialmente de fondos públicos gestionados autonómicamente que superan el 90% del gasto[561]. En el contexto actual las Universidades públicas españolas no generan ni captan directamente la mayor parte los recursos que emplean en la realización de sus funciones docentes e investigadoras, sino que dependen de las asignaciones presupuestarias que les facilite el poder público que se realiza exclusivamente a nivel autonómico. En cualquier caso, ha sido el poder público, ya fuera estatal en el pasado o autonómico en la actualidad, el encargado de adoptar en un momento dado la decisión de crear las Universidades públicas, de forma que aparece ligado el deber de mantenerlas a través precisamente de esa suficiencia de recursos de modo que no dependan de la coyuntura política o los concretos gobiernos[562], cada vez más inestables y poco duraderos, sin capacidad, ni voluntad política de reformar o modificar la situación financiera de las Universidades públicas[563].

---

y 26 p.p., respectivamente, por debajo de la media española. Vid. HERNÁNDEZ ARMENTEROS, J.-PÉREZ-GARCÍA, J. A., "Financiación y eficiencia en el Sistema Universitario Español", en AAVV, *Lecturas de política y gestión universitarias, op. cit.*, p. 219

561 GUERRERO BONED, S. "Financiación y gobierno de las Universidades públicas", *Revista catalana de dret públic,* 2012, núm. 44, p. 4.

562 CÁMARA VILLAR, G., "La autonomía universitaria en España hoy, entre el mito y la realidad", *op. cit.,* p. 94.

563 Se calcula que la reducción del gasto público en educación superior disminuyó en un 20,1% en el periodo 2008-2020, por lo que se hace necesario el cálculo de los ingresos en porcentaje del PIB (el 1% en horizonte 2030 equiparable a la media de la UE) para dar estabilidad al sistema. En las universidades públicas, en términos monetarios corrientes, desde 2008 hasta 2018, la financiación Estatal se redujo un 19,5%, la Autonómica un 7% y la procedente de Corporaciones Locales un 28,2%. La financiación procedente de las empresas ha retrocedido un 29,3%, por el contrario, la financiación de las familias se incrementó un 43% y la procedente de la U.

Este modelo de financiación ha implicado el establecimiento, por parte de la Administración competente, autonómica principalmente, de fórmulas de control o rendición de cuentas sobre las Universidades en relación al empleo de los fondos, integrándolas dentro de un sistema de planificación y coordinación que permite asegurar de manera efectiva el cumplimiento de sus fines[564], pero al que se ha incorporado una finalidad y unos objetivos de carácter político en interés de la propia Comunidad Autónoma y no de las finalidades de las Universidades como servicio público autónomo.

El art. 3.5 LOSU vincula a la autonomía universitaria, como contrapartida de la misma, la rendición de cuentas a la sociedad del uso de los propios medios y recursos humanos, materiales y económicos, para desarrollar sus actividades mediante una gestión transparente y ofrecer un servicio público de calidad. Las instituciones universitarias no actúan de manera ajena o separada al contexto organizativo y regulatorio que conforma el sistema de educación superior en el que todas se encuadran, ni tampoco son entes aislados de la coyuntura social y política de su entorno. Esta rendición de cuentas se articula a través de instrumentos de control de la actividad económica de las instituciones universitarias, pero lo cierto es que también se ejerce mediante una cierta intervención en su proceso presupuestario a través del establecimiento de reglas particulares y, especialmente, la previsión de ciertos mecanismos que permiten a entes externos a la Universidad participar

---

Europea lo hizo un 54%. En las universidades privadas, los ingresos globales han crecido un 61%, impulsado por los ingresos por servicios docentes a causa de un potente incremento de alumnos matriculados. Vid. HERNÁNDEZ ARMENTEROS, J.-PÉREZ-GARCÍA, J. A., "Financiación y eficiencia en el Sistema Universitario Español", en AAVV, *Lecturas de política y gestión universitarias, op. cit.*, p. 221

564 SOSA WAGNER, F., *El mito de la autonomía universitaria*, Civitas, Madrid, 2004, p. 96.

directa o indirectamente en la elaboración de sus cuentas, de modo que la suma de factores arroja como resultado una capacidad de actuación particularmente restringida[565]. De hecho, tal como se articula en la actualidad la financiación universitaria, la rendición de cuentas no existe como tal y apenas es necesaria, ya que los instrumentos de control se centran en controles a priori ejercidos a través de la determinación de las transferencias que realizan las CCAA[566].

Las Universidades deben también articular sistemas de rendición de cuentas internos, vinculados a sistemas informativos que no se limiten a controles a priori sobre el gasto, sino sobre los impactos que genera dicho gasto en la sociedad. En este sentido, el gasto de las universidades y de sus agentes relacionados genera una serie de impactos directos, indirectos e inducidos sobre los sectores de la economía española. El impacto económico directo se genera por los gastos que se realizan en España atribuibles exclusivamente al desarrollo de las actividades de las universidades por los agentes vinculados a la actividad universitaria (estudiantes, visitantes, asistentes a congresos). El impacto económico indirecto es el impacto económico adicional que se genera tras el impacto directo y se produce cuando

---

565 Vid. CAPODIFERRO CUBERO, D., "La autonomía económica y financiera de las universidades públicas en España", *op. cit.*, p. 126

566 De todos modos, el art. 39 LOSU establece mecanismos de rendición de cuentas reguilados en los Estatutos y la obligación de contar con un portal de transparencia, debiendo garantizar el derecho de acceso a la información. Además de conformidad con el art. 59 LOSU se debe rendir cuentas al órgano de control externo de las CCAA y eventualmente al Tribunal de Cuentas (art. 59.2 LOSU), están sometidas al sistema de auditoria pública autonómica o estatal y deben contar con un sistema de auditoría interna con autonomía funcional (art. 59.3 LOSU) y un sistema de contabilidad analítica (art. 59.4 LOSU), que se debe establecer en un plazo de dos años desde la entrada en vigor de la LOSU (Disposición transitoria segunda LOSU)

los sectores económicos que reciben directamente la demanda compran más bienes y servicios a sus proveedores para atenderla que, a su vez, genera nuevos impactos indirectos sobre otros sectores. El impacto económico inducido es consecuencia de los impactos directos e indirectos ya que generan aumentos en la renta de los factores (salarios pagados a los empleados que han atendido la demanda adicional) y que se traducirán en un aumento del consumo que inicia, otra vez, una nueva cadena de efectos de arrastre conocidos como efecto multiplicador[567]. Las cifras de estos impactos a corto y largo plazo a nivel global son espectaculares[568], por lo que se debería integrar metodologías e instituciones para examinar dichos impactos en cada Universidad en concreto.

En todo caso, esta capacidad financiera restringida de las Universidades no deja de ser un eufemismo para resaltar la ausencia de autonomía económico-financiera universitaria, que en el fondo es más simulada que real, ya que la rendición de

---

567 Sobre estos impactos en el Sistema universitario, vid. ALDÁS MANZANO, J.- PASTOR MONSÁLVEZ, J. M., "La contribución del sistema universitario español a la sociedad como ejercicio de rendición de cuentas", en AAVV, *Lecturas de política y gestión universitarias, op. cit.*, p. 161-185

568 Vid las conclusiones de estudio citado ALDÁS MANZANO, J.- PASTOR MONSÁLVEZ, J. M., "La contribución del sistema universitario español a la sociedad como ejercicio de rendición de cuentas", en AAVV, *Lecturas de política y gestión universitarias, op. cit.*, p. 183-185. A corto plazo destaca que el gasto total de los agentes relacionados con la actividad del Sistema universitario español supone una inyección de demanda en la economía española de 15.991 millones de euros anuales. La actividad productiva propia y asociada derivada de estos gastos supone para España un impacto en la producción de 49.671,2 millones de euros, en la renta de 24.707,1 millones de euros y en la ocupación de 519.860 empleos. Los resultados indican que tiene un impacto importante en la economía española, ya que representa un 2,12% del PIB y el 2,56% del empleo total en España.

cuentas a posteriori unida al control a priori ejercido sobre las transferencias decididas por los responsables políticos autonómicas, que no se someten en este punto a ningún tipo de control estatal a pesar de tratarse en muchos casos de transferencias ordinarias estatales, salvo los controles internos que en las propias CCAA puedan ejercer la oposición, implica unas prácticas constantes de voluntarismo en los gobiernos universitarios y de decisionismo político en los gobiernos autonómicos. Los criterios políticamente utilizados son fácilmente justificables, pero la realidad frecuentemente es discriminatoria. Las CCAA que cuentan con numerosas Universidades públicas pueden introducir diferencias entre dichas Universidades en materia de subvenciones y transferencias que favorezcan por ejemplo a las pequeñas sobre las grandes, a aquellas en las que esté mejor implantado el partido autonómico gobernante que en las que no lo esté, o simplemente no reconocer en el reparto hechos diferenciales entre las distintas Universidades como puede ser la necesidad de mantener un campus universitario propio como herencia que no forma parte de los planes de ordenación urbanística de un municipio, pero que genera una carga de incremento considerable de las necesidades presupuestarias para su mantenimiento, es decir, el simple hecho de integrarse la Universidad en un determinado municipio puede conllevar una gran diferencia de necesidades de financiación.

11.1.- EL SISTEMA DE FINANCIACIÓN DE LAS UNIVERSIDADES PÚBLICAS: UNA COMPETENCIA AUTONÓMICA

El art. 56 LOSU ha supuesto una novedad legislativa al intentar determinar un sistema de financiación universitaria que tenga en cuenta un marco de programación plurianual, que supere la tradicional anualidad de los presupuestos del sector público. El marco presupuestario que tuviera en cuenta el medio plazo era una solicitud de las Universidades públicas debido a las peculiaridades de financiación del sector universitario. En cualquier caso, este sistema de financiación plurianual se debe compaginar con unos presupuestos universitarios de carácter anual. En este sentido, el art. 57.1 LOSU enumera las diferentes fuentes de recursos de los que pueden disponer las Universidades públicas, como aquellas que deben figurar en el estado de ingresos del presupuesto, a las que hay que añadir las previsiones de financiación plurianual a través de los convenios y los contratos-programa, o los programas y proyectos de investigación a desarrollar en varios años. El sistema se basa esencialmente en recursos públicos de naturaleza competitiva[569], enormemente dependientes de las aportaciones procedentes de los presupuestos del Estado o las Comunidades Autónomas y, al contrario de lo que sucede en los países del entorno europeo, con una escasa incidencia de la financiación privada[570], dando lugar a un modelo calificado como insuficiente, ineficiente y falto de equidad[571], que además se ha visto particularmente perjudicado por las restricciones presupuestarias de los últimos tiempos.

El sistema no tiene en cuenta, al menos normativamente, ningún criterio de diferenciación entre Universidades grandes

---

[569] GUERRERO BONED, S. "Financiación y gobierno de las Universidades públicas", *op. cit.*, p. 5. Asimismo, vid. CAPODIFERRO CUBERO, D., "La autonomía económica y financiera de las universidades públicas en España", *op. cit.*, p. 127 y ss. No se van a tratar en estas páginas temas conectados al régimen fiscal de las Universidades, vid. sobre el mismo, vid. GALÁN SÁNCHEZ, R. M., "La fiscalidad de las Universidad española", en AAVV, *Comentarios a la Ley Orgánica de Universidades*, Civitas, Madrid, 2009, p. 915-953

[570] CARBAJO NOGAL, C., "Financiación y captación de fondos en el ámbito de la educación superior: objetivo prioritario", *op. cit.*, p. 388

[571] ARIAS RODRÍGUEZ, A., *El régimen económico y financiero de las universidades públicas, op. cit.*, p. 314.

y pequeñas, Universidades generalistas (con la mayoría de los grados, de las Facultades y las ramas de conocimiento) o especializadas en temáticas y ramas concretas, la existencia de un campus universitario propio y no integrado en el interior de las ciudades y municipios, el mantenimiento de áreas o parques tecnológicos, es decir, múltiples hechos diferenciales de los que se debería dejar constancia en la norma para establecer la dirección que se debe adoptar en el reparto del dinero público, para reconocer y determinar la importancia de todas las Universidades. La dirección actual es lineal lo que permite que se adopten criterios distintos por las Comunidades Autónomas, en muchas ocasiones sin justificación para favorecer el reparto de un dinero público a determinadas Universidades en detrimento de otras, que provoca incluso distorsiones en el consenso que debería existir en el ámbito de la CRUE o incluso regir en las relaciones entre las Universidades de un mismo marco territorial autónomo con los respectivos gobiernos.

Una característica fundamental es la fuerte dependencia del sistema universitario español de la financiación pública mediante transferencia en torno al 80% del conjunto. La capacidad de la Universidad para obtener y captar recursos privados o ajenos es muy limitada, ya que todas las restricciones normativas inciden en que los ingresos propios sean mínimos y lo que es peor en caso de existencia no son transparentes cuando han intervenido fundaciones o institutos de la propia Universidad, pero el art. 63 LOSU intenta clarificar que los presupuestos de estas estructuras se deben integrar dentro de los de las Universidades públicas y respetar las reglas de su régimen económico-financiero.

De todos modos, la primera de las fuentes de ingresos que se mencionan en el art. 57.4.a LOSU son las transferencias anuales directas para sufragar los gastos corrientes y de capital recibidas de las Comunidades Autónomas, que se sitúan como responsables de la financiación estructural de las Universidades en consonancia con el esquema de reparto competencial vigente[572]. Estas transferencias vienen a sustituir las subvenciones globales de las Universidades a las que hacía referencia la LRU, como elemento nuclear de un sistema que en su conjunto aumenta el control presupuestario de la Administración sobre las Universidades[573], pero lo que es más importante es que implica un control sobre el gasto concreto con incidencia directa en la actividad que desarrollan las Universidades y que menoscaban el ámbito de su autonomía. La transferencia de las CCAA es la fuente más importante de recursos de las Universidades públicas en términos cuantitativos[574], cubriendo alrededor del 90% de los gastos corrientes y casi la totalidad de los correspondientes al personal[575], lo que ocasiona que los gastos corrientes y los de personal, es decir, las partidas más importantes del gasto universitario se puedan condicionar en las negociaciones entre Universidades y gobierno autonómico, que siempre son de carácter individual y no colectivo con el conjunto de Universidades del ámbito autonómico. Evidentemente, no hace falta insistir que esta índole de negociación se plantea el año que se aprueban los presupuestos generales del Estado o los de las CCAA, ya que frecuentemente en la actualidad son numerosos los años que no se aprueban y se prorrogan los de los años anteriores por lo que el margen de negociación disminuye considerablemente al disminuir las posibilidades de actualización.

---

572 RODRÍGUEZ MÁRQUEZ, J., "El régimen financiero de las Universidades públicas", *op. cit.*, p. 873. Asimismo, CAPODIFERRO CUBERO, D., "La autonomía económica y financiera de las universidades públicas en España", *op. cit.*, p. 128.

573 VIDAL PRADO, C., *Crisis económica, estabilidad presupuestaria y autonomía financiera de las universidades, op. cit.*, p. 90.

574 SOUVIRÓN MORENILLA, J. M.-PALENCIA HERREJÓN, F., *La nueva regulación de las Universidades, op. cit.*, p. 554.

575 GONZÁLEZ LÓPEZ, M. J., *La incidencia de la función financiera en las políticas universitarias, op. cit.*, p. 124.

En consecuencia, la mera subsistencia de las Universidades públicas está en manos de la voluntad y las posibilidades de las Comunidades Autónomas, generándose entre ambas instancias una relación interadministrativa que debe regirse por los principios de cooperación, colaboración y coordinación entre las Administraciones del art. 3.1.k) de la Ley de Régimen Jurídico del Sector Público[576], pero que en la realidad política no está exento de tensión social y con unas repercusiones que la aleja de dichos principios y valores que deben regir la cooperación entre Universidades públicas y gobierno autonómico. En todo caso, no se puede generalizar ya que las CCAA son distintas dependiendo de múltiples factores, de forma que hay modelos de Comunidades Autónomas con una única Universidad en su territorio, incluso descentralizada en centros, pero que favorece la toma de decisiones, y otras CCAA con un modelo de múltiples Universidades que favorece la complejidad en las relaciones y las diferenciaciones entre ellas, e incluso rayando la discriminación entre Universidades de una misma Comunidad Autónoma.

A pesar de que el art. 57.4.a LOSU no se debe considerar como una dejación de funciones del Estado, sino una consecuencia de reglas de reparto competencial entre el Estado y las CCAA, lo cierto es que no se puede dejar de dudar sobre la corrección este planteamiento ante una realidad universitaria no siempre exenta de conflictos en el interior de determinadas CCAA. En un ámbito con un reparto ambiguo de competencias, en el que la LOSU ha decidido que corresponde a las CCAA competencias en la prestación de los servicios de enseñanza superior y de fomento de la investigación en concurrencia perfecta con el Estado, pero caracterizado el sistema en base a que la financiación estructural basal, por necesidades estructurales

---

576 CAPODIFERRO CUBERO, D., "La autonomía económica y financiera de las universidades públicas en España", *op. cit.*, p. 128

y por objetivos de las Universidades recae en las CCAA que deben determinar los planes de financiación universitaria y los costes referenciales no financiados por los usuarios, es decir, la práctica totalidad de las necesidades financieras del sistema universitario. A este hecho se debe añadir que expresamente se había incorporado como competencias autonómicas ya en la LOU, pero también se ha mantenido en la LOSU, la regulación del régimen jurídico y retributivo del personal laboral, la capacidad de retribuciones adicionales del PDI función ario y laboral, los planes de financiación plurianual por objetivos o de contratos programa y la evaluación de la calidad de las Universidades, con una incidencia directa en los aspectos financieros de la Universidad pública sobre los criterios no referenciados.

El problema reside en que la parte más importante de la financiación universitaria como es la transferencia de las CCAA carece de reglas normativas establecidas en la LOSU para fijar su alcance, ni hay objetivos a priori, ni criterios específicos a valorar para establecer su cuantía, ya que tan solo se conoce la transferencia por funcionarios pertenecientes a los CDU que se realiza mediante la Ley General de Presupuestos y que es susceptible de ser irreal, no en su cuantía global, sino en las cifras cuantitativas de PDI funcionario que reflejan. Como se ha señalado reiteradamente, la autonomía universitaria económico-financiera es muy limitada y relativa, entendida como capacidad para decidir sobre los recursos de la propia Universidad, que tan solo puede significar que tiene capacidad para decidir sobre el volumen de los recursos públicos que recibe al calcularse sobre las bases objetivas dependientes de la cantidad y calidad de los servicios públicos prestados, a lo que se le añade una capacidad, mínima, pero existente, de captar recursos ajenos de empresas e instituciones, pero sin llegar desarrollarse ya que en términos cuantitativos no es significativa en nuestro sistema.

Dejando al margen las transferencias de las CCAA, se deben mencionar los contratos programa que han perdido tal denominación en la LOSU. El art. 56.2 LOSU establece que las CCAA podrán elaborar programaciones plurianuales que conduzcan, en coordinación con las Universidades a la aprobación de programación y financiación por objetivos, entre los que se deben incluir los recursos financieros y los mecanismos de evaluación del grado de consecución de los objetivos. Esta es una financiación adicional sobre la base del cumplimiento de objetivos estratégicos fijados en la programación plurianual, vinculados a la mejora de la docencia, de la investigación (Programa de Ciencia Abierta y Ciencia Ciudadana), transferencia e intercambio de conocimiento, innovación, formación permanente, internacionalización, cooperación interuniversitaria, tasa de inserción laboral, igualdad efectiva de hombres y mujeres, reconocimiento de la diversidad y accesibilidad universal (art. 56.3.c LOSU). De todos modos, se denomine financiación por objetivos o contratos programa se deben realizar mediante programaciones plurianuales que permiten regular la relación entre dos entidades autónomas que forman parte del sector público, ostentando una de ellas potestad financiadora y el deber de velar por el interés general y la calidad de los servicios (en este caso la Comunidad Autónoma) y estando la otra (la Universidad) obligada a efectuar dicho servicio público, pero desde una posición de cierta autonomía, permitiendo realizar y ejecutar una planificación a largo plazo al tiempo que se incorporan parámetros de calidad en los resultados[577]. En nuestro contexto, son instrumentos de política educativa que deben funcionar como incentivos, no como un mecanismo de financiación ordinaria, cuya concreción la LOSU encomienda a las Comunidades Autónomas, de quienes depende

577 GORDILLO PÉREZ, L.I., "Los contratos-programa y la universidad", *Revista Vasca de Administración Pública,* enero-abril 2006, núm.74, p. 184.

su implantación y su éxito como mecanismo de financiación y de promoción de la calidad. El hecho de que sean instrumentos de financiación extraordinaria y finalista, por lo tanto, no destinado a financiación estructural o gasto corriente o de personal, ha ocasionado que esta financiación mediante objetivos o contratos programa se haya implementado de modo muy diverso en todo el territorio nacional, siendo incluso descartada en algunas CCAA dependiendo de su propia realidad universitaria[578].

En cuanto a su contenido, el art. 56.3.c LOSU fija como obligatorio la enumeración de los objetivos, entre otros, que se pretenden alcanzar, un sistema de evaluación del grado de cumplimiento, realizado por la Comunidad Autónoma, que servirá de base para la siguiente programación plurianual, sobre la base de criterios públicos, objetivos, transparentes y conformes al marco normativo establecido, que se podrán utilizar para la planificación anual del empleo público de las Universidades[579]. En la normativa no se precisa el alcance material o territorial de los mismos o los plazos de ejecución, aunque la plurianualidad se presente en la LOSU como un requisito necesario[580]. En este caso la autonomía de la voluntad de las

---

578 Se puede encontrar una descripción de los diferentes modelos autonómicos en ARIAS RODRÍGUEZ, A., *El régimen económico y financiero de las universidades públicas, op. cit.*, p. 320 y s.

579 GORDILLO PÉREZ, L.I., "Los contratos-programa y la universidad", *op. cit.*, p. 199.

580 Además de la LOSU, el art. 47 de la Ley de Régimen Jurídico del Sector Público resulta aplicable a los contratos programa en la medida en que incluye en su ámbito de aplicación los convenios "intradministrativos firmados entre organismos públicos y entidades de derecho público vinculados o dependientes de una misma Administración Pública", donde se integran los formalizados por las Universidades por expresa referencia del art. 48.1 de la misma. Por tanto, estos instrumentos deben cumplir también con los requisitos

partes juega un papel esencial y permite que las Universidades y la Administración autonómica suscriban convenios de colaboración fuera de una programación plurianual[581], es decir, convenios no integrados en la financiación por objetivos que se deberá entender que los ingresos derivados de estos no forman parte de esta categoría, sino de la descrita en el art. 57.4.d LOSU (ingresos procedentes de transferencias de entidades públicas o privadas).

En todo caso, se debe destacar que la segunda gran fuente de ingresos de las Universidades públicas es la regulación de los ingresos obtenidos por los precios públicos por servicios académicos y demás derechos que legalmente se establezcan (art. 57.4.b LOSU). Se trata de un sector de ingresos fuertemente coyuntural y político, sobre el que es fácil que recaiga cualquier ley de presupuestos que le afecte, pero en ningún momento se ha concedido a las Universidades la capacidad para cuantificar el valor del servicio que prestan, ni siquiera para participar directamente en su cálculo, resultando éste un recurso que se ha calificado frecuentemente de testimonial en la cuenta total de sus ingresos[582]. Seguramente, esta es una constante del sistema universitario y del alcance de su autonomía desde un punto de vista cualitativo, ya que el cálculo sobre el gasto, necesidades, posibilidades de ingresos, valor de los servicios, situación real de personal, a pesar

---

de los arts. 48 a 53 de esta norma, en la medida en que no contradigan lo estipulado en la LOSU, sumándose al mínimo previsto en ésta nuevas reglas relativas a la validez y eficacia, formalidades, contenido, resolución o control económico de los contratos programa. Vid. CAPODIFERRO CUBERO, D., "La autonomía económica y financiera de las universidades públicas en España", *op. cit.*, p. 129

581 SOUVIRÓN MORENILLA, J. M.-PALENCIA HERREJÓN, F., *La nueva regulación de las Universidades, op. cit.*, p. 559.

582 Vid. CAPODIFERRO CUBERO, D., "La autonomía económica y financiera de las universidades públicas en España", *op. cit.*, p. 129-130

de que dichos datos reales constan en la Universidad y en un grado más real en comparación con las cifras que ofrece la Administración autonómica, ya que para colmo los únicos datos de referencia que sirven para los cálculos son los utilizados por las propias CCAA, lo que ocasiona frecuentes ficciones y manipulaciones en las transferencias que otorgan las CCAA, pero la LOSU ha reforzado la competencia exclusiva de la Comunidad Autónoma para fijarlos precios públicos y los derechos en la enseñanza de títulos oficiales, en un marco general de contención o reducción progresiva de los precios públicos (art. 57.4.b LOSU). En este supuesto, se impone una política de clarificación y una necesidad de recurrir a autoridades independientes que puedan fijar y auditar la realidad contable de las Universidades sin recurrir a una imaginaria fijada exclusivamente por una de las partes de la controversia o negociación, es decir, la administración autonómica.

La LOSU se ha limitado a establecer la obligación tradicional de compensar las exenciones y reducciones, aunque tal circunstancia no debe suponer una merma de ingresos para las Universidades, ya que éstas deben ser compensadas por la Administración autonómica por el importe dejado de recibir[583], pero en todo caso, no deja de ser una decisión estatal que deben pagar las CCAA, lo que no deja de producir un reparto competencial. En cualquier caso, se ha suprimido toda competencia estatal o de la Conferencia General de Política Universitaria prevista anteriormente en el art. 81.3.b) LOU sobre la horquilla que anualmente se establecía en función de los costes de prestación del servicio, que a su vez estarán modulados en función del grado de experimentalidad del

583 Vid. CAPODIFERRO CUBERO, D., "La autonomía económica y financiera de las universidades públicas en España", *op. cit.*, p. 130

título, el modo de empleo del servicio que hace el estudiante y la ubicación geográfica de la Universidad[584].

También se ha suprimido la posibilidad de que el Gobierno estatal pueda adoptar las medidas necesarias para el desarrollo y aplicación de este sistema, así como modificar excepcionalmente las horquillas establecidas atendiendo a la singularidad de determinadas titulaciones, su grado de experimentalidad y el porcentaje del coste cubierto por los precios públicos de los últimos cursos académicos. El efecto práctico de esta norma era que una competencia autonómica otorgada por una norma es retirada por la propia norma, adoptando medidas que permitían fijar al Estado sin excesivas justificaciones un cambio de orientación competencial para fijar las horquillas con carácter estatal, es decir, se trata de una armonización de precios hasta cierto punto encubierta.

Como regla general, estos precios públicos no cumplen el principio de suficiencia enunciado en el art. 25.1 de la Ley 8/1989, de 13 de abril, de Tasas y Precios Públicos que establece que los precios públicos se determinarán a un nivel que cubra, como mínimo, los costes económicos originados por la realización de las actividades o la prestación de los servicios o a un nivel que resulte equivalente a la utilidad derivada de los mismos. Por lo que la LOSU ha abandonado la vía de cuantificar los porcentajes de los costes de matrícula, dejándolos a la competencia exclusiva autonómica y sin el farragoso sistema previsto en la LOU, con una discriminación para los estudiantes extranjeros, mayores de edad no residentes, que no sean ciudadanos comunitarios o equiparables. Este hecho genera perjuicios reales por la diferenciación ocasionada en un sistema que busca la interrelación de sus enseñanzas, ya

---

584 CARBAJO NOGAL, C., "Financiación y captación de fondos en el ámbito de la educación superior: objetivo prioritario", *op. cit.*, p. 391.

que incluso la inversión pública en enseñanza de extranjeros es una inversión de futuro y de creer en el propio país y su sistema universitario[585].

Los ingresos derivados de la matrícula en enseñanzas propias, formación permanente o a lo largo de la vida, cursos de especialización y otras actividades autorizadas a las Universidades que contempla el art. 57.4.c LOSU tienen naturaleza privada. Por tanto, son de libre fijación, pero se deben coordinar entre el Consejo de Gobierno de la Universidad y el Consejo Social a través de los presupuestos y las cuentas anuales (art. 46.2.f LOSU). En todo caso, dichos precios deben ser adjuntados a los presupuestos anuales en los que se deban aplicar, debiendo aprobarse juntamente con ellos, aunque en el global del presupuesto de las Universidades las cifras no son destacables.

---

585 En 2018 los precios públicos de las enseñanzas oficiales presentan unas diferencias muy acusadas entre CC.AA., con una brecha, entre Catalunya y Canarias, del 178% en grado, 155% en máster habilitante y 145% en máster no habilitante. Esta circunstancia no está basada en diferencias de costes de la prestación de los servicios docentes oficiales universitarios o en la presencia de distintos niveles de la calidad contrastados de las enseñanzas proporcionadas. La explicación de estos diferentes niveles de precios públicos se debe a las distintas políticas públicas aplicadas por los gobiernos autonómicos respecto a la financiación pública del servicio público de educación universitaria y la contribución de los usuarios a su financiación. Ello supone que una familia residente en Catalunya esté obligada a realizar el doble de esfuerzo en términos de renta per cápita (6,1%) que una familia residente en País Vasco (2,9%) para pagar la matrícula oficial de los estudios de grado durante un año. Diferencias más acusadas se producen en los precios públicos de másteres habilitantes y no habilitantes. Vid. HERNÁNDEZ ARMENTEROS, J.-PÉREZ-GARCÍA, J. A., "Financiación y eficiencia en el Sistema Universitario Español", en AAVV, *Lecturas de política y gestión universitarias, op. cit.*, p. 224

Finalmente, la previsión del art. 57.4.d y f LOSU de ingresos procedentes de transferencias de entidades públicas y privadas, así como de herencias, legados o donaciones, hace referencia a un conjunto heterogéneo de recursos públicos y privados que, dentro de la legalidad vigente, pueden recibir las Universidades. Vendría a incluir cualquier aportación pública para promocionar o financiar la investigación o el estudio, a diferencia de las transferencias de gasto corriente y de capital[586]. Seguidamente se contemplan los rendimientos procedentes de actividades de mecenazgo (art. 57.4.f LOSU), cada vez más incentivadas e importantes por la publicidad que generan y las deducciones fiscales, del patrimonio y actividades económicas (art. 57.4.g LOSU) y los ingresos obtenidos en virtud de las actividades realizadas al amparo del art. 60 LOSU. Aquí se engloban todos aquellos contratos mediante los que un profesor, grupo de investigación o estructura organizativa de la Universidad celebren con personas, Universidades o entidades públicas y privadas para la realización de trabajos de carácter científico, técnico o artístico, o para el desarrollo de enseñanzas de especialización o actividades específicas de formación. Estos ingresos coinciden con los regulados en los apartados b) y c) del art. 36 de la Ley 14/2011, de 1 de junio, de la Ciencia, la Tecnología y la Innovación. En virtud de éste, deben ser considerados contratos privados[587], que generan recursos de idéntica naturaleza, lo cual no obsta para otorgar a la Universidad, como institución a través de la cual se prestan, el control presupuestario derivado de los ingresos procedentes de los mismos[588]. En todo caso se trata de una fuente de financiación con

---

586 RODRÍGUEZ MÁRQUEZ, J., "El régimen financiero de las Universidades públicas", *op. cit.*, p. 905-906.

587 ARIAS RODRÍGUEZ, A., *El régimen económico y financiero de las universidades públicas, op. cit.*, p. 444 y s.

588 SOUVIRÓN MORENILLA, J. M.-PALENCIA HERREJÓN, F., *La nueva regulación de las Universidades, op. cit.*, p. 556. Asimismo,

escaso impacto en las cuentas de las Universidades españolas actualmente, siendo algo mayor en las politécnicas[589]. Por último, las Universidades públicas también pueden obtener ingresos de los resultados positivos de las operaciones de tesorería u otras (art. 57.4.h LOSU), y mediante el recurso al crédito (art. 57.4.i LOSU), que deberá ser autorizado por la Comunidad Autónoma y compensado con el fin de no alterar el equilibrio presupuestario de ésta[590]. Ambos instrumentos son herramientas de tesorería para hacer frente a los pagos reales de la Universidad pública.

11.2.- EL PRESUPUESTO DE LAS UNIVERSIDADES PÚBLICAS COMO INSTRUMENTO DE DETERMINACIÓN DE LA AUTONOMÍA UNIVERSITARIA

En materia presupuestaria, la autonomía universitaria constitucionalmente reconocida comprende esencialmente la adopción de decisiones ejecutivas y de gestión y no tanto la regulación misma del proceso de elaboración del presupuesto de las Universidades públicas[591], que viene dada por el art. 57 LOSU[592]. En estos preceptos se pueden encontrar una serie

---

CAPODIFERRO CUBERO, D., "La autonomía económica y financiera de las universidades públicas en España", *op. cit.*, p. 132.

589 GUERRERO BONED, S. "Financiación y gobierno de las Universidades públicas", *op. cit.*, p. 6.

590 CAPODIFERRO CUBERO, D., "La autonomía económica y financiera de las universidades públicas en España", *op. cit.*, p. 132

591 ARIAS RODRÍGUEZ, A., *El régimen económico y financiero de las universidades públicas, op. cit.*, p. 337.

592 En general, sobre el presupuesto universitario en la LOSU, vid. FERREIRA FERNÁNDEZ, J., "El régimen económico y financiero de las universidades públicas", *op. cit.*, p. 244-247.

de reglas que complementan para el caso específico de la Universidad lo dispuesto en la normativa general para el sector público, norma a la que deben adaptarse tanto la estructura del presupuesto de las Universidades como su sistema contable y los documentos que comprenden sus cuentas anuales por remisión del art. 57.5 LOSU, que también permite a las Comunidades Autónomas establecer planes para la normalización contable. En estas circunstancias, lo cierto es que, con relación a la configuración de su presupuesto, las Universidades apenas tienen especialidad que las diferencie del resto del sector público[593], pues las normas estatales y autonómicas comunes serán la base que deben adoptar las Universidades en su actuación presupuestaria[594].

Una actuación en la que, por otro lado, no se puede desconocer el componente político como elemento esencial de la tarea de gobierno en el ámbito universitario, ya que los principios universitarios condicionan la capacidad real de actuación tanto de la institución en su conjunto como de cada una de las unidades que la conforman, de forma que es un instrumento que por su eficacia jurídica, efectividad y relevancia en el plan financiero de la Universidad se materializa con técnicas como las habilitaciones o autorizaciones de medios y el

---

593 RODRÍGUEZ MÁRQUEZ, J., "El régimen financiero de las Universidades públicas", *op. cit.,* p. 911.

594 CAPODIFERRO CUBERO, D., "La autonomía económica y financiera de las universidades públicas en España", *op. cit.*, p. 133. No se van a tratar los temas relativos a la fiscalidad de las Universidades públicas que escapan a las pretensiones de este trabajo. Sobre el régimen fiscal de las Universidades públicas, vid. GALÁN SÁNCHEZ, R. M., "La fiscalidad de la Universidad española", en AAVV, *Comentarios a la Ley Orgánica de Universidades*, Civitas, Madrid, 2009, p. 915-953.

establecimiento de limitaciones del gasto[595]. Las Universidades tampoco no tienen una libertad decisoria en la fijación de objetivos y la asignación de recursos, ya que el presupuesto se verá condicionado por decisiones en materia de política educativa o investigadora adoptadas por el Gobierno autonómico en función de objetivos sociales y económicos y, en última instancia, el interés general[596], que deben ser realizadas por las instituciones de educación superior, de forma que la tutela financiera del poder público sobre las Universidades, justificado en la obligación de estabilidad y contención del gasto, estaría en la integración de sus presupuestos en los de aquellas Administraciones autonómicas a las que estén vinculadas, lo cual podría constituir en última instancia una vulneración de la autonomía reconocida en el art. 27.10 CE[597]. En todo caso, de conformidad con el art. 56.3 LOSU, la financiación universitaria comprenderá la programación plurianual basada en la financiación estructural basal (plantillas, gastos corrientes en bienes y servicios, inversiones reales, investigación estructural, inversiones para garantizar la sostenibilidad medioambiental), financiación por necesidades singulares (insularidad, dispersión territorial, medio rural, especialización de titulaciones, pluralidad lingüística, infraestructuras singulares, patrimonio artístico y cultural o tamaño de las instituciones) y la financiación por objetivos, que, tal como se ha visto, se corresponde con los antiguos contratos programas o con la moderna planificación estratégica[598].

---

595 MORA AGUDO, L., "La función presupuestaria en las universidades públicas españolas", *Prisma Social*, junio 2009, núm. 2, p. 3-4.

596 GONZÁLEZ LÓPEZ, M. J., *La incidencia de la función financiera en las políticas universitarias, op. cit.*, p. 132.

597 CAPODIFERRO CUBERO, D., "La autonomía económica y financiera de las universidades públicas en España", *op. cit.*, p. 133-134

598 Sobre la programación plurianual, vid. FERREIRA FERNÁNDEZ, J., "El régimen económico y financiero de las universidades públicas", *op. cit.*, p. 240-243.

El art. 57.1 LOSU establece, como principios generales del presupuesto universitario, los de publicidad, unidad y equilibrio, debiendo el presupuesto comprender la totalidad de los ingresos y gastos. Empezando por el final, el principio de equilibrio se desarrolla a través del permanente condicionante de la estabilidad presupuestaria, que justifica la imposición a las Universidades de la obligación específica de la aprobación de un límite máximo de gasto anual que no podrá rebasarse y que viene impuesto externamente por las Comunidades Autónomas[599], y la necesidad de que los presupuestos y sus liquidaciones hagan una referencia expresa al cumplimiento del equilibrio y la sostenibilidad financiera (art. 57.2 LOSU). En el mismo sentido, la Ley condiciona toda operación de crédito o endeudamiento a la previa autorización de la Comunidad Autónoma (art. 57.4 LOSU)[600].

La unidad presupuestaria implica el carácter único del presupuesto entendiendo que el sujeto del mismo es la Universidad, que es a quien corresponde la titularidad de la autonomía financiera y, por tanto, de la capacidad presupuestaria. De modo que dentro de un único documento debe integrarse la planificación financiera de todas las Facultades, Escuelas, Centros, Departamentos o Institutos universitarios que la compongan, con independencia de la capacidad de intervención en el propio procedimiento presupuestario que, en términos estrictamente internos, puedan reconocer las normas de cada Universidad a cada uno de sus componentes orgánicos o funcionales. Del mismo modo, por aplicación de la Ley General Presupuestaria y de la propia ley orgánica (art. 63 LOSU), el presupuesto universitario debe comprender el

---

599 ARIAS RODRÍGUEZ, A., "Estabilidad presupuestaria en universidades: autonomía *versus* sostenibilidad", *op. cit.*, p. 219.

600 CAPODIFERRO CUBERO, D., "La autonomía económica y financiera de las universidades públicas en España", *op. cit.*, p. 134

de aquellas fundaciones y sociedades mercantiles sobre las que se ostente el control[601]. En realidad, estas fundaciones y sociedades funcionan bajo criterios que pueden ser considerados como paralelas al sector público, con enseñanzas que rigen bajo el criterio de cubrir totalmente los gastos que ocasionan, como si fuera una enseñanza privada y con precios propios, lo cual no deja de ser un elemento distorsionador que no siempre aparece justificado en el sector público. La seguridad que otorga que las pérdidas en el caso de que se planteen sean cubiertas por la Universidad pública y la necesidad de que las ganancias, si es que existen ya que los costes siempre son elevados, no tienen que ser relevantes para el conjunto de la Universidad generan críticas, pero también distorsiones y ausencia de justificación en términos públicos y en su realidad práctica.

Los Consejos Sociales, como órgano con propias reglas de funcionamiento y hasta cierto punto externo a la Universidad pública, también genera distorsiones presupuestarias, ya que la garantía de suficiencia de recursos para el cumplimiento de sus fines a través de una organización de apoyo plasmada en el art. 47.4 LOSU no se tendría que traducir necesariamente en una integración de su partida de gasto en los presupuestos de la Universidad en los que están incluidos, aunque es la solución por la que han optado la mayor parte de las normas autonómicas que articulan su régimen jurídico, a pesar de que su actividad debería ser independiente y externa a la Universidad. Este principio de unidad presupuestaria implica que se pretende mantener que los Consejos Sociales son órganos de la Universidad y no un mecanismo externo en su autogobierno, pero la autonomía presupuestaria de la institución queda mermada

---

601 RODRÍGUEZ MÁRQUEZ, J., "El régimen financiero de las Universidades públicas", *op. cit.*, p. 911; CAPODIFERRO CUBERO, D., "La autonomía económica y financiera de las universidades públicas en España", *op. cit.*, p. 135.

en el momento en el que existe una partida específica, la del Consejo Social, que viene prefijada por un órgano sin apenas representación académica y no parece que pueda ser modificada durante el trámite de aprobación de la cuenta anual de la Universidad[602], ya que es quien va a tener la última palabra en su configuración. En cualquier caso, siempre puede ser objeto de crítica que el órgano que en última instancia debe aprobar el presupuesto de la Universidad pueda establecer y aprobar sus propios gastos, es decir, para una plena independencia hubiera sido mejor que sus gastos, en lugar de ser aprobados por el propio Consejo Social, hubieran formado parte del presupuesto de la Comunidad Autónoma, ya que reflejarían una mejor predisposición a ser un órgano de control externo de la Universidad. Por ello, la LOSU ha dispuesto que la ley autonómica contemple la dotación de un presupuesto propio de los Consejos Sociales, así como su gestión económico-presupuestaria con carácter autónomo.

El principio de publicidad presupuestaria se presenta como una consecuencia directa de los principios de seguridad jurídica y publicidad de las normas establecidos en el art. 9.3 CE[603], siendo desde un punto de vista práctico la mejor herramienta de la que dispone la Universidad para mostrar a los distintos

---

602 Sobre las diferentes relaciones entre presupuesto de la Universidad, Consejos Sociales y autonomía universitaria, vid. CAPODIFERRO CUBERO, D., "La configuración legal de la autonomía universitaria en el ordenamiento español", *op. cit.*, p. 44-46 y CAPODIFERRO CUBERO, D., "La autonomía económica y financiera de las universidades públicas en España", *op. cit.*, p. 135. Asimismo, vid. DELGADO DEL RINCÓN, L. E., "El Consejo Social como órgano de participación de la sociedad en la Universidad y de supervisión (limitada) de la actividad económica", en AAVV, *Los límites orgánicos internos a la autonomía de las universidades públicas, op. cit.*, p. 168 y ss.

603 ARIAS RODRÍGUEZ, A., *El régimen económico y financiero de las universidades públicas, op. cit.*, p. 347.

agentes que han aportado recursos cuál ha sido el uso de estos[604], generando una rendición de cuentas pública siempre solicitada y necesaria socialmente[605].

El principio de anualidad en la elaboración del presupuesto implica el final del año natural como fecha para liquidar la recaudación de derechos y el pago de obligaciones del presupuesto de cada ejercicio, debiendo confeccionarse la liquidación del presupuesto en el primer trimestre del ejercicio siguiente. Sin embargo, las exigencias derivadas de la formalización de la financiación estructural basal, por necesidades singulares o por objetivos (art. 56.3 LOSU), basados en programas plurianuales que abarcan varios ejercicios[606], implican que los presupuestos universitarios no pueden abordarse de manera aislada en cada año, sino como componentes de ciclos más largos, de manera que el principio de anualidad es relativo, considerando también que la actividad de la institución se articula mediante años académicos que no coinciden con los naturales, lo que va a producir cierto desfase. Además, el alto grado de dependencia de las transferencias autonómicas (a su vez dependientes de las transferencias estatales) impiden que se puedan adoptar a tiempo y más en un contexto en el que

---

604 GONZÁLEZ LÓPEZ, M. J., *La incidencia de la función financiera en las políticas universitarias, op. cit.*, p. 148.

605 Se aplica en este caso el art. 8.1 de la Ley 19/2013, de 9 de diciembre, de transparencia, acceso a la información pública y buen gobierno, que obliga a las Universidades, que están incluidas en su ámbito de aplicación explícitamente por el art. 2.1.d), a hacer públicos sus presupuestos con descripción de las principales partidas presupuestarias e información actualizada y comprensible sobre su estado de ejecución y sobre el cumplimiento de los objetivos de estabilidad presupuestaria y sostenibilidad financiera de las Administraciones Públicas.

606 MORA AGUDO, L., "La función presupuestaria en las universidades públicas españolas", *op. cit.*, p. 23.

cada vez es más extraño que los presupuestos generales del Estado o de las CCAA se aprueben en fechas adecuadas, si es que se aprueban y no se prorrogan los anteriores.

Por último, el principio de uniformidad se deriva del art. 57.5 LOSU cuando señala la necesidad de adaptar el presupuesto de todas las Universidades a las normas generales para el sector público y las reglas contables que establezca la Comunidad Autónoma, de modo que las cuentas de todas sus Universidades sean agregables[607]. Así, por mandato del art. 39 de la Ley General Presupuestaria, la estructura del presupuesto deberá tener en cuenta "la naturaleza económica de los ingresos y gastos y, las finalidades u objetivos que con estos últimos se pretenden alcanzar", de lo que se deriva la necesidad de estructurar el presupuesto de las Universidades públicas mediante una clasificación orgánica y económica para los ingresos y los gastos y, en el caso de estos últimos, también empleando una clasificación funcional, conforme a los arts. 40 y 41 de la Ley General Presupuestaria[608].

En resumen, el presupuesto de la Universidad es un documento que debe contener la totalidad de sus ingresos y gastos, haciendo constar entre los primeros todas las fuentes de financiación listadas en el art. 57.4 LOSU, así como el ya mencionado límite de gasto anual, que parece indisponible para la propia Universidad. Adicionalmente, conforme al art. 57.6 LOSU, el estado de gastos corrientes debe venir acompañado por la relación de puestos de trabajo del personal de todas las categorías de la Universidad especificando la totalidad de los costes de la misma e incluyendo un anexo en el que figuren los puestos de nuevo ingreso que se proponen, debiendo las

---

607 Vid. ARIAS RODRÍGUEZ, A., *El régimen económico y financiero de las universidades públicas, op. cit.*, p. 347-348.

608 CAPODIFERRO CUBERO, D., "La autonomía económica y financiera de las universidades públicas en España", *op. cit.*, p. 137

Comunidades Autónomas autorizar los costes del personal tanto docente e investigador como de administración y servicios, en el marco de la normativa básica sobre Oferta de Empleo Público[609]. Con anterioridad, se ha mencionado que esta relación de puestos de trabajo, no siempre se formaliza por las Universidades o se utilizan los instrumentos menos formales previstos en el EBEP, pero es indiferente ya que se negocia con la Comunidad Autónoma al fijar las correspondientes partidas de personal, lo que no está exento de conflicto, discusión y falta de seguridad jurídica para la Universidad y su personal, que requieren que sean transparente, veraces y actualizadas, así como negociadas y consensuadas con los representantes de los trabajadores.

En cuanto a sus requisitos formales, el procedimiento de aprobación de los presupuestos de las Universidades públicas no se regula en la LOSU, siendo una cuestión que deberá desarrollarse con detalle en los Estatutos de cada Universidad, donde se articula la intervención de los distintos órganos de la institución o las eventuales mayorías requeridas para ello. La regla más determinante sobre la capacidad real de actuación de la Universidad, reside en que se asigna la propuesta al Consejo de Gobierno de la Universidad y la aprobación definitiva del presupuesto al Consejo Social (art. 46.2.f LOSU), de manera que todo cuando decidan el resto de órganos de gobierno deberá pasar el filtro de éste, como representación de la sociedad en la institución universitaria, que encuentra en la función presupuestaria la principal expresión de su razón de ser y el marco donde ejerce sus principales competencias[610].

---

609 CAPODIFERRO CUBERO, D., "La autonomía económica y financiera de las universidades públicas en España", *op. cit.*, p. 137

610 CAPODIFERRO CUBERO, D., "La autonomía económica y financiera de las universidades públicas en España", *op. cit.*, p. 138

En el art. 46.2 LOSU se establece que corresponde al Consejo de Gobierno establecer las líneas estratégicas y programáticas de la Universidad (letra a), así como las directrices y procedimientos para su aplicación (letra b), en la elaboración de los presupuestos, lo que se traduce en la capacidad de elaborar la propuesta de los mismos y de las cuentas anuales (letra f), del plan plurianual de financiación (letra c), de manera que la validez de la misma está condicionada por la obtención del visto bueno de este órgano[611]. El mismo precepto establece que dicha propuesta del presupuesto y de las cuentas anuales deberán ser sometida al Consejo Social para su aprobación definitiva, responsable también de la aprobación de la programación plurianual de financiación de la Universidad. No se regula con carácter formal la consecuencia de que el Consejo Social se niegue a aprobar la propuesta de presupuesto remitida por el Consejo de Gobierno, o si tiene capacidad para alterarla, aunque algunas normas autonómicas han precisado la cuestión[612], pero no se llega a soluciones definitivas.

La aprobación del presupuesto y de la programación económica de la Universidad constituye la máxima expresión de la posición del Consejo Social como responsable de supervisar todas las actividades de carácter económico de la universidad, esto es, aquellas que no revistan naturaleza estrictamente académica[613], aunque la incidencia en este ámbito de sus decisiones

---

611 ARIAS RODRÍGUEZ, A., *El régimen económico y financiero de las universidades públicas, op. cit.*, p. 352.

612 Vid. CAPODIFERRO CUBERO, D., "La autonomía económica y financiera de las universidades públicas en España", *op. cit.*, p. 138

613 STC 26/1987 FJ 9 (TOL79.735). En la misma línea, la STC 131/2013 FJ 8.a (TOL3.785.911) consideró que no vulneraba la autonomía universitaria la participación del Consejo Social en el proceso de creación de fundaciones y otras personas jurídicas vinculadas a la Universidad en la medida en que no se considera una actividad académica.

sea innegable. Se trata de una facultad que otorga a un órgano en el que la representación de la comunidad universitaria es mínima un enorme poder para condicionar el funcionamiento de la institución[614], generando una tensión evidente puesta de manifiesto que la tensión entre autonomía universitaria y capacidad de gasto implica un mayor control de la Universidad. Sin embargo, la intervención del Consejo Social en el proceso presupuestario no debe traducirse en un control sobre la Universidad amparada en la excusa de los objetivos y la calidad[615], sino que debería servir para reforzar su papel teórico como responsable de la planificación general universitaria, pero esta función ha venido encontrando dificultades prácticas de diversa índole que llevaron a hablar de su fracaso como órgano en relación a las funciones que se le asignan y de la existencia de problemas que impiden su normal integración en el conjunto de la institución universitaria[616]. Este hecho acentúa la idea de que es necesaria una modificación del sistema de gobierno con la supresión del Consejo Social y su integración en un futuro órgano de gobierno mixto de carácter unitario y con presencia de miembros externos a la Universidad.

Tradicionalmente, los Estatutos de todas las Universidades obligan a realizar una memoria económica como forma de rendir cuentas, tanto su debate como su aprobación suelen concernir sólo al Consejo de Gobierno y al Consejo Social, siendo testimoniales los casos en los que se plantea la información directa al Claustro y el posterior debate de

---

614 CÁMARA VILLAR, G., "La autonomía universitaria en España hoy, entre el mito y la realidad", *op. cit.*, p. 88.

615 CÁMARA VILLAR, G., "La autonomía universitaria en España hoy, entre el mito y la realidad", *op. cit.*, p. 88.

616 CAPODIFERRO CUBERO, D., "La autonomía económica y financiera de las universidades públicas en España", *op. cit.*, p. 139

dicho documento[617]. No obstante, la LOSU no realiza una mención expresa a la memoria económica de las Universidades. En general, a la comunidad universitaria se le reconoce el derecho a ser informada de los aspectos económicos de la Universidad, pero no una participación directa en este ámbito, a pesar de ser titular de la autonomía universitaria. En todo caso, a pesar de que se trata de una obligación interna la realización de la memoria económica no siempre es una información fácil de obtener, lo que en ocasiones responde sencillamente a su falta de realización. Frecuentemente en lugar de una memoria económica se realiza un balance de la situación económica-financiera al final del ejercicio o en momentos temporales, conectado generalmente a tensiones en tesorería que abundan en el contexto universitario.

En relación con la transparencia y rendición de cuentas en la gestión económico-financiera, ya se ha hecho referencia a que la LOSU obliga a las Universidades a que se sometan a dichos principios (art. 59.1 LOSU)[618]. En lo que respecta al control externo, el art. 59.2 LOSU obliga a las Universidades a rendir cuentas de su actividad ante el órgano de fiscalización de cuentas de la Comunidad Autónoma, sin perjuicio de las competencias del Tribunal de Cuentas. Con este fin, las normas autonómicas que han desarrollado este particular establecen para las instituciones universitarias el deber de enviar anualmente al departamento competente del Gobierno Autonómico aquellos documentos que permitan valorar la gestión económica realizada, tales como las cuentas anuales aprobadas, la liquidación del presupuesto, exigiéndose normalmente

---

617 Vid. CAPODIFERRO CUBERO, D., "La autonomía económica y financiera de las universidades públicas en España", *op. cit.*, p. 141

618 Sobre transparencia y rendición de cuentas en la LOSU, vid. FERREIRA FERNÁNDEZ, J., "El régimen económico y financiero de las universidades públicas", *op. cit.*, p. 248-252.

que esté auditada, el balance de situación al final del ejercicio y/o una memoria económica[619]. Este control realizado por los órganos de fiscalización externa suele ser bastante efectivos y afecta incluso materias que no son estrictamente financieras o económicas, si es que existen dichas materias. En todo caso, se debe resaltar que los informes de estos órganos de fiscalización externa se suelen cumplir de forma estricta por las Universidades.

El art. 59.3 LOSU obliga a que las Universidades estén sometidas al régimen de auditoría pública que determine la normativa autonómica o estatal. Asimismo, obliga a las Universidades a establecer un régimen de control interno y un sistema de auditoría interna con autonomía funcional y sin dependencias de los órganos unipersonales. En consecuencia, será la normativa autonómica la responsable de fijar las normas y procedimientos relativos al control de las inversiones, gastos e ingresos de aquéllas, mediante las correspondientes técnicas de auditoría. Aunque la mayoría de la normativa autonómica se limitan a asignar a los Consejos Sociales la capacidad para encargar o supervisar dichas auditorías, algunas CCAA establecen un control externo que se concibe como una obligación independiente de la voluntad de este órgano, ya sea a través de órganos administrativos o empleando medios externos[620], pero no se

---

[619] Vid. ejemplos de las regulaciones concretas en CAPODIFERRO CUBERO, D., "La autonomía económica y financiera de las universidades públicas en España", *op. cit.*, p. 142

[620] El art. 97 de la Ley 1/2003, de 19 de febrero, de Universidades de Cataluña establece para las Universidades la obligación de realizar auditorías antes de la aprobación del balance y la liquidación del presupuesto, bien por la Intervención General de la Generalitat o bien mediante servicios externos, siempre bajo las directrices de la primera. Vid. CAPODIFERRO CUBERO, D., "La autonomía económica y financiera de las universidades públicas en España", *op. cit.*, p. 140

establece en la normativa autonómica ningún tipo de deber para las Universidades de establecer mecanismos internos de control sobre la actividad económica y presupuestaria, siendo los propios Estatutos los que venían fijando, más allá de la asignación genérica de la responsabilidad sobre el control de los gastos e ingresos al Gerente, la creación de unidades técnicas para tal fin, o, puntualmente, convirtiendo la realización de auditorías anuales en un deber[621]. Esta situación provisional se deberá remediar mediante la obligación de regulación de un sistema de auditoría interna, que, aunque no lo exija la LOSU, se debería regular en los Estatutos de la Universidad por la necesaria independencia y autonomía funcional respecto a los órganos unipersonales de la Universidad.

Finalmente, se debe destacar que la LOSU exige la implantación en las Universidades de un sistema de contabilidad analítica (art. 59.4 LOSU), estableciendo un plazo desde la entrada en vigor de la LOSU de dos años para su puesta en marcha (Disposición transitoria segunda LOSU). Este tipo de contabilidad facilitará la rendición de cuentas y la toma de decisiones posterior, con la introducción de indicadores de gestión para evaluar eficacia y eficiencia para explicar mejor la actividad realizada en las Universidades. En cualquier caso, el art. 59.4 LOSU convierte en una obligación legal la implantación del sistema, lo que puede resultar problemática en algunas Universidades, aunque será más relevante que los Estatutos establezcan la publicidad y transparencia de sus resultados, así como el libre acceso a dicha contabilidad a través del portal de transparencia o la página web de la propia Universidad.

Por último, se puede caracterizar la financiación universitaria como una competencia fundamentalmente autonómica de

---

621 Vid. con indicaciones de los diversos Estatutos de la Universidad en CAPODIFERRO CUBERO, D., “La autonomía económica y financiera de las universidades públicas en España”, *op. cit.*, p. 141

carácter ejecutivo, en la que el diseño normativo corresponde al Estado y la ejecución y materialización concreta a las universidades, pero sin apenas ámbito para la autonomía o la propia decisión, tanto en relación con los ingresos como sobre los gastos. En este sector la autonomía económico-financiero es inoperativa por los fuertes condicionamientos en su plasmación concreta, por lo que se limita a la capacidad para aprobar los presupuestos dentro de los límites autonómicos y para administrar los propios bienes, pero sin alcanzar la suficiencia ni para cubrir las necesidades reales, ni para desplegar una plena política propia de futuro y desarrollo.

Conclusiones

La autonomía universitaria constitucionalmente reconocida se presenta en el ordenamiento español como el principal elemento definitorio de la actividad universitaria, con un contenido difuso que acaba equiparándose a aquello que determine el legislador en cada momento. Además, se caracteriza también como un derecho fundamental, que debe manifestarse mediante aquellas facultades que en abstracto permitan el ejercicio directo de sus funciones esenciales (la investigación, la docencia y la transferencia de conocimiento), así como aquellas otras que resultan accesorias, e imprescindibles, para su correcto desempeño, como son las que se podrían denominar de gobierno y gestión de la institución. Todos estos contenidos vienen precisados tanto en la ley estatal como en las leyes autonómicas, en función de la competencia concreta de cada nivel territorial. En este sentido, se debe destacar que son las normas infraconstitucionales las que delimitan el alcance y el contenido de esta autonomía de las Universidades, que, en ningún caso, da lugar a que se consideren como entes ajenos a la planificación u ordenación que el poder público realice de la educación superior. A pesar de que las CCAA no pueden regular la autonomía universitaria como derecho fundamental reservada al Estado y a la ley orgánica, lo cierto es que la habilitación por la LOSU en tanto que normativa básica estatal al desarrollo normativo autonómico, implica que en un futuro tenga esta normativa autonómica universitaria una incidencia directa en el sistema universitario autonómico, pero también una incidencia indirecta que afectará a la autonomía universitaria, aunque sea en la elaboración de los Estatutos universitarios y en los contenidos que deben regular.

De este modo, la autonomía universitaria resulta ser un derecho de configuración puramente legal, que permite a los órganos de gobierno universitarios cierto margen de actuación en la gestión interna de la institución, pero siempre dentro de un marco predefinido normativamente en sus aspectos esenciales. En consecuencia, la actividad universitaria resulta condicionada externamente, en teoría en función de su impacto sobre el correcto desarrollo de la libertad académica, de ciencia y los principios esenciales que inspiran el sistema público de educación superior. El principal instrumento para ello son los Estatutos universitarios como norma fundamental que determina la estructura orgánica y funcional y la actuación de todos los órganos de una Universidad, ya que su dictado es el resultado de un acuerdo e incluso en parte de una negociación entre la propia institución y el gobierno autonómico, a pesar de que el control que puede ejercer se limita a la mera legalidad sin posibilidad de intervenir en su contenido. Pero no únicamente, ya que hay otras normas estatales y autonómicas, especialmente en lo relativo a la actividad económico-financiera y presupuestaria, que restringen de facto la capacidad de decisión y actuación de los órganos de gobierno de la Universidad, que se ven limitadas estructuralmente en la decisión que comporta gasto público.

El resultado de todo ello es una autonomía que básicamente sólo es plena en lo que respecta al desarrollo de los propios procesos electivos de cada Universidad. Cuando se habla de cualquiera de las actividades de gobierno, siempre se va a ejercer dentro de los parámetros previamente fijados por los poderes ejecutivos o legislativos competentes. Este efecto es consecuencia, por un lado, de una visión de la idea de descentralización concebida esencialmente en términos territoriales y rara vez en términos institucionales. Aunque, sobre todo, por otro lado, de un factor que es incompatible con la idea misma de que las Universidades, esencialmente las públicas, actúen con plena libertad en su actividad, es decir, su integración en el sector público como responsables de una función prestacional cuya garantía última no recae en ellas, sino en la Administración y el Gobierno en materia de política educativa. Este efecto es la línea que ha seguido el Tribunal Constitucional cuando, al tiempo que defendía la necesidad de la autonomía de las Universidades, ha partido en los distintos fallos de dos premisas, la legitimidad de la intervención del poder público y la consideración del contenido de la ley estatal como límite infranqueable a la actuación de los órganos de gobierno de las universidades, a los que sólo se les reconoce una capacidad de actuación plena en cuestiones secundarias. En suma, parece que la injerencia del poder público en la Universidad es consustancial al propio sistema de educación superior que se ha creado, por lo que debe valorarse hasta qué punto grado es admisible que la idea de salvaguardar la libertad académica y de ciencia sirve realmente a dicha finalidad.

En cualquier caso, en este contexto se debe valorar la LOSU, cuya primera y principal consecuencia es que las Universidades se debe dotar de unos nuevos Estatutos universitarios. La autonomía universitaria genera que cada Universidad pueda dotarse de normas propias y ejercer una potestad normativa para regular sus propios asuntos dentro de los límites establecidos por la Ley. No se trata de poder resolver en un plano general y bajo esquemas abstractos válidos para cualquier materia, tiempo o lugar las situaciones jurídicas con las que se enfrenten la Universidad, sino de resolver dichas situaciones en unos contextos concretos con las características y efectos que estén previstos en las normas que conceden potestades y competencias a la Universidad, en este caso se han abordado las obligaciones y necesidades de cambio y modificación en la LOSU, cuya consecuencia es la elaboración y aprobación de unos Estatutos universitarios de nuevo cuño.

La Universidad es un ente que se caracteriza por tener un elemento personal diferenciado en diversos componentes, con distintos derechos e intereses, es decir, la existencia de una participación por grupos y sectores con intereses propios, pero que todos participan de forma diferente en la vida en comunidad y de los intereses comunes en conseguir los fines y obligaciones específicas, con una organización estable, permanente e instrumental para la consecución de dichas finalidades específicas. La Universidad como comunidad de personas y entes, como comunidad universitaria, desarrolla implicaciones recíprocas e interacciones. Al estar configurada por una pluralidad de personas y entes (PDI funcionarios y laborales, PTGAS, estudiantes, representación de la sociedad) se hace necesario articular una estructura corporativa de decisión y de deliberación, articulados en cargos y órganos que ejerzan dichas competencias. El traspaso desde dichos intereses propios a los generales dificulta que los poderes públicos aumenten el ámbito de la autonomía y genera desconfianza en los mecanismos de autogobierno.

Sin embargo, la autonomía universitaria no es un concepto predefinido con perfiles claros y unívocos, ni tampoco es una especie de estatuto independiente, ajeno a otras exigencias de gobierno, dirección y coordinación del sistema universitario nacional, de control y evaluación, en atención a fines e intereses generales, ya que precisamente porque estos fines e intereses son generales, estas materias han de ser reguladas por los poderes públicos estatales y autonómicos, según sus competencias. A la consecución de estos fines generales y a sus requerimientos de gobernanza responde la creación de órganos colegiados que hacen posible la coordinación, el diálogo, la concertación, la cooperación y la colaboración entre la Administración del Estado, las Universidades y las Comunidades Autónomas, que tal como se han mencionado será el Consejo de Universidades, como órgano de coordinación académica, así como de cooperación, consulta y propuesta, y verificación en algunas materias (art. 16 LOSU), y la Conferencia General de Política Universitaria como órgano de concertación, coordinación y cooperación de la política general universitaria, sin perjuicio de las funciones atribuidas a los órganos de coordinación universitaria de las comunidades autónomas (art. 15 LOSU). En cualquier caso, la cooperación, una de las grandes asignaturas pendientes de nuestro sistema político y también del sistema universitario, debe funcionar de un modo más razonable y racional en un futuro.

Las Universidades pueden producir sus propias normas a través de actos tipificados en la Ley que los autoriza, ya sean los Estatutos, reglamentos y normas internas, procedimientos administrativos específicos de carácter general o protocolos de funcionamiento, evidentemente dentro de los límites legales que especifica funciones y competencias de la organización. Si bien al mismo tiempo es cierto que las Universidades, al dotarse de un ordenamiento propio, limitan la intervención del Estado o las Comunidades Autónomas en la esfera propia o ámbito de la Universidad. Es cierto que la formación del ordenamiento propio de la Universidades encuentra límites establecidos por las leyes del Estado, pero también es cierto que cualquier intervención del Estado debe ser efectuado solo a través de la ley (aunque se admite colaboración internormativa con el reglamento estatal o el desarrollo normativo autonómico), que, en cualquier caso, no puede vaciar de contenido el derecho fundamental reconocido y garantizado en la Constitución a través de una reserva de ley orgánica. En cualquier caso, se debe insistir que, en lo no previsto en la normativa competente, la cláusula residual para el cumplimiento de las funciones de las Universidades (art. 2.2 LOSU) corresponde a las propias Universidades (art. 3.2.s LOSU), por lo que su articulación en los Estatutos permitiría la inclusión de competencias no previstas (*praeter legem*) relacionadas con las funciones sin conflictividad jurídica.

En conexión a la potestad de dotarse un ordenamiento propio se desarrolla la potestad de autoorganizarse y de estructurar una organización propia estructurando los órganos que necesariamente deben existir de conformidad con la ley y los servicios propios de conformidad con su necesidad interna. La LOSU opera como un régimen de distribución de poder entre el Estado, la Comunidad Autónoma y la propia Universidad, cualquier intervención debe adoptar forma y fuerza de ley, que no puede incidir negativamente en el poder de cualquier Universidad de modelar la propia organización con la finalidad de realizar de la mejor manera sus propios intereses.

Los límites están operando de una forma tan estricta que están convirtiendo a la autonomía universitaria en un instrumento de autoadministración que va olvidando cada vez más la posibilidad de dotarse de un ordenamiento propio, que se limita a aspectos propiamente formales, sin incidir en ninguno de los contenidos materiales para los cuales fue instaurado el derecho fundamental, como instrumento de desarrollo institucional de la libertad académica y de la investigación científica. La autonomía no es plena y absoluta, se trata de una autonomía que puede ser más amplia o restrictiva de conformidad con los criterios normativos estatales y autonómicos que pueden ser discrecionales, pero no irracionales o irrazonables. Una vez configurada esta autonomía universitaria en los Estatutos universitarios, su ejercicio se convierte en una serie de potestades y competencias que, en caso de invasión o infracción, deben ser defendidas como derecho fundamental a través de un recurso de amparo que, en realidad, es operativo a través de una defensa de las competencias de la universidad.

En cualquier caso, las peculiaridades de los actores de la comunidad universitaria son amplias. En este sentido, la acción sindical en la Universidad es muy peculiar, con una mayor fragmentación de las opciones a diferencia de los que sucede en otros sectores, y con una duplicidad de interlocutores por la parte empresarial (Universidades y CCAA), pero también con la intervención estatal en la definición normativa de la actividad del PDI (dedicación, retribuciones o Estatuto del PDI, por ejemplo). La preferencia de todos modos por la negociación colectiva en la acción sindical, ocasiona que la práctica sindical se centra y tenga más en consideración al PTGAS y al PDI laboral que al funcionarial, que aparecen como sectores diferenciados, lo que se ha visto reflejado en los últimos procesos electorales sindicales universitarios con la aparición de sindicatos específicos de funcionarios que tratan de obviar la situación actual.

En general, las plazas de PDI laboral implican a diferencia de lo que sucede con la de carácter funcionarial que puedan ser suprimidas y el personal despedido por los motivos previstos en la legislación laboral. Sin embargo, es cuestionable que se pueda aplicar el despido basados en razones objetivas, ya que las decisiones de las Universidades públicas no son independientes y autónomas de otras decisiones autonómicas como la reducción de presupuestos, el incumplimiento de compromisos como los contratos-programa, la planificación estratégica o sobre los parques tecnológicos, los impedimentos para aplicar la normativa estatal que genera deuda salarial o la constante autorización de nuevas universidades privadas no siempre bien controladas en su creación y necesidad en el sistema universitario.

Tal como se ha insistido con anterioridad, en relación con el PDI en general, el reparto competencial presenta una estructura peculiar respecto de otros sectores consistente en que a las competencias del Estado y de las Comunidades Autónomas hay que añadir las derivadas de la autonomía universitaria que limitan necesariamente aquéllas, de forma que la distribución de competencias también en este caso puede ser calificada de compleja. La autonomía universitaria, conforme a reiterada jurisprudencia del TC, conlleva la libertad para la selección del personal docente e investigador al servicio de cada Universidad y que sólo podrá verse limitada cuando lo impongan exigencias inexcusables del sistema funcionarial (STC 82/1994 FJ 2) o del sistema laboral (STC 141/2018 FJ 3, 5 y 7 (TOL6.978.680).

En cualquier caso, si en relación al PDI se denota una nula armonización entre la LOSU y el EBEP que debería articularse en el Estatuto de Personal Docente e Investigador que como normativa *non nata* nunca acaba de finalizar en su discusión y aprobación a pesar de que ha sido anunciado de forma constante en la última década (con una obligación legal de aprobarse en 2007 en el plazo de un año, que ha sido fijada en la Disposición final décima LOSU en un plazo de 6 meses a punto de finalizar, elevando su rango normativo a ley, sometiéndose su tramitación al procedimiento legislativo con unas Cortes Generales muy fragmentadas), la inestabilidad gubernamental y la falta de toma de decisiones se convierten en permanentes cuando afecta al PTGAS, ya que han quedado abiertas muchas otras cuestiones como las previsiones de las retribuciones en las que no se aplica la LOSU, sino el EBEP que recurre a la legislación autonómica cuando en este sector debería ser complementaria, a lo que hay que añadir otros temas abiertos como la determinación sobre si las Universidades pueden crear escalas propias de personal, la situación del personal directivo o eventual, las disposiciones sobre provisión puestos de trabajo, con contradicciones entre normativas que se deberían resolver, sin que exista un rumbo claro, ni un reconocimiento de la autonomía universitaria organizativa sobre este tipo de personal. La LOSU establece las competencias, pero las encargadas de su gestión que requiere una coordinación son las CCAA y las Universidades.

La autonomía financiera universitaria no puede tener carácter absoluto (pero tampoco plenamente relativo, lo que la convierte en inoperativa en términos de autonomía), es decir, no es una libertad económico-financiera de las Universidades ajena a controles y libre de condicionantes que no sean las propias decisiones internas de sus órganos de gobierno, ya que sería inconcebible con el carácter público que se proclama del sistema universitario, pero tampoco la financiación universitaria ejercida por las CCAA es una potestad absoluta que pueda obstaculizar de manera insuperable las potestades atribuidas al poder universitario, sino que se trata de un medio para permitir el ejercicio efectivo de la libertad académica en sentido amplio (STC 223/2012 FJ 6 (TOL2.713.895), en el que la suficiencia financiera en recursos debe ser una constante para alcanzar las finalidades conectadas a dicha libertad académica. La LOSU ha marcado un horizonte sin garantías para el 2030 del 1% del PIB en gasto público en educación universitaria pública, pero no existe esperanzas de que se cumplirá, ya que las obligaciones ineficaces fijadas externamente, no se considerarán como propias para todas las CCAA.

Si se adopta este punto de vista de carácter finalista y se plantea la autonomía financiera de las Universidades como una capacidad relativa para decidir sobre unos determinados recursos prefijados, de alcance esencialmente interno, condicionada por el cumplimiento efectivo de ciertas tareas que el poder público debe asegurar en última instancia, resulta mucho menos problemático aceptar, en abstracto, que existan restricciones y controles sobre la misma. El régimen económico y financiero de las Universidades públicas no se puede reducir a analizar las normas que modulan el grado de discrecionalidad del que gozan los órganos de gobierno universitario a la hora de decidir, en ejercicio de una libertad que no existe, el destino de unas dotaciones económicas más o menos escasas. En este contexto, la autonomía universitaria se articula en dos planos distintos e interdependientes, el externo, en el que se afirman los deberes para la Administración derivados de la condición pública del servicio universitario y la consiguiente integración de las Universidades en el sector público institucional, con una finalidad que condiciona el destino de los recursos con los que se las dota, y el plano interno, con la aprobación de los presupuestos, la gestión y el control internos en el que se afirma la real autonomía financiera de las Universidades, pero sin un alcance absoluto.

En todo caso, es en este sector interno, tras los controles externos, donde se debe situar el verdadero alcance de la autonomía financiera universitaria y lo que permite explicar la realidad actual. En este contexto es difícil modificar las reglas actuales partiendo del diseño como derecho fundamental de la autonomía universitaria, ya que su aplicación práctica no puede desconocer el plano externo con obligaciones normativas que no pueden ignorarse, ni modificarse en el sector público. El verdadero reconocimiento de una autonomía financiera debe pasar por la determinación normativa de los ingresos que pueden tener las Universidades públicas a partir de la determinación de los datos y criterios objetivos que deben servir para el cálculo de los ingresos de las Universidades públicas, de forma que se impida que queden en manos de una decisión política su determinación. En este contexto, la obligación de contabilidad analítica (art. 59.4 LOSU) permitirá homogeneizar las necesidades si todas las Universidades optan por el mismo sistema y determinar en común la dirección de la política de gasto y de gestión.

Con todo se debe insistir en la idea de que la parte más importante de los ingresos de las Universidades públicas son las transferencias que realizan las CCAA y, en menor medida, las matrículas que se suele utilizar como instrumento de tesorería. Este hecho ocasiona que la incidencia de la voluntad política de la Comunidad Autónoma correspondiente sea de gran calado a la hora de fijar el gasto global de las Universidades, sobre todo en materia de gasto corriente y personal que son las partidas más importantes y que el grado de autonomía financiera sea más hipotético que real, ya que se manifiesta exclusivamente a nivel interno con gran incidencia de conflictos y ausencia de reglas claras que genera diferenciaciones entre ramas y divisiones entre los distintos interlocutores.

Ninguna dimensión de la autonomía universitaria puede interpretarse en un sentido literal, es decir, como capacidad de acción autónoma libre de reglas o controles de la Universidad, en el caso de la denominada autonomía económica y financiera universitaria es evidente que el empleo de este término resulta particularmente poco afortunado para describir la realidad a la que hace referencia, que no es otra cosa que la gestión de recursos de procedencia pública para la prestación de un servicio esencial de igual naturaleza. Si la autonomía financiera requiere contar con una dotación económica previa y de libre utilización, se puede concluir simplemente que no existe.

La legislación prefigura un marco muy estricto para la financiación y, sobre todo, la gestión económica de las Universidades, aproximando mucho su posición a la común de la Administración General del Estado. Las decisiones de las Administraciones autonómicas no han hecho sino restringen bajo las premisas, o con la excusa, de las exigencias que impone la estabilidad presupuestaria y el control del gasto público. Prácticamente la capacidad financiera se decide fuera de las Universidades, con una participación escasa de éstas en el mejor de los casos. Las pocas cuestiones de naturaleza económica que se atribuyen al gobierno universitario están supeditadas a la voluntad de un órgano tan ajeno a la comunidad universitaria como el Consejo Social, de manera que las Universidades no tienen capacidad autónoma real para decidir sobre ellas. Las Universidades públicas no parece que vaya a tener unas alternativas mejores que el modelo actual, lo cual no quita para que exista mucho margen de mejora.

En cualquier caso, se debe destacar que la LOSU no ha abordado problemas que empiezan a ser recurrentes y dañinos en extremo para el sistema como la desburocratización de la actividad docente e incluso de la investigadora, que obliga al PDI a ser docente, investigador y gestor de toda su actividad, ocupando sin ningún tipo de asistencia este último sector que cada vez supone un porcentaje más alto de su actividad. Otro problema que sigue siendo recurrente desde los inicios de la transición política que tampoco ha abordado la LOSU es que se trata de una normativa sin ningún tipo de garantía en su cumplimiento, lo que la convierte en ineficaz e ineficiente, ya que no se ha instaurado dentro de la ley ningún tipo ningún tipo de responsabilidad o posibilidad de exigencia de sanciones o consecuencias en caso de incumplimiento de sus disposiciones.

En este contexto, no se puede dejar de obviar que la LOSU reconoce una mayor autonomía universitaria a las Universidades privadas, permite su crecimiento constante estando a punto de equilibrarse con las públicas en número, les deja libertad a la hora de ofrecer estudios que se centran en los de mayor demanda y menor coste, sin responder a intereses de las autoridades autonómicas, ni a criterios de oportunidad política, ni a mapas de titulaciones que suelen ser en muchos casos inexistentes o más estrictos en relación con las universidades públicas. En esencia, el sistema siempre ha favorecido el desarrollo de la Universidades privadas y la congelación o decrecimiento de las públicas. Las sucesivas crisis económicas de los últimos 15 años se han resuelto mediante decisiones políticas que siempre han perjudicado a las universidades públicas y que a corto y medio plazo han beneficiado a la universidades privadas que han podido ocupar el espacio educativo que se ha obligado a dejar a las públicas. Los ámbitos que se podían considerar como prioritarios en las universidades públicas como un PDI de calidad, unas becas y ayudas al estudio amplias y una actividad centrada en la investigación con una financiación casi exclusiva, empieza a entrar en crisis. El PDI funcionario ha sufrido una congelación desde la crisis del 2008 que ha generado un envejecimiento de plantillas con cifras muy críticas y sin posibilidades de renovación a corto plazo y con unas demandas crecientes de financiación pública en actividades de investigación y en becas y ayudas al estudio por parte de las universidades privadas.

Finalmente, dentro de este sistema es necesario brevemente abordar la labor desarrollada por el extinguido Ministerio de Universidades, cuyas competencias eran fundamentalmente normativas (carencia de competencias ejecutivas, que en todo caso eran de carácter subsidiario y marginal) y en este sentido se puede concluir que su labor se ha cumplido con la normativa aprobada o con los proyectos realizados. La sustitución de este Ministerio y su reincorporación al Ministerio de Ciencia, Innovación y Universidades de momento solo ha supuesto la paralización de la normativa pendiente o en tramitación, incluidos los Reales Decretos sobre ámbitos de conocimientos, Departamentos universitarios o el Estatuto del PDI.

Los dos aspectos centrales del sistema universitario, la autonomía universitaria y la distribución de competencias, han sido analizados en las repercusiones que ha ocasionado la LOSU en sus ámbitos sustanciales de aplicación. La principal crítica a la nueva ley reside en la escasa repercusión para abordar las principales problemáticas del sistema universitario. En este sentido, la autonomía universitaria se ha convertido progresivamente en un tema de defensa de las competencias contenidas en su ámbito material, perdiendo al mismo tiempo su caracterización exclusiva e inicial como derecho fundamental de ejercicio colectivo a pesar de que su mecanismo de protección y garantía constitucional se instrumentaliza como derecho fundamental que se protege eventualmente a través del recurso de amparo. La autonomía universitaria y el ámbito competencial propio de las universidades se han convertido en dos elementos inseparables del sistema universitario. La caracterización de la autonomía universitaria como derecho de configuración legal determina que su ámbito de protección material se realice normativamente por el legislador, lo que convierte a su protección por la institución beneficiaria, es decir, la universidad, en una defensa de sus competencias.

La autonomía universitaria se presenta como una garantía de las facultades y la estructura necesarias para asegurar la libertad de ciencia frente a injerencias externas injustificadas, obviando cualquier mención expresa a su calificación como derecho, para enfatizar su carácter de elemento instrumental al servicio de la libertad académica. En definitiva, aunque el contenido de la autonomía universitaria se vincula a derechos tradicionales de ejercicio individual, su protección se debe realizar básicamente por la comunidad universitaria y sus órganos de representación. La constitucionalización de esta posición organizativa de la autonomía universitaria no puede desvincularse del reconocimiento de un derecho fundamental. La consecuencia de este hecho será la intención práctica de dotar a las Universidades de la posibilidad de emplear el recurso de amparo frente a las actuaciones de otras instancias de poder estatales o autonómicas que amenacen su posición jurídica. Esencialmente en la práctica tal como hemos tratado de demostrar es un recurso de amparo, pero con una funcionalidad más parecida a un conflicto de competencias o de defensa de la autonomía universitaria.

La distribución de competencias en esta materia universitaria tiene un grado de complejidad amplio, ya que supone un reparto entre tres Administraciones Públicas, diferenciadas entre sí e independientes unas de otras, aunque hasta cierto punto, ya que la interdependencia normativa entre ellas ocasiona que sus competencias no puedan considerarse como plenas en ningún caso, por lo que los límites y las restricciones en su ejercicio pueden aparecer en cualquier momento generando el correspondiente conflicto.

Las universidades se benefician del hecho de que están ejerciendo un derecho fundamental a la autonomía universitaria que les abre la posibilidad de presentar recursos de amparo que permiten examinar la labor y decisiones del Estado y de las Comunidades Autónomas en sus respectivos ámbitos de actuación para determinar si se ha producido una infracción del derecho fundamental a la autonomía universitaria. Este hecho a nuestros efectos resulta equivalente a una invasión de competencias propias de la Universidad, a pesar de que estas son definidas y configuradas formal y materialmente por el legislador, es decir, por los poderes públicos que son a su vez los hipotéticos infractores del derecho fundamental. En cualquier caso, el contenido propio y no dependiente de la configuración legislativa de la autonomía universitaria es mínimo y escaso al vincularse exclusivamente a la dimensión organizativa de la libertad académica. Por el contrario, otros aspectos como la libertad de cátedra o de investigación vinculados individualmente a esa libertad académica sí que es protegible a través de las titularidades de los miembros singularizados de la comunidad universitaria.

En un contexto como el presente se debe añadir que algunas materias vinculadas al ámbito universitario (creación y reconocimiento de universidades, ordenación de la enseñanza universitaria, personal universitario y financiación universitaria) pueden tener una actuación simultánea de todos los poderes públicos que pueden intervenir en materia universitaria, a lo que se debe añadir el hecho de que esta distribución de competencias simultánea no se establece de forma explícita y ordenada por lo que se debe deducir de forma implícita algunos de sus contenidos, lo que añade una complejidad desmesurada y como se ha dicho un conflicto continuo ante la necesidad de establecer el marco competencial concreto.